Schriftenreihe des
Bundesministers für Ernährung, Landwirtschaft und Forsten

Reihe A: Angewandte Wissenschaft
Heft 284

FAO:
Ursprung, Aufbau und Entwicklung 1945-1981

von Ralph W. Phillips
— Ernährungs- und Landwirtschaftsorganisation
der Vereinten Nationen — FAO —
Rom 1981

Landwirtschaftsverlag GmbH
4400 Münster-Hiltrup

FOOD AND AGRICULTURE ORGANIZATION
OF THE UNITED NATIONS

Via delle Terme di Caracalla, 00100 Rom, Italien

Dieses Buch ist ursprünglich von der Ernährungs- und Landwirtschaftsorganisation der Vereinten Nationen – FAO – unter dem Titel „FAO: its origins, formation and evolution 1945–1981" in englischer Sprache veröffentlicht worden. Diese Übersetzung wurde auf Veranlassung des Bundesministers für Ernährung, Landwirtschaft und Forsten, Bonn, von Dr. Paul Brockhausen, Hannover, gefertigt. Die FAO übernimmt für sie keine Verantwortung. In der deutschen Fassung sind die in der Originalausgabe wiedergegebenen 22 Fotos nicht enthalten.

Copyright der Originalfassung: Ernährungs- und Landwirtschaftsorganisation der Vereinten Nationen – FAO –, Rom, 1981.

Copyright der deutschen Fassung: Bundesminister für Ernährung, Landwirtschaft und Forsten, Bonn, 1983.

Druck: Landwirtschaftsverlag GmbH, 4400 Münster-Hiltrup

Diese Veröffentlichung ist zum Preis von 18,– DM beim Landwirtschaftsverlag GmbH, Postfach 48 02 10, 4400 Münster-Hiltrup, zu beziehen.

ISSN 0173-1378
ISBN 3-7843-0284-X

VORWORT

Im Juli 1935 brachen meine Frau und ich von Amherst, Massachusetts, zu unserer ersten Europareise auf, die in Montreal mit der Fahrt auf der S.S. Duchess of York begann. Am späten Nachmittag des ersten Tages passierten wir die Stadt Quebec, wo sich uns ein eindrucksvoller Blick auf das hoch über dem Sankt-Lorenz-Strom auf einer Klippe gelegene Château Frontenac bot.

Wir ahnten zu der Zeit noch nicht, daß innerhalb von etwas mehr als zehn Jahren der Zweite Weltkrieg beendet sein würde oder daß in den Nachwehen dieses Krieges die Vertreter vieler Nationen am 16. Oktober 1945 im Château Frontenac zusammenkommen würden, um die Ernährungs- und Landwirtschaftsorganisation der Vereinten Nationen (FAO) zu gründen. Auch konnten wir nicht wissen, daß diese neue Organisation einen entscheidenden Einfluß auf große Bereiche unseres weiteren Lebens haben sollte.

Den größten Teil des Jahres 1943 sowie Anfang 1944 arbeitete ich für meine Regierung als Berater für Tierzucht in China und Indien. Als sich meine Tätigkeit dem Ende näherte, zeigte mir ein Kollege aus der Botschaft der Vereinigten Staaten in Chunking die einzige Kopie, die diese von dem Bericht über die Konferenz in Hot Springs erhalten hatte. Durch diesen Bericht erfuhr ich von der bevorstehenden Gründung der FAO, und mein Interesse war geweckt.

Als ich im Sommer 1944 nach Washington zurückkehrte, bereitete die Interimskommission der Vereinten Nationen für Ernährung und Landwirtschaft schon eifrig Unterlagen für die Konferenz von Quebec vor. Ich wurde zur Mitarbeit im Fachausschuß für Landwirtschaft hinzugezogen und nahm in den nächsten acht oder neun Monaten bei vielen Gelegenheiten an dessen Sitzungen teil.

Meine Erfahrungen in China und Indien hatten ebenfalls mein Interesse für die Probleme einer unter ungünstigen Bedingungen entwickelten Tierzucht geweckt, und somit bereitete ich 1944-45 ein Manuskript zu diesem Thema vor. Der Beamte der Interimskommission, der später der erste Direktor der FAO für Information wurde, erfuhr davon und bat die FAO, es zu veröffentlichen. So erschien es schließlich als Landwirtschaftsstudie Nr. 1 der FAO.

Kurze Zeit später beschloß der Generaldirektor der FAO, Sir John Boyd Orr, für den Spätsommer 1946 und noch vor der zweiten Sitzung der FAO-Konferenz, die erste Sitzung eines Ständigen Beratenden Ausschusses zur Vorbereitung der Einrichtung der landwirtschaftlichen Abteilung der FAO nach Kopenhagen einzuberufen. Während dieser Ausschußsitzung wurde ich gebeten, Mitarbeiter des FAO-Sekretariats zu werden. Seit diesen frühen Berührungspunkten, über die ich soeben berichtet habe, bin ich unausweichlich in das Netz der FAO verwoben.

Da ich vielleicht der Einzige in der FAO bin, dessen Erfahrungen sich fast auf die gesamte Zeitspanne der Gründung und Entwicklung der Organisation erstrecken, erscheint es mir angebracht – in der Tat eine Pflicht –, die Schlüsselereignisse dieser Jahre aufzuzeichnen, um diejenigen darüber zu informieren, die bereits zur FAO gekommen sind oder später noch zu ihr stoßen werden. Diese Veröffentlichung ist das Ergebnis.

In all den Jahren vor und während der Arbeit in der FAO wurde ich von meiner Frau Mary tatkräftig und loyal unterstützt. Dies geschah bis hin zu ihrem Tod am 26. Februar 1981, und deshalb ist dieser Band ihr gewidmet.

Ralph W. Phillips

INHALTSVERZEICHNIS

VORWORT III

1 EINLEITUNG 1

2 URSPRUNG DER IDEE 3
   UNMITTELBARER URSPRUNG DER FAO-IDEE 3
   EINE LÄNGERFRISTIGE PERSPEKTIVE 6

3 DIE IN DER SATZUNG FORMULIERTE FAO-IDEE 9
   PRÄAMBEL 9
   AUFGABEN DER ORGANISATION 9

4 DIE GRÜNDUNG DER FAO 11
   DIE KONFERENZ VON HOT SPRINGS 11
   DIE INTERIMSKOMMISSION 13
   DIE KONFERENZ VON QUEBEC 13

5 DIE MITGLIEDSTAATEN 15
   DIE GEGENWÄRTIGE MITGLIEDSCHAFT 15
   ÄNDERUNGEN IN DER MITGLIEDSCHAFT 17

6 DIE REGIERUNGSORGANE 19
   DIE KONFERENZ 19
       Aufgaben, Sitzungsorte und Sitzungshäufigkeit 19
       Änderungen der Konferenz 20
   DER RAT 23
       Entstehung und Entwicklung 23
       Der Unabhängige Vorsitzende 25
   DIE WICHTIGSTEN AUSSCHÜSSE 29
       Der Programmausschuß 30
       Der Finanzausschuß 31
       Der Ausschuß für Satzungs- und Rechtsangelegenheiten 31
       Der Warenausschuß 32
       Der Fischereiausschuß 33
       Der Forstausschuß 33
       Der Landwirtschaftsausschuß 34
       Der Ausschuß für Welternährungssicherheit 35
       Der Ausschuß für Nahrungsmittelhilfepolitiken und -programme 36
   ANDERE SATZUNGSGEMÄSSE AUSSCHÜSSE 36

7 DIE LEITUNG

DER GENERALDIREKTOR

Sir John Boyd Orr   37
Norris E. Dodd   37
Philip V. Cardon   37
B.R. Sen   38
A.H. Boerma   39
Edouard Saouma   40
  41

DER STELLVERTRETENDE GENERALDIREKTOR
  42

William Noble Clark   43
Sir Herbert Broadley
Dr. F.T. Wahlen   44
Sir Norman C. Wright   44
Oris V. Wells   45
Roy I. Jackson   46
Dr. Ralph W. Phillips   47
  48
  49

8 DIE ZENTRALE UND ANDERE DIENSTSTELLEN

DIE ZENTRALE (Headquarters)   51
REGIONAL- UND VERBINDUNGSBÜROS   51

  54
Europa
Naher Osten   56
Asien und der Pazifik   57
Lateinamerika   58
Nordamerika   58
Afrika   60
Die Vereinten Nationen   60
  61
LÄNDERBÜROS
  62

9 DIE ENTWICKLUNG DER ORGANISATIONSSTRUKTUR DER ZENTRALE

1945-1950   64
1951-1958   64
1959-1969   66
1970-1981   67
  69
DIE GEGENWÄRTIGE STRUKTUR
  73

10 DIE ENTWICKLUNG DES ARBEITSPROGRAMMS UND DES HAUSHALTS

DIE ENTWICKLUNG DES ARBEITSPROGRAMMS   74

1945-1950   74
1951-1958   74
1959-1968   76
1969-1974   78
1975-1981   79
  81
DIE ENTWICKLUNG DES HAUSHALTS
DER MITARBEITERSTAB   84
  86

11 HAUPTABTEILUNGEN, ABTEILUNGEN UND ANDERE WICHTIGE EINRICHTUNGEN

BÜRO DES GENERALDIREKTORS

- Kabinett
- Büro für Programm, Haushalt und Evaluierung
- Büro für internationale Organisationen
- Büro für Rechtsangelegenheiten
- Büro für interne Rechnungsprüfung und Kontrolle

HAUPTABTEILUNG FÜR LANDWIRTSCHAFT

- Abteilung für Land- und Wassererschließung
- Abteilung für Pflanzenproduktion und -schutz
- Abteilung für Tierproduktion und -gesundheit
- Abteilung für landwirtschaftliche Dienste
- Gemeinsame FAO/IAEA-Abteilung für die Anwendung der Atomenergie (Isotope und Strahlen) bei Nahrungsgütern und in der Entwicklung der Landwirtschaft
- Zentrum zur Förderung der Forschung
- Abteilung für landwirtschaftliche operationelle Maßnahmen

HAUPTABTEILUNG FÜR WIRTSCHAFTS- UND SOZIALPOLITIK

- Abteilung für allgemeine Analysen
- Abteilung für Waren und Handel
- Abteilung für Statistik
- Abteilung für Nahrungspolitik und Ernährung
- Abteilung für menschliche Ressourcen, Institutionen und Agrarreform

HAUPTABTEILUNG FÜR FISCHWIRTSCHAFT

- Abteilung für Fischereipolitik und -planung
- Abteilung für Fischereiressourcen und Umwelt
- Abteilung für Fischindustrie
- Unterabteilung für Information, Daten und Statistik der Fischwirtschaft
- Unterabteilung für operationelle Maßnahmen

HAUPTABTEILUNG FÜR FORSTWIRTSCHAFT

- Abteilung für Forstressourcen
- Abteilung für Holzwirtschaft
- Unterabteilung für Grundsatzangelegenheiten und Planung
- Unterabteilung für operationelle Maßnahmen

HAUPTABTEILUNG FÜR ENTWICKLUNG

- Abteilung für die Entwicklung von Feldprogrammen
- Investitionszentrum
- Kampagne Kampf gegen den Hunger/Aktion für Entwicklung

HAUPTABTEILUNG FÜR ALLGEMEINE ANGELEGENHEITEN UND INFORMATION

- Abteilung für Konferenz-, Rats- und Protokollangelegenheiten
- Abteilung für Information
- Abteilung für Veröffentlichungen
- Abteilung für Bibliothek und Dokumentationssysteme

88
88
88
89
92
95
98
100
103
107
116
122

127
129
131
133
136
139
141
144

148
155
158
159
161

163
164
164
168
170
172
174
174
178
180
181
183
185
187
189
190

HAUPTABTEILUNG FÜR VERWALTUNG UND FINANZEN 193
    Abteilung für Finanzdienste 194
    Abteilung für Managementdienste 196
    Personalabteilung 197
    Abteilung für Verwaltungsdienste 199

12 DAS VN/FAO-WELTERNÄHRUNGSPROGRAMM 201
AUSSCHUSS FÜR NAHRUNGSMITTELHILFEPOLITIKEN UND -PROGRAMME 205
AUFBAU 207
    Büro des Exekutivdirektors 207
    Abteilung für Projektleitung 207
    Abteilung für Ressourcenbewirtschaftung 209
    Abteilung für Außenbeziehungen und allgemeine Dienste 211

13 BEZIEHUNGEN ZU ANDEREN ORGANISATIONEN 213
DAS SYSTEM DER VEREINTEN NATIONEN 213
ANDERE ZWISCHENSTAATLICHE ORGANISATIONEN 216
NICHT-REGIERUNGSORGANISATIONEN 216

14 DAS FAO-EMBLEM 218

15 SCHLUSSBEMERKUNGEN 220

LITERATURVERZEICHNIS 222

ABKÜRZUNGEN 224

LÄNDERINDEX 230

NAMENSINDEX 233

TABELLENVERZEICHNIS

1 Der FAO zur Verfügung stehende Geldmittel in ausgewählten Zweijahreszeiträumen 85
2 FAO-Mitarbeiterstab am 30. April 1981 87
3 Mittel des Welternährungsprogramms 1963-1982 203

1 EINLEITUNG

Am 16. Oktober 1945 entschlossen sich 42 Länder in Quebec, Kanada, die FAO zu gründen - die Ernährungs- und Landwirtschaftsorganisation der Vereinten Nationen. Hiermit erzielten sie im ständigen Kampf der Menschheit gegen Hunger und Unterernährung einen weiteren wichtigen Fortschritt, denn mit der Errichtung der FAO schufen sie sich und vielen anderen Nationen, die noch der FAO beitreten würden, einen Mechanismus, durch den ihre Mitgliedstaaten zahlreiche Probleme behandeln konnten, die im vordringlichen Interesse aller Länder und Völker liegen.

Diese Probleme sind nicht neu. In der Frühzeit befand sich der Mensch als Jäger im ständigen Kampf um Nahrung, sogar noch, als er sich zum aufrecht gehenden Wesen fortentwickelte und einen höheren Intelligenzgrad als seine Vorfahren besaß. Einige Millionen Jahre später tat er seinen ersten gigantischen Schritt nach vorn, als er lernte, Pflanzen anzubauen und begann, die Kunst der Landbewirtschaftung zu entwickeln; seinen zweiten tat er vielleicht 2 000 bis 5 000 Jahre später, als er lernte, Tiere zu domestizieren.

Mit kultivierten Pflanzen und domestizierten Tieren war der Mensch viel besser in der Lage, seine ständige Versorgung mit Nahrungsmitteln zu sichern. Diese Entwicklung aber bewirkte eine Ausweitung des Problems, denn sie ebnete den Weg für einen ungeheuren Zuwachs der Bevölkerung, die von der Erde ernährt werden konnte, und schließlich kam dieser Anstieg in der Bevölkerungsexplosion zum Ausbruch, deren Zeuge die Welt im vergangenen Jahrhundert war.

Die Menschheit hat in ihren Bemühungen um die Sicherstellung einer angemessenen Nahrungsmittelversorgung weitere Fortschritte gemacht. Verbesserte Pflanzenarten und leistungsfähigere Tiere wurden gezüchtet, Landmaschinen konstruiert, Düngemittel und Pestizide entwickelt und deren Gebrauch weit verbreitet und verbesserte Methoden für die Verarbeitung, Lagerung und Verteilung erschlossen. In einigen Ländern gab es für die meisten Menschen ausreichend Nahrungsmittel, und es entstanden einige Überschüsse. Aber in vielen Teilen der Welt überstieg der Bevölkerungszuwachs die Zunahme der Nahrungsmittelproduktion, und viele Menschen waren unter- oder schlecht ernährt oder gar beides. Obwohl Nahrungsmittel häufig zu einem angemessenen Preis erhältlich waren, konnte sich die ärmere Bevölkerung diese nicht in ausreichenden Mengen und von der richtigen Art leisten, um ihre Ernährungsbedürfnisse voll zu befriedigen.

Dieses Problem wurde durch den Zweiten Weltkrieg besonders in den Brennpunkt gerückt. Die landwirtschaftliche Produktion wurde in weiten Bereichen unterbrochen. Fabriken, die Düngemittel, Pestizide und Landmaschinen produzierten, wurden zerstört oder für andere

Zwecke genutzt. Der Handel mit landwirtschaftlichen Produkten und deren Verteilung waren ernsthaft gestört. Während das Problem der Nahrungsmittelversorgung bereits 1935 im Völkerbund diskutiert und ein halbes Jahrhundert zuvor die Aufmerksamkeit auf die Notlage der Bauern gelenkt worden war, die kein angemessenes Einkommensniveau erzielen konnten, kam es in dieser Periode besonderer Belastungen zur Planung der FAO, und in der frühen Wiederaufbauphase nach dem Krieg wurde sie ins Leben gerufen.

2 URSPRUNG DER IDEE

Es lohnt sich, den Hintergrund etwas weiter zu erhellen, vor dem die FAO geschaffen wurde. Man sollte dies sowohl kurzfristig als auch längerfristig unter dem Aspekt betrachten, wie die Menschheit und die Landwirtschaft sich entwickelt haben.

UNMITTELBARER URSPRUNG DER FAO-IDEE

Viele Leute trugen zu den Überlegungen bei, die schließlich zur Gründung der FAO führten. Doch die Gedanken und Handlungen von einem halben Dutzend Beteiligter waren entscheidend für die Entwicklung dieser Idee und das Endergebnis, weil sie entweder wichtige Beiträge zum Plan selbst geleistet hatten oder zur rechten Zeit am rechten Platz waren, um zu handeln. Eine kurze Aufzählung ihrer Beiträge wird deshalb dazu dienen aufzuzeigen, wie der Plan entstand und schließlich die Form der gegenwärtigen internationalen zwischenstaatlichen Organisation annahm.

David Lubin war ein amerikanischer Staatsbürger polnischer Abstammung, der als Kaufmann in Kalifornien beachtliche Erfolge erzielt hatte. Er war betroffen über die Notlage der Landwirte während der Depression in den 80er und 90er Jahren des vergangenen Jahrhunderts, die auch ihm mit seinen eigenen landwirtschaftlichen Betrieben Schwierigkeiten bereitet hatte. Mit dem Ziel, auf internationaler Ebene Mechanismen zu entwickeln, die das Los der Landwirte verbessern sollten, und mit der ihm eigenen Zielstrebigkeit und mit Durchhaltevermögen überzeugte er die Minister einiger Länder, seinen Ideen Aufmerksamkeit zu schenken. Trotz vieler Hindernisse wurde im Jahr 1905, voll und ganz seinen Vorstellungen gemäß, eine Organisation gegründet: das Internationale Institut für Landwirtschaft (IIA). Diese erste internationale zwischenstaatliche Organisation, die sich mit den Problemen der Landwirtschaft befaßte, arbeitete grundsätzlich ohne wesentliche Unterbrechung und innerhalb der Grenzen ihres Mandats bis zum Zweiten Weltkrieg. Nach dem Krieg ging ihr Besitzstand in den der FAO über. Der größte Vermögenswert bestand in der Bibliothek, die jetzt als Teil der "David Lubin-Gedächtnisbibliothek" in der FAO untergebracht ist.

König Victor Emmanuel III von Italien stellte sich als die Schlüsselfigur heraus, mit der David Lubin während seines Kreuzzuges in Verbindung trat. Von Lubins ernsthafter Überzeugungskraft beeindruckt, schrieb der König am 24. Januar 1905 an seinen Ministerpräsidenten, Giovanni Giolitti, und wies darauf hin, daß die Errichtung eines internationalen Instituts nützlich sein könnte, das "ohne politische Absichten die Bedingungen für die Landwirtschaft in verschiedenen Ländern der Welt untersuchen und in regelmäßigen Abständen Informationen über die Quantität und Qualität von Ernteerträgen veröffentlichen soll ...". Dies führte zur Einberufung einer Konferenz nach Rom und am 7. Juni

1905 zur Unterzeichnung einer Konvention durch 40 Länder sowie zur Errichtung des IIA mit Hauptsitz in der Villa Borghese in Rom.

Frank L. McDougall, Australien, schrieb im Sommer 1935 sein Memorandum über "Landwirtschaft und Gesundheitsprobleme". Hierin stellte er fest, daß es "eine Bankrotterklärung für jeden Staatsmann darstelle, wenn es sich als unmöglich herausstellen sollte, das große unbefriedigte Bedürfnis nach hochwertiger Nahrung und das immense Produktionspotential der modernen Landwirtschaft zusammenzubringen". McDougall stützte sich auf die Erkenntnisse führender Ernährungswissenschaftler der Vereinigten Staaten und des Vereinigten Königreichs sowie auch auf die Ansichten seiner Kollegen im Völkerbund. Sein Memorandum war der erste Schritt, die Ergebnisse der Ernährungswissenschaftler vor ein internationales Forum zu bringen, nämlich daß ein großer Teil der Weltbevölkerung nicht ausreichend mit den richtigen Nahrungsmitteln ernährt werde. Außerdem vertraten sie die Auffassung, daß die Nahrungsproduktion eher ausgeweitet als eingeschränkt werden sollte, um den Ernährungsbedarf zu decken.

Stanley Bruce (der spätere *Viscount Bruce of Melbourne* und auch der erste Unabhängige Vorsitzende des FAO-Rates) sprach am 11. September 1935 auf der Versammlung des Völkerbundes und stützte seine Ausführungen auf McDougalls Memorandum. Er machte sich stark für etwas, das später als "die Ehe zwischen Gesundheit und Landwirtschaft" bekannt wurde, in der Hoffnung, daß der Völkerbund, der zu dem Zeitpunkt aufgrund unlösbarer politischer Probleme zerstritten war, vielleicht überzeugt werden konnte, sich konstruktiv den wirtschaftlichen und sozialen Problemen zuzuwenden. Die günstige Reaktion auf diesen Vortrag veranlaßte McDougall, Sir John Boyd Orr, der zehn Jahre später der erste Generaldirektor der FAO wurde, zu telegraphieren: "Wir haben am heutigen Tage in Genf mit Gottes Gnade eine Kerze ohnegleichen angezündet, von der wir glauben, daß sie nie gelöscht wird." Während der Diskussionen über ein internationales Weizenabkommen im Oktober 1942 in Washington schrieb McDougall, beraten von einem kleinen Personenkreis (zumeist aus dem US-Landwirtschaftsministerium), ein zweites Memorandum, das unter dem Titel "Entwurf eines Memorandums für ein Programm der Vereinten Nationen zur Befreiung vom Mangel an Nahrungsmitteln" nur für den privaten Gebrauch bestimmt war. Es enthielt einige Ideen darüber, wie Regierungen eine Organisation entwickeln könnten, die sich mit Ernährungs- und Landwirtschaftsproblemen befaßt. In dem Titel bezog sich die Bezeichnung "Vereinte Nationen" auf die Länder, die sich in ihrem Bemühen, den Zweiten Weltkrieg zu gewinnen, zusammengeschlossen hatten, und nicht auf die gegenwärtige Bedeutung des Begriffs.

Eleanor Roosevelt (Ehefrau des Präsidenten der Vereinigten Staaten), die von diesem Memorandum erfahren hatte und sich lebhaft für dessen Inhalt zu interessieren begann, traf mit McDougall zusammen und entschied, daß die in dem Memorandum enthaltenen

Ideen es wert waren, dem Präsidenten zur Kenntnis gebracht zu werden. Daraufhin wurde McDougall zu einem Essen im kleinen Kreis in das Weiße Haus eingeladen. Bei dieser Gelegenheit betonte er gegenüber dem Präsidenten der Vereinigten Staaten, daß die Vereinten Nationen derzeit durch die Kriegsumstände zusammengehalten würden. Wenn jedoch der Krieg vorüber sei, würden sie einige gemeinsame Probleme zur Bearbeitung brauchen, wenn ihre Zusammenarbeit fortgesetzt werden solle. Nahrungsmittel waren sicher ein Problem, das alle gemeinsam hatten, auch wenn die Welt dies erst in den 70er Jahren als Thema "entdeckt" zu haben scheint.

Präsident Franklin D. Roosevelt, der sechste in der Reihe von Persönlichkeiten, auf die zu Beginn dieses Kapitels Bezug genommen wurde, war zugänglich, gab aber zu jenem Zeitpunkt keinerlei Hinweis darauf, was er, sofern überhaupt, unternehmen würde. McDougall hörte nichts mehr darüber, bis er eine Bekanntmachung in der Zeitung las, daß der Präsident beabsichtigte, verbündete Regierungen zur Teilnahme an einer Konferenz der Vereinten Nationen über Ernährung und Landwirtschaft nach Hot Springs, Virginia, einzuladen. Die Konferenz fand vom 18. Mai bis zum 3. Juni 1943 statt und setzte eine Interimskommission ein, die am 16. Oktober 1945 in Quebec zur Gründung der FAO auf der 1. Sitzung der FAO-Konferenz führte. So brannte die Kerze, die 1935 in Genf angezündet worden war und durch den Zweiten Weltkrieg fast ausgelöscht wurde, zehn Jahre später heller als je zuvor.

Das Szenario von den 80er Jahren des vergangenen Jahrhunderts bis zu den 40er Jahren dieses Jahrhunderts war natürlich erheblich komplexer, und weitaus mehr Menschen spielten darin eine Rolle als die vorangegangene Zusammenfassung vermuten läßt. Gegenstand dieser Abhandlung soll jedoch nur ein grober Abriß der Situation und der Ereignisse sein, die schließlich 1945 zur Gründung der FAO führten. Dennoch soll ein weiterer Beitrag zur frühen Entwicklung der FAO-Idee hier festgehalten werden.

Das Sekretariat des Völkerbundes besaß eine kleine Organisationseinheit für Gesundheitsfragen, die ursprünglich aus einer internationalen Kommission entstanden war, welche man nach dem Ersten Weltkrieg zur Bekämpfung des Typhus in Osteuropa gegründet hatte. Um 1930, als die Erkenntnis über die Bedeutung der Ernährung für die Gesundheit zunahm, wurde beschlossen, daß diese Arbeitseinheit Ernährungsfragen in ihr Programm aufnehmen sollte (Aykroyd, 1953). Der erste internationale Beamte für Ernährung, der ernannt wurde, war Dr. W.R. Aykroyd, der 15 Jahre später der erste Direktor der FAO-Abteilung für Ernährung wurde. Ein Ergebnis der Arbeitseinheit war ein Bericht über "Ernährung und Volksgesundheit" (Burnet und Aykroyd, 1953), in welchem der Versuch unternommen wurde, die lebenswichtige Bedeutung einer guten Ernährung für das menschliche Wohlbefinden aufzuzeigen und auf praktische Maßnahmen für eine verbesserte Ernährung hinzuweisen. Dieser Bericht wurde kurz vor der Debatte der Versammlung des Völkerbundes über Ernährung veröffentlicht, in der Stanley Bruce "die Ehe von Gesundheit und Landwirtschaft" forderte. Er war unabhängig von dem Memorandum und der von einer australischen Gruppe entworfenen Rede verfaßt worden, diente jedoch in einem gewissen Maße als Hintergrunddokument für die Debatte.

Obwohl nur wenig Interesse erwartet worden war, diskutierte die Versammlung drei Tage über Ernährung, und dies war um so überraschender, als das politisch akute Problem in jener Zeit die drohende Aggression Italiens gegen Äthiopien war. Als Ergebnis der Diskussion setzte die Versammlung zwei Gremien ein. Das eine war die Fachkommission für Ernährung, die sich unter anderem mit dem physiologischen Nahrungsbedarf des Menschen befassen sollte. Das andere war ein gemischter Ausschuß, der über Ernährung in bezug auf Gesundheit und Landwirtschaft und über die wirtschaftlichen Aspekte dieses Fachgebiets berichten sollte. Die Kommission erstellte einen Bericht zum Thema "Physiologische Grundlagen für die Ernährung" (Völkerbund, 1936), und der gemischte Ausschuß legte einen Bericht über "Die Beziehung zwischen Ernährung und Gesundheits-, Agrar- und Wirtschaftspolitik" (Völkerbund, 1937) vor. Die Bedrohung durch den Zweiten Weltkrieg und, kurz darauf, dessen Ausbruch brachten diese vielversprechenden Aktivitäten zum Stillstand. Dennoch machte sich ihr Einfluß in einigen Ländern auch während des Krieges bemerkbar, und sie dienten als Wegbereiter für die Konferenz von Hot Springs und die spätere Gründung der FAO.

EINE LÄNGERFRISTIGE PERSPEKTIVE

In diesem Jahrhundert haben Regierungen viele Organisationen gegründet, um internationale Probleme, einschließlich derjenigen der Landwirtschaft, zu behandeln. Einige Organisationen, wie der Völkerbund oder das Internationale Institut für Landwirtschaft, sind bereits von der Bildfläche verschwunden und durch andere ersetzt worden. Internationale zwischenstaatliche Organisationen sind in der Tat fast uneingeschränkt ein Produkt des 20. Jahrhunderts, auch wenn ihr Entstehen als Mechanismus zur Regelung von internationalen Angelegenheiten nichts anderes ist als ein moderner Ausdruck für einen Ablauf, der so alt ist wie die Menschheit selbst. Im Gegensatz zu anderen Lebewesen vermag der Mensch, Wissen anzuhäufen und zu gebrauchen. Von jeder Generation wird dem Fundus an Wissen etwas hinzugefügt. Jeder neuen Generation stehen alle Kenntnisse zur Verfügung, die von den vorangegangenen Generationen gesammelt und weitergegeben worden sind. Die Weitergabe von Informationen von einer Generation zur anderen wurde durch die Erfindung der Schreibkunst natürlich beträchtlich vereinfacht. Eine Generation lebt nicht zwangsläufig nach dem Vorbild der vorhergehenden Generation: sie fügt etwas Neues hinzu und entwickelt ein eigenes Muster. Das Leben nimmt deshalb immer komplexere, stärker organisierte Formen an.

Als sich der Mensch vor langer Zeit erstmals als ein Wesen mit Intelligenz zeigte, das Werkzeuge herstellen und benutzen konnte, war seine Lebensweise noch einfach. Sie änderte sich nur wenig von Generation zu Generation. In der langen prähistorischen Periode kamen wichtige Dinge hinzu wie Werkzeuge, Kleidung, bessere Unterkunft, Feuer, einige Kenntnisse über die Sterne, der Hebel und das Rad. Dennoch war es ein langsamer Fortschritt, verglichen mit demjenigen, der nach der Entwicklung der Landwirtschaft begann, und vor allem verglichen mit der Geschwindigkeit, mit welcher in diesem Jahrhundert Wissen zusammengetragen worden ist. Der Mensch mußte in erhöhtem Maße komplexere organisatorische Vorkehrungen auf kommunaler, regionaler, nationaler und in den letzten Jahren auch auf internationaler Ebene treffen, um mit der Anwendung dieses zunehmenden Wissenspotentials fertig zu werden. Die Landwirtschaft war in vollem Umfang an dieser Entwicklung beteiligt und war eine der Hauptmitwirkenden. Wollte man die gesamte Menschheitsgeschichte in einem einzigen Jahr zusammenfassen, würde der Zeitraum, in dem der Getreideanbau betrieben worden ist, nur etwa zwei Tage einnehmen. Bewußt betriebene Landwirtschaft hat ihren Ursprung vor ungefähr 9 000 oder 10 000 Jahren mit der Entwicklung des Getreideanbaus an den Berghängen des Nahen Ostens. Dies war die Grundlage für die Entstehung der bäuerlichen Dorfgemeinschaften im Nahen Osten, die ihrerseits die sozialen und wirtschaftlichen Bedingungen für die Domestizierung fleischliefernder Tiere schufen.

Von diesem Zeitpunkt an begann sich die organisierte Landwirtschaft allmählich über die ganze Welt auszubreiten. Die Bauern fingen an, Nahrungsmittel sowohl für die Stadtbewohner als auch für sich selbst anzubauen. Segel- und Dampfschiffe fuhren um die Erde, und Flugzeuge beschleunigten die Beförderung von Menschen und Produkten von Land zu Land. Verstärkt während dieses Jahrhunderts durch die rasche Entwicklung von Wissenschaft und Technologie und durch Produktionsüberschüsse, welche diese in einigen Ländern hervorriefen, entstand und wuchs der Bedarf an Mechanismen, die es den Ländern ermöglichten, untereinander über ihre landwirtschaftlichen und anderen Probleme zu beraten. Als Antwort darauf entwickelten sich die internationalen Organisationen.

Vor etwas mehr als einem Jahrhundert begannen Agrarwissenschaftler, sich für den internationalen Austausch von Informationen zu organisieren. So wurde z.B. im Jahr 1863 der erste einer fortlaufenden Reihe von internationalen Veterinärkongressen in Hamburg, Deutschland, abgehalten. Etwa zur gleichen Zeit, im Jahr 1864, führten die Probleme der Zuckerproduzenten zu dem vielleicht ersten zwischenstaatlichen Warenabkommen.

Viele nichtstaatliche Gruppen, die insbesondere in Europa an verschiedenen Bereichen der Landwirtschaft interessiert waren, begannen vor 1900, sich auf internationaler Ebene zu treffen. Die Internationale Kommission für Landwirtschaft, die vermutlich die erste formelle internationale Gruppe war, die sich mit den allgemeinen Belangen der Landwirtschaft befaßte, wurde im Jahr 1889 gegründet. Dies war das Ergebnis von Bemühungen privater Personen und Gruppen in Europa, die, vor allem angetrieben von der schweren landwirtschaftlichen Depression in den 80er und 90er Jahren des 19. Jahrhunderts, einen Zusammenschluß für notwendig hielten, um die der Industrie eigenen Schwächen auszugleichen und sich auf weltweiter Ebene mit gemeinsamen Problemen der Landwirtschaft zu beschäftigen.

Dennoch wurde das erste internationale zwischenstaatliche Gremium, das sich mit den allgemeinen Problemen der Landwirtschaft befaßte, nicht vor der Jahrhundertwende aus der Taufe gehoben. Es war das Internationale Institut für Landwirtschaft (IIA), dessen Entstehungsgeschichte auf Seite 3 und 4 beschrieben wurde. Das IIA führte in vielen Bereichen internationale Tagungen durch, sammelte und veröffentlichte Statistiken über die Landwirtschaft in der Welt, organisierte im Jahr 1930 die erste weltweite Landwirtschaftszählung und gab viele Fachpublikationen heraus. Seine Arbeit wurde durch den Zweiten Weltkrieg fast zum Erliegen gebracht. Nach der Gründung der FAO im Jahr 1945 wurde das IIA aufgelöst und sein Vermögen von der FAO übernommen. So hatte innerhalb der ersten Hälfte des 20. Jahrhunderts die erste internationale zwischenstaatliche landwirtschaftliche Organisation, die gegründet worden war, ihr nützliches Dasein beendet. Sie war durch eine Organisation mit wesentlich umfangreicherem Verantwortungsbereich ersetzt worden.

Neben der FAO, der wichtigsten internationalen zwischenstaatlichen Organisation für Ernährung und Landwirtschaft, haben die Regierungen viele andere internationale und regionale Organisationen gegründet, die sich bis zu einem gewissen Grade mit Themen der Ernährung und Landwirtschaft beschäftigen. Diese sind zu zahlreich, um sie hier aufzuzählen, aber sie schließen eine Reihe von Organisationen ein, die - wie die FAO - selbständige Organisationen innerhalb des VN-Systems sind, außerdem eine Anzahl von Unterorganisationen der Vereinten Nationen selbst und viele Organisationen außerhalb des VN-Systems, wie diejenigen, welche sich weltweit mit verschiedenen landwirtschaftlichen Produkten befassen oder mit einigen Bereichen der Landwirtschaft auf regionaler Ebene. Diese Organisationen werden hier nur deshalb erwähnt, um zu unterstreichen, daß die Regierungen auf der Suche nach Lösungsmöglichkeiten für internationale Probleme, einschließlich der der Landwirtschaft, die Schaffung vieler zwischenstaatlicher Organisationen als wünschenswert erachtet haben.

3 DIE IN DER SATZUNG FORMULIERTE FAO-IDEE

Die Idee hinter der Gründung der FAO und die Ansichten der Regierungen, wie sich diese Idee in den Aktivitäten der Organisation widerspiegeln sollte, wurden sehr klar und einfach in der Präambel und in Artikel I ihrer Satzung dargelegt.

PRÄAMBEL

Die Präambel der FAO-Satzung, wie sie 1945 bei Gründung der Organisation angenommen wurde, lautet nach ihrer Änderung im Jahr 1965 durch Hinzufügung des Satzes "und die Menschheit vom Hunger zu befreien" wie folgt:

> Die Staaten, die diese Satzung in dem Entschluß annehmen, das allgemeine Wohl zu fördern, indem sie einzeln und gemeinsam handeln,
>
>> um den Ernährungsstand und die Lebenshaltung der ihrer Hoheitsgewalt unterstehenden Völker zu heben,
>>
>> um eine immer leistungsfähigere Erzeugung und Verteilung aller Nahrungsmittel und sonstigen landwirtschaftlichen Erzeugnisse sicherzustellen,
>>
>> um die Lebensbedingungen der Landbevölkerung zu verbessern,
>>
>> und somit zur Ausweitung der Weltwirtschaft beizutragen und die Menschheit vom Hunger zu befreien,
>
> errichten hiermit die Ernährungs- und Landwirtschaftsorganisation der Vereinten Nationen, im folgenden als "Organisation" bezeichnet, mittels der sich die Mitglieder gegenseitig über Maßnahmen und Fortschritte in den genannten Tätigkeitsbereichen unterrichten werden.

AUFGABEN DER ORGANISATION

Artikel I setzt den Weg zur Erreichung der in der Präambel festgelegten Ziele wie folgt fest:

1. Die Organisation sammelt, analysiert, erläutert und verbreitet Informationen über Ernährung und Landwirtschaft. In dieser Satzung umfaßt der Ausdruck "Landwirtschaft" und die von ihm abgeleiteten Ausdrücke auch die Fischerei, die Erzeugnisse des Meeres, die Forstwirtschaft und ihre Roherzeugnisse.

2. Die Organisation fördert und empfiehlt, soweit letzteres zweckdienlich ist, nationale und internationale Maßnahmen in bezug auf

    (a) die wissenschaftliche, technische, soziale und wirtschaftliche Forschung auf dem Gebiet der Ernährung und Landwirtschaft;

    (b) die Verbesserung der Ausbildung und der Verwaltung auf dem Gebiet der Ernährung und Landwirtschaft sowie die Verbreitung theoretischer und praktischer Kenntnisse auf diesem Gebiet;

    (c) die Erhaltung natürlicher Ressourcen und die Einführung verbesserter Methoden der landwirtschaftlichen Erzeugung;

(d) die Verbesserung der Verarbeitung, des Absatzes und der Verteilung von Nahrungsmitteln und sonstigen landwirtschaftlichen Erzeugnissen;

(e) die Einführung von Verfahren zur Bereitstellung ausreichender nationaler und internationaler Kredite für die Landwirtschaft;

(f) die Annahme internationaler Richtlinien für Vereinbarungen über landwirtschaftliche Erzeugnisse.

3. Ferner ist es die Aufgabe der Organisation,

(a) auf Verlangen der Regierungen technische Hilfe zu gewähren;

(b) in Zusammenarbeit mit den betreffenden Regierungen die erforderlichen Sachverständigengruppen aufzustellen, um sie bei der Erfüllung der Verpflichtungen zu unterstützen, die sich aus der Annahme der Empfehlungen der Ernährungs- und Landwirtschaftskonferenz der Vereinten Nationen und aus dieser Satzung ergeben; und

(c) ganz allgemein alle Maßnahmen zu treffen, die zur Verwirklichung der in der Präambel genannten Ziele der Organisation notwendig und zweckmäßig sind.

4 DIE GRÜNDUNG DER FAO

Die Gründung der FAO vollzog sich in drei wesentlichen Schritten: (i) die Durchführung der Konferenz der Vereinten Nationen über Ernährung und Landwirtschaft in Hot Springs, Virginia; (ii) die Einrichtung einer Interimskommission der Vereinten Nationen für Ernährung und Landwirtschaft, um die notwendigen Vorbereitungen für die formelle Gründung der FAO zu treffen; (iii) die Durchführung der ersten Sitzung der FAO-Konferenz in Quebec, auf der der Prozeß der Organisationsgründung abgeschlossen wurde.

DIE KONFERENZ VON HOT SPRINGS

Wie bereits angedeutet wurde, fand die Konferenz der Vereinten Nationen über Ernährung und Landwirtschaft auf Initiative des Präsidenten der Vereinigten Staaten, Franklin D. Roosevelt, im Homestead Hotel in Hot Springs, Virginia, vom 18. Mai bis zum 3. Juni 1943 statt. Delegierte aus 44 Nationen nahmen daran teil und unterschrieben die Schlußakte:

Ägypten	Guatemala	Nicaragua
Äthiopien	Haiti	Niederlande
Australien	Honduras	Norwegen
Belgien	Indien	Panama
Bolivien	Irak	Paraguay
Brasilien	Iran	Peru
Chile	Island	Philippinen
China	Jugoslawien	Polen
Costa Rica	Kanada	Sowjetunion
Dominikanische Republik	Kolumbien	Südafrika
Ecuador	Kuba	Tschechoslowakei
El Salvador	Liberia	Uruguay
Frankreich	Luxemburg	Venezuela
Griechenland	Mexiko	Vereinigte Staaten
Großbritannien	Neuseeland	von Amerika

Zusätzlich war auch ein Beamter aus Dänemark in persönlicher Eigenschaft anwesend.

Die Konferenz wurde unter starken Sicherheitsvorkehrungen noch während des Zweiten Weltkrieges abgehalten. Der Ausdruck "Vereinte Nationen" im Titel der Konferenz bezog sich auf die Nationen, die sich gemeinsam bemühten, den Krieg zu gewinnen, wie dies im Eingangssatz der Konferenzdeklaration zum Ausdruck kommt:

> Diese Konferenz, die inmitten des größten Krieges, der je geführt wurde, und im vollen Vertrauen auf den Sieg zusammengetreten ist, hat die globalen Probleme der Ernährung und Landwirtschaft erörtert. Sie erklärt ihre Überzeugung, daß das Ziel Befreiung vom Mangel an Nahrungsmitteln, welche für die Gesundheit und Kraft aller Menschen geeignet und angemessen sind, erreicht werden kann.

Die Errichtung einer Interimskommission wurde beschlossen und diese mit der Formulierung "eines bestimmten Plans für eine ständige Organisation für Ernährung und Landwirtschaft" betraut. Neben dieser grundlegenden Entscheidung nahm die Konferenz folgende Empfehlungen an: Verbesserung nationaler Ernährungsweisen; Ernährung von anfälligen Gruppen; Fehlernährung und Krankheit; Mangelkrankheiten; nationale Ernährungsorganisationen; Informations- und Erfahrungsaustausch; Ernährungsstandards; Zusammenarbeit bestehender Organisationen; Nicht-Nahrungsgüter; kurzfristige Produktionsänderungen; kurzfristige Koordinierung; Anpassung der Produktion beim Übergang von der kurz- in die langfristige Phase; langfristige Produktionspolitik; Agrarkredit; Genossenschaftswesen; Landbesitz und Landarbeit; Ausbildung und Forschung; Erhaltung von Land- und Wasserressourcen; Erschließung und Besiedlung von Land für die Nahrungsproduktion; berufliche Anpassung der Landbevölkerung; internationale Sicherheit; Erreichung einer Überflußwirtschaft; internationale Warenabkommen; gezielte nationale Maßnahmen für eine breitere Nahrungsmittelverteilung; gezielte internationale Maßnahmen für eine breitere Nahrungsmittelverteilung; staatliche und andere nationale Vermarktungseinrichtungen; zusätzliche und verbesserte Vermarktungseinrichtungen; leistungsfähigere Vermarktung und Verminderung der Vermarktungskosten; sowie Fisch- und Meeresprodukte.

Diese Empfehlungen nehmen viele Themenbereiche vorweg, die in das Mandat der neuen "ständigen Organisation", FAO, aufgenommen werden mußten. Die Forstwirtschaft wurde jedoch nicht erwähnt, außer allgemein in einer der Empfehlungen für Nicht-Nahrungsgüter. Der später von der Interimskommission gemachte besondere Vorschlag, die Forstwirtschaft mit einzubeziehen, fand die Unterstützung des Präsidenten Roosevelt, und zwar unter den auf Seite 164 beschriebenen Umständen bezüglich der Hauptabteilung für Forstwirtschaft.

Die Konferenz von Hot Springs war ein historisches Ereignis und für die Annalen der Weltlandwirtschaft von großer Bedeutung. Ihr wird im Hinblick auf den Kampf, in den nächsten 50 bis 75 Jahren eine wachsende Weltbevölkerung zu ernähren, zweifellos noch mehr Bedeutung beigemessen werden. Manchmal stehen wir den Ereignissen zu nah gegenüber, um ihre Bedeutung würdigen zu können. Dies traf offensichtlich auf Ingalls zu (1949), der die Konferenz aus unmittelbarer Nähe miterlebte und an ihr nichts finden konnte außer unbedeutenden Faktoren, die er in seinem Bericht über dieses Kapitel in der Geschichte des Homestead Hotels ins Lächerliche zog.

Eine Tafel, die an diese Konferenz erinnert, befindet sich an der Außenwand des Haupteingangs des Homestead Hotels, und eine Kopie hängt in der Halle des Haupteingangs der FAO in Rom.

DIE INTERIMSKOMMISSION

Die Konferenz von Hot Springs beschloß die Gründung einer Interimskommission für Ernährung und Landwirtschaft spätestens bis zum 15. Juli 1943 in Washington, die ihre Empfehlungen ausführen sollte; und die in Hot Springs vertretenen Regierungen und Behörden sollten berechtigt sein, einen Delegierten in die Kommission zu entsenden. Außerdem bat die Konferenz die Vereinigten Staaten, jede vorbereitende Maßnahme zu ergreifen, die zur Errichtung der Kommission notwendig war. Die Interimskommission richtete ihre Büros in der 2841 McGill Terrace, N.W., Washington, D.C., ein und arbeitete bis zum Zeitpunkt der formellen Gründung der FAO unter ihrem Vorsitzenden, dem ehrenwerten Lester B. Pearson aus Kanada. Sie bestand zwei Jahre und wenige Monate, da es undurchführbar schien, die erste Sitzung der FAO-Konferenz einzuberufen, ehe eine angemessene Anzahl von Ländern die Satzung angenommen und ehe insbesondere die Regierung des Gastlandes der Kommission diesen wichtigen Schritt vollzogen hatte.

Die erste Aufgabe der Interimskommission bestand darin, eine Satzung für die neue ständige Organisation, FAO, zu entwerfen. Die zweite Aufgabe war, diese Satzung den Nationen, die für die Gründungsmitgliedschaft in Frage kamen, zuzuleiten und ihre Annahmeerklärung entgegenzunehmen. Die zur Gründungsmitgliedschaft berechtigten Nationen, wie im Anhang I der Satzung aufgeführt, waren die 44 Nationen, die auf der Konferenz von Hot Springs vertreten waren, sowie Dänemark, das nur informell daran teilgenommen hatte.

Die dritte Aufgabe bestand darin, Gedanken über die Aktivitäten der neuen Organisation zuammenzutragen. Dies geschah in erster Linie in einer Reihe von Ausschüssen und Unterausschüssen, die aus Personen zusammengesetzt waren, welche die Mitgliedsregierungen der Kommission zur Verfügung stellten. Fünf Fachberichte wurden ausgearbeitet, und zwar über Ernährung und Nahrungsmittelbewirtschaftung, Agrarproduktion, Fischerei, Forstwirtschaft und ihre Roherzeugnisse sowie über Statistik. Diese sollten den Delegationen auf der ersten Sitzung der FAO-Konferenz sowie dem Generaldirektor und allen Mitarbeitern zur Verfügung stehen, sobald die Organisation gegründet war.

DIE KONFERENZ VON QUEBEC

Die 1. Sitzung der FAO-Konferenz wurde im Château Frontenac in Quebec, Kanada, vom 16. Oktober bis zum 1. November 1945 abgehalten. Ihre erste Aufgabe bestand darin, die FAO formell ins Leben zu rufen. Dies geschah in Form einer von der Interimskommission entworfenen Satzung. Eine Tafel, die an dieses Ereignis erinnert, hängt in der Nähe des Haupteingangs des Château Frontenac, und eine Kopie befindet sich in der Halle des Haupteingangs der FAO-Zentrale in Rom.

Von den 45 Nationen, die für die Gründungsmitgliedschaft in Frage kamen, wurden 34 durch Unterzeichnung der Satzung Mitglieder. Sie setzten diese dadurch in Kraft und schufen die FAO am 16. Oktober 1945. Drei weitere Nationen aus dieser Gruppe wurden im späteren Verlauf der Sitzung formell Mitglieder. Von den verbleibenden acht Nationen wurden sieben zwischen dem 30. November 1945 und dem 1. Dezember 1953 formell Mitglieder. Lediglich ein Staat, nämlich die UdSSR, hat ihre Option nie wahrgenommen.

Während der Sitzung wurden zwei weitere Länder gewählt, die zu einer Gründungsmitgliedschaft nicht berechtigt waren. Dies brachte die Mitgliedschaft am Ende der Sitzung offiziell auf 39 Nationen. Drei weitere Länder unterzeichneten die Satzung ad referendum.

5 DIE MITGLIEDSTAATEN

DIE GEGENWÄRTIGE MITGLIEDSCHAFT

Die Hauptträger der FAO sind natürlich ihre Mitgliedsländer, da die FAO eine zwischenstaatliche Organisation ist, in der die Länder durch ihre jeweiligen Regierungen vertreten sind. Die Zahl der Mitgliedsländer hat sich seit dem Ende der 1. Sitzung der FAO-Konferenz von 39 auf 147 fast vervierfacht.

Die 147 Länder, die am Ende der 20. Sitzung der FAO-Konferenz im November 1979 Mitglieder waren, sind folgende (mit Datum des Wirksamwerdens ihrer Mitgliedschaft):

Ägypten (16.10.1945)
Äthiopien (01.01.1948)
Afghanistan (01.12.1949)
Albanien (12.11.1973)
Algerien (19.11.1963)
Angola (14.11.1977)
Argentinien (27.11.1951)
Australien (16.10.1945)
Bahamas (10.11.1975)
Bahrain (08.11.1971)
Bangladesch (12.11.1973)
Barbados (06.11.1967)
Belgien (16.10.1945)
Benin (09.11.1961)
Birma (11.09.1947)
Bolivien (16.10.1945)
Botsuana (01.11.1966)
Brasilien (16.10.1945)
Bulgarien (06.11.1967)
Burundi (19.11.1963)
Chile (17.05.1946)
China, Volksrepublik (16.10.1945)
Costa Rica (07.04.1948)
Dänemark (16.10.1945)
Deutschland, Bundesrepublik (27.11.1950)
Dominica (12.11.1979)
Dominikanische Republik (16.10.1945)
Dschibuti (14.11.1977)
Ecuador (16.10.1945)
Elfenbeinküste (09.11.1961)
El Salvador (19.08.1947)
Fidschi (08.11.1971)
Finnland (27.08.1947)
Frankreich (16.10.1945)
Gabun (09.11.1961)
Gambia (22.11.1965)
Ghana (09.11.1957)
Grenada (10.11.1975)
Griechenland (16.10.1945)
Guatemala (16.10.1945)
Guinea (05.11.1959)
Guinea-Bissau (26.11.1973)
Guyana (22.08.1966)
Haiti (16.10.1945)
Honduras (16.10.1945)
Indien (16.10.1945)
Indonesien (28.11.1949)
Irak (16.10.1945)
Iran (01.12.1953)
Irland (03.09.1946)
Island (16.10.1945)
Israel (23.11.1949)
Italien (12.09.1946)
Jamaika (13.03.1963)
Japan (21.11.1951)
Jemen, Arabische Republik (09.12.1953)
Jemen, Demokratische Volksrepublik (10.11.1969)
Jordanien (23.01.1951)
Jugoslawien (16.10.1945)
Kamerun (22.03.1960)
Kamputschea, Demokratisches (11.11.1950)
Kanada (16.10.1945)
Kap Verde (10.11.1975)
Katar (08.11.1971)
Kenia (27.01.1964)
Kolumbien (17.10.1945)
Komoren (14.11.1977)
Kongo, Demokratische Republik (09.11.1961)
Korea, Demokratische Volksrepublik (14.11.1977)
Korea, Republik (25.11.1949)
Kuba (19.10.1945)
Kuwait (09.11.1961)
Laos (21.11.1951)
Lesotho (07.11.1966)
Libanon (27.10.1945)
Liberia (16.10.1945)
Libyen (24.11.1953)
Luxemburg (16.10.1945)

Madagaskar (09.11.1961)
Malawi (22.11.1965)
Malaysia (09.11.1957)
Malediven (08.11.1971)
Mali (09.11.1961)
Malta (05.10.1964)
Marokko (13.09.1956)
Mauretanien (09.11.1961)
Mauritius (12.03.1968)
Mexiko (16.10.1945)
Mongolei (12.11.1973)
Mosambik (14.11.1977)
Namibia (14.11.1977)
Nepal (27.11.1951)
Neuseeland (16.10.1945)
Nicaragua (16.10.1945)
Niederlande (16.10.1945)
Niger (09.11.1961)
Nigeria (11.10.1960)
Norwegen (16.10.1945)
Obervolta (09.11.1961)
Österreich (27.08.1947)
Oman (08.11.1971)
Pakistan (07.09.1947)
Panama (16.10.1945)
Papua-Neuguinea (10.11.1975)
Paraguay (30.10.1945)
Peru (17.06.1952)
Philippinen (16.10.1945)
Polen (09.11.1957)
Portugal (11.09.1946)
Ruanda (19.11.1963)
Rumänien (09.11.1961)
Sambia (22.11.1965)
Samoa (12.11.1979)
São Tomé und Principe (14.11.1977)

Saudi-Arabien (23.11.1948)
Schweden (13.02.1950)
Schweiz (11.09.1946)
Senegal (09.11.1961)
Seschellen (14.11.1977)
Sierra Leone (09.11.1961)
Somalia (17.11.1960)
Spanien (05.04.1951)
Sri Lanka (21.05.1948)
St. Lucia (26.11.1979)
Sudan (13.09.1956)
Suriname (26.11.1975)
Swasiland (08.11.1971)
Syrien (27.10.1945)
Tansania (08.02.1962)
Thailand (27.08.1947)
Togo (23.05.1960)
Trinidad und Tobago (19.11.1963)
Tschad (09.11.1961)
Tschechoslowakei (10.11.1969)
Türkei (06.04.1948)
Tunesien (25.11.1955)
Uganda (19.11.1963)
Ungarn (06.11.1967)
Uruguay (30.11.1945)
Venezuela (16.10.1945)
Vereinigte Arabische
Emirate (12.11.1973)
Vereinigte Staaten
von Amerika (16.10.1945)
Vereinigtes Königreich (16.10.1945)
Vietnam (11.11.1950)
Zaire (09.11.1961)
Zentralafrikanische
Republik (09.11.1961)
Zypern (14.09.1960)

Folgende weitere Länder hatten zum 7. August 1981 ihre Mitgliedschaft beantragt. Über ihre Anträge wird auf der 21. Sitzung der FAO-Konferenz befunden werden.

Äquatorialguinea
Bhutan
St. Vincent und die Grenadinen
Tonga
Simbabwe

Für die Aufnahme assoziierter Mitglieder sieht die Satzung z.B. Territorien vor, die ihre Außenpolitik nicht in Eigenverantwortung betreiben; zur Zeit gibt es jedoch keine in dieser Kategorie.

ÄNDERUNGEN IN DER MITGLIEDSCHAFT

Im Laufe der Jahre hat es in der Mitgliedschaft der FAO einige Veränderungen gegeben. Zwei Länder, die zur Gründungsmitgliedschaft berechtigt waren, zogen ihre Mitgliedschaft zurück und traten später wieder ein. Ein drittes Land trat ebenfalls aus und wieder ein. Die obengenannten Daten über die Mitgliedschaft beziehen sich auf den Wiedereintritt der Länder.

Die *Tschechoslowakei* war Mitglied vom 16. Oktober 1945 bis zum Inkrafttreten ihres Austritts am 27. Dezember 1950 und wurde am 10. November 1969 wieder aufgenommen.

Polen war Mitglied vom 16. Oktober 1945 bis zum Inkrafttreten seines Austritts am 25. April 1951 und wurde am 9. November 1957 wieder aufgenommen.

Ungarn war Mitglied vom 13. September 1946 bis zum Inkrafttreten seines Austritts am 26. Januar 1952 und wurde am 6. November 1967 wieder aufgenommen.

China, ebenfalls zur Gründungsmitgliedschaft berechtigt, war aktives Mitglied vom 16. Oktober 1945 bis zum 21. Juli 1952. Es nahm seinen Platz in der FAO am 1. April 1973 wieder ein. Die *Südafrikanische Union*, gleichfalls zur Gründungsmitgliedschaft berechtigt, war Mitglied vom 16. Oktober 1945 bis zum 18. Dezember 1964, als ihr Austritt rechtskräftig wurde.

In der Zeit vom 21. Februar 1958 bis zum 28. September 1961 wurde *Syrien* Mitgliedstaat der *Vereinigten Arabischen Republik* (heute *Ägypten*) und war kein eigenes FAO-Mitglied mehr. Es nahm seine eigenständige Mitgliedschaft am 4. November 1961 wieder auf. Da es kontinuierlich Mitglied gewesen ist, ist das ursprüngliche Mitgliedsdatum in der obenangeführten Liste vermerkt.

Folgende Länder waren assoziierte Mitglieder, bevor sie Mitglieder wurden (mit Beitrittsdatum):

Bahrain (06.11.1967)
Botsuana, als
Betschuanaland (22.11.1965)
Gabun (05.11.1959)
Guyana, als Britisch
Guyana (09.11.1961)
Jamaica (09.11.1961)
Katar (06.11.1967)
Kenia (19.11.1963)
Lesotho, als
Basutoland (22.11.1965)

Madagassische Republik, als
Madagaskar (05.11.1959)
Mali (05.11.1959)
Malta (19.11.1963)
Mauritius (09.11.1961)
Nigeria (05.11.1959)
Senegal (05.11.1959)
Somalia (05.11.1959)
Tansania, als
Tanganjika (09.11.1961)
Tschad (05.11.1959)
Zypern (05.11.1959)

Sansibar war vom 19. November 1963 bis zum 26. April 1964 assoziiertes Mitglied. Dann wurde es Mitglied der *Vereinigten Republik von Tanganjika und Sansibar*, deren

Name später in *Tansania* umgeändert wurde. *Rhodesien und Nyasaland* waren assoziierte Mitglieder vom 5. November 1959 bis zur Auflösung der Föderation am 31. Dezember 1963. Sie wurden Mitglieder als *Malawi* (früher *Nyasaland*) und *Sambia* (früher *Nordrhodesien*).

Es ist an diesem Punkt interessant festzustellen, daß mehr als die Hälfte der FAO-Mitgliedsländer ihre Unabhängigkeit nach der Gründung der Organisation erhielten. Es ist dennoch schwierig, genaue Angaben zu machen, da zwei der 81 Mitgliedsländer, die ihre volle Souveränität nach der Konferenz von Quebec erlangten, sich in der Tat unter den 34 Ländern befanden, die die FAO am 16. Oktober 1945 gründeten: Indien und die Philippinen, deren formelle Daten der Unabhängigkeit der 15. August 1947 bzw. der 4. Juli 1946 sind. Außer diesen beiden Ländern erhielten knapp 54 % der gegenwärtigen Mitglieder ihre Unabhängigkeit nach der Gründung der FAO. Schließt man Indien und die Philippinen ein, liegt die Zahl bei über 55 %. Schaut man voraus und unterstellt, daß die zuvor genannten fünf Antragsteller von der FAO-Konferenz im November 1981 zugelassen werden (Anmerkung des Übersetzers: Die 21. FAO-Konferenz hat die Aufnahme der auf Seite 16 genannten Länder in die Organisation beschlossen.), wird die Zahl zu diesem Zeitpunkt 56,5 % betragen. Diese Zahlen spiegeln das massive Streben der Kolonien und anderer abhängiger Territorien nach Unabhängigkeit während der letzten 35 Jahre wider. Von den 147 Mitgliedstaaten der FAO wurden in den 40er Jahren zwölf, in den 50er Jahren sechs, in den 60er Jahren 43 und in den 70er Jahren 20 unabhängig.

6 DIE REGIERUNGSORGANE

DIE KONFERENZ

Aufgaben, Sitzungsorte und Sitzungshäufigkeit

Die FAO-Konferenz ist das oberste Leit- und Beratungsorgan der Organisation. Jede Mitgliedsregierung kann einen Delegierten zur Konferenz entsenden und hat eine Stimme. Die Delegierten können gemäß dem Wunsch der jeweiligen Regierung von Stellvertretern, Mitarbeitern und Beratern begleitet werden.

Die Konferenz entscheidet über die Anträge auf FAO-Mitgliedschaft, wählt die Mitglieder des Rates, überprüft und billigt das Arbeitsprogramm der Organisation, beschließt die Höhe des Haushalts, setzt den Beitragsschlüssel fest, überprüft die Lage von Ernährung und Landwirtschaft, trifft Entscheidungen über Verwaltungs- und Satzungsfragen, erörtert spezielle Themen, die auf ihrer Tagesordnung stehen und ernennt (im Falle einer bevorstehenden Vakanz) den Generaldirektor und den Unabhängigen Vorsitzenden des Rates. Sie befaßt sich nach Bedarf auch mit anderen wichtigen Angelegenheiten, z.B. mit der Bestimmung des ständigen Sitzes der FAO-Zentrale. In den ersten Jahren nach Gründung der Organisation trat die Konferenz jährlich zusammen. Die Satzung wurde jedoch im Jahr 1949 dahingehend geändert, daß regelmäßig alle zwei Jahre Sitzungen abzuhalten sind.

Die Konferenz kann auch zu Sondersitzungen zusammentreten, um sich mit Notsituationen oder anderen Dringlichkeitsfällen zu befassen. Bis heute wurden in den Jahren 1948, 1950 und 1956 drei Sondersitzungen abgehalten. Außerdem wurde im Jahr 1970 eine allgemeine Sitzung zum Gedenken des 35. Jahrestages der Gründung der Organisation einberufen.

Es folgt nun eine vollständige Liste aller Sitzungen der Konferenz mit Ort und Datum sowie den Namen und der Nationalität ihrer Vorsitzenden:

Sitzung	Ort	Jahr	Vorsitzender	Land
1.	Quebec	1945	Lester B. Pearson	Kanada
2.	Kopenhagen	1946	Henrik de Kauffmann	Dänemark
3.	Genf	1947	Dr. F.T. Wahlen	Schweiz
1. Sondersitzung	Washington	1948	Sir Carl Berendsen	Neuseeland
4.	Washington	1948	Charles F. Brannan	Vereinigte Staaten
5.	Washington	1949	Oscar Gans	Kuba
2. Sondersitzung	Washington	1950	André Mayer	Frankreich
6.	Rom	1951	Amintore Fanfani	Italien
7.	Rom	1953	U Thet Su	Birma
8.	Rom	1955	K.J. Holyoake	Neuseeland
3. Sondersitzung	Rom	1956	Rafaël Cavestany Anduaga	Spanien

Sitzung	Ort	Jahr	Vorsitzender	Land
9.	Rom	1957	Alberto Mercier	Argentinien
10.	Rom	1959	Richelieu Morris	Liberia
11.	Rom	1961	Georges Haraoui	Libanon
12.	Rom	1963	E. Shiroshi Nasu	Japan
13.	Rom	1965	Maurice Sauvé	Kanada
14.	Rom	1967	Josef Winiewicz	Polen
15.	Rom	1969	Hernán Santa Cruz	Chile
Jubiläumssitzung	Rom	1970	Hernán Santa Cruz	Chile
16.	Rom	1971	Ian M. Sinclair	Australien
17.	Rom	1973	R.C. Kamanga	Sambia
18.	Rom	1975	M. Rouhani	Iran
19.	Rom	1977	T. Hadiwijaya	Indonesien
20.	Rom	1979	Jaime Lamo de Espinosa	Spanien

Änderungen der Konferenz

Die Konferenz hat seit ihrer Gründung viele Änderungen erfahren, die von den Regierungen der FAO-Mitgliedsländer in dem Bemühen angeregt worden waren, ihre Leistungsfähigkeit und Wirksamkeit zu verbessern. Wegen der Bedeutung dieses Hauptregierungsorgans der FAO sollen hier einige Angaben über die Art der Veränderungen gemacht werden. Hierzu gehören Änderungen der Sitzungsdauer der Konferenz, der Länge und des Umfangs ihrer Tagesordnung sowie der Struktur und Arbeitsmethoden ihres Plenums, ihrer Kommissionen und ihrer Ausschüsse. Da sich die Konferenz sehr komplex entwickelt hat, kann ein gedrängter Abriß nur für die wichtigsten Änderungen gegeben werden.

Die 20 regulären Sitzungen, die die Konferenz von 1945 bis 1979 durchführte, dauerten jeweils zwischen 12 und 22 Tagen oder erstreckten sich bis zu 36 Tagen, wenn die Fachausschüsse berücksichtigt werden, die teilweise oder ganz vor den Hauptsitzungen der Konferenz von 1961 bis 1969 zusammentraten. Läßt man die außerordentlichen Sitzungsperioden unberücksichtigt, so hat sich die Sitzungsdauer der Konferenz seit 1963 bei 20 Kalendertagen eingependelt, die aus 15 Arbeitstagen und dem Eröffnungssamstag bestehen. Die Sitzung im Jahr 1979 war auf 20 Tage angesetzt, konnte aber ihre Arbeit in 19 Tagen beenden. Berücksichtigt man die wachsende Zahl der Mitgliedsländer und den verstärkten Wunsch vieler Delegationen, an den Diskussionen teilzunehmen, so bedeutet die Tatsache, daß die Gesamtlänge der Konferenz seit 1971 mit 20 Tagen konstant geblieben ist, eine beachtliche Leistung, zumal in dieser Zeit 28 neue Mitgliedsländer der Organisation beigetreten sind.

Gemäß dem Auftrag ihrer Satzung muß die Konferenz viele Entscheidungen treffen, wie Aufnahme neuer Mitgliedsländer, Wahl der Mitglieder des Rates, des Generaldirektors und des Unabhängigen Vorsitzenden des Rates, Annahme des vom Generaldirektor vorgelegten Arbeitsprogramms und Haushalts sowie Änderungen der Satzung und der Allgemeinen Regeln der Organisation.

Der Umfang der Tagesordnung hat sich während der 20 Sitzungen erheblich geändert. In bezug auf die Haupt- und Grundsatzthemen schwankt die Zahl der Tagesordnungspunkte zwischen 12 und 46 und in bezug auf die Gesamtzahl der Themen und Unterthemen (letztere sind nur gezählt, wenn das Thema selbst aufgeteilt wurde) zwischen 19 und 77 Punkten. Die Praxis, Tagesordnungspunkte aufzuteilen, wurde vor allem in der Zeit von 1957 bis 1967 betrieben. Nach der 14. Sitzung im Jahr 1967 wurde sowohl die Zahl der Hauptthemen wie auch die Aufteilung in Unterthemen in beträchtlichem Maße reduziert. Seit 1955 wurde die Zahl der Tagesordnungspunkte für die Eröffnungssitzung auf fünf begrenzt. Während der letzten sechs Konferenzen schwankte die Zahl der Hauptordnungspunkte zwischen 18 und 24 und lag durchschnittlich bei 21.

Der gegenwärtige Aufbau der Konferenz mit Plenarversammlung und den Kommissionen I, II und III besteht - mit einigen Abänderungen - seit der 3. Sitzung im Jahr 1947.

Die Plenarversammlung blieb während der Jahre beständiger als die Kommissionen. Sie hat stets ihre Aufgaben erfüllt, das heißt sie hat die Konferenz organisiert, den entsprechenden Kommissionen die Tagesordnungspunkte zugewiesen, die von der Satzung vorgeschriebenen Wahlen durchgeführt und den Konferenzbericht formell verabschiedet. Ferner war sie seit vielen Jahren das Forum, in dem die Delegationsleiter ihre allgemeinen Erklärungen abgaben. Mit fortschreitender Entwicklung der Organisation wurde die Plenarversammlung auch für andere Zwecke genutzt, das heißt für die McDougall-Gedächtnisrede und die Vergabe des B.R. Sen- und A.H. Boerma-Preises sowie für das Auftreten von Staatsoberhäuptern und anderen besonderen Gastrednern.

Für die Kommission I waren üblicherweise diejenigen wesentlichen Tagesordnungspunkte vorgesehen, die sich mit der Welternährungslage und der Politik der Regierungen bezüglich Ernährung, Landwirtschaft, Fischerei und Forstwirtschaft befaßten. Gelegentlich wurden ihr auch ein oder mehrere Punkte zugewiesen, die sich auf die Aufgaben der Organisation bezogen. Doch meistens wurde dieser Aufgabenbereich der Kommission II überlassen. In den ersten Jahren zwischen 1946 und 1951 setzte die Kommission I zwei bis sieben Ausschüsse ein. Seit 1953 wurden jedoch alle der Kommission I zugewiesenen Themen von der Gesamtkommission behandelt.

Seit 1969 benannte die Konferenz einen Berichterstatter aus der Plenarversammlung für die Kommission I, um die Kommission über die wesentlichen Punkte aus den allgemeinen Erklärungen der Delegationsleiter zu unterrichten. Diese Praxis hat dennoch nicht die Doppelarbeit beseitigt, da viele Redner sich in den Diskussionen der Kommission I auch auf das beziehen, was die Delegationsleiter in der Plenarversammlung gesagt haben und die Generaldebatte in der Plenarversammlung normalerweise länger andauert als die Diskussion einiger Tagesordnungspunkte in der Kommission I. Folglich schlug der Rat bei seinen

Vorbereitungen für die 21. Sitzung der Konferenz vor, das Amt des Berichterstatters abzuschaffen. Unter den Kommissionen hat die Kommission II bei weitem die umfangreichste Vorgeschichte, von der hier nur die groben Umrisse festgehalten werden können. Wie zuvor bereits angemerkt, wurden dieser Kommission (zusammen mit ihrer Vorgängerin während der 1. und 2. Sitzung der Konferenz, der Kommission A, und mit der Kommission für Programmausrichtung und politische Fragen, die sie auf der 8. Sitzung 1955 ersetzte) Tagesordnungspunkte zugewiesen, die sich mit den Aktivitäten der Organisation befaßten. Sie setzte auf den Sitzungen der Konferenz von 1945 bis 1967 fünf bis acht Ausschüsse, Unterausschüsse oder Fachausschüsse ein.

1969 gab es nur zwei Ausschüsse, einen für die Feldprogramme und einen für "Schwerpunkte". Die Praxis der Einrichtung von Ausschüssen oder Unterausschüssen wurde danach aufgegeben. Ihre Aufgaben wurden zum größten Teil von bestimmten, ständigen Ausschüssen des Rates übernommen: dem Ausschuß für Fischerei, gegründet 1965, und den Ausschüssen für Forstwirtschaft und für Landwirtschaft, gegründet 1971.

Die Kommission III (und während der 1. und 2. Sitzung der Konferenz ihre Vorgängerin, die Kommission B) befaßte sich traditionell mit Satzungs-, Verwaltungs- und Finanzangelegenheiten. Während der ersten Sitzungen der Konferenz wurde der Begriff "finanziell" weit ausgelegt, um den Haushalt für das folgende Jahr oder die folgenden zwei Jahre mit einzuziehen. Doch seit der 7. Sitzung im Jahr 1953 werden das Arbeitsprogramm und der Haushalt als ein Tagesordnungspunkt in der Kommission II behandelt.

Mit Ausnahme der Sitzung des Jahres 1953 bediente sich die Kommission III von 1945 bis 1955 zwischen zwei bis neun Ausschüssen, um einen Teil ihrer Arbeit während der Konferenz erledigen zu können. Seit der 9. Sitzung im Jahr 1957 wurden keine Ausschüsse mehr eingerichtet und alle Tagesordnungspunkte, die der Kommission zugeleitet worden waren, wurden von der Gesamtkommission behandelt. Dennoch wurde gerade auf dieser Sitzung der Konferenz beschlossen, daß der Rat einen Ausschuß einsetzen sollte, der sich mit Satzungs- und Rechtsangelegenheiten (CCLM) beschäftigt. Dieser Ausschuß trug wesentlich dazu bei, daß Satzungsfragen, die im Kompetenzbereich der Konferenz lagen, wirksam behandelt werden konnten. Auch die Berichte des Finanzausschusses waren, nachdem sie den Rat ordnungsgemäß passiert hatten, ausschlaggebend für eine wirksamere Behandlung administrativer und finanzieller Fragen durch die Kommission III.

Es gab eine Zeit, in der man die von der Kommission III zu behandelnden Tagesordnungspunkte genau unterteilte. So wurde z.B. während einer ganzen Reihe von Sitzungen der Punkt "Rechnungsprüfungsbericht" in fünf Unterpunkte aufgeteilt. In den letzten Sitzungen wurden sie wieder zu einem einzigen Hauptpunkt zusammengefaßt.

Zusätzlich zu den drei Kommissionen sind in den Allgemeinen Regeln der Organisation mehrere Hilfsorgane vorgesehen: der Allgemeine Ausschuß, der die Aufsicht über die Sitzungen der Konferenz ausübt, der Benennungsausschuß und der Ausschuß für Beglaubigungsschreiben. Ein Ausschuß, der sich mit Resolutionen befassen sollte, war in den Allgemeinen Regeln nicht vorgesehen und wurde zum erstenmal während der 14. Sitzung im Jahr 1967 eingerichtet. Durch seine Bemühungen wurden beachtliche Erfolge erzielt. Unter anderem wurde die Verwendung von Resolutionen eingeschränkt: im Vergleich zu 97 Resolutionen, die auf der 10. Sitzung der Konferenz im Jahr 1959 verabschiedet wurden, gab es im Jahr 1975 nur noch 41, im Jahr 1977 29 und im Jahr 1979 21 Resolutionen.

Es sollte hier auch festgehalten werden, daß der Programm- und der Finanzausschuß im Jahr 1957 von der Konferenz als ständige Ausschüsse des Rates eingerichtet wurden. Sie werden auf den Seiten 30-31 behandelt. Diese Ausschüsse haben wesentlich zur Verbesserung der Arbeitsergebnisse der Konferenz beigetragen, insbesondere zu denen der Kommissionen II und III, auch wenn ihr Einfluß unmittelbar auf den Rat gerichtet ist.

DER RAT

Der Rat ist das zweithöchste Regierungsorgan der FAO. Er dient als Regierungsorgan zwischen den Sitzungen der Konferenz und hält mindestens eine ordentliche Sitzung jährlich zusätzlich zu den kurzen Sitzungen vor und nach der Konferenz ab. Er besteht gegenwärtig aus 49 Mitgliedstaaten, die von der Konferenz gewählt werden, und arbeitet unter der Leitung eines unabhängigen, ebenfalls von der Konferenz gewählten Vorsitzenden.

Entstehung und Entwicklung

Als die FAO im Oktober 1945 gegründet wurde, wurde ein Exekutivausschuß eingerichtet, der aus 15 Mitgliedern bestand, die in persönlicher Eigenschaft tätig waren. Der Vorsitzende war André Mayer (Frankreich). Die 3. Sitzung der Konferenz im Jahr 1947 änderte die Satzung dahingehend, daß der Exekutivausschuß durch einen Rat ersetzt wurde. 18 Länder wurden zu Mitgliedern des Rates gewählt. Die Konferenz wählte ebenfalls Viscount Bruce of Melbourne zum ersten Unabhängigen Vorsitzenden des Rates. Die 1. Sitzung des neugeschaffenen Rates wurde vom 4. bis zum 11. November 1947 in Washington abgehalten.

Es trugen sicherlich unter anderem zwei Faktoren zur Entscheidung über die Gründung des Rates bei, von denen der erste nicht im Protokoll festgehalten ist. Die Regierungen waren in zunehmendem Maße ungehalten darüber, daß zwischen den Sitzungen der Konferenz die allgemeine Aufsicht über die Angelegenheiten der FAO in den Händen von Personen lag, die in persönlicher Eigenschaft und nicht als Vertreter ihrer Regierung tätig waren. Die

Mitgliedsländer berieten auf der 2. Sitzung der Konferenz auch darüber, ob eine Welternährungsbehörde, wie dies vom Generaldirektor John Boyd Orr vorgeschlagen worden war, gegründet werden sollte. Diese Behörde sollte mit finanziellen Mitteln und umfangreichen Vollmachten ausgestattet werden, um eine allgemeine verbindliche Politik für die verschiedenen Mitgliedstaaten festzulegen oder aber den Ländern ihre Handlungsfreiheit zu belassen. Die Konferenz umging jedoch den Vorschlag des Generaldirektors, indem sie den einfachsten Weg wählte, nämlich eine Vorbereitungskommission "zur Weiterverfolgung der Vorschläge" einzusetzen. Die Vorbereitungskommission kam unter anderem zu der Schlußfolgerung, "daß sich der Rat der FAO nach seiner Einrichtung hinsichtlich seiner Politik für landwirtschaftliche Produkte von den auf früheren Konferenzen aufgestellten Grundsätzen leiten lassen sollte; dies sei im übrigen im Bericht der Vorbereitungskommission dargelegt". Als dann aber auf der 3. Sitzung der Konferenz der Rat gegründet wurde, stellte man ihm als erste Aufgabe "die laufende Überprüfung der Lage von Ernährung und Landwirtschaft in der Welt". So blieb von dem Konzept des ersten Generaldirektors für eine Welternährungsbehörde mit Handlungsbefugnis nur ein schwacher Rest übrig. In der Tat interpretierte die Kommission I der 3. Sitzung der Konferenz in ihrem Bericht an die Plenarversammlung den Bericht der Vorbereitungskommission dahingehend, daß dieser "die Bestimmung enthalte, innerhalb der Organisation einen Rat zu schaffen, der mit den ihm zur Verfügung stehenden Mitteln die Koordinierung der Politiken der verschiedenen Staaten sicherstellen soll, um die Politik der FAO zu verwirklichen", obwohl dieser Wortlaut nicht in dem Bericht der vorbereitenden Kommission selbst zu finden ist.

Von seinen ursprünglich 18 Mitgliedern nahm die Zahl der Ratsmitglieder mit zunehmender Zahl an Mitgliedsländern der Organisation ebenfalls zu. Verschiedene Sitzungen der Konferenz änderten die Satzung, um den Rat zu erweitern. Dieser entwickelte sich wie folgt:

Konferenzsitzung	Mitglieder des Rates
3. (1947)	18
7. (1953)	24
10. (1959)	25
11. (1961)	27
13. (1965)	31
14. (1967)	34
17. (1973)	42
19. (1977)	49

Die Mitglieder des Rates werden für eine Amtszeit von jeweils drei Jahren gewählt. Die Amtsperioden sind so gestaffelt, daß etwa ein Drittel der Sitze in jedem Jahr frei wird.

Die Konferenz stimmte folgender Verteilung der 49 Sitze unter den FAO-Regionen zu:

Region	Anzahl der Sitze im Rat
Afrika	11
Asien und Pazifik	10
Europa	10
Lateinamerika	9
Naher Osten	6
Nordamerika	2
Südwest-Pazifik	1

Der Unabhängige Vorsitzende

Als die Konferenz den Rat einsetzte, beschloß sie auch, daß der Rat einen unabhängigen, von der Konferenz zu benennenden Vorsitzenden haben soll. Die Allgemeinen Regeln der Organisation sehen vor, daß der Unabhängige Vorsitzende "für eine Amtsperiode von zwei Jahren ernannt wird, die nur einmal für den gleichen Zeitraum verlängert werden kann".

Der Vorsitzende wird in einer ordentlichen Sitzung der Konferenz ernannt und leitet bereits die unmittelbar darauffolgende Sitzung des Rates. Seine zweijährige Amtszeit dauert so lange an, bis er durch die nächste ordentliche Sitzung der Konferenz wiedergewählt oder ersetzt worden ist. Deshalb stimmt seine Amtszeit nicht exakt mit dem normalen FAO-Zweijahreszeitraum überein.

Die Unabhängigen Vorsitzenden des Rates, ihre Nationalität und ihre Amtsperiode sind im folgenden aufgeführt:

Unabhängiger Vorsitzender des Rates	Land	Amtszeit
Viscount Bruce of Melbourne	Australien	1947-1951
Josué de Castro	Brasilien	1951-1955
S.A. Hasnie	Pakistan	1955-1959
Louis Maire	Schweiz	1959-1963
Georges Haraoui	Libanon	1963-1964
Maurice Gemayel	Libanon	1965-1969
Michel Cépède	Frankreich	1969-1973
Gonzalo Bula Hoyos	Kolumbien	1973-1977
Bukar Shaib	Nigeria	1977-1981

Georges Haraoui beendete seine erste zweijährige Amtszeit nicht, da er wenige Monate nach seiner Wahl am 28. Februar 1964 starb. Den Vorsitz des Rates übernahm für den Rest des Jahres 1964 bis zur Sitzung der Konferenz im Jahr 1965 einer der stellvertretenden Vorsitzenden. Diese Umstände veranlaßten die Konferenz, die Allgemeinen Regeln der Organisation zu ändern und vorzusehen, daß der Vorsitzende des Programmausschusses die Funktion des Unabhängigen Vorsitzenden des Rates übernehmen soll, wenn dieses Amt vor Ablauf der Amtszeit vakant werden sollte.

Im Hinblick auf die Bedeutung, die dem Amt des Unabhängigen Vorsitzenden des Rates beigemessen wird, ist es Tradition geworden, nach Beendigung der Amtszeit ein Porträt des Vorsitzenden im Roten Raum der FAO-Zentrale aufzuhängen, in dem normalerweise die Sitzungen des Rates abgehalten werden. Die Porträtserie enthält auch ein Porträt von André Mayer, der Vorsitzender des Exekutivausschusses, dem Vorläufer des Rates, war.

Da die Unabhängigen Vorsitzenden des Rates beachtlichen Einfluß auf die Angelegenheiten der FAO ausgeübt haben, erscheint es an dieser Stelle angebracht, einige sie betreffende biographische Angaben zu machen, einschließlich über André Mayer, der im Vorläufer des Rates den Vorsitz führte.

André Mayer wurde am 9. November 1875 in Paris geboren. Im Jahr 1900 promovierte er zum Doktor der Medizin und erhielt in späteren Jahren Ehrenauszeichnungen der Universität Glasgow, der Universität Lüttich und des Middlebury College. Vor dem Ersten Weltkrieg arbeitete er an der "Ecole pratique des hautes études". Er meldete sich im Jahr 1914 zum Militärdienst und arbeitete im Ersten Weltkrieg lange Zeit als Direktor des Labors für Physiologie des Militärinstituts für Chemie. Professor für Physiologie wurde er im Jahr 1919 an der Medizinischen Fakultät der Universität Straßburg und im Jahr 1922 am Collège de France. Von 1940 bis 1945 leitete er eine Delegation in den Vereinigten Staaten, die die Lieferung von Nahrungsmitteln für Kinder zu organisieren hatte. In dieser Zeit hielt er auch Vorlesungen am Middlebury College. Im Jahr 1935 wurde er in die Französische Akademie für Medizin gewählt, und im Jahr 1950 wurde er Mitglied der Akademie der Wissenschaften. André Mayer hatte zum ersten Mal mit FAO-Angelegenheiten zu tun, als er auf der Konferenz von Hot Springs Mitglied der französischen Delegation war. Darüber hinaus nahm er auch an der Konferenz von Quebec teil und an vielen anderen Sitzungen in den Anfangsjahren der FAO. Er war im Jahr 1945 Vorsitzender des Exekutivausschusses, bis dieser im Jahr 1947 durch den Rat ersetzt wurde. Außerdem leitete er die 2. Sonderkonferenz der FAO im Jahr 1950. Er starb im Januar 1956 in Paris. Ihm zu Ehren wurden die "André Mayer-Forschungsstipendien" der FAO eingerichtet.

Stanley Bruce, der erste *Viscount Bruce of Melbourne,* wurde am 15. April 1883 in Melbourne, Australien, geboren. Er erhielt den Grad eines Bakkalaureus der Philosophischen Fakultät (B.A.) von Trinity Hall, Universität Cambridge, und wurde im Jahr 1906 als Strafverteidiger zugelassen. Von 1914 bis 1917 war er Soldat. Er wurde von 1918 bis 1929 sowie von 1931 bis 1933 in das australische Parlament von Flinders gewählt. Zu den vielen Ämtern, die er in der australischen Regierung innehatte, gehörte das des Schatzmeisters des Commonwealth, des Außenministers, des Gesundheitsministers, des Handelsministers, des Ministers für die Hoheitsgebiete und das des Premierministers. Von 1933 bis 1945 war er in London der Hohe Kommissar für Australien. Er führte viele internationale Aufträge seiner Regierung aus, unter anderem als australischer Vertreter im Völkerbund im

Jahr 1921 und in den Jahren 1932 bis 1938. Im Jahr 1935 hielt er seine berühmte Rede in Genf, in der er für die "Ehe von Gesundheit und Landwirtschaft" eintrat. Er war Präsident des Rates des Völkerbundes im Jahr 1936. Von 1947 bis 1957 war Viscount Bruce Vorsitzender der Finanzierungsgesellschaft für Industrie. Das Amt des Ersten Kanzlers der Australischen Staatlichen Universität in Canberra hatte er von 1951 bis 1961 inne. Er starb am 25. August 1967.

Josué de Castro wurde am 5. September 1908 in Recife, Pernambuco, Brasilien, geboren. Nachdem er seinen Doktor der Medizin an der Staatlichen Medizinischen Fakultät der Universität von Brasilien erworben hatte, bekleidete er in Recife von 1932 bis 1935 verschiedene Ämter an den Colleges für Medizin und Philosophie sowie für Sozialwissenschaften. Von 1935 bis 1938 war er Professor für Anthropologie an der Universität des Bundesdistrikts. Von 1939 bis 1970 hatte er Ämter als Professor für Ernährung im Ministerium für öffentliche Gesundheit, als Professor für Bevölkerungsgeographie am Staatlichen College für Philosophie der Universität von Brasilien und als Professor für Ernährung am College für Medizin derselben Universität inne. Von 1955 bis 1963 war er Mitglied des brasilianischen Parlaments. Während der 60er Jahre diente er eine Zeitlang als brasilianischer Botschafter beim Europäischen Büro der Vereinten Nationen in Genf. Seine letzten Jahre verbrachte er in Paris, wo er am 24. September 1973 starb.

S.A. Hasnie wurde 1905 in Sialkot in Punjab, dem heutigen Pakistan, geboren. Im Jahr 1927 erwarb er seinen Magister der Naturwissenschaften mit Auszeichnung an der Hochschule für Biologie der Universität Punjab. Vor der Teilung Indiens diente er der indischen Regierung als Unterstaatssekretär und Stellvertretender Staatssekretär im Finanzministerium und war zudem Beigeordneter Finanzberater für Kriegs- und Versorgungsangelegenheiten. Zur Zeit der Teilung Indiens war er Beigeordneter Staatssekretär im Handelsministerium. Pakistan diente er zunächst als Beigeordneter Staatssekretär und später als Staatssekretär im Handelsministerium. In dieser Eigenschaft vertrat er verschiedene Male Pakistan auf Sitzungen des GATT und war im Jahr 1951 Vorsitzender des GATT. Als er das Amt des Staatssekretärs im Ministerium für Ernährung und Landwirtschaft übernahm, war er von 1952 an eng mit der FAO verbunden, kam als Delegierter seines Landes zu den Sitzungen des Rates und der Konferenz und war von 1955 bis 1959 der Unabhängige Vorsitzende des FAO-Rates. S.A. Hasnie starb am 17. März 1968.

Louis Maire wurde am 18. Dezember 1902 in Genf, Schweiz, geboren. Er erwarb seinen Diplomvolkswirt im Jahr 1925 und seinen Doktor der Wirtschaftswissenschaften im Jahr 1945 an der Universität Genf. Seine berufliche Karriere war zum größten Teil mit der Milchproduktion und Verarbeitungsindustrie verbunden und insbesondere mit dem Verband der Milchproduzenten in Genf. Er vertrat die Schweiz häufig auf Sitzungen des Internationalen Verbandes landwirtschaftlicher Erzeuger, des Verbandes der Europäischen Landwirtschaft und des Internationalen Milchwirtschaftsverbandes. Außer seiner Tätigkeit in zahlreichen Ausschüssen und Ämtern in der Schweiz und als Stellvertretender Vorsitzender des Schweizer Nationalen FAO-Komitees, vertrat L. Maire sein Land von 1947 bis 1957 auf vielen Sitzungen des FAO-Rates und der Konferenz. Er war Mitglied des Ausschusses für Finanzkontrolle von 1952-53 und dessen Vorsitzender in den Jahren 1954-56. In der letztgenannten Eigenschaft war er außerdem Mitglied des Koordinierungsausschusses.

Georges Haraoui, Libanon, absolvierte im Jahr 1932 die Rechts- und Wirtschaftswissenschaftliche Fakultät der Universität St. Joseph in Beirut. Er war Innenminister im Jahr 1954 und Minister für Gesundheit und Soziales im Jahr 1955. Im libanesischen Parlament war er als Vorsitzender des Parlamentsausschusses für Finanzen und Haushalt tätig. Er war Leiter der libanesischen Delegation auf der 3. Sondersitzung der FAO-Konferenz im Jahr 1956 und auf den regulären Sitzungen der Konferenz in den Jahren 1957 und 1961. Im Jahr 1957 bekleidete er das Amt des Vorsitzenden der Kommission I und im Jahr 1961 das Amt des Vorsitzenden der 11. Sitzung der Konferenz. G. Haraoui starb in Beirut am 28. Februar 1964, nur etwa drei Monate nach seiner Wahl zum Unabhängigen Vorsitzenden des FAO-Rates im Herbst 1963.

Maurice Gemayel wurde 1910 im Libanon geboren und studierte im Libanon und in Frankreich. Im Kabinett seiner Regierung war er Minister für wirtschaftliche und soziale Entwicklung. Er war Mitglied des libanesischen Parlaments und Vorsitzender der Parlamentarischen Planungskommission. Er starb im Oktober 1970.

Michel Cépède wurde am 20. Oktober 1908 in Wimereux, Pas-de-Calais, Frankreich, geboren. Er studierte Geologie an der Naturwissenschaftlichen Fakultät und Wirtschaftsrecht, Wirtschaftswissenschaft und politische Wissenschaften an der Rechtswissenschaftlichen Fakultät in Paris von 1929 bis 1934. Er erwarb sein Diplom in Wirtschaftsrecht im Jahr 1932, ein Diplom in Agronomie am Nationalen Institut für Agronomie im Jahr 1938 und den Doktor der Agrarwirtschaften an der Rechtswissenschaftlichen Fakultät in Paris im Jahr 1944. 1967 erhielt er die Ehrendoktorwürde für Naturwissenschaften von der Agrarwirtschaftlichen Fakultät in Gembloux, Belgien. Während seiner beruflichen Laufbahn hatte M. Cépède eine Anzahl von Ämtern im französischen Landwirtschaftsministerium inne, z.B. als Leiter des Büros für Wirtschaftsstudien, 1944-45; als Leiter des Studien- und Dokumentationsdienstes, 1945-53; als Leiter des Ausbildungsdienstes, 1953-55; als Stellvertretender Direktor für landwirtschaftliche Produktion, 1955-57, und als Direktor für Studien und Planung, 1957-59. Im Jahr 1959 wurde er Professor für Agrarwirtschaft und Soziologie am Nationalen Institut für Agronomie. M. Cépède war Mitglied der französischen Delegation auf der Konferenz von Quebec im Jahr 1945 sowie Teilnehmer an den meisten Sitzungen der FAO-Konferenz und des Rates von 1945 bis 1973. Er war Mitglied des Programmausschusses von 1959 bis 1963 und dessen Vorsitzender von 1963 bis 1969. Ferner vertrat er Frankreich auf vielen anderen internationalen Sitzungen.

Gonzalo Bula Hoyos wurde am 21. Mai 1929 in Sahagun, Kolumbien, geboren. Er war der Ständige Vertreter Kolumbiens bei der FAO von 1959 bis 1965. Dann wurde er Generalkonsul und später Gesandter für Kolumbien in Amsterdam, wo er bis 1979 arbeitete. Von 1959 bis 1979 nahm er an allen Sitzungen der FAO-Konferenz und an vielen anderen FAO-Sitzungen teil. Er arbeitete als Mitglied des Programmausschusses von 1965 bis 1969 und als dessen Vorsitzender von 1969 bis 1973. Im Juli 1979 kehrte er als Botschafter Kolumbiens bei der FAO nach Rom zurück.

Bukar Shaib wurde 1928 in Nigeria geboren. 1954 absolvierte er die Universität von Liverpool als Mitglied der Königlichen Akademie der Veterinäre. Von 1954 bis 1956 arbeitete er als Regierungsbeamter für Veterinärfragen im Außendienst in Nordnigeria. In den Jahren 1957 und 1958 studierte er an der Universität Edinburgh und erhielt ein Diplom in tropischer Veterinärmedizin. Von 1958 bis 1960 war er Beamter für Veterinärfragen der Provinz Sokoto, und von 1961 bis 1967 leitete er als Staatssekretär das frühere nordnigerianische Ministerium für Tier- und Forstressourcen. In den Jahren 1968 bis 1975 war er Staatssekretär des Ministeriums für Landwirtschaft und Bodenschätze. Im Jahr 1976 wurde er Staatssekretär des neuen Ministeriums für Wasservorkommen. Im Juni 1979 ging er für kurze Zeit als Botschafter Nigerias nach Italien, kehrte jedoch nach Nigeria zurück, um Ständiger Berater des Präsidenten für nationale Sicherheitsfragen zu werden. Neben seinen offiziellen Ämtern arbeitete Dr. Shaib in Nigeria in einer Anzahl von Gremien mit. Von 1959 bis 1980 vertrat er sein Land auf vielen internationalen Tagungen, einschließlich einer Reihe von Sitzungen der FAO-Konferenz und des Rates. Er war Mitglied des FAO-Programmausschusses von 1971 bis 1977 und erster Vorsitzender des FAO-Landwirtschaftsausschusses von 1972 bis 1974.

DIE WICHTIGSTEN AUSSCHÜSSE

Artikel V der FAO-Satzung, der sich mit dem Rat der Organisation befaßt, sieht vor, daß dieser durch acht Ausschüsse unterstützt wird:

Programmausschuß
Finanzausschuß
Ausschuß für Satzungs- und Rechtsangelegenheiten
Warenausschuß
Fischereiausschuß
Forstausschuß
Landwirtschaftsausschuß
Ausschuß für Welternährungssicherheit

Der größte Teil der wesentlichen und ins einzelne gehenden Arbeit des Rates wird in erster Linie durch diese Ausschüsse erledigt; deren Ergebnisse wiederum führen, soweit angebracht, zu formeller Befassung durch den Rat und in einigen Fällen durch die Konferenz.

Es gibt einen weiteren Ausschuß von ähnlicher Bedeutung, obwohl dieser nicht gemäß Artikel V geschaffen worden ist. Er wurde gemeinsam von der FAO und den VN eingerichtet, nämlich:

der Ausschuß für Nahrungsmittelhilfepolitiken und -programme.

Jeder dieser Ausschüsse hat im Laufe seiner Entwicklung Veränderungen erfahren, die im folgenden kurz beschrieben werden.

Der Programmausschuß

Als die Konferenz die FAO-Satzung zwecks Gründung des Rates änderte, bestimmte sie außerdem, daß der Rat einen Koordinierungsausschuß einrichten sollte, der Vorschläge für die Koordinierung der sachlichen Arbeiten machen sowie auch für die Kontinuität der Tätigkeiten der Organisation sorgen sollte, und zwar in Übereinstimmung mit den Entscheidungen der Konferenz.

Dieser Koordinierungsausschuß bestand aus dem Vorsitzenden des Rates, dem Vorsitzenden des Ständigen Beratungsausschusses sowie dem Vorsitzenden des Ausschusses für Finanzkontrolle.

Im Jahr 1955 setzte die 8. Sitzung der Konferenz einen Ad-hoc-Ausschuß für die Organisationsstruktur der FAO ein, mit Sir Donald Vandepeer (Vereinigtes Königreich) als Unabhängigem Vorsitzenden. Er befaßte sich vor allem mit der Struktur der Regierungsorgane und weniger mit der des Sekretariats. Eine seiner Empfehlungen war die Umwandlung des Koordinierungsausschusses in einen Programmausschuß (FAO, 1957). Im Jahr 1957 änderte die 9. Sitzung der Konferenz den Artikel V der Satzung entsprechend. Der so eingerichtete Programmausschuß wurde vom Rat gewählt und bestand aus einem Vorsitzenden und sechs Mitgliedern, die in persönlicher Eigenschaft tätig waren. Er arbeitete in dieser Form bis 1977. In diesem Jahr beschloß die Konferenz, ihn auf einen Vorsitzenden und zehn Mitglieder zu erweitern und die Struktur des Ausschusses dahingehend zu ändern, daß keine Einzelpersonen, sondern Länder in ihn zu wählen sind. Sie bestimmte jedoch auch, daß die zur Wahl stehenden Länder im voraus die Personen benennen sollten, die sie später vertreten würden.

Die Vorsitzenden des Programmausschusses werden unter Angabe ihrer Nationalität und ihrer Amtsdauer im folgenden aufgeführt:

Vorsitzender des Programmausschusses	*Land*	*Amtszeit*
Norman C. Wright	Vereinigtes Königreich	1958
Oris V. Wells	Vereinigte Staaten	1959
Ramon Cantos-Figuerola	Spanien	1960-1963

Vorsitzender des Programmausschusses	Land	Amtszeit
Michel Cépède	Frankreich	1964-1969
Gonzalo Bula Hoyos	Kolumbien	1970-1973
Ralph W. Phillips	Vereinigte Staaten	1974-1977
Milan Trkulja	Jugoslawien	1978-

Der Finanzausschuß

Der Exekutivausschuß diente in den Anfangsjahren der Organisation bis 1947 auch als Ausschuß für Finanzkontrolle. Dann änderte die Konferenz die Finanzregeln und schrieb vor, daß "der Rat auf seiner ersten Sitzung nach jeder Sitzung der Konferenz einen Ausschuß für Finanzkontrolle einsetzt, der aus nicht mehr als fünf Mitgliedern besteht ...".

Im Jahr 1955 empfahl der Ad-hoc-Ausschuß für die Organisationsstruktur der FAO, eingesetzt von der 8. Sitzung der Konferenz, den Ausschuß für Finanzkontrolle in einen Finanzausschuß umzuwandeln. Im Jahr 1957 änderte die Konferenz den Artikel V der Satzung entsprechend. Der so eingerichtete Finanzausschuß bestand aus einem Vorsitzenden und vier Mitgliedern, die in persönlicher Eigenschaft tätig waren, und er arbeitete in dieser Form bis 1977. In diesem Jahr beschloß die Konferenz, ihn auf einen Vorsitzenden und acht Mitglieder zu erweitern und die Struktur des Ausschusses in gleicher Weise zu ändern wie die des Programmausschusses.

Die Vorsitzenden des Finanzausschusses, ihre Nationalität und ihre Amtsdauer sind im folgenden aufgeführt:

Vorsitzender des Finanzausschusses	Land	Amtszeit
A. Vasconcellos	Brasilien	1958-1961
J.C. Nagle	Irland	1962-1971
Frank Shefrin	Kanada	1972-1975
Salahuddin Ahmed	Bangladesch	1976-1977
M. Bel Hadj Amor	Tunesien	1978-

Der Ausschuß für Satzungs- und Rechtsangelegenheiten

Der im Jahr 1955 eingesetzte Ad-hoc-Ausschuß für die Organisationsstruktur der FAO empfahl weiterhin, daß ein "Satzungsausschuß" eingerichtet werden sollte. Diese Empfehlung wurde von der 9. Sitzung der Konferenz im Jahr 1957 angenommen, die den Artikel V der Satzung änderte, um den Ausschuß für Satzungs- und Rechtsangelegenheiten (CCLM) einzusetzen. Dieser Ausschuß besteht aus nicht mehr als sieben vom Rat gewählten Mitgliedern. In der Praxis haben die Länder, die sich um eine Mitgliedschaft bewerben, normalerweise in ihren Botschaften in Rom Mitarbeiter, die zur Mitwirkung in diesem Ausschuß qualifiziert sind. Der CCLM wählt seine Amtsträger selbst.

Der Warenausschuß

Die 5. Sitzung der Konferenz im Jahr 1949 setzte einen Warenausschuß (CCP) ein. Er sollte unter der Aufsicht des Rates arbeiten und ihm verantwortlich sein. Diese Maßnahme wurde nach Erörterung eines Vorschlags für eine Internationale Warenclearingstelle (ICCH) ergriffen, der nach der Ablehnung von Sir John Boyd Orrs Plänen für eine Welternährungsbehörde vorbereitet worden war, aber ebenfalls nicht akzeptiert wurde. Andere Diskussionsbeiträge in der Vorbereitungskommission trugen ebenfalls zu dieser Entscheidung bei. Auf seiner 8. Sitzung im Jahr 1949 forderte der Rat 14 Regierungen auf, im CCP mitzuarbeiten. 1953 wurde die Zahl der Mitglieder des Ausschusses auf 20 und im Jahr 1955 auf 24 erhöht.

Der Ad-hoc-Ausschuß für Organisationsstruktur der FAO empfahl, daß der CCP als ständiger Ausschuß weitergeführt werden sollte. Demzufolge schloß die 9. Sitzung der Konferenz im Jahr 1957 diesen in seine Änderung des Artikels V der Satzung ein. Der CCP war nun zusammen mit dem Programmausschuß, dem Finanzausschuß und dem CCLM ein ständiger Ausschuß des Rates. Seine Mitgliederzahl wurde auf 24 begrenzt, jedoch auf der Konferenz von 1965 auf 30 und 1967 auf 34 erhöht. Im Jahr 1971 beschloß die 16. Sitzung der Konferenz, daß der CCP für einen Versuchszeitraum von vier Jahren für alle interessierten Mitgliedsländer offen sein sollte. Nach Ablauf dieser Periode sollten seine Struktur und Zusammensetzung wie auch die Verfahrensweise zur Benennung seiner Mitglieder überprüft werden. Im Jahr 1975 beschloß die 18. Sitzung der Konferenz, daß der CCP als offener Ausschuß fortgesetzt werden sollte.

Im Laufe der Jahre hat der CCP viel von seiner Arbeit durch Unterausschüsse erledigt. Hiervon gibt es derzeit 12; davon sind 11 zwischenstaatliche Gruppen, die sich jeweils mit Reis, Kakao, Getreide, Zitrusfrüchten, Jute, Hanf und verwandten Fasern, Ölsaaten, Ölen und Fetten, Bananen, Hartfasern, Wein und Weinerzeugnissen, Tee sowie Fleisch befassen. Der 12. Unterausschuß des CCP befindet sich in Washington und ist der Beratende Unterausschuß für Überschußverwertung.

Die Zwischenstaatliche Gruppe für Kakao ist seit 1963 nicht mehr zusammengetreten, obwohl eine Untergruppe für Kakaostatistik regelmäßig bis zum Jahr 1975 zusammentrat. Im Jahr 1963 trat ein internationales Kakaoabkommen in Kraft, und die Internationale Kakaoorganisation übernahm die statistische Arbeit der FAO.

Wie zuvor angedeutet, war die Gründung des CCP eine Kompromißlösung, nachdem die Vorschläge für eine Welternährungsbehörde und ein ICCH abgelehnt worden waren. Es ist hier nicht beabsichtigt zu beurteilen, ob diese früheren Entscheidungen klug waren. Dennoch soll hier die Bemerkung von Gerhardsen (1950) zu diesem Punkt zitiert werden, da sie die allgemein vorherrschende Haltung unter den Mitgliedsländern der FAO zu dieser Zeit wiederzugeben scheint:

> Diejenigen Freunde der FAO, die es vielleicht für glücklich halten, daß der Welternährungsbehörde nicht zugestimmt und das ICCH nicht angenommen wurde, tun dies nicht gänzlich ohne Begründung. Aus historischer Sicht könnten solche Bereiche für eine junge Organisation zu riskant sein. Vielleicht war es das Wichtigste – so wie die Welt nun einmal ist –, die Grundidee der FAO überleben zu lassen und ein natürlicheres Wachstum zu erleichtern.

Schon früher hatte Cruickshank (1946), als er über Probleme der FAO schrieb, in gewisser Weise dieselbe Sorge zum Ausdruck gebracht, indem er die Frage stellte: "Wird eine solche Organisation eine sich ausweitende Produktion bewältigen können, ohne Gefahr zu laufen, gefährliche Überschüsse zu schaffen?"

Der Fischereiausschuß

Die 12. Sitzung der Konferenz im Jahr 1963 forderte Generaldirektor Sen auf, Maßnahmen in Erwägung zu ziehen, die ergriffen werden könnten, um sicherzustellen, daß die FAO künftig den Status eines leitenden zwischenstaatlichen Organs zur Förderung wirtschaftlicher Erträge aus den Meeren und den Binnengewässern zu Nahrungszwecken haben würde. Als Antwort hierauf schlug der Generaldirektor vor – und die Konferenz stimmte auf ihrer 13. Sitzung im Jahr 1965 dem zu –, die Abteilung für Fischerei in eine Hauptabteilung für Fischerei umzuwandeln und gemäß Artikel V der Satzung einen Fischereiausschuß als Ausschuß des Rates einzusetzen. Der Ausschuß, der aus nicht mehr als 30 Ländern bestehen sollte, trat im Jahr 1966 zur ersten Sitzung zusammen. Im Jahr 1967 erhöhte die 14. Sitzung der Konferenz seine Mitgliederzahl auf 34. Dann beschloß die 16. Sitzung der Konferenz im Jahr 1971, daß dieser Ausschuß, ebenso wie der CCP, für einen Versuchszeitraum von vier Jahren für alle interessierten Mitgliedsländer offen sein sollte. Danach sollten seine Struktur und Zusammensetzung sowie die Verfahrensweise zur Benennung seiner Mitgliedschaft überprüft werden. Im Jahr 1975 beschloß die 18. Sitzung der Konferenz, daß er den Status eines offenen Ausschusses beibehalten sollte. Insgesamt haben über 70 Länder den Wunsch geäußert, im Ausschuß mitzuarbeiten. Im Jahr 1981 gehörten 76 Länder diesem Ausschuß an.

Der Forstausschuß

Wie bereits bei dem Fischereiausschuß war die Einrichtung des Forstausschusses mit der Umwandlung der Abteilung für Forstwirtschaft in eine Hauptabteilung für Forstwirtschaft verbunden. Im Jahr 1969 wurde die Sitzung eines Ad-hoc-Ausschusses für Forstwirtschaft einberufen. Im selben Jahr stimmte die 15. Sitzung der Konferenz der Einrichtung einer Hauptabteilung für Forstwirtschaft zu und beauftragte den Rat, den Generaldirektor dabei zu beraten, wie man der Notwendigkeit eines ständigen Forstausschusses gerecht werden könnte. Bis zur Schaffung einer ständigen Einrichtung beauftragte die Konferenz den

Generaldirektor, eine weitere Sitzung des Ad-hoc-Ausschusses für Forstwirtschaft einzuberufen. Nachdem diese Sitzung 1971 stattgefunden hatte, setzte die 16. Sitzung der Konferenz einen Forstausschuß gemäß Artikel V der Satzung ein. Der neue Ausschuß trat 1972 zu seiner ersten Sitzung zusammen.

Anders als der CCP und der Fischereiausschuß war der Forstausschuß von Anfang an ein offener Ausschuß. Alle Mitgliedsländer, die dem Generaldirektor ihr Interesse an der Arbeit des Ausschusses und ihren Wunsch zur aktiven Mitarbeit bekundeten, waren zur Teilnahme an den Sitzungen berechtigt. In den vergangenen Jahren haben ungefähr 75 bis 80 Länder im Ausschuß mitgearbeitet.

Der Landwirtschaftsausschuß

Nach den Beschlüssen der Konferenz, einen Fischereiausschuß einzusetzen und Schritte in Richtung auf einen Forstausschuß zu unternehmen, stellte der Programmausschuß im Juni 1970 fest, daß ein Gleichgewichtsproblem entstanden war, da es kein vergleichbares Gremium gab, das sich mit der Arbeit der Hauptabteilungen für Landwirtschaft sowie Wirtschafts- und Sozialpolitik befaßte. Im November 1970 bestätigte der Programmausschuß nochmals diese Sorge und empfahl die Einrichtung eines Landwirtschaftsausschusses. Diese Empfehlung wurde vom Rat Ende 1970 gebilligt, und der Landwirtschaftsausschuß wurde ordnungsgemäß von der 16. Sitzung der Konferenz im Jahr 1971 gemäß Artikel V der Satzung eingesetzt. Seine erste Sitzung hielt er 1972 ab. Wie der Forstausschuß war der Landwirtschaftsausschuß von Anfang an ein offener Ausschuß. Die Zahl der Länder, die generell eine Mitgliedschaft wünschten, lag ungefähr bei 70, doch in der Sitzung im Jahr 1981 betrug diese 94.

Nicht nur, daß der Vorschlag, einen Landwirtschaftsausschuß einzurichten, auf einigen Widerstand stieß, vielmehr hatte auch der Ausschuß selbst, im Gegensatz zum Fischereiausschuß und zum Forstausschuß, größere Schwierigkeiten, eine zufriedenstellende Arbeitsmethode zu finden. Es gab Meinungen, daß das Gebiet der Landwirtschaft, wie es die Aufgabenbereiche der Hauptabteilungen für Landwirtschaft sowie Wirtschafts- und Sozialpolitik widerspiegelten, viel zu breit und komplex war, um von einem einzelnen, ständigen Ausschuß behandelt zu werden. In der Tat sah der ursprüngliche Vorschlag des Generaldirektors im Jahr 1970 an den Programmausschuß die Schaffung von drei Ausschüssen vor, um sich entsprechend mit der Planung der landwirtschaftlichen Entwicklung, dem institutionellen Rahmen für die landwirtschaftliche und ländliche Entwicklung sowie mit den Agrarwissenschaften und der Technologie zu befassen. Während schließlich entschieden wurde, daß ein einziger Ausschuß besser den Interessen der Organisation dienen könnte, kam man gleichzeitig überein, daß der Ausschuß für jede seiner Sitzungen selektiv nur einige Tagesordnungspunkte behandeln sollte.

Auch, und das vielleicht aufgrund der Bandbreite und Komplexität der zu behandelnden Themen sowie deren Vielzahl, fehlt es den Agrarfachleuten als Gruppe allgemein an Zusammenhalt und Sinn für Gemeinsamkeit, der für die Berufsstände in Forstwirtschaft und Fischerei charakteristisch ist. Eine andere Art der Zusammengehörigkeit besteht im Warenausschuß, da seine Mitglieder ein gemeinsames Interesse an der Versorgung und den Handelsproblemen in Zusammenhang mit den wichtigsten landwirtschaftlichen Produkten haben, die in den internationalen Handel gelangen.

Der Ausschuß für Welternährungssicherheit

Die Weltnahrungsbestände wurden in den Jahren 1972-73 aufgrund von Mißernten in einigen wichtigen Getreideerzeugungsgebieten und durch das Auftreten der UdSSR auf dem Weltgetreidemarkt in erheblichem Umfang verringert. Demzufolge brachte die 17. Sitzung der Konferenz im Jahr 1973 ihre ernsthafte Besorgnis über die Situation und die Gefahren zum Ausdruck, die dies für das Verbrauchsniveau im Falle weiterer größerer Ernteausfälle mit sich bringen würde. Sie forderte zudem den Generaldirektor auf, den Mitgliedsländern der FAO und den Nichtmitgliedsländern, die ein nachhaltiges Interesse an Weltgetreideproduktion, -verbrauch und -handel haben, den Text eines Entwurfs für eine internationale Verpflichtung zur Welternährungssicherheit zur Annahme zu unterbreiten.

Einige andere, damit zusammenhängende Maßnahmen wurden nach dieser kritischen Periode von der FAO ergriffen, wie die Entwicklung eines globalen Informations- und Frühwarnsystems, eines Hilfsprogramms für Ernährungssicherheit und eines internationalen Düngemittelversorgungsprogramms. Zusätzlich wurde eine Kommission für Düngemittel eingerichtet.

Im Jahr 1975 setzte dann die 18. Sitzung der Konferenz gemäß Artikel V der Satzung den Ausschuß für Welternährungssicherheit ein. Sie verlangte von ihm die Prüfung und Vorlage notwendiger Empfehlungen für die Durchführung der Grundsätze, Ziele und Leitlinien der internationalen Verpflichtung zur Welternährungssicherheit.

Der Ausschuß war von Anfang an für alle Mitglieder der FAO offen, die dem Generaldirektor ihren Wunsch nach Mitgliedschaft und ihre Absicht zu aktiver Mitarbeit an der Arbeit des Ausschusses unterbreiten. Aufgrund der Universalität des Problems der Ernährungssicherheit wurde der Ausschuß ebenfalls für Mitglieder der Vereinten Nationen geöffnet, um Ländern die Teilnahme zu ermöglichen, die Mitglieder dieser Organisation, nicht aber Mitglieder der FAO waren. Der Ausschuß trat im April 1976 zum ersten Mal zusammen. Bisher haben ungefähr 80 Länder den Wunsch zur Mitarbeit im Ausschuß geäußert.

Der Ausschuß für Nahrungsmittelhilfepolitiken und -programme

Dieser ist ein gemeinsamer Ausschuß der FAO und der VN. Die eine Hälfte seiner Mitglieder wird jeweils vom FAO-Rat, die andere vom Wirtschafts- und Sozialrat der VN (ECOSOC) gewählt. Da dieser Ausschuß einer der wichtigen Ausschüsse ist, die dem FAO-Rat Bericht erstatten, wird er hier kurz beschrieben, obwohl er in Kapitel 12 im Zusammenhang mit dem Welternährungsprogramm behandelt wird (siehe Seite 205-207).

Der Ausschuß für Nahrungsmittelhilfepolitiken und -programme (CFA) wurde ursprünglich im Jahr 1961 durch gleichlautende Resolutionen der FAO-Konferenz und der VN-Vollversammlung als zwischenstaatlicher Ausschuß der VN/FAO für das Welternährungsprogramm (IGC) eingerichtet. Wie sein Name bereits sagt, bestand seine Aufgabe darin, über das ebenfalls auf einer Versuchsbasis und gemeinsam von der FAO-Konferenz und der Vollversammlung der Vereinten Nationen errichtete Welternährungsprogramm Kontrolle auszuüben. Der ursprüngliche Ausschuß hielt 1962 seine erste Sitzung ab. Im Jahr 1965 beschlossen VN und FAO, das Welternährungsprogramm und den Ausschuß auf einer im wesentlichen unbefristeten oder ständigen Basis fortzusetzen.

Die Welternährungskonferenz 1974 schenkte den Problemen der Nahrungsmittelhilfe beträchtliche Aufmerksamkeit. Eine ihrer Empfehlungen war die Erweiterung des Mandats des IGC, um die etwas allgemeineren Probleme der Nahrungsmittelhilfe sowie die damit verbundenen Politiken miteinzubeziehen. Als Ergebnis wandelten 1975 die FAO-Konferenz und die Vollversammlung der Vereinten Nationen den IGC in den Ausschuß für Nahrungsmittelhilfepolitiken und -programme (CFA) um. Der neue Ausschuß trat im April/Mai 1976 zu seiner ersten Sitzung zusammen.

Der CFA besteht aus 30 Mitgliedern, die je zur Hälfte (wie oben bereits beschrieben) vom FAO-Rat und ECOSOC gewählt werden. Die Dauer der Mitgliedschaft ist so gestaffelt, daß in jedem Jahr ein Drittel der Mitglieder ausscheiden. Als der IGC 1961 zum ersten Mal eingesetzt wurde, bestand er aus 20 Mitgliedern, und die Zahl wurde im Jahr 1963 auf 24 erhöht. Die gegenwärtige Zahl von 30 Mitgliedern kam bei der Neubildung des IGC im Jahr 1975 als CFA zustande.

ANDERE SATZUNGSGEMÄSSE AUSSCHÜSSE

Zuvor wurden lediglich die Konferenz, der Rat, die ständigen Ausschüsse, wie sie in Artikel V der Satzung vorgesehen sind, und ein von FAO und VN gemeinsam geschaffenes Gremium behandelt. Daneben gibt es viele andere satzungsgemäße Gremien und Sachverständigenausschüsse, und zwar nach der neuesten offiziellen Aufstellung (FAO, 1980) insgesamt 121, die sich mit Teilaspekten der Tätigkeitsbereiche der Organisation befassen.

7 DIE LEITUNG

Die Satzung der FAO (Artikel VII) sieht vor, daß "der Generaldirektor der Organisation von der Konferenz ernannt wird ...". Weiterhin heißt es, daß "vorbehaltlich der allgemeinen Aufsicht durch die Konferenz und den Rat der Generaldirektor alle Vollmachten und Befugnisse besitzt, um die Arbeit der Organisation zu leiten". Anfänglich enthielt die Satzung keine Bestimmung über die Amtsdauer des Generaldirektors. Im Laufe der Jahre wurden solche Bestimmungen aufgenommen und geändert. Gegenwärtig ist es so, daß er für eine Amtszeit von sechs Jahren ernannt wird und auch wiederernannt werden kann.

Die Allgemeinen Regeln (Regel XXXIX.1) sehen vor, daß "die Ernennung für das Amt des Stellvertretenden Generaldirektors durch den Generaldirektor vorgenommen wird und der Bestätigung des Rates bedarf" und (Regel XXXVI.2) daß "der Stellvertretende Generaldirektor dann als Generaldirektor handeln soll, wenn der Generaldirektor verhindert oder das Amt des Generaldirektors vakant ist".

DER GENERALDIREKTOR

Dieses Amt bekleideten nacheinander: Sir John Boyd Orr (1945-1948), Norris E. Dodd (1948-1953), Philip V. Cardon (1954-1956), B.R. Sen (1956-1967), A.H. Boerma (1968-1975) und der gegenwärtige Generaldirektor, Edouard Saouma, der im Jahr 1975 für die Amtsdauer von 1976-1981 gewählt wurde. Der jeweilige Hintergrund, vor dem diese Männer diese wichtige Aufgabe übernahmen, wird in den jeweiligen Kurzbiographien dargestellt.

Sir John Boyd Orr (Vereinigtes Königreich)

Sir John Boyd Orr wurde Ende 1945 von der 1. Sitzung der FAO-Konferenz in Quebec zum ersten Generaldirektor der FAO gewählt. Am 25. September 1880 wurde er in Kilmaurs, Ayrshire, Schottland, geboren. Er war mit Elizabeth Pearson Callum verheiratet und hatte einen Sohn (der im Zweiten Weltkrieg fiel) und zwei Töchter.

Seine Ausbildung erhielt er an der Universität Glasgow, wo er 1903 seinen Magister der Philosophie (M.A.), 1910 den Grad eines Bakkalaureus der Naturwissenschaften (B.Sc.), 1912 den Grad eines Bakkalaureus der Medizin, 1914 seinen Doktor der Medizin und 1920 seinen Doktor der Naturwissenschaften erwarb. Er wurde 1935 für seine Dienste in der Landwirtschaft zum Ritter geschlagen und ihm wurden Ehrentitel von mindestens einem Dutzend Universitäten in vielen Ländern verliehen. Unter vielen anderen Ehrungen erhielt er 1949 den Friedensnobelpreis. Er war der Autor von ungefähr 150 wissenschaftlichen Artikeln und einer Reihe von Büchern.

John Boyd Orr war von 1902 bis 1907 Lehrer an der Kyleshill-Schule. Obwohl er ursprünglich beabsichtigte, sich auf das geistliche Amt in der Freien Kirche von Schottland vorzubereiten, erwachte schon sehr früh in seiner Laufbahn sein Interesse für die Ernährung, und, nachdem er seinen Doktor der Medizin gemacht hatte, wurde er zum Direktor eines neuen Forschungsinstituts für Tierernährung (später "Rowett-Forschungsinstitut" genannt) berufen. Dieses Projekt wurde jedoch durch den Ersten Weltkrieg unterbrochen; er diente damals im Sanitätskorps der Britisch-Königlichen Streitkräfte. 1919 kam er auf die Aufgabe zurück, das neue Institut zu gründen, und er arbeitete dort bis 1945 als Direktor. Während seiner Amtszeit am Rowett-Forschungsinstitut gründete er auch die "Duthie-Versuchsfarm", die mit dem Institut zusammenarbeitete. Im Jahr 1931 wurde das Commonwealthbüro für Ernährung geschaffen und in seinem Institut untergebracht. Außerdem wurde Sir John im Jahr 1942 zum Professor für Landwirtschaft an die Universität nach Aberdeen berufen. Im Jahr 1945 legte er diese Ämter nieder, um sich um einen Sitz im Parlament zu bewerben, in das er auch gewählt wurde.

Im Oktober 1945 nahm Sir John an der Konferenz von Quebec als Fachberater der britischen Delegation teil und wurde für eine Amtsdauer von zwei Jahren zum Generaldirektor der FAO gewählt. Auf der 3. Sitzung der Konferenz im Jahr 1947 akzeptierte er eine Verlängerung seiner Amtszeit, bis ein Nachfolger benannt werden konnte. Nachdem eine Sondersitzung der Konferenz diesen Nachfolger am 14. April 1948 gewählt hatte, schied Sir John am 26. April 1948 aus der FAO aus. Obwohl er außerordentlich viel für die Entwicklung der Grundstruktur und des Programms der Organisation erreicht hatte, verließ er die Organisation aufgrund der Ablehnung seiner Idee einer Welternährungsbehörde mit dem Gefühl tiefer Enttäuschung.

Sir John, der im Januar 1949 Lord Boyd Orr wurde, bewirtschaftete ab 1948 seinen landwirtschaftlichen Betrieb in Angus, war Rektor der Universität Glasgow und verwandte viel Zeit und Energie darauf, viele Teile der Welt zur Verbesserung des Verständnisses unter den Nationen und für den Weltfrieden zu bereisen.

Er starb in seinem 91. Lebensjahr am 25. April 1971. Lady Boyd Orr starb 98jährig am 5. Juni 1980.

Norris E. Dodd (Vereinigte Staaten)

Norris Edward Dodd wurde am 20. Juli 1879 in Nashua, Iowa, USA, geboren und in Schulen dieses Staates ausgebildet. Im Alter von 20 Jahren zog er nach Westen, erst nach Nord- und Süddakota, dann nach Oregon, wo er sich 1900 niederließ. Er wurde zum Apotheker ausgebildet und als solcher 1903 registriert. Während seiner ersten zehn Jahre in Oregon eröffnete er Apotheken in Pendleton, Pilot Rock, Baker, Haines und Wallowa. Im Alter von 30 Jahren kaufte er in der Nähe von Haines seine ersten 160 Morgen Farmland.

Daraus wurden nach und nach 2 000 Morgen, auf denen er Weizen anbaute und Hereford-Rinder züchtete. Aber er hatte auch eine ganze Anzahl anderer Interessen, einschließlich seiner Beteiligung an Gesellschaften, die Telefonleitungen verlegten, Elektrizität installierten sowie Theater und Gemeindeerholungszentren bauten. Es gab noch weitere Tätigkeitsbereiche: eine Futtermühle, eine Sägemühle, eine Mühle zur Holzbearbeitung und eine Kistenfabrik sowie Lagerhäuser für Heu und Getreide. Als Kornettspieler organisierte er außerdem Orchesteraufführungen.

Im Jahr 1933 wurde N.E. Dodd am Landwirtschaftsprogramm des US-Landwirtschaftsministeriums beteiligt, zunächst als Vorsitzender des Weizenausschusses der Bezirksverwaltung für landwirtschaftliche Anpassung (AAA), und später als Vorsitzender des Prüfungsausschusses von Oregon für Getreideanbau und Schweinezucht. 1936 wurde er Vorsitzender des Staatlichen Ausschusses von Oregon zum Schutz der Agrarstruktur. Im Jahr 1938 wurde er als Vertreter der AAA im Außendienst in den westlichen Staaten gewählt. Im Herbst desselben Jahres wurde er stellvertretender Direktor der AAA für die westlichen Staaten. Direktor wurde er im Jahr 1939. Dann arbeitete er als Leiter der AAA von 1943 bis 1945. Von 1945 bis 1946 war er Direktor der Außendienstabteilung der Produktions- und Marketingabteilung des US-Landwirtschaftsministeriums (USDA). 1946 wurde er zum stellvertretenden Landwirtschaftsminister gewählt und behielt diesen Posten bei, bis er 1948 Generaldirektor der FAO wurde.

N.E. Dodd war Mitglied der US-Delegation auf der 2. und 3. Sitzung der FAO-Konferenz sowie auf einigen Sitzungen des Rates. Am 14. April 1948 wählte ihn eine Sondersitzung der FAO-Konferenz zum Generaldirektor, doch er nahm seine Amtstätigkeit erst am 7. Juni desselben Jahres auf. 1951 wurde er für zwei Jahre wiedergewählt, aber er blieb bis zum 21. Februar 1954, als sein Nachfolger das Amt übernahm.

Während der Amtszeit von N.E. Dodd wurde die Zentrale der Organisation von Washington nach Rom verlegt.

Am 28. August 1905 heiratete N.E. Dodd Pauline Ensminger. Sie hatten eine Tochter. Seine erste Frau starb im März 1948, 1954 heiratete er Ara Pruit. Nachdem er die FAO verlassen hatte, setzte er sich in Phoenix, Arizona, zur Ruhe, wo er im 89. Lebensjahr am 23. Juni 1968 starb. Seine Witwe Ara lebt weiterhin in Phoenix.

Philip V. Cardon (Vereinigte Staaten)

Philip V. Cardon wurde am 25. April 1889 in Logan, Utah, USA, geboren. Im Jahr 1909 erhielt er den Grad eines Bakkalaureus der Naturwissenschaften (B.Sc.) von der Staatlichen Universität von Utah und später seinen Magister der Naturwissenschaften in Agrarökonomie von der Universität von Kalifornien. Ihm wurde die Ehrendoktorwürde der Staatlichen Universität von Utah und des Staatlichen College von Montana verliehen.

P.V. Cardon widmete einen großen Teil seiner Laufbahn der landwirtschaftlichen Forschung. Sein erstes Amt übernahm er im Jahr 1909 auf einer kleinen Außendienststelle des amerikanischen Landwirtschaftsministeriums (USDA) in Nephi, Utah. In der Zeit von 1922 bis 1925 verließ er die Forschung, um als Herausgeber des "Utah Farmer" in Salt Lake City zu arbeiten. Im Anschluß daran war er in verschiedenen Forschungs- und Lehrstellen tätig, bis er Direktor der Staatlichen Versuchsstation von Utah in Logan wurde. Hier blieb er bis 1935, als er im Amt für Anbau in Washington leitender Agronom wurde, um die Forschungsarbeit an Futterpflanzen zu leiten. Im Jahr 1942 wurde er stellvertretender Leiter der landwirtschaftlichen Forschungsbehörde (ARA), in der sieben Forschungsämter zusammengeschlossen worden waren. Von 1945 bis 1952 arbeitete er als Leiter der ARA. Er schied aus diesem Amt 1952 aus und war bis 1954 Direktor der USDA-Graduiertenschule.

P.V. Cardon kam das erste Mal im Jahr 1943 mit FAO-Angelegenheiten in Berührung, als er als Mitglied des Technischen Sekretariats an der Konferenz von Hot Springs teilnahm. Später arbeitete er als Vorsitzender des Ständigen Beratungsausschusses für Landwirtschaft. In dieser Eigenschaft war er außerdem Mitglied des Koordinierungsausschusses.

P.V. Cardon wurde am 9. Dezember 1953 zum Generaldirektor der FAO gewählt und trat sein Amt am 22. Februar 1954 an. Am 12. April 1956 trat er aus Gesundheitsgründen zurück.

P.V. Cardon starb 76jährig am 13. Oktober 1965 in Salt Lake City, Utah. Seine Frau Leah starb am 28. November 1970.

B.R. Sen (Indien)

Binay Ranjan Sen wurde am 1. Januar 1898 in Dibrugahr, Assam, Indien, geboren. Er studierte an den Universitäten von Kalkutta und Oxford und erhielt den Ehrendoktor der Rechte der St. Francis Xavier-Universität von Neuschottland und der Universität Dublin sowie die Ehrenmitgliedschaft im St. Catherine's College in Oxford. Auszeichnungen bekam er von den Regierungen des Tschad, von Gabun, der Elfenbeinküste, der Republik Korea, des Libanon, Marokkos und des Vatikans.

Während seiner langen Laufbahn bei der indischen Regierung war B.R. Sen Distriktbeamter von Midnapore (1937-1940), Finanzminister der Regierung von Bengalen (1940-1942), Direktor für öffentliche Umsiedlung und Kommissar für Fürsorgefragen in Bengalen (1942-1943), Generaldirektor für Ernährung in der indischen Regierung (1943-1946), Ernährungsminister (1946-1947), Gesandter an der indischen Botschaft in Washington

(1947-1950), Staatssekretär im Landwirtschaftsministerium (1948), Botschafter in Italien und Jugoslawien (1950-1951 und 1953-1954), Botschafter in den Vereinigten Staaten und in Mexiko (1951-1952) und Botschafter in Japan (1954-1956).

B.R. Sen vertrat seine Regierung auf vielen Sitzungen der FAO-Konferenz und des Rates sowie auf einigen Tagungen der VN, einschließlich der des ECOSOC und des Sicherheitsrates. Er wurde auf der 3. Sondersitzung der FAO-Konferenz am 18. September 1956 zum Generaldirektor der FAO gewählt und hatte dieses Amt vom 26. November 1956 bis Ende 1967 inne.

Zu den Neuerungen während Sens Amtsperiode gehörten die Entwicklung der Kampagne "Befreiung vom Hunger" und die Einberufung des ersten Welternährungskongresses im Jahr 1963.

B.R. Sen heiratete im Jahr 1931 Chiroprava Chatterjee. Sie haben vier Töchter.

A.H. Boerma (Niederlande)

Addeke Hendrik Boerma wurde am 3. April 1912 in Anloo, Niederlande, geboren. Im Jahr 1934 erwarb er sein Diplom an der Landwirtschaftlichen Universität Wageningen, wo er sich auf Gartenbau und Agrarökonomie spezialisiert hatte. Er erhielt Ehrenauszeichnungen von der Universität von Michigan (1968), vom Central College in Pella, Iowa (1969), von der Landwirtschaftlichen Universität Wageningen (1970), von der Universität Gembloux (1971), von der Universität für Agrarwissenschaften in Keszthely, Ungarn (1972), von der Universität Bologna (1973) und von der Universität Athen (1973). Er wurde ferner von den Regierungen Belgiens, Frankreichs, Italiens und der Niederlande ausgezeichnet und erhielt im Jahr 1976 den Waterler-Friedenspreis der Carnegie-Stiftung in Den Haag.

Nach seiner Promotion an der Universität Wageningen arbeitete A.H. Boerma von 1935 bis 1938 im holländischen Bauernverband. Im Jahr 1938 trat er in den Dienst der niederländischen Regierung und hatte als Beamter die Aufgabe, die Verteilung und Verwaltung von Nahrungsmitteln für den Kriegsfall vorzubereiten. Er war in dieser Funktion bis 1940 tätig und wurde Mitarbeiter im Amt für Nahrungsmittelversorgung des niederländischen Landwirtschaftsministeriums. Von 1942 bis 1944 war er Direktor des Amtes für den Absatz pflanzlicher Erzeugnisse und Direktor des Beschaffungsamtes für landwirtschaftliche Produkte im Landwirtschaftsministerium. Im Jahr 1944 wurde er zum Regierungskommissar für Ernährung und Landwirtschaft im befreiten Teil der Niederlande ernannt und 1945 zum amtierenden Generaldirektor für Ernährung. Von 1946 bis 1948 war er Regierungskommissar der Niederlande für auswärtige Beziehungen in der Landwirtschaft.

A.H. Boerma kam das erste Mal im Jahr 1946 mit FAO-Angelegenheiten in Berührung, als er an der vorbereitenden Kommission teilnahm, die nach der Konferenz von Kopenhagen eingesetzt worden war. Nach der Gründung des FAO-Rates vertrat er dort seine Regierung. Im Jahr 1948 übernahm er das Amt des FAO-Regionalvertreters für Europa, das er bis 1951 innehatte, als die FAO-Zentrale nach Rom verlegt wurde. Zu dieser Zeit wurde A.H. Boerma Direktor der Wirtschaftsabteilung. Dieses Amt bekleidete er bis 1958, als er zum Direktor der Unterabteilung für Programm und Haushalt berufen wurde. Im Jahr 1960 wurde dieser Posten in den Rang eines Beigeordneten Generaldirektors erhoben, und in dieser Eigenschaft war er bis 1962 tätig. Als das Welternährungsprogramm im Jahr 1962 eingerichtet wurde, wurde er der erste Exekutivdirektor.

Im November 1967 wurde A.H. Boerma für eine vierjährige Amtszeit in das Amt des Generaldirektors der FAO gewählt, und zwar vom 1. Januar 1968 bis zum 31. Dezember 1971. Im November 1971 wurde er für weitere vier Jahre, bis Ende 1975, wiedergewählt.

A.H. Boerma heiratete Maretta G.H. Posthuma. Aus der Ehe gingen drei Töchter hervor. Nachdem seine erste Ehe geschieden wurde, heiratete A.H. Boerma Dinah Johnson. Sie haben zwei Töchter und leben heute in Wien, Österreich.

Edouard Saouma (Libanon)

Edouard Saouma wurde am 6. November 1926 in Beirut geboren. Er erwarb ein Diplom in Agrarchemie an der Ingenieurschule der St. Josephs-Universität in Beirut im Jahr 1949 und ein Diplom in Agronomie an der Staatlichen Hochschule für Agronomie in Montpellier, Frankreich, im Jahr 1952.

Im Libanon war E. Saouma in den Jahren 1952 und 1953 als Direktor der Tel Amara-Hochschule für Landwirtschaft tätig. Er arbeitete in den Jahren 1954 und 1955 als Direktor des Nationalen Zentrums für Betriebsmechanisierung und von 1955 bis 1962 als Generaldirektor des Nationalen Instituts für Agrarforschung. 1970 wurde er Minister für Landwirtschaft, Forstwirtschaft und Fischerei. Von 1960 bis 1962 war er Mitglied des Verwaltungsrates im Staatlichen Getreideamt.

E. Saouma nahm an den Sitzungen der FAO-Konferenz und des Rates von 1955 bis 1961 im Auftrag der Regierung des Libanon und von 1957 bis 1961 als Mitglied des Programmausschusses teil.

Von 1962 bis 1965 war E. Saouma als stellvertretender FAO-Regionalvertreter für Asien und den Pazifik in Neu-Delhi tätig. Im Jahr 1965 wurde er zum Direktor der Abteilung für Land- und Wassererschließung berufen; dieses Amt bekleidete er bis Ende 1975. Von 1969 bis 1975 war er außerdem Vorsitzender der den Abteilungen zwischengeschalteten Arbeitsgruppe für natürliche Ressourcen und menschliche Umwelt. Im November 1975 wurde er von der FAO-Konferenz für eine sechsjährige Amtszeit von 1976 bis 1981 in das Amt des Generaldirektors gewählt. Er wurde für eine weitere sechsjährige Amtszeit (von 1982 bis 1987) nominiert und ist der einzige Kandidat, dessen Name für dieses Amt der FAO-Konferenz vorliegen wird. (Anmerkung des Übersetzers: E. Saouma wurde auf der 21. FAO-Konferenz für weitere sechs Jahre wiedergewählt.)

E. Saouma sind die Ehrendoktorwürden der Universitäten von Indonesien, Korea, Peru, Uruguay, Warschau (Polen) und der Hochschulen für Landwirtschaft von Faisalabad (Pakistan), den Philippinen und Punjab (Indien) verliehen worden. Zu den Auszeichnungen, die er erhielt, gehören: Großkreuz des "Ordre national du Cèdre" (Libanon), Saīd Akl-Preis (Libanon), "Mérite agricole" (Frankreich), Großkreuz des "Ordre national" des Tschad, Großkreuz des "Ordre national" von Ghana, Großkreuz des "Ordre national" von Obervolta, Großkreuz des "Mérito Agrícola" von Spanien, Verdienstorden von Griechenland, Verdienstorden für Landwirtschaft von Kolumbien und den Großorden "Vasco Nuñez de Balboa" (Panama).

Von den Neuerungen, die in der ersten Amtsperiode von E. Saouma eingeführt wurden, verdienen zwei besondere Beachtung. Er war verantwortlich für die Aufstellung eines Korps von FAO-Vertretern als wichtiges Mittel zur Dezentralisierung der FAO-Aktivitäten auf Länderebene. Bis zum Juni 1981 gab es 55 Ländervertretungen, die 66 Länder erfaßten. Bis zum Ende des Jahres 1981 sind sieben weitere geplant und für den Zweijahreszeitraum 1982-83 ist eine Erweiterung auf 74 vorgeschlagen worden. E. Saouma ist ebenfalls für die Einrichtung des Programms für Technische Zusammenarbeit (TCP) im Rahmen des Regulären Programms verantwortlich. Das TCP ist für kurzfristige Hilfe in Notfällen vorgesehen. Der Betrag, der für diese Aktivitäten im Zweijahreshaushalt 1980-81 der FAO bereitgestellt wurde, machte annähernd 11,7 % aus; ein ähnlicher Anteil wurde für 1982-83 vorgeschlagen.

E. Saouma ist mit Inez Forero verheiratet; sie haben einen Sohn und zwei Töchter.

DER STELLVERTRETENDE GENERALDIREKTOR

Dieses Amt wurde der Reihe nach besetzt von William Noble Clark (Januar bis Juni 1948), Sir Herbert Broadley (1948-1958), Dr. F.T. Wahlen (1958-1959), Sir Norman C. Wright (1959-1963), Oris V. Wells (1963-1971), Roy I. Jackson (1972-1977) und Dr. Ralph W. Phillips (1978-1981). Im folgenden werden Erfahrungen und Leistungen jeder dieser Männer, die als alter ego einem oder mehreren Generaldirektoren gedient haben, beschrieben.

William Noble Clark (Vereinigte Staaten)

William Noble Clark wurde am 18. September 1891 in Lake Preston, Süddakota, USA, geboren. Er erwarb den Grad eines Bakkalaureus der Naturwissenschaften (B.S.) an der Universität von Wisconsin im Jahr 1915. Nach weiteren Studien an der Universität von Minnesota im Jahr 1926 und an der Northwestern-Universität im Jahr 1927 erhielt er den Grad eines Magisters der Naturwissenschaften (M.S.) an der Universität von Wisconsin im Jahr 1930.

Inzwischen hatte er seine berufliche Laufbahn im Jahr 1915 als Dozent an der heutigen Universität von Michigan begonnen. 1917 wurde er landwirtschaftlicher Betriebsleiter in Cook County, Illinois, und von 1918 bis 1922 arbeitete er als Landwirtschaftsberater der Siedlungsgesellschaft von Wisconsin. Zwischen 1922 und 1927 war er Bezirksbeauftragter für Landwirtschaft im Bezirk Ontonagon im oberen Teil der Halbinsel Michigan. W.N. Clark schloß sich dem Mitarbeiterstab der Universität von Wisconsin im Jahr 1927 als Stellvertreter des Vorstands im College für Landwirtschaft an und wurde im Jahr 1930 stellvertretender Direktor der landwirtschaftlichen Versuchsstation. Im Jahr 1938 wurde er Beigeordneter Direktor der Station, ein Amt, das er bis zu seinem Ausscheiden im Juli 1962 innehatte.

Unter den speziellen Posten, die W.N. Clark während seiner Laufbahn innehatte, waren die des Vorsitzenden des Ausschusses für Agrarpolitik in der Nachkriegszeit der Vereinigung der Land Grant Colleges und Universities (1943 bis 1947), Mitglied der Kommission für Wanderarbeit des Präsidenten (1950 bis 1951) und Vorsitzender der FAO-Mission nach Polen im Sommer 1947.

W.N. Clark erhielt von der Universität Wisconsin die Erlaubnis, in den ersten sechs Monaten des Jahres 1948 als erster Stellvertretender Generaldirektor der FAO zu arbeiten, um einen reibungslosen Übergang zwischen dem ersten Generaldirektor, Sir John Boyd Orr, und dem zweiten, Norris E. Dodd, sicherzustellen. Praktisch übernahm er damit viele Teilbereiche des Managements der FAO in den letzten Monaten von Sir Johns Amtszeit und arbeitete nach Sir Johns Ausscheiden am 26. April 1948 als amtierender Generaldirektor, bis N.E. Dodd am 7. Juni das Amt übernahm. Er beendete seine Arbeit bei der FAO am 9. Juni 1948 und kehrte in sein Amt an der Universität Wisconsin zurück.

W.N. Clark heiratete am 4. September 1918 Margaret Hunt. Sie haben einen Sohn und zwei Töchter und leben im Ruhestand in Seattle, Washington.

Sir Herbert Broadley (Vereinigtes Königreich)

Herbert Broadley wurde am 23. November 1892 in Louth, Lincolnshire, England, geboren und absolvierte im Jahr 1915 das Birkbeck College, Universität London. Von 1912 bis 1926 diente er im britischen Staatsdienst, in der Militärabteilung des Indienbüros bis 1920 und im Handelsministerium bis 1926, wo er an vielen internationalen Verhandlungen teilnahm: er arbeitete im Jahr 1921 als Sekretär einer Zollkonferenz des Empire und als Sekretär eines Ausschusses für die Deutsche Reparationsakte; im Jahr 1924 als Untersekretär des Anglo-Sowjetischen Handelsabkommens; 1925-26 als Sekretär des Wirtschaftsausschusses des Empire; 1925 als Sekretär des Englisch-Deutschen Handelsabkommens und im Jahr 1926 als Untersekretär der Wirtschaftskonferenz des Empire.

1926 ging er zu einer Werbefirma und war leitender Direktor ihrer Niederlassung in Berlin von 1927 bis 1939.

Im Jahr 1939 trat er als Referatsleiter in das britische Ernährungsministerium ein und wurde 1940 Unterabteilungsleiter, 1941 Abteilungsleiter und 1945 Staatssekretär. Als Delegationsmitglied vertrat er sein Land auf den FAO-Konferenzen in Quebec und in Kopenhagen und leitete seine Delegation bei der Internationalen Weizenkonferenz 1947 und 1948. Er wurde 1943 zum "Commander of the British Empire" ernannt und im Jahr 1947 zum Ritter geschlagen.

Im Juni 1948 wurde Sir Herbert zum Stellvertretenden Generaldirektor der FAO ernannt. Er bekleidete dieses Amt bis zu seinem Ausscheiden im Juni 1958, nachdem er unter den drei Generaldirektoren Dodd, Cardon und Sen im Dienst gestanden hatte. In der Zeit vom 12. April 1956, als W.N. Cardon aus seinem Amt ausschied, bis zur Amtsübernahme von B.R. Sen am 26. November 1956, war er amtierender Generaldirektor.

Nachdem Sir Herbert aus der FAO ausgeschieden war, arbeitete er von 1958 bis 1968 als Vertreter der UNICEF in Großbritannien.

Sir Herbert wurde im Jahr 1948 Commander des belgischen Ordens "Ordre de la Couronne". 1927 heiratete er Kathleen May Moore. Sir Herbert und Lady Broadley leben im Ruhestand in Surrey, England.

Dr. F.T. Wahlen (Schweiz)

Friedrich Traugott Wahlen wurde am 10. April 1899 in Gmeis (Mirchel) im Schweizer Kanton Bern geboren. 1920 erwarb er sein Diplom in Agronomie und 1922 seinen Doktortitel der Ingenieurwissenschaften am Schweizer Bundesinstitut für Technologie in Zürich. Ihm wurden ferner Ehrendoktorwürden für Medizin von der Universität Zürich, für Agrarwissenschaften von der Universität Göttingen und von der Laval-Universität, für Rechtswissenschaften von der Universität Basel und für Ingenieurwissenschaften vom Bundesinstitut für Technologie verliehen. Andere Ehrungen, die ihm zuteil wurden, waren der Marcel Benoist-Preis für hervorragende wissenschaftliche Beiträge zum Wohle der

Schweiz, die Mitgliedschaft in der Königlichen Akademie von Schweden und die Mitgliedschaft in 15 Gesellschaften in und außerhalb der Schweiz. Dr. Wahlens erste berufliche Stellung war die eines Hilfsdozenten für Agronomie am Bundesinstitut für Technologie von 1920 bis 1922. Von 1922 bis 1929 arbeitete er im kanadischen Staatsdienst, zunächst als leitender Analytiker der Versuchsanstalt für Saatgut in Quebec, dann als Chefanalytiker im Landwirtschaftsministerium in Ottawa. 1929 kehrte er in die Schweiz zurück, wo er bis 1943 als Direktor der landwirtschaftlichen Versuchsstation von Oerlikon tätig war.

Dann wurde er Professor für Agronomie am Bundesinstitut für Technologie, eine Stellung, die er bis 1949 innehatte. Während des Zweiten Weltkrieges leitete er von 1938 bis 1942 die Sektion für landwirtschaftliche Produktion und Hauswirtschaft im Schweizer Amt für Kriegsernährung, und von 1942 bis 1945 war er Kommissar für Nahrungsmittelproduktion. Während dieser Zeit rief er den "Wahlenplan" ins Leben, um die Nahrungsmittelversorgung für die Schweiz während des Zweiten Weltkrieges sicherzustellen. Er ist Autor vieler wissenschaftlicher und fachlicher Publikationen.

Dr. Wahlen vertrat die Schweiz auf vielen internationalen Wirtschaftsmissionen und internationalen Tagungen, einschließlich der 3. Sitzung der FAO-Konferenz, die 1947 in Genf stattfand, bei der er den Vorsitz hatte.

Von 1949 bis 1958 arbeitete Dr. Wahlen als Direktor der FAO-Landwirtschaftsabteilung. Während dieser Zeit wurde er auch von 1950 bis 1952 zum Leiter des "Erweiterten Programms für Technische Hilfe" ernannt. Am 1. Juli 1958 wurde er Stellvertretender Generaldirektor, ein Amt, das er bis zum Januar 1959 bekleidete, als er in die Schweiz zurückkehrte, um Mitglied des Bundesrates zu werden.

Als Mitglied des Bundesrates arbeitete Dr. Wahlen verschiedentlich als Eidgenössischer Ratsherr für Justiz und Polizei, für staatliche Wirtschaft und für die politische Abteilung sowie als Präsident der Schweizer Konföderation. 1967 wurde er Vorsitzender einer Kommission für die Revision der Schweizer Verfassung.

Dr. Wahlen heiratete am 11. Oktober 1923 Helen Rosalie Hopf. Sie leben im Ruhestand in Bern.

Sir Norman C. Wright (Vereinigtes Königreich)

Norman Charles Wright wurde am 19. Februar 1900 geboren. Er erwarb seinen Magister der Philosophie (M.A.) und seinen Doktor der Naturwissenschaften (D.Sc.) an der Universität Oxford und den Doktor der Philosophie (Ph.D.) an der Universität Cambridge. Unter den vielen Ehrungen, die ihm während seiner Laufbahn zuteil wurden, war die Mitgliedschaft im Königlichen Institut für Chemie und in der Königlichen Akademie von Edinburgh. Er wurde im Jahr 1955 zum Ritter geschlagen.

Von 1922 bis 1924 hatte er ein Stipendium für Agrarforschung und war von 1924 bis 1926 Forschungsassistent am Staatlichen Forschungsinstitut für Milchwirtschaft an der Universität Reading. Von 1926 bis 1928 war er Stipendiat des Commonwealth Fonds an der Cornell-Universität und im US-Landwirtschaftsministerium in Washington. Im Jahr 1928 wurde er der erste Direktor des Hannah-Forschungsinstituts für Milchwirtschaft in Ayr, Schottland, eine Aufgabe, die er bis 1947 wahrnahm. Gleichzeitig arbeitete er von 1932 bis 1947 als Gastlektor an der Universität Glasgow. Im Jahr 1947 wurde er dann wissenschaftlicher Hauptberater (Nahrungsmittel) im Ministerium für Landwirtschaft, Fischerei und Ernährung, wo er bis 1959 arbeitete.

Zusätzlich zu diesen Aktivitäten führte er viele Sonderaufträge aus. In den Jahren 1936-37 war er Sonderberater des Rates des Empire für Agrarforschung in Indien; 1944-45 Mitglied der wissenschaftlichen Beratungsmission im Versorgungszentrum Mittlerer Osten; 1945 Sonderberater der Regierung von Ceylon; 1946 Mitglied der FAO-Mission nach Griechenland; 1948-50 Vorsitzender der Gesellschaft für Ausbildung in der Landwirtschaft; 1947-55 Mitglied des Kolonialrates für landwirtschaftliche Beratung; 1950-55 Mitglied des Agrarforschungsrates; 1950-54 Mitglied des Kolonialforschungsrates; 1950-56 Mitglied des Rates der Britischen Gesellschaft zur Förderung der Wissenschaften und deren Generalsekretär sowie 1953-59 Mitglied des Programmausschusses der FAO. Er war Autor vieler wissenschaftlicher Abhandlungen und anderer Publikationen.

Sir Norman wurde am 16. Januar 1959 Stellvertretender Generaldirektor der FAO und blieb bis Juli 1963 im Amt. Nach seinem Ausscheiden aus der FAO arbeitete er von 1963 bis 1970 als Sekretär der Britischen Gesellschaft zur Förderung der Wissenschaften.

Sir Norman heiratete im Jahr 1928 Janet Robinson Ledingham. Sie hatten eine Tochter. Sir Norman verstarb am 16. Juli 1970 im Alter von 70 Jahren. Lady Wright lebt in London.

Oris V. Wells (Vereinigte Staaten)

Oris Vernon Wells wurde am 18. Dezember 1903 in Slate Springs, Missouri, USA, geboren. Er erwarb den Grad eines Bakkalaureus der Naturwissenschaften (B.S.) an der Universität von Neu Mexiko im Jahr 1928 und arbeitete dann als Assistent an der Universität von Minnesota in den Jahren 1931-32 und als Stipendiat für Sozialwissenschaften an der Harvard-Universität. Im Jahr 1950 wurde ihm der Ehrendoktor der Naturwissenschaften vom Montana State College und im Jahr 1952 der Ehrendoktor der Rechte von der Universität von Neu Mexiko verliehen.

O.V. Wells trat im Jahr 1929 in das amerikanische Landwirtschaftsministerium ein und arbeitete dort bis zum Juni 1961 in verschiedenen Funktionen. Von 1942 bis 1945 war er statistischer Berater bei der Behörde für Kriegsernährung; von 1946 bis 1953 Leiter des Büros für Agrarökonomie; von 1953 bis 1961 Administrator des landwirtschaftlichen Vermarktungsdienstes. Im Jahr 1954 erhielt er die Auszeichnung des Ministeriums für besondere Verdienste. Außerdem war er Mitglied der Amerikanischen Gesellschaft für Agrarökonomie sowie Mitglied der Amerikanischen Gesellschaft für Statistik und Offizier des Verdienstordens der italienischen Regierung.

O.V. Wells wurde in den Jahren 1945-46 zum ersten Mal für die FAO als Berater bei der Vorbereitung des ersten Welternährungsberichts tätig. Er war Mitglied der Delegation der Vereinigten Staaten bei den FAO-Konferenzen in den Jahren 1946, 1948, 1949, 1951, 1955 und 1957, arbeitete als Mitglied des Programmausschusses von 1953 bis 1959 und war dessen Vorsitzender im Jahr 1959.

Im Juni 1961 wurde O.V. Wells Beigeordneter Generaldirektor für die FAO-Hauptabteilung für Wirtschaft. Ein Jahr später, von Juni 1962 bis Juli 1963, war er Beigeordneter Generaldirektor für die Unterabteilung für Programm und Haushalt. Zu diesem Zeitpunkt wurde er zum Stellvertretenden Generaldirektor ernannt. Dieses Amt hatte er bis zu seinem Ausscheiden im Dezember 1971 inne.

Im Laufe des Jahres 1972 führte O.V. Wells zwei Beraterarbeiten für die FAO durch, und zwar durch Teilnahme an der 3. Sitzung der UNCTAD in Santiago und der VN-Umweltkonferenz in Stockholm. Von 1973 bis 1975 arbeitete er als Berater der Ford-Stiftung für Nahrungsmittelinformationssysteme.

O.V. Wells heiratete am 28. Mai 1930 Frances Ingram. Sie haben einen Sohn und eine Tochter und wohnen in Alexandria, Virginia.

Roy I. Jackson (Vereinigte Staaten)

Roy I. Jackson wurde am 14. November 1916 in Juneau, Alaska, USA, geboren. Im Jahr 1939 erwarb er an der Universität von Washington den Grad eines Bakkalaureus der Naturwissenschaften (B.S.) in "Fischerei" und arbeitete mit Unterbrechungen von 1939 bis 1943 an derselben Universität an seiner Doktorarbeit. Nachdem er einige Erfahrungen als Fischereibiologe und Ingenieur gesammelt hatte, ging er 1946 an die Universität von Britisch-Kolumbien und erwarb dort im Jahr 1948 den Grad eines Bakkalaureus der angewandten Wissenschaft im Ingenieurbau. R.I. Jackson ist Mitglied des amerikanischen Forschungsinstituts für Biologen.

R.I. Jackson begann seine berufliche Laufbahn im Jahr 1938 bei der Internationalen Kommission für Lachsfischerei im Pazifik, wo er nacheinander die Aufgaben als Mitarbeiter im Außendienst, als Wissenschaftler, als zweiter Chefingenieur und von 1951 bis 1955 als zweiter Direktor wahrnahm. Im Jahr 1955 wurde er Leitender Direktor der Internationalen Kommission für Fischfang im Nordpazifik. Diese Tätigkeit übte er bis 1964 aus.

Am 28. April 1964 kam R.I. Jackson als Direktor der Abteilung für Fischerei in die FAO. Als diese Abteilung am 1. Januar 1966 den Rang einer Hauptabteilung erhielt, wurde er Beigeordneter Generaldirektor und blieb in diesem Amt bis zu seiner Berufung zum Stellvertretenden Generaldirektor der FAO am 1. Januar 1972.

Nachdem R.I. Jackson Ende 1977 aus den Diensten der FAO ausgeschieden war, kehrte er wieder in den Fischereibereich zurück, in dem er auch weiterhin als aktiver Berater tätig ist.

R.I. Jackson heiratete im Jahr 1943 Priscilla Wicks. Sie haben vier Kinder und wohnen in Seattle, Washington.

Dr. Ralph W. Phillips (Vereinigte Staaten)

Ralph Wesley Phillips wurde am 7. Februar 1909 in Parsons, West Virginia, USA, geboren. Er erwarb den Grad eines Bakkalaureus der Naturwissenschaften (B.S.) am Berea College (Berea, Kentucky) im Jahr 1930 und seinen Magister (M.A.) sowie Doktor der Philosophie (Ph.D.) an der Universität von Missouri in den Jahren 1931 bzw. 1934. Der Ehrendoktor der Naturwissenschaften wurde ihm im Jahr 1952 vom Berea College und im Jahr 1970 von der Universität von West Virginia verliehen.

Dr. Phillips arbeitete von 1930 bis 1933 als Forschungsassistent für Tierzucht an der Universität von Missouri; von 1933 bis 1936 als Dozent und Assistent für Tierzucht an der Universität von Massachusetts; von 1936 bis 1939 als stellvertretender Tierzüchter und Physiologe im US-Landwirtschaftsministerium; von 1939 bis 1941 als Professor und Leiter der Abteilung für Tierzucht an der Universität von Utah; von 1941 bis Dezember 1946 als Leitender Tierzüchter, verantwortlich für die Forschung im Bereich Tiergenetik des US-Landwirtschaftsministeriums; von Dezember 1946 bis Mai 1949 als Leiter der FAO-Unterabteilung für Tierzucht und von Mai 1949 bis Juli 1957 als stellvertretender Direktor der FAO-Landwirtschaftsabteilung. Dann kehrte er in das US-Landwirtschaftsministerium zurück und bekleidete bis Anfang Januar 1978 das Amt des Exekutivdirektors für Angelegenheiten internationaler Organisationen.

Dr. Phillips arbeitete in den Jahren 1944-45 zum ersten Male für die FAO, als er in der Interimskommission an den Vorbereitungen zur 1. Sitzung der FAO-Konferenz teilnahm. Im

Jahr 1946 war er Mitglied des Ständigen Beratungsausschusses für Landwirtschaft, der vor der 2. Sitzung der Konferenz in Kopenhagen zusammengetreten war. Zwischen 1957 und 1977 nahm er als Mitglied der Delegation seines Landes an allen Sitzungen des FAO-Rates und der Konferenz wie auch an vielen Regionalkonferenzen sowie Sitzungen des Landwirtschaftsausschusses und anderen FAO-Tagungen teil. In diesem Zeitraum führte er auch den Vorsitz auf vier FAO-Tagungen über tierisches Genmaterial. Er war von 1962 bis 1977 Mitglied des FAO-Programmausschusses, von 1964 bis 1973 dessen stellvertretender Vorsitzender und von 1974 bis 1977 dessen Vorsitzender.

Spezielle Tätigkeiten, die Dr. Phillips in seiner beruflichen Laufbahn ausübte, umfaßten seine Arbeit als Gründer und Herausgeber des "Journal of Animal Science", 1941-1949; als Berater des US-Außenministeriums für Tierzucht in China und Indien, Februar 1943 bis März 1944; als wissenschaftlicher Sekretär für Landwirtschaft auf der VN-Konferenz über Wissenschaft und Technologie zugunsten unterentwickelter Gebiete, Januar 1962 bis März 1963; sowie als Präsident der Amerikanischen Genetik-Gesellschaft, 1967. 1969 und 1970 gab er die L.S. Linck-Vortragsreihe für das Landwirtschaftliche Institut von Kanada heraus.

Dr. Phillips wurde im Januar 1978 Stellvertretender Generaldirektor der FAO. Seine Amtszeit läuft am 31. Dezember 1981 aus.

Die besonderen Ehrungen, die ihm zuteil wurden, schlossen die Verdienstauszeichnung des US-Landwirtschaftsministeriums im Jahr 1960 und die Auszeichnung für besondere Verdienste im Jahr 1970 ein. Ferner erhielt er die Mitgliedschaft in der amerikanischen "Gesellschaft für Tierwissenschaft" im Jahr 1965; die Verdienstmedaille des Berea College für ehemalige Studenten im Jahr 1968; den Internationalen Preis für Tiere und Landwirtschaft der amerikanischen "Gesellschaft für Tierwissenschaft" im Jahr 1975; den Titel eines Offiziers im Kabinett des Italienischen Verdienstordens im Jahr 1966 und die Ehrenmitgliedschaft der amerikanischen "Gesellschaft für Hauswirtschaft" im Jahr 1976. Er ist der Autor von ungefähr 240 wissenschaftlichen Abhandlungen, Kapiteln in Büchern und anderen Publikationen über die Fortpflanzungsphysiologie, Klimatologie, Tiergenetik, Tierzucht und internationale Landwirtschaft.

Am 1. Juni 1934 heiratete Dr. Phillips Mary Pozzi. Sie hatten eine Tochter. Frau Phillips starb am 26. Februar 1981.

8 DIE ZENTRALE UND ANDERE DIENSTSTELLEN

DIE ZENTRALE (Headquarters)

Ursprünglich sahen die Allgemeinen Regeln der Organisation vor, daß

der Sitz der Organisation sich an demselben Ort wie die Zentrale der Organisation der Vereinten Nationen befinden soll. Bis zu einer Entscheidung über den Sitz der VN ist die Zentrale der Organisation in Washington.

Die Wahl Washingtons als vorübergehender Sitz der Zentrale war die natürliche Konsequenz davon, daß die Interimskommission gemäß der Entscheidung der Konferenz von Hot Springs ihren Standort dorthin gelegt hatte.

Die Vereinten Nationen wurden acht Tage nach der FAO gegründet, und es verging viel Zeit zwischen ihrer Gründung und der Wahl des Sitzes für ihre Zentrale. Als aufgrund eines Grundstücksangebots durch Rockefeller die Wahl auf New York fiel, wurde den meisten Beschäftigten der FAO sofort klar, daß diese große Weltstadt für den Sitz einer Organisation, die sich mit Ernährung, Landwirtschaft, Fischerei und Forstwirtschaft befaßt, nicht passend sei. Daher mußte ein anderer Standort gefunden und die Regel geändert werden. Keines von beiden stellte sich als leicht heraus, und es dauerte bis zur 5. Sitzung der FAO-Konferenz im November/Dezember 1949, daß endgültige Beschlüsse gefaßt wurden.

Der eigentliche Abstimmungsprozeß war weitaus schwieriger als die folgende Zusammenstellung vermuten läßt. Um aus einer Sackgasse herauszukommen, wurden die Verhandlungen über die beiden Phasen (das heißt: Änderung der Regel und Wahl des Standortes) gleichzeitig geführt. Dies ist auch den Ausführungen im Bericht über die 5. Sitzung der FAO-Konferenz zu entnehmen. Um es jedoch kurz zu machen, werden die wesentlichen Faktoren hier in vereinfachter Form dargestellt.

Eine Zweidrittelmehrheit war zur Änderung der Regel notwendig. Da es offenkundig war, daß diese Mehrheit von mindestens der Hälfte der Stimmen plus einer Stimme Europa als Zentrale der Organisation vorziehen würde, arbeiteten die Verfechter eines Hauptsitzes in Nordamerika gegen eine Änderung der Regel, um eine Abstimmung zugunsten eines europäischen Standortes zu verhindern. (In der Tat war der Vorschlag über die Abschaffung der Regel durch eine Abstimmung der 3. Sitzung der Konferenz im Jahr 1947 mit 22 gegen 20 Stimmen abgelehnt worden.)

Dennoch wurde die Regel schließlich auf der 5. Sitzung mit 40 gegen 18 Stimmen, etwas mehr als die geforderte Zweidrittelmehrheit, folgendermaßen geändert:

Sitz der Organisation soll ein von der Konferenz gewählter Ort sein.

Dies ebnete den Weg für eine endgültige Entscheidung über den ständigen Sitz. Standorte wurden von Dänemark, Italien, der Schweiz und den Vereinigten Staaten angeboten. Eine kleine Minderheit hielt dennoch an der Auffassung fest, daß FAO und VN sich an demselben Ort befinden sollten, und daher wurde auch New York als Standort einbezogen. Für diese Abstimmung war die einfache Mehrheit der abgegebenen Stimmen notwendig. Es waren dennoch fünf Wahlgänge zur Lösung des Problems erforderlich. Die Ergebnisse sind unten aufgeführt:

Vorgeschlagener Standort	Wahlgang				
	1	2	3	4	5
Abgegebene Stimmen	58	58	58	58	58
Keine Stimmabgabe	3	3	3	3	3
Erforderliche Mehrheit	30	30	30	30	30
Dänemark	2	-	-	-	-
Italien	24	28	29	29	30
Schweiz	3	2	-	-	-
Vereinte Nationen	13	6	3	-	-
Vereinigte Staaten	15	21	25	27	28
Stimmenthaltungen	1	1	1	2	-

So wurde die Angelegenheit mit sehr geringer Mehrheit in den frühen Morgenstunden entschieden, nachdem die Plenarversammlung bis 1.30 Uhr getagt hatte. Angesichts der Endabstimmung nahm die Konferenz unter der Voraussetzung, daß mit den betroffenen zentralen und lokalen Regierungen ein geeignetes Abkommen über die Zentrale geschlossen werde, formell Italiens Standortangebot in oder in der Nähe Roms an.

Die Konferenz ermächtigte Generaldirektor Dodd, entsprechende Vereinbarungen auszuhandeln und sie dem Rat zur Genehmigung vorzulegen.

Der Gebäudekomplex, der als FAO-Zentrale in Rom gewählt wurde, war von einer früheren italienischen Regierung als Ministerium für italienische Territorien in Afrika vorgesehen worden. Zum Zeitpunkt der Verlegung der Zentrale von Washington im Februar 1951 war nur das Gebäude B des Gesamtkomplexes für die FAO bezugsfertig. Das Fundament des Gebäudes A war bereits gelegt und wurde innerhalb des Jahres 1951 soweit fertiggestellt, daß die 6. Sitzung der FAO-Konferenz vom 19. November bis zum 6. Dezember 1951 dort stattfinden konnte. Die Bauarbeiten am Gebäude C waren schon in vorangegangenen Jahren begonnen worden. Es wurden jedoch nur ein Treppenhaus und ein Fahrstuhlschacht gebaut. Dieses Gebäude wurde erst im Oktober 1964 vollendet und der FAO zur Benutzung übergeben. Das Gebäude E, bislang ein kleines Behelfsgebäude aus Fertigteilen im Hof zwischen den Gebäuden C und D, wurde im Oktober 1965 fertiggestellt. Bis August 1977 war das italienische Ministerium für Post- und Fernmeldewesen im Gebäude D untergebracht, bis es im Laufe des Jahres 1980 nach Renovierung in zwei Abschnitten der FAO übergeben wurde, und zwar die oberen vier Stockwerke im Februar und die verbleibenden vier Etagen im September.

Da im Laufe der Jahre sowohl das Programm der Organisation wie auch ihr Mitarbeiterstab zunahmen, ergab sich die Notwendigkeit, zunehmend mehr Räumlichkeiten außerhalb der Zentrale anzumieten. Als das Gebäude D der Organisation schließlich zur Verfügung stand, beschränkten sich die Mieträume auf das Gebäude F in der Via Cristoforo Colombo 426. Dort sind gegenwärtig das Welternährungsprogramm, die Hauptabteilungen für Fischerei und Forstwirtschaft sowie einige kleinere Arbeitseinheiten untergebracht.

Als die Verlegung der Zentrale nach Rom begann, umfaßte der FAO-Mitarbeiterstab in Washington ungefähr 580 Personen. Von diesen verloren 390 ihren Arbeitsplatz, 20 wurden von dem neugeschaffenen nordamerikanischen Regionalbüro und 167 von der Zentrale in Rom übernommen. Weitere 15 Angestellte, die in Washington neu eingestellt worden waren, wurden ebenfalls für Rom berücksichtigt. Der neue Mitarbeiterstab bestand ungefähr zu zwei Dritteln aus Angehörigen des allgemeinen Dienstes. Zusätzlich kamen 50 Beschäftigte aus den Regionalbüros, speziell vom Regionalbüro für Europa (das infolge der Errichtung der Zentrale in Rom geschlossen wurde), zum Personal der Zentrale.

Die Verlegung nach Rom vollzog sich in den ersten Monaten des Jahres 1951. Mit italienischen Schiffahrtslinien wurde ein Vertrag über die Beförderung von Mitarbeitern und ihren Familien abgeschlossen, die die regulären Fahrten der S.S. Saturnia und der S.S. Vulcania benutzten. 76 Angestellte und ihre Familien verließen New York auf der Saturnia am 17. Februar; 78 auf der Vulcania am 1. März; 82 auf der Saturnia am 22. März und fünf auf der Saturnia am 28. April. Nachdem eine für den 4. April vorgesehene Überfahrt der Vulcania abgesagt worden war, buchten die für diese Überfahrt vorgesehenen Reisenden auf anderen verfügbaren Linien. Einige Mitarbeiter traten die Überfahrt später an.

Die Fahrt der Vulcania am 4. April wurde abgesagt, da sie auf der vorangegangenen Überfahrt in einen schweren Sturm geraten war und zu Reparaturarbeiten ins Trockendock mußte. Einige Vorfälle lassen das Ausmaß dieses Sturms erkennen. Das große Klavier in der Hauptlounge riß sich los, rutschte kreuz und quer durch die Lounge und machte die meisten Möbel zu Kleinholz. Wegen der Höhe der Wellen war es unmöglich, den Betrieb im Speisesaal aufrechtzuerhalten. Die Ober krochen mit Sandwiches und was sonst in den Kabinen serviert werden konnte die Flure entlang. Eine Mitarbeiterin wurde aus ihrer Koje geworfen und erlitt einige Rippenbrüche. Sir Herbert Broadley, damals Stellvertretender Generaldirektor, erzählt mit dem ihm eigenen trockenen Humor, daß er seekrank von seiner Koje zum Bad kriechen mußte, wo er das Pech hatte, daß ihm der Toilettensitz um den Nacken fiel! Es war eine heroische Reise, die die mitreisenden 78 FAO-Mitarbeiter und ihre Familienmitglieder nicht so schnell vergessen haben.

Die Stärke des Sturms, in den die Vulcania geraten war, kann vielleicht besser durch den kurz nach dem Ereignis geschriebenen Bericht von Streets (1951) erfaßt werden:

Das zweite Schiff wurde von einem der schlimmsten Stürme der letzten Jahre erfaßt. Für eineinhalb Tage trieb es hilflos in der See und wurde von gewaltigen Wellen böse zugerichtet. Die Passagiere konnten ihre Kabinen selbst für die Mahlzeiten nicht verlassen. Sie fielen aus ihren Kojen, schnitten sich und erlitten Prellungen. Zwei Seeleute gingen über Bord. Die Hauptluke brach auf, und Wasser floß in den Laderaum, wo Automobile und Haushaltsmöbel mit zerstörerischem Eifer zusammenbrachen. Der Kapitän selbst hatte Zweifel, ob das Schiff überleben würde.

Da nur etwas mehr als ein Viertel des Personals von Washington nach Rom versetzt wurde, sah sich die Organisation der wichtigen Aufgabe der Rekrutierung des Mitarbeiterstabs gegenüber. Zudem lief gleichzeitig das "Erweiterte Programm für Technische Hilfe" (EPTA) an, so daß es abgesehen von der Fortsetzung des Arbeitsprogramms erforderlich war, mit einer erheblich ansteigenden Arbeitsbelastung fertig zu werden und die notwendigen zusätzlichen Mitarbeiter sowohl für die Aufgaben im Außendienst als auch für die daraus folgenden Aufgaben in der Zentrale zu finden.

REGIONAL- UND VERBINDUNGSBÜROS

Der gegenwärtige jeweilige Sitz der Regional- und Verbindungsbüros der FAO sind Rom (für Europa), Rom (für den Nahen Osten, nach seiner Verlegung von Kairo, wie auf Seite 57 beschrieben), Akkra (für Afrika), Bangkok (für Asien und den Pazifik), Santiago (für Lateinamerika) und Washington (für Nordamerika). Eine Region, früher als Ozeanien und noch vor kurzem (zum Zwecke der Wahl des Rates) als Südwest-Pazifik bekannt, besaß nie ein Regional- oder Verbindungsbüro. Bei den Vereinten Nationen in New York gibt es ebenfalls ein Verbindungsbüro und ein weiteres bei den Organisationen und Institutionen der VN-Familie mit Sitz in Genf. Die Aufgaben der Regionalbüros in den Entwicklungsregionen unterscheiden sich natürlich von denen des Regionalbüros für Europa. Die Aufgaben dieser Büros ihrerseits unterscheiden sich von denen der Verbindungsbüros in Nordamerika, bei den VN und in Genf.

Die FAO unterhält darüber hinaus gemeinsame Abteilungen mit den VN-Wirtschaftskommissionen für Europa (ECE) in Genf, für Afrika (ECA) in Addis Abeba, für Westasien (ECWA) in Beirut und für Lateinamerika (ECLA) in Santiago. Mit der VN-Wirtschafts- und Sozialkommission für Asien und den Pazifik (ESCAP) in Bangkok unterhielt sie eine ähnliche Einrichtung, die später durch eine andere Lösung ersetzt wurde. Diese gemeinsamen Abteilungen befassen sich in erster Linie mit wirtschaftlichen Problemen der Landwirtschaft, obwohl sich die Abteilung in Genf auch mit bestimmten Fragen der Forstwirtschaft und die Abteilung in Addis Abeba mit gewissen Aspekten der Forstwirtschaft und der Fischerei beschäftigen. Sie sind somit eine wesentliche Erweiterung der Hauptabteilung Wirtschafts- und Sozialpolitik bzw. der Hauptabteilungen Forstwirtschaft und Fischerei. Aus diesem Grunde werden sie hier nicht ausführlich als Teil der Struktur der Regionalbüros erörtert.

Dennoch ist festzuhalten, daß der FAO-Sektor der gemeinsamen Abteilung in Santiago stufenweise in das dortige Regionalbüro integriert wurde.

Der erste offizielle Schritt zur Einrichtung von Regionalbüros vollzog sich, als die 3. Sitzung der Konferenz im Jahr 1947 den Generaldirektor beauftragte, Pläne für die Errichtung von Büros in einigen Regionen vorzubereiten vor allem in Lateinamerika, Europa, dem Nahen Osten und Asien, die der Zustimmung des Rates bedurften. Der Rat ermächtigte auf seiner 2. Sitzung im Jahr 1948 den Generaldirektor, mit den von ihm unterbreiteten Plänen fortzufahren, vertrat jedoch die Auffassung,

... daß die Regionalbüros Außenstellen einer starken FAO-Zentrale und keineswegs autonome Einheiten sein sollten und daß das technische Programm der FAO weiterhin in jeder Region der vollen Verantwortlichkeit des Generaldirektors unterstellt sein müßte.

Bevor wir uns der Entstehung und Entwicklung dieser Büros zuwenden, sollten noch einige zusätzliche, generelle Gesichtspunkte erwähnt werden. In den Anfängen der FAO, als es noch kein Feldprogramm als solches gab, waren die Mitgliedsländer und insbesondere diejenigen, die sich weit entfernt von dem vorläufigen Hauptsitz in Washington befanden, der Ansicht, daß Büros in ihrer Nähe sein müßten, um aus der Organisation großen Nutzen ziehen zu können.

Diese Einstellung führte schließlich zur Errichtung der Regionalbüros und in einigen Gegenden auch zu Nebenstellen. Mit der Entwicklung des "Erweiterten Programms für Technische Hilfe" (EPTA) und speziell mit der Errichtung des VN-Sonderfonds (UNSF) sowie der späteren Zusammenlegung dieser beiden Programme zum Entwicklungsprogramm der Vereinten Nationen (UNDP) ergab sich die dringende Notwendigkeit direkter Verbindungen zwischen der FAO und den Regierungen ihrer Mitglieder in den Entwicklungsländern. Dies führte dazu, die Rolle der Regionalbüros zur Sprache zu bringen, und im Laufe der Jahre gab es ständige Bemühungen, sie nicht zu kleinen "FAOs" werden und Aufgaben übernehmen zu lassen, die eine Kopie der Aufgaben sind, die am besten von der Zentrale oder in den jeweiligen Ländern erledigt werden können. Die Prüfungsgruppe, die in den ersten acht Monaten des Jahres 1967 tätig wurde, ging tatsächlich so weit, die Abschaffung der Regionalbüros zu empfehlen. Doch da diese Büros eine Reihe wichtiger Funktionen wahrnahmen und viele von ihnen sich im hohen Maße politischer Unterstützung erfreuen, wurde diese Empfehlung abgelehnt. Dennoch wurden die Nebenstellen aufgelöst. In vielen Entwicklungsländern, in denen Vertreter der FAO eingesetzt sind, ist in zunehmendem Maße ein direkter Kommunikationsfluß zwischen dem Hauptsitz und den jeweiligen Hauptstädten entstanden.

Die 18. Sitzung der Konferenz im Jahr 1975 ermächtigte Edouard Saouma nach dessen Wahl zum Generaldirektor, das Arbeitsprogramm der Organisation für 1976-77 zu überprüfen und dem Rat Vorschläge für dessen Änderung zu unterbreiten. Diese Überprüfung schloß notwendigerweise auch die vorhandenen Alternativen hinsichtlich des Vorschlags einer erheblichen Erweiterung der Regionalbüros ein. Er entschied, diese nicht vorzunehmen; die Regionalbüros sollten sich vielmehr auf die Tätigkeiten konzentrieren, die am besten auf regionaler Ebene durchgeführt werden können. Gleichzeitig entschied er, wie auf den Seiten 62-63 ausgeführt, den Schwerpunkt auf die Dezentralisierung auf Länderebene zu legen. Der Rat unterstützte diesen Ansatz ohne Einschränkung, als er die Vorschläge des Generaldirektors im Juli 1976 überprüfte.

Die gegenwärtigen Regelungen sind das Ergebnis einer Vielzahl von Entwicklungen und Anpassungen. Diese waren in einigen Regionen umfassender als in anderen. Die Änderungen werden im folgenden kurz zusammengefaßt.

Europa

Der erste Generaldirektor teilte in seinem zweiten Jahresbericht mit, daß er im Dezember 1946 ein vorläufiges Regionalbüro für Europa eingerichtet hatte. Er benutzte dazu die Gebäude, die durch die Übernahme des Nachlasses des IIA durch die FAO für diese verfügbar geworden waren (siehe Seite 8). Das Büro stand unter der Leitung von S.L. Louwes (Niederlande). Er führte den Titel eines Sonderberaters. Auf seiner 2. Sitzung im Jahr 1948 stimmte der Rat der Entscheidung des Generaldirektors zu, das Büro bis zu einer Entscheidung über den Standort der Zentrale aufrechtzuerhalten. Auf der 2. Sondersitzung der Konferenz im Jahr 1950 wurde die Schließung des Regionalbüros für Europa zum 1. Mai 1951 beschlossen. Seine Fach- und Koordinierungsaufgaben sollten jedoch in der Organisation in einer vom Generaldirektor zu bestimmenden Weise aufrechterhalten werden. Trotz der Schließung des Büros in Rom Ende April 1951 wies der Haushalt für 1951 aus, daß ein kleines Verbindungsbüro in Genf aufrechterhalten wurde.

Im gleichen Jahr wurde der 6. Sitzung der Konferenz die Errichtung eines europäischen Regional-Verbindungsbüros innerhalb der FAO-Zentrale vorgeschlagen. Die Konferenz verschob jedoch die Entscheidung und beauftragte den Generaldirektor, in dieser Angelegenheit die europäischen Regierungen zu konsultieren und dem Rat darüber zu berichten. Erst die 11. Sitzung der Konferenz im Jahr 1961 beschloß die Neuerrichtung eines Regionalbüros für Europa. Zunächst hatte es seinen Sitz in Genf und wurde im Jahr 1970 nach Rom verlegt.

Folgende Leiter des Regionalbüros für Europa nahmen dieses Amt wahr:

Sonderberater	Land	Amtszeit
S.L. Louwes	Niederlande	Ende 1946 bis Juni 1948

Regionalvertreter für Europa	Land	Amtszeit
A.H. Boerma	Niederlande	Mitte 1948 bis April 1951
Paul Lamartine Yates	Vereinigtes Königreich	Januar 1961 bis Juni 1970
G.E. Bildesheim	Österreich	Juli 1970 bis Dezember 1980

Naher Osten

Im April 1947 wurde Mahmoud Tewfik Hefnawy (Ägypten) vorübergehend zum Sonderberater für den Nahen Osten ernannt. Er war in dieser Eigenschaft bis zum 29. November 1947 tätig, als ein Regionalbüro in Kairo eingerichtet wurde und er den Titel des Regionalvertreters für den Nahen Osten erhielt. Ein formelles Abkommen mit der Gastregierung über die Einrichtung des Büros wurde jedoch erst am 17. August 1952 unterzeichnet. Der FAO-Rat stimmte diesem auf seiner 16. Sitzung im November 1952 zu.

Das Regionalbüro setzte seine Arbeit in Kairo bis zu dem Zeitpunkt fort, als angesichts der politischen Situation in dieser Region die 20. Sitzung der Konferenz im Jahr 1979 die Schließung der Kairoer Zentrale des Regionalbüros für den Nahen Osten bis zu einem Änderungsbeschluß der Konferenz beschloß. Durch Konferenzentschließung 20/79 ermächtigte die Konferenz den Generaldirektor, entsprechende Maßnahmen zu ergreifen. Daraufhin wurde das Kairoer Büro Anfang 1980 geschlossen und der Mitarbeiterstab entweder in der Zentrale in Rom übernommen, in Feldprojekten eingesetzt oder entlassen. Die Aufgaben in dieser Region werden derzeit von der Zentrale unter der Leitung des Regionalvertreters für den Nahen Osten wahrgenommen.

Folgende Beamte waren Regionalvertreter für den Nahen Osten:

Sonderberater und Regionalvertreter für den Nahen Osten	Land	Amtszeit
Mahmoud Tewfik Hefnawy	Ägypten	April 1947 bis September 1957
Regionalvertreter für den Nahen Osten		
Dr. A.R. Sidky	Ägypten	November 1957 bis September 1970
Dr. M.A. Nour	Sudan	Oktober 1970 bis Juli 1978
Salah Jum'a	Jordanien	August 1978 bis

Die Stelle des Regionalvertreters wurde am 1. August 1963 von D-2 zum Beigeordneten Generaldirektor angehoben.

Asien und der Pazifik

Im November 1948 informierte der Generaldirektor die 4. Sitzung des Rates, daß er, ohne der Entscheidung über einen endgültigen Sitz vorgreifen zu wollen, Bangkok als vorläufiges Zentrum der FAO-Tätigkeiten in Asien und dem Fernen Osten ausgewählt hatte. Die 4. Sitzung der Konferenz, die ebenfalls 1948 stattfand, nahm diese Maßnahme zur Kenntnis und billigte die Einrichtung eines Regionalbüros für Asien und den Fernen Osten. Während sie das Prinzip akzeptierte, daß das Regionalbüro turnusmäßig von Land zu Land wechseln sollte, stimmte die 7. Sitzung des Rates im November 1949 der Empfehlung des Generaldirektors zu, das Büro bis Ende 1951 in Bangkok bestehen zu lassen. Auf ihrer 5. Sitzung im Jahr 1949 unterstützte die Konferenz diese Empfehlung, sprach sich jedoch Anfang 1951 für eine Überprüfung dieser Haltung aus. Die 6. Sitzung der Konferenz im Jahr 1951 sprach sich ihrerseits für den Verbleib des Büros in Bangkok bis mindestens Ende 1953 aus. Als sich die Frage auf der 7. Sitzung der Konferenz im Jahr 1953 erneut stellte, wurde Bangkok zum ständigen Sitz bestimmt. Der Rat bestätigte auf seiner 22. Sitzung im Oktober/November 1955 die Vereinbarung zwischen der FAO und der thailändischen Regierung über den Sitz des Büros.

Die Konferenz nahm auf ihrer 2. Sondersitzung im Jahr 1950 die Frage bezüglich der Einrichtung eines Informationszentrums in Neu-Delhi zur Kenntnis; sie ergriff jedoch keine Maßnahmen. Auf ihrer 8. Sitzung im Jahr 1956 billigte die Konferenz die Ernennung eines Stellvertretenden Regionalvertreters für Asien und den Fernen Osten. Der genehmigte Haushalt des Generaldirektors für 1957-58 enthielt Mittel für ein Büro in Neu-Delhi, das zum subregionalen Büro bestimmt wurde und als solches bis Ende 1969 tätig war.

Inhaber des Postens des Regionalvertreters für Asien und den Fernen Osten im Rang von D-2, der am 1. Dezember 1970 zum Beigeordneten Generaldirektor angehoben wurde, waren:

Regionalvertreter für Asien und den Fernen Osten	*Land*	*Amtszeit*
W.H. Cummings	Vereinigte Staaten	Ende 1948 bis Januar 1961
Ahsan-ud-Din	Pakistan	Mai 1962 bis Oktober 1971
Dr. Dioscoro L. Umali	Philippinen	November 1971 bis

Im Jahr 1979 billigte die 20. Sitzung der Konferenz den Vorschlag über die Änderung der Bezeichnung des Büros in "Regionalbüro für Asien und den Pazifik".

Lateinamerika

Die 4. Sitzung der Konferenz nahm im Jahr 1948 die Entscheidung des Generaldirektors zur Kenntnis, ohne weitere Verzögerung die Errichtung eines Regionalbüros für Lateinamerika vorzunehmen. Im Jahr 1949 ermächtigte ihn die 5. Sitzung zur Wahl des Standortes für dieses Büro, was sich jedoch als ein ziemlich langer und komplizierter Prozeß herausstellte. Im Jahr 1950 stellte die 2. Sondersitzung der Konferenz fest, daß Personal bereits in Santiago und Rio de Janeiro eingesetzt war und überließ die Standortwahl für weitere subregionale Büros dem Ermessen des Generaldirektors. Der Haushalt für 1951 enthielt Geldmittel für vier Büros: in Mexiko für Zentralamerika und die Karibik; im Großraum Kolumbien; im östlichen sowie im westlichen Südamerika. Für den Fall einer Haushaltsbeschränkung wurde vereinbart, den Vorschlag für den Großraum Kolumbien nicht durchzuführen. Die Konferenz stimmte auf ihrer 6. Sitzung im Jahr 1951 den Maßnahmen für die Aufrechterhaltung der zu dem Zeitpunkt bestehenden Regionalstruktur zu. Diese umfaßte ein Regionalbüro für Mexiko, Zentralamerika und die Karibik in Mexiko City; ein Regionalbüro für das östliche Südamerika in Rio de Janeiro; ein Regionalbüro für das westliche Südamerika in Santiago und ein Regionalbüro für Statistik in Lateinamerika in San José, Costa Rica. Im Zweijahreszeitraum 1954-55 wurde letzteres geschlossen, eine Entscheidung über den Status der anderen Büros wurde hingegen um einige Jahre hinausgeschoben.

Im Jahr 1955 nahm der Rat auf seiner 25. Sitzung einen Vorschlag des Generaldirektors für die Errichtung eines Regionalbüros für Lateinamerika in Santiago mit subregionalen Büros in Rio de Janeiro und Mexiko City zur Kenntnis, war jedoch der Meinung, daß diese Angelegenheit von der Konferenz behandelt werden sollte. Die 8. Sitzung der Konferenz stimmte im selben Jahr den Vorschlägen für eine Zentralisierung der regionalen Einrichtungen unter Aufrechterhaltung der drei Büros zu. Sie forderte den Generaldirektor auf, mit den Regierungen dieser Region zu verhandeln und zu versuchen, innerhalb von zwei Monaten Einvernehmen über den Sitz des zentralen Büros zu erreichen. Gleichzeitig billigte die Konferenz den Vorschlag, zwei Stellvertretende Regionalvertreter in Lateinamerika zu benennen.

Nach den verfügbaren Unterlagen einigte man sich im Mai 1956 auf Santiago, Chile, als Sitz des Regionalbüros. Der erste Regionalvertreter für Lateinamerika nahm seine Arbeit im September 1956 auf. Die Büros in Rio de Janeiro und Mexiko City bestanden bis Ende 1969 als subregionale Büros weiter.

Folgende Beamte, deren Status im Herbst 1961 von D-2 zum Beigeordneten Generaldirektor angehoben wurde, arbeiteten als Regionalvertreter für Lateinamerika:

Regionalvertreter für Lateinamerika	Land	Amtszeit
W.G. Casseres	Costa Rica	September 1956 bis Dezember 1958
Hernán Santa Cruz	Chile	Januar 1959 bis Mai 1967

Regionalvertreter für Lateinamerika	Land	Amtszeit
Juan Felipe Yriart	Uruguay	September 1968 bis Juli 1972
Dr. Armando Samper Gneco	Kolumbien	September 1972 bis Dezember 1974
Pedro Moral López	Spanien	Januar 1977 bis

Nordamerika

Unmittelbar nach Abschluß der Verlegung der FAO-Zentrale von Washington nach Rom erfolgte die Einrichtung eines Regionalbüros für Nordamerika etwa um den 1. Mai 1951 nach Zustimmung der 2. Sonderkonferenz der FAO im Jahr 1950. Neben seiner Zuständigkeit für die Vereinigten Staaten und Kanada hatte es die Aufgabe, Verbindung mit den Vereinten Nationen in New York aufrechtzuerhalten. Zu diesem Zweck wurde ein kleines Außenbüro bei den Vereinten Nationen eingerichtet. Diese Doppelfunktion blieb bis einschließlich 1955 bestehen, bis ein eigenes Verbindungsbüro zu den Vereinten Nationen eingerichtet wurde.

Die Zuständigkeit des Büros für die Aufrechterhaltung der Verbindungen mit Kanada und den Vereinigten Staaten besteht seit 1951 ohne Unterbrechung. Um jedoch seinen im Vergleich zu den Büros anderer Regionen unterschiedlichen Aufgaben Rechnung zu tragen, erfolgte am 1. Januar 1970 die Umbenennung in "Verbindungsbüro für Nordamerika".

Folgende Beamte waren als Regionalvertreter für Nordamerika tätig:

Regionalvertreter für Nordamerika	Land	Amtszeit
Gove Hambidge	Vereinigte Staaten	Mai 1951 bis März 1956
Harold A. Vogel	Vereinigte Staaten	Juli 1956 bis Mai 1969
Dr. Howard R. Cottam	Vereinigte Staaten	August 1969 bis Juli 1974
Dr. Donald C. Kimmel	Vereinigte Staaten	August 1974 bis

Afrika

Der Generaldirektor unterbreitete erst im Oktober/November 1958 der 29. Sitzung des Rates Vorschläge zur Errichtung eines Regionalbüros und zwei subregionaler Büros in Afrika. Da der Haushalt jedoch ausreichende Geldmittel nur für ein Büro vorsah, gab der Rat lediglich seine Zustimmung zur Einrichtung des Hauptbüros im Verlauf des Jahres 1959. Akkra in Ghana wurde vom Rat als Sitz gebilligt. Die 10. Sitzung der Konferenz im Oktober/November 1959 stimmte der Vereinbarung zwischen der FAO und der Regierung Ghanas hinsichtlich dieses Büros zu und forderte den Generaldirektor auf, alle zur baldigen Durchführung erforderlichen Schritte zu unternehmen. Der Haushalt 1960-61 stellte Geldmittel für Büros in Akkra, Rabat und einem noch unbestimmten Standort bereit. Die Konferenz stimmte auf ihrer 11. Sitzung im Jahr 1961 den Bemühungen des Generaldirektors um die Einrichtung eines subregionalen Büros in Rabat sowie an einem noch zu bestimmenden Ort in Ostafrika zu und drängte auf deren schnellstmögliche Errichtung. Aufgrund einer Vielzahl von Problemen wurde das Büro in Rabat nie eingerichtet. Ein Stellvertretender Regionalvertreter für die "Ost/Südzone" wurde im April 1962 benannt und bis August 1966 in Rom und ab dann in Nairobi, Kenia, bis zur Auflösung des Büros im Februar 1969 eingesetzt. Schließlich wurde die Idee der Nebenstellen in dieser wie auch in anderen Regionen aufgegeben.

Folgende Beamte arbeiteten als Regionalvertreter für Afrika:

Regionalvertreter für Afrika	Land	Amtszeit
Pierre Terver	Frankreich	Januar 1959 bis Januar 1962
Chief G. Akinola Deko	Nigeria	Januar 1962 bis Juli 1968
Moise C. Mensah	Benin	Januar 1969 bis Januar 1976
Dr. S.C. Sar	Senegal	Januar 1977 bis

Am 1. Dezember 1970 wurde die Stelle des Regionalvertreters im Rang von D-2 zum Beigeordneten Generaldirektor angehoben.

Die Vereinten Nationen

Wie schon zuvor erwähnt, wurde die Verbindung zu den Vereinten Nationen in New York von 1951 bis 1955 durch eine kleine Arbeitseinheit außerhalb des Regionalbüros für Nordamerika unter der Leitung von Alicia Baños, Mexiko, aufrechterhalten.

Im Juni 1955 billigte die 21. Sitzung des FAO-Rates einen Vorschlag für die Benennung eines höheren Verbindungsbeamten, der bei den Vereinten Nationen in New York sein Büro haben sollte. Von 1956 an sah der FAO-Haushalt jeweils Geldmittel für das Regionalbüro in Washington und für das Verbindungsbüro in New York vor. Seit 1956 hat der Direktor des Verbindungsbüros zu den Vereinten Nationen seinen Dienstsitz in New York.

Folgende Beamte haben dieses Amt wahrgenommen:

Direktor des Verbindungsbüros zu den Vereinten Nationen	Land	Amtszeit
Joseph L. Orr	Vereinigte Staaten	Januar 1956 bis Dezember 1966
D.W. Woodward	Neuseeland	Januar 1967 bis Oktober 1971
Charles H. Weitz	Vereinigte Staaten	Oktober 1971 bis Dezember 1979
R.N. Saraf	Indien	Januar 1980 bis

Zusätzlich zum Verbindungsbüro in New York wurde am 1. Januar 1980 das Büro des FAO-Vertreters bei den Organisationen der Vereinten Nationen in Genf eingerichtet, um den Kontakt mit dem Europabüro der Vereinten Nationen sowie mit den in Genf ansässigen Nebenstellen und anderen Organisationen der VN-Familie mit Sitz in Genf aufrechtzuerhalten. Seit seiner Errichtung wird das Büro von S. Akbil, Türkei, geleitet.

LÄNDERBÜROS

Länderbüros in der einen oder anderen Form gibt es schon seit den ersten Jahren der Organisation. Als Ende der 40er Jahre die Arbeit im Außendienst unter der Leitung des UNRRA-Transferfonds begonnen wurde, waren die Teams in zwei Ländern, nämlich in China und Äthiopien, groß genug, um Teamleiter und kleine Büros für diese Teams zu rechtfertigen. Mit Beginn des EPTA wurden ziemlich große Teams in viele Entwicklungsländer entsandt. Schon bald erwies es sich als notwendig, daß ein Mitglied jedes Teams als Hauptkontaktperson zwischen der Regierung und der Zentrale fungiert.

Schon im Jahr 1955 erkannte die FAO-Konferenz die Notwendigkeit von Missionsleitern, die sich nicht nur mit der Hilfe für die jeweiligen Entwicklungsländer, sondern auch mit Aufgaben in bezug auf das "Reguläre Programm" befassen sollten. Im Jahr 1961 nahm die 11. FAO-Konferenz eine ausführliche Entschließung (Nr. 17/61) über "Ländervertreter" an, die die Aufgaben dieser Vertreter im einzelnen festlegte. Dies geschah in Erkenntnis der zunehmenden und immer komplexer werdenden operationellen Programme der FAO sowie der Notwendigkeit hauptamtlicher FAO-Ländervertreter - sofern sie von den Ländern angefordert werden. Die Konferenz hielt es darüber hinaus für angebracht, in einigen Fällen Ernennungen für Ländergruppen vorzunehmen.

Der Generaldirektor der FAO und der Administrator des UNDP trafen im Jahr 1966 eine Abmachung über die Ernennung von Beamten mit dem Titel "Leitende landwirtschaftliche Berater/FAO-Ländervertreter", deren Stellen das UNDP zu zwei Dritteln und die FAO zu einem Drittel finanzierten. Sie fungierten als Berater des Arbeitsstabs der Ständigen UNDP-Vertreter, nahmen jedoch auch einige Funktionen für die FAO wahr.

Als die 18. Sitzung der FAO-Konferenz Ende 1975 ihre allgemeine Zustimmung zum Arbeitsprogramm für 1976-77 gab, ermächtigte sie auch den neugewählten Generaldirektor Edourd Saouma, dieses Programm zu überprüfen und dem FAO-Rat Verbesserungen vorzuschlagen. Unter den Vorschlägen, die der Generaldirektor dem Rat im Juli 1976 unterbreitete, war auch der für die Schaffung eines Korps von FAO-Vertretern in Entwicklungsländern, die nach und nach die Leitenden landwirtschaftlichen Berater/FAO-Ländervertreter ablösen sollten. Der Rat befürwortete, mit der Einsetzung dieses Korps im verbleibenden Zeitraum 1976-77 zu beginnen; bis zum Ende des Zweijahreszeitraums sollten etwa 15 FAO-Vertretungen eingerichtet werden. Im Jahr 1977 billigte die 19. Sitzung der Konferenz für 1978-79 eine Erhöhung der Anzahl dieser Büros auf 47. Bis Ende 1979 waren in voller Zusammenarbeit mit dem UNDP alle Posten der Leitenden landwirtschaftlichen Berater/FAO-Ländervertreter aufgehoben worden. Im gleichen Jahr stimmte die 20. Sitzung der Konferenz einer weiteren Zunahme der FAO-Vertretungen auf 62 im Zeitraum 1980-81 zu.

Angesichts der Bedeutung der Büros der FAO-Vertreter als Verbindungsstelle zwischen FAO-Zentrale und den Regierungen der Länder, in denen sie arbeiten, werden ihre wichtigsten Aufgaben im folgenden kurz zusammengefaßt:

Die wesentlichen Aufgaben der FAO-Ländervertreter bestehen darin,

- Regierungen über die Haltung des Generaldirektors zu Lösungsansätzen für weltweite Probleme auf dem laufenden zu halten, wobei die Ländervertreter zu eigenen Beiträgen aufgefordert werden können;
- Regierungen zusätzliche Informationen über die Entscheidungen der Regierungsorgane der FAO sowie Fortschrittsberichte über ihre Durchführung zu übermitteln;
- Verbindung mit land-, fisch- und forstwirtschaftlichen Regierungsstellen sowie mit nationalen Einrichtungen und Verbänden, die in diesen Wirtschaftsbereichen tätig sind, zu halten und sie über die seitens der FAO verfügbaren Dienste zu beraten;
- der FAO-Zentrale regelmäßig die neuesten Informationen über die Lage der Landwirtschaft und Ernährung zu übermitteln, um sie in den Berichten der globalen Überwachungssysteme der Organisation aufzunehmen;
- als Übermittler für Hilfsgesuche von Regierungen zu dienen und jegliche Sofortmaßnahmen der FAO zu koordinieren;
- zur Ermittlung von möglichen Bereichen für Technische Hilfe oder Investitionsprojekten beizutragen;
- Regierungen über Bereiche zu unterrichten, auf denen die FAO praktische Hilfe durch Projekte anbieten kann, die aus Drittmitteln oder durch ihr eigenes Programm für Technische Zusammenarbeit (TCP) finanziert werden;
- fachliche Hilfe bei der Aufstellung von Projekten zu gewähren und geeignete Finanzierungsmöglichkeiten aufzuzeigen;
- in Ausnahmefällen operationelle Verantwortung für Projekte zu übernehmen;
- Verbindung mit den UNDP-Vertretern und den Vertretern anderer internationaler und bilateraler Organisationen in Angelegenheiten zu halten, die von gegenseitigem Interesse sind;
- die Zustimmung von Regierungen für Besuche von leitenden Beamten und Delegationen in die jeweiligen Länder zu erhalten und ihre Einführung bei den jeweiligen Behörden zu veranlassen.

9 DIE ENTWICKLUNG DER ORGANISATIONSSTRUKTUR DER ZENTRALE

Sowohl der durch das Mandat der Organisation gegebene Auftrag als auch die von ihr innerhalb dieses Mandats durchgeführten Aufgaben spiegeln sich natürlich in der Struktur der FAO wider. Zu Beginn war diese Struktur noch recht einfach, als das Arbeitsprogramm der Organisation, ihr Haushalt und ihr Mitarbeiterstab begrenzt sowie die Zahl der Mitgliedsländer relativ klein waren. Aber da Mitarbeiterstab und Haushalt sowie das Arbeitsprogramm an Umfang zunahmen, weil sich die FAO sowohl durch ihr Reguläres Programm als auch ihr Feldprogramm mit allen wichtigen Aspekten der Land-, Fisch- und Forstwirtschaft befaßt, wurde ihre Struktur natürlich vielschichtiger.

Die Veränderungen im Laufe der Jahre sind zu zahlreich, um sie hier alle einzeln zu beschreiben, so daß im folgenden nur die großen Umrisse aufgezeigt werden. Diese Zusammenfassung enthält zwangsläufig einige Informationen, die sich mit den in den folgenden Abschnitten enthaltenen Angaben über die Entwicklung verschiedener organisatorischer Einheiten überschneiden. Beide Arten von Informationen werden jedoch von unterschiedlichen Standpunkten aus behandelt. Sowohl die eine als auch die andere sind für das Verständnis der historischen Entwicklung der Organisation wesentlich.

1945-1950

Ein Jahr nach der Konferenz von Quebec wurden vier wichtige Abteilungen eingerichtet: die Abteilungen für Wirtschaft und Statistik, für Fischerei, für Forst- und Holzwirtschaft und für Ernährung. Es erfolgte ebenfalls die Ernennung eines Direktors für Information. In der Zeit von Oktober 1945 bis September 1946 war Generaldirektor John Boyd Orr von Plänen für eine Welternährungsbehörde so in Anspruch genommen, daß er keine Maßnahmen zur Schaffung einer Landwirtschaftsabteilung ergriffen hatte. Um den Regierungen der Mitgliedstaaten jedoch zu zeigen, daß diese in Betracht gezogen wurden, berief er unmittelbar vor der 2. Sitzung der Konferenz eine Sitzung des Ständigen Beratenden Landwirtschaftsausschusses ein. Am 2. Dezember 1946 wurde der Kern für die Landwirtschaftsabteilung geschaffen.

Im März 1947 wurde außerdem eine Abteilung für ländliches Sozialwesen eingerichtet, und im Juli 1947 umfaßte die Organisationsstruktur folgende Abteilungen:

    eine Landwirtschaftsabteilung mit drei Fachgebieten;
    eine Abteilung für Wirtschaft, Vermarktung und Statistik mit fünf Fachgebieten;
    eine Fischereiabteilung mit drei Fachgebieten;
    eine Abteilung für Forst- und Holzwirtschaft mit zwei Fachgebieten;
    eine Abteilung für Ernährung mit zwei Fachgebieten;
    eine Abteilung für ländliches Sozialwesen;

eine Abteilung für gemeinsames Programm, technische und administrative Dienste;

eine Unterabteilung für Information mit drei Fachgebieten, von denen eines für die Verbindung zu den VN verantwortlich war.

Die FAO entstand in einer Zeit, die infolge des Zweiten Weltkrieges durch Nahrungsmittelknappheit gekennzeichnet war. Eine der ersten Maßnahmen des Generaldirektors nach der Konferenz von Quebec war die Einberufung einer Sondersitzung für dringende Nahrungsprobleme im Mai 1946. Daraus entstand der Internationale Rat für Ernährungsnotstand, der unter der Schirmherrschaft der FAO jedoch als selbständige Einrichtung arbeitete. Im November 1947 wurde dieser Rat aufgelöst, und der FAO-Rat ersetzte ihn durch den Internationalen Ausschuß für Ernährungsnotstand. Dieser neue Ausschuß setzte seine Arbeit als Arm der FAO fort, bis er nicht länger benötigt wurde und seine Auflösung durch den FAO-Rat im Juni 1949 erfolgte. Diese historische Anmerkung wird hier gemacht, da sie für einige später beschriebene strukturelle Änderungen von Bedeutung ist.

Das Organigramm, wie es sich bis zum 7. März 1949 entwickelt hatte, schloß folgende "Fachabteilungen" ein:

Landwirtschaftsabteilung mit den Fachgebieten Tierproduktion, Pflanzenproduktion und Bodennutzung;
Abteilung für Verteilung mit Arbeitseinheiten für Getreide, Fette und Öle, Reis, Fasern, Vieh, Düngemittel und verschiedene andere Produkte. Der Direktor dieser Abteilung fungierte ebenfalls als Generalsekretär des Internationalen Ausschusses für Ernährungsnotstand;
Fischereiabteilung mit Fachgebieten Wirtschaft, Biologie und Technologie;
Abteilung für Forst- und Holzwirtschaft mit den Fachgebieten Forst- und Holzwirtschaft;
Abteilung für Ernährung mit einem Fachgebiet Gebiets- und Außendienst sowie einem Fachgebiet für Ernährungsprogramme;
Abteilung für ländliches Sozialwesen.

Zusätzlich wurde in dieser Zeit eine Abteilung als "Serviceabteilung" eingestuft:

Abteilung für Wirtschaft und Statistik mit Fachgebieten für Statistik, Produktionsökonomie und -entwicklung, Nahrungsproduktion und -verbrauch sowie für Wirtschaftsanalysen.

Es gab außerdem zwei weitere "Serviceabteilungen":

Verwaltungsabteilung mit Fachgebieten für Personal und Verwaltung, Haushalt und Finanzen, Protokolle und Dokumente, Betriebsanlage und Unterhaltung;
Informationsabteilung mit Fachgebieten für regionale Information, Information der Öffentlichkeit und Veröffentlichungen; letztere umfaßte ebenfalls den Redaktionsbereich, den Sprachendienst und die Bibliothek.

Zusätzlich wurde bis März 1949 von dem Büro des Generaldirektors eine Arbeitsgruppe für satzungsgemäße Aufgaben, Rechtsangelegenheiten und externe Angelegenheiten geschaffen, die ein Sonderassistent leitete. Sie befaßte sich auch mit Angelegenheiten der Konferenz und des Rates.

1951-1958

Als der ständige Hauptsitz der Organisation in den ersten Monaten des Jahres 1951 von Washington nach Rom verlegt wurde, wurden die Abteilung für Verteilung abgeschafft und ihr Mitarbeiterstab und ihre Aufgaben von der Abteilung für Wirtschaft und Statistik übernommen. Ebenfalls wurde die Abteilung für ländliches Sozialwesen aufgelöst und ihr Aufgabenbereich teilweise der Abteilung für Ernährung, hauptsächlich aber der Landwirtschaftsabteilung zugeordnet. Außerdem kam es zu einigen Änderungen in der Struktur der Fachgebiete; so wurde z.B. ein Fachgebiet für landwirtschaftliche Institutionen und Dienste der Landwirtschaftsabteilung zugeordnet. Mehrere Abteilungsnamen wurden vereinfacht. Da das Feldprogramm weiterentwickelt werden sollte, wurde im Oktober 1950 ein Leiter des "Erweiterten Technischen Hilfsprogramms" (ETAP) ernannt. Die Ausweitung des Feldprogramms führte später zur Benennung des Stellvertretenden Generaldirektors zum Hauptkoordinator für dieses Programm und zur Einrichtung einer Arbeitseinheit in dem Büro des Generaldirektors, die sich mit dem ETAP befaßte.

Nachdem sich die mit der Verlegung nach Rom verbundenen Änderungen einmal konsolidiert hatten und ein neues Organigramm am 3. Juni 1952 genehmigt worden war, umfaßte die Organisationsstruktur fünf "Fachabteilungen", und zwar:

> Landwirtschaftsabteilung mit den Fachgebieten Tierproduktion, Pflanzenproduktion, Land- und Wassernutzung, ländliches Sozialwesen und landwirtschaftliche Institutionen und Dienste;
> Wirtschaftsabteilung mit Fachgebieten für Wirtschaftsanalysen, Produkte und Statistik;
> Fischereiabteilung mit den Fachgebieten Fischereibiologie, Fischereiwirtschaft mit Statistik sowie Fischereitechnologie;
> Forstabteilung mit den Fachgebieten für Forstpolitik und -schutz, Forschung und Technologie sowie Forstwirtschaft;
> Abteilung für Ernährung.

Zusätzlich gab es zwei größere Unterabteilungen und drei Arbeitsgruppen, die direkt dem Generaldirektor unterstanden:

> Unterabteilung für Verwaltung und Finanzen mit Fachgebieten für Personal, Finanzen, Haushalt und Verwaltungsplanung sowie interne Dienste;
> Unterabteilung für Information und Erziehung mit Fachgebieten für Information, Dokumente, Bibliothek und Gesetzgebung;
> Generalsekretariat;

Erweitertes Technisches Hilfsprogramm;
Sonderassistenten des Generaldirektors.

Diese Struktur blieb bis 1958 mit Ausnahme einiger Änderungen im wesentlichen erhalten. Im Jahr 1952 wurde eine Arbeitsgruppe für Regionalanalyse in der Landwirtschaftsabteilung eingerichtet. Bis 1955 hatte sich die Bezeichnung dieser Arbeitseinheit in "Arbeitsgruppe für Programme und Analysen" geändert. Im Jahr 1956 wurde sie in "Unterabteilung für Programmanalysen" umbenannt, und außerdem kam es zur Bildung von Unterabteilungen für Programmplanung und Programmdurchführung in der Landwirtschaftsabteilung. Eine Arbeitsgruppe für "Interne Rechnungsprüfung" wurde 1953 formell in die Organisationsstruktur aufgenommen. 1957 wurde diese Bezeichnung in "Interne Rechnungsprüfung und Kontrolle" geändert. Im Januar 1956 wurde die Arbeitsgruppe ETAP aufgelöst und eine Unterabteilung für Programm und Haushalt im Büro des Generaldirektors eingerichtet, die sich sowohl mit dem Regulären Programm als auch mit dem ETAP befaßte. Im Mai 1956 wurde diese Einheit in eine Unterabteilung für Programm und Haushalt und in eine Verbindungsstelle zum Außendienst aufgeteilt sowie ein Verbindungsdienst zu internationalen Organisationen eingerichtet. Im Jahr 1957 erfolgte die Erweiterung der Landwirtschaftsabteilung um das Fachgebiet für Atomenergie, und die Unterabteilungen für Information und Bildung wurden in eine Informationsabteilung umgewandelt mit den Fachgebieten redaktionelle, audiovisuelle und dokumentarische Dienste sowie Unterabteilungen für Gesetzgebung und Bibliothek. Keine dieser Änderungen hatte jedoch einen wesentlichen Einfluß auf die Gesamtstruktur.

1959-1969

Im Oktober/November 1958 legte der Generaldirektor der 29. Sitzung des Rates einen ausführlichen Reorganisationsplan vor. Der Rat stimmte der Einführung eines vorläufigen Plans für 1958 und 1959 sowie der endgültigen Fassung des Plans für 1960 zu, allerdings unter der Voraussetzung, daß die notwendige Bereitstellung der Geldmittel von der 10. Sitzung der FAO-Konferenz gebilligt würde. Da der vorläufige Plan nur ein Teil des endgültigen Plans war, wird im folgenden nur letzterer beschrieben.

Die neue Regelung, wie sie mit Anfang des Jahres 1960 wirksam wurde, begründete einen wesentlichen Schritt in Richtung auf die gegenwärtige, nach Hauptabteilungen gegliederte Struktur. Sie sah wie folgt aus:

> Hauptabteilung für fachliche Angelegenheiten mit Abteilungen für Tierproduktion und -gesundheit, Fischerei, Forstwirtschaft, Erschließung von Land und Wasser, Ernährung, Pflanzenproduktion und -schutz, landwirtschaftliche Institutionen und Dienste sowie ein Fachgebiet für Atomenergie;
> Hauptabteilung für Wirtschaft mit Abteilungen für Produkte, Wirtschaftsanalysen und Statistik;

Hauptabteilung für Öffentlichkeitsarbeit und Rechtsangelegenheiten mit einer Unterabteilung für Information und Öffentlichkeitsarbeit, einer Unterabteilung für Veröffentlichungen, einem Büro des Rechtsberaters, einem Büro für Verbindung und Protokoll, einem Fachgebiet für Agrargesetzgebung, einem Fachgebiet für Konferenzen und Betriebsorganisation sowie eine Bibliothek;

Verwaltungs- und Finanzabteilung mit Fachgebieten für Finanzen, Verwaltungsplanung, Personal und interne Dienste;

Interne Rechnungsprüfung und Kontrolle;

Unterabteilung für Programm und Haushalt im Büro des Generaldirektors mit den Fachgebieten Programmdienste, Programmforschung und -evaluierung, Programmverbindung, Verbindung zum Außendienst, Haushalt, Verbindung zu internationalen Organisationen sowie für Ausbildung und Stipendien.

Diese Grundstruktur blieb im wesentlichen von 1960 bis 1969 bestehen, obwohl eine Reihe bedeutender Änderungen in diesem Zeitraum vorgenommen wurden:

Umbildung der Verwaltungs- und Finanzabteilung in die Hauptabteilung für Verwaltung und Finanzen im Juli 1960;

Einrichtung einer Arbeitsgruppe für die "Kampagne Befreiung vom Hunger" in dem Büro des Generaldirektors im September 1960;

einige Umstrukturierungen größerer Arbeitsgruppen in dem Büro des Generaldirektors im Juni 1962 und die Einrichtung einer Abteilung für Programmaufstellung und Haushalt, einer Abteilung für Programmverbindung sowie einer Abteilung für Koordinierung Technischer Hilfe innerhalb der Unterabteilung für Programm und Haushalt; die Zuordnung des Gemeinsamen FAO/Weltbankprogramms zu dieser Unterabteilung im April 1964; die Anhebung der Stelle des Leiters der Unterabteilung für Programm und Haushalt in den Rang eines Beigeordneten Generaldirektors im Juli 1960;

Verlegung der Abteilung für landwirtschaftliche Institutionen und Dienste von der Hauptabteilung für fachliche Angelegenheiten in die Hauptabteilung für Wirtschaft Ende 1962 nach Zustimmung durch die 39. Sitzung des Rates und deren Umbenennung in "Hauptabteilung für Wirtschafts- und Sozialpolitik" sowie im Mai 1968 in "Hauptabteilung für Wirtschafts- und Sozialangelegenheiten";

das Fachgebiet für Atomenergie in der Landwirtschaft wurde ersetzt durch die Gemeinsame FAO/IAEA-Abteilung für Atomenergie in der Landwirtschaft am 1. Oktober 1964 mit Sitz in Wien, Österreich, die aber von seiten der FAO als Teil der Hauptabteilung für fachliche Angelegenheiten fungierte;

entsprechend dem Beschluß der Konferenz von Ende 1965 wurde die Fischereiabteilung am 1. Januar 1966 in eine Hauptabteilung umgewandelt, die Abteilungen für die Nutzung der Fischbestände und für Fischereiwirtschaft und -produkte umfaßte;

gleichzeitig Umwandlung der Unterabteilung für Information und Öffentlichkeitsarbeit sowie der Unterabteilung für Veröffentlichungen der Hauptabteilung für Öffentlichkeitsarbeit und Rechtsangelegenheiten in jeweils eine Abteilung für öffentliche Information und für Veröffentlichungen; Zuordnung einer Arbeitsgruppe zu dieser Hauptabteilung Anfang 1968, die sich mit dem Gemeinsamen FAO/Industrieprogramm befaßte. Dieses Programm war in dem vorangegangenen Zweijahreszeitraum entwickelt worden. Am 1. Juli 1969 wurde aus der Hauptabteilung das Büro für Information und allgemeine Angelegenheiten;

Umbildung der Hauptabteilung für fachliche Angelegenheiten in die Hauptabteilung für Landwirtschaft und Eingliederung der Abteilung für Ernährung in die Hauptabteilung für Wirtschafts- und Sozialangelegenheiten im Juni 1968;

weitere Veränderungen von Arbeitsgruppen in dem Büro des Generaldirektors ab Juni 1968, und zwar aufgrund einer Vergrößerung der Unterabteilung für Programm und Haushalt durch eine Abteilung für Regionaldienst, eine Abteilung für Programmaufstellung und Haushalt, das Gemeinsame FAO/Weltbankprogramm; das Gemeinsame FAO/Industrieprogramm (übernommen von der Hauptabteilung für Öffentlichkeitsarbeit und Rechtsangelegenheiten) und die Abteilung für Verbindung zu internationalen Organisationen; im Jahr 1968 Einrichtung einer Arbeitsgruppe in dem Büro des Generaldirektors, die sich mit dem Weltleitplan befaßte. Dieser Plan war im Jahr 1963 auf dem Welternährungskongreß vorgeschlagen und in den zwei darauffolgenden Zweijahreszeiträumen entwickelt worden.

Eine weitere wesentliche Änderung in den 60er Jahren war aufgrund von Entschließungen der FAO-Konferenz und der VN-Vollversammlung im Herbst 1961 die Einrichtung des Welternährungsprogramms (WEP) unter der gemeinsamen Schirmherrschaft von FAO und VN. Das Sekretariat des WEP befindet sich in der FAO-Zentrale in Rom und wird von einem Exekutivdirektor geleitet, der dem Generaldirektor der FAO und dem Generalsekretär der VN Bericht erstattet. Im Zweijahreszeitraum 1968-69 hatte das WEP folgenden Aufbau:

Abteilung für Programmaktivitäten

Abteilung für Programmentwicklung und -bewertung

Abteilung für Außenbeziehungen und allgemeine Angelegenheiten

1970-1981

Die 14. Sitzung der FAO-Konferenz im Jahr 1967 widmete der FAO-Struktur besondere Aufmerksamkeit. Eine Resolution zur Einrichtung eines Ad-hoc-Ausschusses für Organisationsfragen wurde angenommen. Hierin wurde der Generaldirektor aufgefordert, in Zusammenarbeit mit dem Ad-hoc-Ausschuß einen detaillierten Reorganisationsplan auszuarbeiten, der als Grundlage für die Vorlage des Arbeitsprogramms und Haushaltsprogramms 1970-71 dienen sollte. Ferner sollte der Generaldirektor den Plan dem Rat auf seiner Sitzung 1968 zur Prüfung vorlegen.

Die Resolution stützte sich auf die Vorarbeit einer vom Generaldirektor ernannten Prüfungsgruppe, auf die Diskussionen des Berichtes dieser Gruppe im Programm- und im Finanzausschuß sowie auf die 49. Sitzung des Rates im Oktober/November 1967. Außerdem forderte die Konferenz den Generaldirektor auf, im Zeitraum 1968-69 angemessene vorläufige Schritte innerhalb verfügbarer Finanzmittel und in Absprache mit dem Ad-hoc-Ausschuß zu unternehmen, um die Kommunikation zwischen der Zentrale und dem Außendienst zu verbessern, eine wirksamere Durchführung der Feldtätigkeiten sicherzustellen und die administrative Unterstützung und Personalverwaltung zu verbessern. In diesem Zusammenhang beabsichtigte die Konferenz als wichtigste Maßnahme die Ernennung von hauptamtlichen, im wesentlichen vom UNDP bezahlten Ländervertretern.

Der 51. Sitzung des Rates im Oktober 1968 lag der gemeinsame Bericht des Generaldirektors und des Ad-hoc-Ausschusses vor. Obwohl einige darin enthaltene Aspekte weiterer

Überprüfung bedurften, ermächtigte der Rat den Generaldirektor, mit der im gemeinsamen Bericht vorgeschlagenen Reorganisation fortzufahren, das heißt sein Arbeitsprogramm und den Haushalt für 1970-71 auf der Grundlage dieses Plans vorzulegen.

Im November 1969 stimmte die 15. Sitzung der Konferenz der geänderten Struktur zu, die im Januar 1970 wirksam wurde. Da sie sich in vielerlei Hinsicht von der 1968-69 gültigen Struktur unterschied und auch die Hauptelemente in der folgenden Dekade bestehen blieben, wird die Struktur im folgenden recht ausführlich behandelt. Ihre Hauptelemente waren:

das Büro des Generaldirektors, dem der Rechtsberater, die interne Rechnungsprüfung und die "Kampagne Befreiung vom Hunger" durch Verlegung aus anderen Bereichen sowie ein neues Büro für grundsätzliche Maßnahmen angegliedert wurde. Die "Kampagne Befreiung vom Hunger" wurde im Juni 1970 in "Kampf gegen den Hunger/Aktion für Entwicklung" umbenannt;

die Hauptabteilung für Landwirtschaft mit den Abteilungen für Tierproduktion und -gesundheit, Pflanzenproduktion und -schutz, Land- und Wassererschließung sowie die Gemeinsame FAO/IAEA-Abteilung für Atomenergie in Nahrung und Landwirtschaft, die bis dahin zur Hauptabteilung für fachliche Angelegenheiten gehört hatte, sowie die neue Abteilung für landwirtschaftliche Dienste, die im Juli 1968 eingerichtet worden war;

die Hauptabteilung für Wirtschaft und Soziales (zuvor Hauptabteilung für Wirtschafts- und Sozialangelegenheiten) mit Abteilungen für Wirtschaftsanalyse, Statistik, Waren und Handel (zuvor Warenabteilung), landwirtschaftliche Institutionen (zuvor landwirtschaftliche Institutionen und Dienste) und die Abteilung für Ernährung, die im Juni 1968 in dieser Hauptabteilung untergebracht worden war;

die Hauptabteilung für Fischerei mit Abteilungen für Fischereiressourcen, Fischwirtschaft und Institutionen und für Fischindustrie sowie einer Unterabteilung für operationelle Maßnahmen;

die Hauptabteilung für Forstwirtschaft mit Abteilungen für Forstressourcen, Holzwirtschaft und Handel sowie einer Unterabteilung für operationelle Maßnahmen. Diese Hauptabteilung war früher die Abteilung für Forst- und Holzwirtschaft in der Hauptabteilung für fachliche Angelegenheiten; nach dieser Umbildung hatte sie bis zu ihrer Einstufung als Hauptabteilung im Januar 1970 als selbständige Abteilung bestanden;

die Hauptabteilung für Entwicklung. Diese neue Hauptabteilung wurde vor allem aus Elementen der zuvor in dem Büro des Generaldirektors untergebrachten Unterabteilung für Programm und Haushalt zusammengewirkt und umfaßte eine Arbeitsgruppe für Programmaufstellung, die Abteilung für Regionaldienste, ein Investitionszentrum (eine Erweiterung des früheren Gemeinsamen FAO/Weltbankprogramms), das Gemeinsame FAO/Industrieprogramm und das Verbindungsbüro zu internationalen Organisationen;

das Büro für allgemeine Angelegenheiten und Information, bestehend aus den folgenden Elementen der früheren Hauptabteilung für Öffentlichkeitsarbeit und Rechtsangelegenheiten: Informationsabteilung (zuvor Abteilung für öffentliche Information); die Abteilung für Veröffentlichungen; die Abteilung für Dokumentation, Gesetzgebung und Bibliothek (einschließlich einiger Teile, die von der Abteilung für Veröffentlichungen übernommen wurden) und die Abteilung für Konferenz-, Rats- und Protokollangelegenheiten;

die Hauptabteilung für Verwaltung und Finanzen (zuvor Abteilung für Verwaltungsmanagement), zusammengesetzt aus der Personalabteilung, der Abteilung für Management, der Abteilung für Verwaltungsdienste (zuvor Büro für allgemeine Dienste) und einem Kontrollbüro, bestehend aus dem Fachgebiet Haushalt (zuvor im Büro des Generaldirektors) und aus Bereichen der früheren Finanzabteilung.

Weiterhin gab es eine allgemeine Änderung bei den acht wesentlichen Abteilungen in den Hauptabteilungen für Landwirtschaft sowie Wirtschaft und Soziales: ihre "Fachgebiete" und "Arbeitseinheiten" in Rom wurden zu "Unterabteilungen" mit Ausnahme von zwei kleinen "Arbeitsgruppen". "Unterabteilungen" waren bereits bei der Gründung der Abteilung für landwirtschaftliche Dienste im Juni 1968 eingerichtet worden.

Im Januar 1971 wurde die Arbeitsgruppe für Rechtsberatung in "Büro für Rechtsangelegenheiten" umbenannt, dessen Funktionen durch die Übertragung des Fachgebiets für Gesetzgebung aus dem Büro für allgemeine Angelegenheiten und Information erweitert wurden.

Die im Zweijahreszeitraum 1970-71 bestehende Organisationsstruktur wurde zu Beginn oder während des Zweijahreszeitraums 1972-73 in einigen Punkten geändert:

die Umbenennung der Abteilung für Dokumentation, Gesetzgebung und Bibliothek in "Abteilung für Bibliothek und Dokumentationssysteme";

die Eingliederung der Arbeitsgruppe für Programmaufstellung aus der Hauptabteilung für Entwicklung in das Büro des Generaldirektors;

die Änderung der Bezeichnung der Hauptabteilung für Wirtschaft und Soziales in "Hauptabteilung für Wirtschafts- und Sozialpolitik" am 1. Juli 1972;

die Abschaffung des Beratungsbüros für Grundsatzangelegenheiten des Generaldirektors und die Verlegung des Mitarbeiterstabs sowie der Aufgaben in die Abteilung für Wirtschaftsanalyse, deren Bezeichnung am 1. Juli 1972 in "Abteilung für Grundsatzanalyse" umgeändert wurde;

die Umbenennung der Abteilung für Ernährung in "Abteilung für Nahrungspolitik und Ernährung" im August 1972; gleichzeitige Zuordnung des Fachgebiets Nahrungsmittelnormen der früheren Abteilung für Verbindung zu internationalen Organisationen zur vorgenannten Abteilung unter der neuen Bezeichnung "Unterabteilung für Nahrungsmittelnormen und -kontrolle";

die Änderung der Bezeichnung der Abteilung für landwirtschaftliche Institutionen in "Abteilung für menschliche Ressourcen, Institutionen und Agrarreform" im August 1972;

die Unterabteilung für Hauswirtschaft erhielt die neue Bezeichnung "Unterabteilung für Hauswirtschaft und soziale Programme"; sie wurde von der Abteilung für Nahrungspolitik und Ernährung in die Abteilung für menschliche Ressourcen, Institutionen und Agrarreform im August 1972 verlagert;

die Verlegung der früheren Abteilung für Verbindung zu internationalen Organisationen von der Hauptabteilung für Entwicklung in das Büro des Generaldirektors als Büro für internationale Organisationen im August 1972;

die Einrichtung eines Forschungszentrums in der Hauptabteilung für Entwicklung im August 1972;

die Verlegung eines Fachgebiets für Evaluierung von der Abteilung für Wirtschaftsanalysen in die Hauptabteilung für Entwicklung und deren Umbenennung in "Unterabteilung für Evaluierung" im Januar 1973.

Obwohl die Grundstruktur im wesentlichen die gleiche blieb, erfolgten im Zweijahreszeitraum 1974-75 einige weitere Änderungen:

die Einrichtung eines Büros für Programm und Haushalt im Büro des Generaldirektors, in dem die frühere Arbeitsgruppe für Programmaufstellung mit dem Fachgebiet für Haushalt zusammengelegt wurde, welches seinerseits aus dem Büro des Insepktors ausgegliedert wurde;

die Einrichtung einer Abteilung für Finanzdienste in der Hauptabteilung für Verwaltung und Finanzen, bestehend aus den verbleibenden Elementen des Büros des Inspektors;

die Gründung der Abteilung für landwirtschaftliche operationelle Maßnahmen am 4. März 1974, die verwaltungsmäßig zur Hauptabteilung für Landwirtschaft gehörte, jedoch gleichfalls für die Hauptabteilung für Wirtschafts- und Sozialpolitik arbeitete; die gleichzeitige Einstellung der operationellen Aufgaben in den Abteilungen für Tierproduktion und -gesundheit, Pflanzenproduktion und -schutz, Land- und Wassererschließung sowie für landwirtschaftliche Dienste;

die Schaffung eines Büros für Sonderhilfsmaßnahmen am 1. Oktober 1975 im Büro des Generaldirektors, das das seit Mai 1973 bestehende Büro für Hilfsmaßnahmen für die Sahelzone (OSRO) ersetzte.

Die allmähliche Entwicklung der Organisationsstruktur setzte sich auch im Zweijahreszeitraum 1976-77 fort, in dem folgende Änderungen wirksam wurden:

die Umbenennung der Abteilung für Verbindung zum Außendienst in Abteilung für die Entwicklung von Feldprogrammen, Januar 1976;

die Verlegung des Programms "Kampf gegen den Hunger/Aktion für Entwicklung" von dem Büro des Generaldirektors in die Hauptabteilung für Entwicklung;

die Einrichtung von Arbeitsgruppen in dem Büro des Beigeordneten Generaldirektors, und zwar in der Hauptabteilung für Landwirtschaft, die sich mit Koordinierungs- und Planungsaufgaben, Fernerkundung, Koordinierung von Umweltprogrammen und dem Internationalen Programm für Düngemittelversorgung befaßte;

die Zustimmung des Rates auf seiner 69. Sitzung im Juli 1976, dem Büro für allgemeine Angelegenheiten und Informationen den Rang einer Hauptabteilung zu geben, den es bereits vor 1970 innegehabt hatte;

die Einsetzung einer Arbeitsgruppe für das Programm für Technische Zusammenarbeit in der Abteilung für die Entwicklung von Feldprogrammen am 1. November 1976 zur Förderung dieses neuen Programms.

Im Zweijahreszeitraum 1978-79 wurden weitere Änderungen in der Organisationsstruktur vorgenommen:

die Erweiterung des Büros für Programm und Haushalt im Büro des Generaldirektors zu einem Büro für Programm, Haushalt und Evaluierung, einschließlich der von der Hauptabteilung für Entwicklung hierher verlegten Unterabteilung für Evaluierung;

die Verlegung des Forschungs- und Entwicklungszentrums von der Hauptabteilung für Entwicklung zur Hauptabteilung für Landwirtschaft, Januar 1978;

die Einrichtung einer Arbeitsgruppe für globale Perspektivstudien in der Hauptabteilung für Wirtschafts- und Sozialpolitik;

die Beendigung des Gemeinsamen FAO/Industrieprogramms am 30. Juni 1978.

Zwei geringfügige Änderungen in der Organisationsstruktur wurden 1980-81 vorgenommen:

die Einrichtung einer Abteilung für Politik und Planung in der Hauptabteilung für Fischerei;

die Errichtung eines Verbindungsbüros in Genf, um die Verbindungen mit den dortigen Organisationen der VN-Familie aufrechtzuerhalten.

DIE GEGENWÄRTIGE STRUKTUR

Die Organisationsstruktur, die in den vergangenen 35 Jahren seit der Gründung der FAO als Ergebnis dieser und vieler anderer Veränderungen entstand, wie sie wuchs und ihre Tätigkeiten den Erfordernissen ihrer Mitgliedstaaten anpaßte, wird im Organisationsplan dargestellt, der für das Arbeitsprogramm und den Haushalt 1982-83 vorgelegt wurde (siehe Tasche auf dritter Umschlagseite). Diese Übersicht spiegelt eine weitere für 1982 vorgesehene Änderung wider. Eingehendere Beschreibungen der Entwicklung der größeren Arbeitseinheiten erfolgen in Kapitel 11.

10 DIE ENTWICKLUNG DES ARBEITSPROGRAMMS UND DES HAUSHALTS

Als die FAO Ende 1945 gegründet wurde, hatte sie noch kein formelles, schriftlich niedergelegtes Arbeitsprogramm. Die allgemeinen Ziele und Aufgaben der Organisation waren natürlich in der Satzung festgelegt, und es gab als Ergebnis von Diskussionen in der Interimskommission und während der 1. Sitzung der Konferenz eine ganze Reihe schriftlich festgehaltener Vorstellungen über die Arbeit der Organisation. Aber die Arbeitsmethoden mußten erst noch entwickelt und geprüft werden. Die FAO hatte diesbezüglich nur einen begrenzten Erfahrungsschatz von dem früheren IIA (Internationales Institut für Landwirtschaft) übernommen, z.b. die Sammlung und Veröffentlichung von Agrarstatistiken. Während der ersten Jahre hatte die Organisation daher ein bescheidenes Arbeitsprogramm und einen ebenso geringen Haushalt. Die Organisation und die Regierungen ihrer Mitgliedsländer sahen ihren Weg in diesem neuen Versuch, die anhaltenden Bemühungen der Menschheit um Deckung ihres Bedarfs an Nahrung und anderen landwirtschaftlichen Produkten zu meistern.

Sowohl das Arbeitsprogramm als auch der Haushalt wurden im Laufe der Jahre erheblich ausgeweitet, als die Organisation ihre Kapazität zugunsten der Mitgliedstaaten weiterentwickelte, als die Zahl der Mitgliedsländer wuchs und als mehr Mittel für das Reguläre Programm und über verschiedene Kanäle auch für das Feldprogramm verfügbar gemacht wurden. Das Arbeitsprogramm entwickelte sich in recht deutlichen Etappen, die auf den folgenden Seiten kurz in groben Umrissen beschrieben werden.

DIE ENTWICKLUNG DES ARBEITSPROGRAMMS

1945-1950

Die Tätigkeiten der Organisation in der Zeit von 1945 bis 1950 wurden zum größten Teil aus dem Regulären Haushalt finanziert. In diesem Zeitraum nahm die Arbeit der FAO inhaltlich Form an, und einige Arbeitsmethoden wurden ausgearbeitet, die in den folgenden Jahren angewendet wurden. Notwendigerweise entwickelten sich diese beiden Gesichtspunkte parallel zueinander.

Eine der wichtigen Aufgaben der FAO ist es, ihren Mitgliedsländern als Forum zu dienen, in dem sie gemeinsam Themenbereiche von allgemeinem Interesse beraten können. Die Konferenz und der Rat sorgten in diesen Jahren der Entwicklung neben ihren Leitaufgaben für Diskussionsmöglichkeiten über wesentliche Fragen. Zusätzlich wurde in Anbetracht vieler fachlicher und wirtschaftlicher Probleme mit Ad-hoc-Sitzungen, an denen Regierungsvertreter und Personen in privater Eigenschaft teilnahmen, der Anfang gemacht. So trat z.B. eine Expertengruppe für Genreserven bei Tieren und Pflanzen im Jahr

1947 in Washington zusammen, um über die Arbeit der FAO auf diesem Gebiet zu beraten. Vertreter von 27 Ländern nahmen an einer FAO-Tagung über die Haltbarmachung von gelagertem Getreide 1947 in London teil, der Regionaltagungen 1948 in Florenz, Italien, 1949 in Cali, Kolumbien, und 1950 in San José, Costa Rica, folgten. Im Jahr 1948 fand in Nairobi, Kenia, eine zwischenstaatliche Tagung zur Bekämpfung der Rinderpest statt und 1950 in Lucknow, Indien, eine andere über Tierzucht unter tropischen und subtropischen Bedingungen.

Als weitere Gesprächsforen dienten ständige satzungsgemäße Einrichtungen, von denen in den Jahren 1945-1950 mindestens vier geschaffen wurden. Wie im vorangegangenen Kapitel erwähnt, wurde im Jahr 1946 der Internationale Rat für Ernährungsnotstand eingerichtet, der ebenso wie sein Nachfolger, der Internationale Ausschuß für Ernährungsnotstand, bis zum Juni 1949 als Gremium diente, in dem sich die Mitglieder über freiwillige Kontingente zur Versorgung mit Nahrungsmitteln und bestimmten landwirtschaftlichen Betriebsmitteln in dieser Phase der Nachkriegsknappheit beraten und verständigen konnten. Die Internationale Reiskommission wurde 1949 gebildet und fungiert heute noch als Diskussionsforum für Probleme der Reisproduktion, -verarbeitung, -konservierung und -verwendung. Ein anderes Gremium, nämlich die Europäische Kommission für Landwirtschaft, wurde ebenfalls 1949 gegründet, um die gemeinsame Arbeit und Zusammenarbeit bei landwirtschaftlichen Problemen zu erleichtern. Ebenfalls im Jahr 1949 wurde der Warenausschuß eingesetzt, in dem sich die Regierungen weiterhin über eine breite Palette von Fragen des Agrarhandels beraten.

Prüfungsmissionen für Technische Hilfe wurden in diesen ersten Jahren nach Griechenland, Thailand, Polen und Nicaragua entsandt und aus dem Regulären Haushalt finanziert, um die Gesamtsituation der jeweiligen Länder zu überprüfen und für die weitere landwirtschaftliche Entwicklung Empfehlungen zu geben. Eine andere Mission gleicher Art wurde gemeinsam von der FAO und der Weltbank organisiert und nach Uruguay entsandt.

Der Beginn direkter Technischer Hilfe für einzelne Länder fiel ebenfalls in diese Zeit. Sie wurde zum größten Teil aus einem Fonds finanziert, der von der Hilfs- und Rehabilitationsbehörde der Vereinten Nationen (UNRRA) getragen wurde, und kam neun Ländern zugute: Österreich, China, Tschechoslowakei, Äthiopien, Griechenland, Ungarn, Italien, Polen und Jugoslawien.

Gruppenaktionen für Technische Hilfe liefen ebenfalls an in Form von Fachseminaren und Ausbildungszentren für Teilnehmer aus Ländergruppen. Zwischen 1947 und 1950 wurden zwölf solcher Seminare durchgeführt, die ganz oder zum Teil aus dem UNRRA-Transferfonds finanziert wurden.

Eine andere Form von Technischer Hilfe, die Gewährung von Universitäts- und Forschungsstipendien für Studien außerhalb der Länder der Begünstigten, nahm mit neun solcher Stipendien aus dem UNRRA-Transferfonds ihren ersten begrenzten Anfang. Außerdem wurde noch eine weitere Form von Technischer Hilfe ins Leben gerufen, die der UNRRA-Transferfonds zum größten Teil finanzierte und zugunsten solcher Länder gewährte, die zu einer Unterstützung aus diesem Fonds berechtigt waren. Dabei handelte es sich um die Vergabe einer begrenzten Anzahl wissenschaftlicher und technischer Ausrüstungsgegenstände sowie wissenschaftlicher Untersuchungen und Fachliteratur hauptsächlich zur Unterstützung der Arbeit von Experten, die Technische Hilfe leisteten, und für die Verwendung in den oben erwähnten Seminaren und Ausbildungszentren. Ferner wurden begrenzte Mengen von Saatgut zu experimentellen Zwecken zur Verfügung gestellt.

Obwohl begrenzt an Ausmaß und geographischem Geltungsbereich, wurde durch diese verschiedenen Tätigkeiten im Außendienst die Grundlage für das spätere umfangreiche FAO-Feldprogramm gelegt.

Während dieser ersten fünf Jahre entstand auch die Grundlage für die Tätigkeit der FAO im Bereich der Sammlung, Aufbereitung und Verteilung von Informationen. Die Ergebnisse dieser zahlreichen und unterschiedlichen Aktivitäten umfaßten fachliche Monographien, entwicklungsorientierte Fachberichte, statistische Jahrbücher über Produktion und Handel, Berichte über fachliche und wirtschaftliche Tagungen sowie eine große Zahl weiterer fachlicher, wirtschaftlicher und statistischer Publikationen, Jahrbücher und Zeitschriften. Viele dieser Publikationen, die jährlich oder periodisch erschienen, werden auch heute noch in ihrer ursprünglichen oder in entsprechend angepaßter Form verbreitet. Diese Aktivitäten führten dazu, daß die FAO schon bald zum führenden internationalen Herausgeber von Publikationen über Landwirtschaft, Ernährung, Fischerei und Forstwirtschaft wurde.

Neben der Sammlung und Herausgabe statistischer und einiger wirtschaftlicher Grundsatzstudien war ein Großteil der Bemühungen der FAO in den ersten Jahren auf die Steuerung des Weltnahrungsmittelangebots gerichtet. Wie schon zuvor erwähnt, bereitete zuerst der Generaldirektor John Boyd Orr seinen wenig glücklichen Vorschlag für eine Welternährungsbehörde vor. Ein weiterer Vorschlag für die Steuerung des Nahrungsmittelangebots in Form einer Internationalen Warenclearingstelle (ICCH) wurde der 5. Sitzung der Konferenz im November/Dezember 1949 vorgelegt. Auch dieser wurde abgelehnt, und statt dessen entschied sich die Konferenz für die Einrichtung eines Warenausschusses (CCP), der seine erste Sitzung im Januar 1950 abhielt.

1951-1958

Zwei Ereignisse Anfang 1951 waren für die Entwicklung des Arbeitsprogramms der FAO von Bedeutung: die Verlegung der Zentrale von Washington nach Rom und der Beginn des

"Erweiterten Programms für Technische Hilfe" (EPTA). Wie bereits erwähnt, zog nur etwas mehr als ein Viertel des urprünglich in Washington tätigen Personals mit nach Rom. Deshalb sah sich die Organisation damals der wichtigen Aufgabe gegenüber, den Mitarbeiterstab neu aufzubauen. Gleichzeitig wurden Änderungen in der Zusammensetzung des Personals notwendig, da eine Erweiterung der Tätigkeiten im Außendienst bevorstand und sich daraus die Notwendigkeit ergab, für einen wirksamen und fachlichen Informationsfluß zwischen Zentrale und Außendienst zu sorgen. Das EPTA, an dem sowohl die FAO als auch die meisten anderen Organisationen der VN-Familie beteiligt waren, begann seine Arbeit Anfang 1951 als "Erweitertes Technisches Hilfsprogramm" (ETAP). Es nahm zwischen 1951 und 1955 schnell an Umfang zu, und die der FAO hierfür zur Verfügung gestellten neuen Finanzmittel hatten in etwa den gleichen Umfang wie die aus dem Regulären Programm. Im Rahmen des EPTA wurden Experten zur Unterstützung vieler Entwicklungsländer in diese Länder entsandt, Seminare und Ausbildungskurse organisiert, Stipendien vermittelt und in begrenztem Umfang Ausrüstungsgegenstände, Literatur sowie Saatgut für Versuchszwecke zur Verfügung gestellt. Dabei wurden die Arbeitsmethoden im Außendienst, die in den Jahren 1945-1950 entwickelt worden waren, in weitem Umfang angewendet. Regionale und Ländergruppen-Projekte, z.B. ein Projekt zur Bekämpfung der Wüstenheuschrecke und ein weiteres zur Züchtung von Weizen und Gerste (beide im Nahen Osten), wurden in dieser Zeit ebenfalls in größerem Rahmen durchgeführt.

Gemeinsame Tätigkeiten im Außendienst von FAO und dem Kinderhilfswerk der Vereinten Nationen (UNICEF) wurden ebenfalls entwickelt und wesentlich erweitert. Außerdem erfolgte der Abschluß einiger Treuhandfonds-Vereinbarungen, in deren Rahmen Technische Hilfe mit Geldmitteln geleistet wurde, die von den Regierungen der Empfängerländer zur Verfügung gestellt wurden. Die Niederlande finanzierten das erste Programm für Beigeordnete Sachverständige, das auch in dieser Zeit anlief.

Während sich das Feldprogramm der Organisation somit schnell entwickelte, nahm auch das Reguläre Programm an Umfang zu. Der Warenausschuß (CCP) erweiterte seinen Aufgaben- und Geltungsbereich. Da landwirtschaftliche Überschüsse in einigen Bereichen Probleme bereiteten, wurde ein Beratender Unterausschuß für Überschußverwertung eingerichtet. Eine internationale Pflanzenschutzkonvention wurde ausgearbeitet; regionale Kommissionen, ständige Ausschüsse, Arbeitsgruppen, Ad-hoc-Tagungen und Fachtreffen wurden in zunehmendem Maße als zwischenstaatliche Gesprächsforen benutzt. Die "André Mayer-Stipendien" wurden ins Leben gerufen, ehrenhalber benannt nach dem französischen Physiologen, der Vorsitzender des Exekutivausschusses, dem Vorläufer des FAO-Rates, war. Von den Stipendiaten wird erwartet, daß sie Forschung über Probleme, die sich auf Aspekte des Arbeitsprogramms der FAO beziehen, betreiben.

1959-1968

Die Wachstumsrate des FAO-Feldprogramms pendelte sich während der Jahre 1956-58 ein, aber nach Gründung des Sonderfonds der Vereinten Nationen (UNSF) im Oktober 1958 fand ein weiteres rasches Wachstum statt. Wie den meisten anderen Organisationen des VN-Systems war es auch der FAO möglich, einen Teil des Fonds für Technische Hilfe zu nutzen.

Aus dem UNSF finanzierte Projekte waren im Vergleich zu den vom EPTA unterstützten Vorhaben recht groß, und sie gingen grundlegend weiter als EPTA-Projekte, indem sie andere Hilfe leisteten als durch Experten. Sie zielten darauf ab, die Gutachten, die Versuchsprojekte und die Ausbildungseinrichtungen, die als Grundlage für Programme für landwirtschaftliche Entwicklung und vernünftige Entwicklungsinvestitionen angesehen wurden, zu unterstützen. Die für jedes Projekt im Laufe der Jahre bewilligten Mittel wurden durch Beiträge der Empfängerregierungen und durch Zusatzausgaben aus dem Regulären Programm ergänzt.

Die der FAO durch das EPTA zur Verfügung stehenden Mittel nahmen in diesem Zeitraum noch zu. Gleiches gilt auch für die Aktivitäten, die UNICEF in Zusammenarbeit mit der FAO unterstützte.

Es entstanden drei neue Wirkungsbereiche: die "Kampagne Befreiung vom Hunger" (FFHC), das Welternährungsprogramm (WEP) und das Gemeinsame FAO/Weltbankprogramm sowie ähnliche Investitionsprogramme.

Die FFHC begann als Teil des Regulären Programms im Jahr 1960, aber einige ihrer Aktivitäten im Rahmen des Feldprogramms wurden durch Treuhandmittel-Vereinbarungen finanziert.

Unter der gemeinsamen Schirmherrschaft von FAO und VN wurde das Welternährungsprogramm 1961 für einen Versuchszeitraum von drei Jahren eingerichtet, um die Möglichkeiten der Verwendung von Überschüssen bei Nahrungsmitteln zur Förderung der wirtschaftlichen Entwicklung zu überprüfen. Das Sekretariat des Welternährungsprogramms (WEP) wurde in der FAO-Zentrale untergebracht. Die Gehälter der Mitarbeiter und auch die Geld- und Sachmittel für sein Programm wurden durch freiwillige Beiträge aufgebracht. Nach Ablauf der Probezeit wurde das Welternährungsprogramm auf eine dauerhafte Basis gestellt.

Im Jahr 1964 entwickelten die FAO und die Internationale Bank für Wiederaufbau und Entwicklung (IBRD/Weltbank) zur Unterstützung der landwirtschaftlichen Entwicklung eine gemeinsame Initiative mit dem Ziel, den Einsatz des fachlichen und wirtschaftlichen Wissens der FAO und der Finanzmittel der Weltbank besser zu koordinieren. Zur Förderung einer engen Zusammenarbeit zwischen der FAO und verschiedenen regionalen Entwicklungsbanken wurden ebenfalls Schritte unternommen. Der Kostenanteil, der bei diesen Aktivitäten auf die FAO entfiel, ging zu Lasten des Regulären Haushalts.

Am 22. November 1965 wurden der UNSF und das EPTA zum Entwicklungsprogramm der Vereinten Nationen (UNDP) zusammengefaßt. Dennoch blieb die Verschiedenartigkeit der durch die beiden unterschiedlichen Fonds finanzierten Projekte für einige Jahre bestehen. Von 1959 bis 1968 ist eine, über das bisher Erwähnte hinausgehende, beachtliche Entwicklung in den meisten Tätigkeitsbereichen des Regulären FAO-Programms zu verzeichnen. Als Ergebnis der Entwicklung des Feldprogramms flossen jedoch diesem Programm weitaus mehr Geldmittel zu als dem Regulären Programm. Folglich wurde ein wesentlich größerer Anteil der zur Verfügung stehenden Mittel für Vorhaben zugunsten der Entwicklungsländer ausgegeben und, im Vergleich zu früheren Jahren, ein kleinerer Teil für Projekte zum Gesamtnutzen aller Mitgliedsländer. Dieser Wechsel spiegelt zum einen die Entstehung vieler neuer unabhängiger Staaten wider, die Mitgliedsländer der FAO wurden, zum anderen die zunehmende Erkenntnis, daß eine effektivere Behandlung der Probleme der schnell wachsenden Bevölkerung in den Entwicklungsländern notwendig war.

1969-1974

In einer großen sich entwickelnden Organisation sind die Grenzlinien zwischen den Entwicklungsphasen nicht immer klar und präzise zu erkennen. Dennoch scheint das Jahr 1968 eine Wende in der Entwicklung des FAO-Arbeitsprogramms gewesen zu sein, nicht so sehr, weil alles vollendet war, sondern weil 1969 einige bedeutende Entwicklungen ihren Anfang nahmen und damit eine neue Phase einleiteten.

Im Laufe des Jahres 1969 und Anfang 1970 wurden als Ergebnis der Entscheidungen der Konferenz und des Rates im Jahr 1967 und Ende 1968 einige strukturelle Veränderungen eingeleitet, die unter anderem die Einrichtung einer Hauptabteilung für Entwicklung beinhalteten und es der FAO ermöglichen sollten, das inzwischen umfangreiche Feldprogramm besser durchzuführen. Ferner gab es auch wesentliche Veränderungen im Regulären Programm.

Im Januar 1970 wurde die Forstabteilung in eine Hauptabteilung für Forstwirtschaft umgewandelt. Eine neue Abteilung für landwirtschaftliche Dienste entstand, deren Verantwortungsbereich die Koordinierung multidisziplinärer Projekte umfaßte, die in zunehmendem Maße in dem Feldprogramm vorherrschend wurden. Die Abteilung für Ernährung wurde wieder in die Hauptabteilung für Wirtschaft und Soziales eingegliedert und erhielt eine größere Verantwortung für Ernährungsplanung. Die Arbeiten im Bereich der landwirtschaftlichen Entwicklungsplanung wurden auf eine festere Grundlage gestellt und für die nahe

Zukunft einem Büro für grundsätzliche Maßnahmen im Büro des Generaldirektors zugewiesen.

Die Vorlage des Arbeitsprogramms wurde für 1970-71 und den darauffolgenden Zweijahreszeitraum geändert, wobei das Hauptaugenmerk auf fünf Schwerpunkte gelegt wurde, nämlich: hochertragreiche Sorten, Schließung der Eiweißlücke, Kampf dem Verderb, Förderung der ländlichen Bevölkerung, Deviseneinkünfte und -einsparungen. Durch einige inhaltliche Erweiterungen und terminologische Änderungen entwickelten sich diese bis 1974-75 und 1976-77 zu Schwerpunktbereichen: Mobilisierung menschlicher Ressourcen; Produktion und Produktivität; Ernährung und Eiweiß (Vieh und Fisch); Erhaltung der Ressourcen sowie Schädlings- und Seuchenbekämpfung; Landwirtschaftspolitik und -planung; grundlegende wirtschaftliche und statistische Dienste.

Die Vorlage des Arbeitsprogramms, nach diesen weitgefaßten Gebieten gegliedert, hatte den Vorteil, daß viele Programmaktivitäten in wenigen großen und relativ zusammengefaßten Programmblöcken dargestellt werden konnten. Dies brachte dennoch Schwierigkeiten mit sich, und zwar sowohl für die Delegationen bei Rat und Konferenz als auch für die Mitarbeiter, da die Themenbereiche nicht mit der Organisationsstruktur übereinstimmten. Folglich war es für jeden, der an einem bestimmten Sektor interessiert war, schwierig herauszufinden, was in diesem getan oder geplant wurde. Kurz nach Ablauf dieser Zeitspanne wurde daher einer Neugestaltung für 1978-79 zugestimmt.

Einige außerhalb der Organisation liegende Ereignisse in der Zeit von 1969-74 hatten einen wesentlichen Einfluß auf die Entwicklung des FAO-Arbeitsprogramms: kritische Getreideknappheit (insbesondere 1972 und 1973), wesentliche Änderungen in den UNDP-Planungsverfahren seit 1972 und schließlich die Welternährungskonferenz der Vereinten Nationen im Jahr 1974. Die Besorgnis über die kritische Nahrungsmittelknappheit in einigen Teilen der Welt zu Beginn der 70er Jahre führte dazu, daß die FAO einen Vorschlag für eine internationale Verpflichtung zur Sicherung der Welternährung vorlegte und ein weltweites Informations- und Frühwarnsystem einrichtete. Um mit dem kurzfristigen Düngemittelversorgungsproblem in den ärmeren Ländern fertig zu werden, wurde gleichzeitig ein internationales Düngemittelversorgungsprogramm ausgearbeitet. Zusammen mit diesen Entwicklungen wurden zwei neue satzungsgemäße FAO-Gremien geschaffen, und zwar der Ausschuß für Welternährungssicherheit und die Düngemittelkommission.

Im Juni 1966 hatte der UNDP-Verwaltungsrat den Administrator des Programms aufgefordert, eine realistische Beurteilung des Bedarfs an Technischer Hilfe in den Entwicklungsländern vorzulegen und die Möglichkeiten des VN-Systems aufzuzeigen, diesen Erfordernissen zu entsprechen. Der Administrator bat Sir Robert Jackson (Australien) im Juli 1968 um die Vorbereitung eines unabhängigen, objektiven Berichts, der noch im selben Jahr begonnen und 1969 abgeschlossen wurde und zur Einrichtung der Länderplanung als wichtigste Grundlage für die vorgesehenen, vom UNDP finanzierten Vorhaben führte. Der erste Fünfjahreszyklus der Länderpianung wurde 1972 begonnen und 1976 erweitert. Die neuen Verfahren verringerten wesentlich die Planungsverantwortlichkeiten der FAO und anderer durchführender Organisationen, obwohl diese weiterhin die Hauptverantwortung für die Durchführung der vom UNDP finanzierten Projekte besaßen.

Obgleich die Haushaltsmittel auf den Seiten 84-85 ausführlicher behandelt werden, ist hier dennoch festzustellen, daß die der FAO durch das UNDP zur Verfügung gestellten Mittel in diesem Zeitraum von 58,1 Millionen US-Dollar im Jahr 1969 auf etwa 90 Millionen US-Dollar im Jahr 1975 anstiegen. Gleichzeitig gab es einen derart erheblichen Zuwachs an Treuhandfondsmitteln und aus anderen extrabudgetären Quellen, daß letztere 1975 in etwa denjenigen entsprachen, die der FAO vom UNDP zur Verfügung standen.

Die im Jahr 1974 von den Vereinten Nationen einberufene Welternährungskonferenz fand in einer Zeit statt, die von der großen Besorgnis über die Nahrungsmittelverknappung in der Welt geprägt war. Die Konferenz wurde zwar in Rom, aber aufgrund der Entscheidung der VN außerhalb des Rahmens der FAO abgehalten. Die FAO leistete organisatorische Hilfe, trug jedoch für die Konferenz keine direkte Verantwortung. Trotzdem kamen die meisten substantiellen Beiträge von der FAO. Die Konferenz bestätigte und unterstützte politisch viele FAO-Aktivitäten, die gerade durchgeführt oder vorgeschlagen wurden, einschließlich der Vorschläge für eine internationale Verpflichtung zur Sicherung der Welternährung; die Errichtung eines Ausschusses für Welternährungssicherheit; den weiteren Ausbau des weltweiten Informations- und Frühwarnsystems; die Schaffung der FAO-Düngemittelkommission; die Intensivierung der Arbeiten der FAO im Pflanzenschutzmittel- und Saatgutsektor; die Entwicklung eines Programms für die Bekämpfung der Tsetsefliege und der Trypanosomiasis in Afrika; die Verbesserung der FAO-Arbeit über Ernährung; die Verstärkung der FAO-Tätigkeit mit dem Ziel verbesserter·Forschung, Beratung und Ausbildung sowie Hervorhebung der Notwendigkeit für konsequente nationale und regionale Agrarpolitiken. Die Welternährungskonferenz empfahl außerdem die Umwandlung des Zwischenstaatlichen Ausschusses für das Welternährungsprogramm (IGC) in den Ausschuß für Nahrungsmittelhilfepolitiken und -programme (CFA).

1975-1981

Einige der vorangegangenen Beobachtungen über Ereignisse der Jahre 1969-1974 beziehen sich auch auf 1975 und später. Dennoch kennzeichneten einige Ereignisse Ende 1975 und Anfang 1976 den Beginn einer neuen Phase. Obwohl das Jahr 1975 in vielerlei Hinsicht eine Übergangsperiode war, wird es der Einfachheit halber in diese neue Phase mit einbezogen. Nach der Ernährungskrise Anfang der 70er Jahre und der starken Unterstützung vieler FAO-Aktivitäten durch die Welternährungskonferenz im Jahr 1974 sprachen sich die Regierungen der FAO-Mitgliedsländer im allgemeinen für eine wesentliche Ausweitung des Arbeitsprogramms und Haushalts der FAO für den Zweijahreszeitraum 1976-77 aus. Viele beunruhigte jedoch der Umfang des Mitarbeiterstabs in der Zentrale und wünschten statt dessen mehr Aktivitäten auf Länderebene. Während die FAO-Konferenz im Oktober 1975, wie bereits erwähnt, allgemein dem vorgeschlagenen Arbeitsprogramm und Haushalt für den nächsten Zweijahreszeitraum zustimmte, wurde der neugewählte Generaldirektor Edouard Saouma beauftragt, eine vollständige Überprüfung des Arbeitsprogramms durchzuführen und dem FAO-Rat Änderungen zur Zustimmung vorzulegen. Dies führte zu Einschränkungen in einer Reihe von Tätigkeitsbereichen, zur Einrichtung von zwei wichtigen neuen und dem Ausbau eines dritten Arbeitsgebietes.

Viele der neuen Stellen, die im Arbeitsprogramm vorgesehen waren, wurden gestrichen. Die Zahl der vorgeschlagenen Sitzungen, Dokumente und Publikationen wurde eingeschränkt. Bestimmte Aktivitäten im wirtschaftlichen Bereich wurden gekürzt. Dazu gehörten insbesondere solche, die sich mit der Zukunftsstudie über die Entwicklung der Weltlandwirtschaft (PSWAD), der internationalen Anpassung der Landwirtschaft und den Untersuchungen der Zukunftsaussichten der Länder befaßten.

Eines der neueingeführten Tätigkeitsgebiete war das Programm für Technische Zusammenarbeit (TCP), das den Entwicklungsländern rasch Hilfe in Notfällen und kurzfristige Hilfe gewähren sollte, eine Art von Hilfe, die normalerweise nicht aus extrabudgetären Mitteln finanziert werden kann. Die Autorisierung zur Durchführung solcher Aktivitäten war bereits in Artikel I, Absatz 3 (a) der Satzung verankert:

> Es ist auch Aufgabe der Organisation ... auf Verlangen der Regierungen Technische Hilfe zu gewähren.

Die andere vom Generaldirektor vorgeschlagene und vom Rat gebilligte neue Maßnahme war der stufenweise Abbau der Stellen der Leitenden landwirtschaftlichen Berater/FAO-Ländervertreter, die teils von der FAO und teils vom UNDP finanziert wurden, und ihre Ersetzung durch FAO-Vertreter. Dieser Prozeß war Ende 1979 abgeschlossen.

Der Rat unterstützte ebenfalls den Vorschlag des Generaldirektors, die Arbeit der FAO in folgenden Bereichen zu verstärken: Unterstützung von Investitionen in der Landwirtschaft und Zusammenarbeit mit verschiedenen internationalen und nationalen Finanzierungsinstitutionen. Dazu gehörte der Internationale Fonds für landwirtschaftliche Entwicklung (IFAD), der aufgrund einer Empfehlung der Welternährungskonferenz im Dezember 1977 seine Arbeit aufnahm.

Von 1975-81 wurden einige andere Arbeitsgebiete ausgewählt und diesen mehr Aufmerksamkeit geschenkt, unabhängig von den Aktivitäten, die hierfür ursprünglich im Arbeitsprogramm und Haushalt vorgesehen waren: Saatgutverbesserung und -entwicklung; Vermeidung von Nahrungsverlusten; Ernährung; Ernährungssicherungsprogramm; Bekämpfung der Trypanosomiasis in Afrika; Fortsetzung des Internationalen Düngemittelversorgungsprogramms und Unterstützung der Regierungen bei der Bewirtschaftung und Entwicklung von Fischereiressourcen in Ausschließlichen Wirtschaftszonen (AWZ). Heuschrecken bedrohten insbesondere wieder das Horn von Afrika und Westafrika, und frühere Bekämpfungsprogramme wurden reaktiviert. Außerdem berief die FAO im Jahr 1979 die Weltkonferenz über Agrarreform und ländliche Entwicklung (WCARRD) ein, die sich schwerpunktmäßig mit den Problemen der kleineren und ärmeren Bauern befaßte und die Grundlage für verstärkte FAO- und nationale Anstrengungen mit dem Ziel einer wirksameren ländlichen Entwicklung schuf.

Zwei andere Ereignisse in dieser Zeit wirkten sich für die Entwicklung der FAO-Programme eher negativ als positiv aus.

Kurz vor Ende 1975 stand das UNDP vor einer Finanzkrise und somit einer Einschränkung der Projekte, die es finanzieren konnte. Dies führte im Laufe der Jahre 1976 und 1977 zu einer wesentlichen Verkleinerung des aus dem UNDP finanzierten und für das Feldprogramm eingesetzten Mitarbeiterstabs. Obwohl sich die Finanzkrise des UNDP seitdem entspannt hat und das Feldprogramm neu gestaltet worden ist, sieht die Zukunft unsicher aus. Diese Krise unterstrich nicht nur die Anfälligkeit gegenwärtiger Finanzierungsmethoden für die Entwicklungshilfe, sondern auch die Notwendigkeit der Aufrechterhaltung einer breiten Finanzierungsgrundlage, einschließlich der Treuhandmittel als eine der vielen Quellen, die von der FAO verwaltet werden.

Trotz der positiven Auswirkungen der Empfehlungen der Welternährungskonferenz der FAO im Jahr 1974 gab es auch eine negative Auswirkung, die nicht außer acht gelassen werden soll. Da die Vereinten Nationen die Konferenz einberufen hatten, wurden viele der politischen Konzeptionen angenommen, die die Diskussionen und Verhandlungen der zurückliegenden Jahre in New York bestimmt hatten. Da die Konferenz in Rom (wenn auch nicht in der FAO-Zentrale) stattfand, an der viele nationale Teilnehmer, die auch regelmäßig an der FAO-Konferenz, dem Rat und anderen FAO-Sitzungen teilnahmen, vertreten waren, wurden diese politischen Konzeptionen auch auf den folgenden FAO-Tagungen aufgegriffen und angenommen. Dadurch wurde die FAO, die im Vergleich zu den anderen internationalen Organisationen bis dahin relativ frei von politischen Einflüssen war, stärker politisiert, und zwar schneller als es sonst der Fall gewesen wäre. In den 70er Jahren trugen noch andere Faktoren zu diesem Prozeß bei. Ein solches Einbringen von politischen Überlegungen in Sitzungen, auf denen die Unterstützung der Arbeit einer Fachorganisation durch Regierungen sichergestellt werden soll, kann nur zu einer Verminderung ihrer Effektivität führen.

DIE ENTWICKLUNG DES HAUSHALTS

Die Mittel, die der FAO in ihrem Regulären Haushalt für die Durchführung ihres Regulären Arbeitsprogramms zur Verfügung stehen, werden auf der FAO-Konferenz gebilligt, die ebenfalls die Beitragshöhe der einzelnen Mitgliedsländer festsetzt. Um eine angemessene Übereinstimmung innerhalb des VN-Systems herzustellen, hat die Konferenz der Verwendung eines Beitragsschlüssels zugestimmt, der von dem VN-Beitragsschlüssel abgeleitet und der Mitgliederzahl der FAO angepaßt ist und somit die Unterschiede in der Mitgliedschaft in den beiden Organisationen berücksichtigt.

Extrabudgetäre Geldmittel werden durch verschiedene Kanäle zur Verfügung gestellt. Einige dieser Geldmittel dienen der Unterstützung von Aktivitäten, die eng mit dem Regulären Programm verbunden sind; die meisten sind jedoch für die Durchführung des Feldprogramms bestimmt. Diese Kapitalquellen umfassen unter anderem das UNDP, um die von ihm finanzierten Teile des FAO-Feldprogramms durchzuführen, sowie für die sogenannten "Verwaltungskosten"; Beiträge von Geberländern zur Durchführung vielfältiger Projekte und Programme im Feld sowie einiger mit dem Regulären Programm verbundener Tätigkeiten; Geberländer, die das Programm für Beigeordnete Sachverständige unterstützen; die anderen Organisationen, die Mittel zur Verfügung stellen, wie z.B. die Weltbank mit ihrer Kostenbeteiligung an dem Investitionszentrum und die VN mit ihrem Bevölkerungsfonds (UNFPA) zur Förderung der Arbeit der FAO in bezug auf Bevölkerung und Verbesserung des Familienlebens; Regierungen und Nicht-Regierungsorganisationen, die sich an der "Kampagne für den Kampf gegen den Hunger" beteiligen; das WEP und der IFAD für ihre programmgemäßen Aufgaben; Regierungen, die internationale, von ihnen selbst finanzierte Technische Hilfe wünschen; Zuschüsse aus verschiedenen Fonds, Stiftungen und anderen Einrichtungen für ein breites Betätigungsfeld.

Bis in die frühen 70er Jahre kamen extrabudgetäre Mittel weitgehend vom UNDP oder seinen Vorgängerorganisationen. Für den Zweijahreszeitraum 1956-57 z.B. wurden 16 643 000 US-Dollar, etwa 95 % der extrabudgetären Mittel der Organisation, vom EPTA zur Verfügung gestellt, und in den Jahren 1966-67 waren es 97 213 000 US-Dollar, das sind über 86 %, die vom UNDP kamen. Bis 1974-75 hatte sich die Situation jedoch grundlegend geändert. Für diesen Zweijahreszeitraum, als 382,4 Millionen US-Dollar an extrabudgetären Mitteln aus verschiedenen Geldquellen zur Verfügung standen, waren nur 198,3 Millionen US-Dollar oder etwa 52 % für die vom UNDP finanzierten Projekte bestimmt, während 184,1 Millionen US-Dollar oder etwa 48 % aus Treuhandmitteln stammten. Als sich das UNDP von seiner Finanzkrise Mitte der 70er Jahre erholt hatte, erhöhte sich zwar sein Anteil an den extrabudgetären Mitteln der FAO, erreichte jedoch nicht den früheren hohen Anteil. In den Jahren 1976-77 betrugen die gesamten extrabudgetären Mittel 389 783 000 US-Dollar, wobei 236 104 000 US-Dollar, etwa 60,6 %, vom UNDP kamen, während im Zeitraum 1978-79 sich die Gesamtsumme auf 437 168 000 US-Dollar belief und hiervon 280 790 000 US-Dollar oder 64,2 % vom UNDP und 35,8 % aus Treuhandmitteln gespeist wurden.

Die Gesamtentwicklung in der Finanzierung des FAO-Programms wird in Tabelle 1 aufgezeigt, die Gesamtdaten über vier Zweijahreszeiträume in Abständen von jeweils zehn Jahren sowie Angaben über den letzten abgeschlossenen und Schätzungen über den laufenden Zweijahreszeitraum (1980-81) enthält.

Tabelle 1: Der FAO zur Verfügung stehende Geldmittel in ausgewählten Zweijahreszeiträumen (in Millionen US-Dollar)

Zweijahreszeitraum	Regulärer Haushalt	Extrabudgetäre Mittel	Insgesamt
1946-47	8,361	– [1]	8,361
1956-57	13,400	17,589	30,989
1966-67	49,974	112,039	162,013
1976-77	167,000	389,783	556,783
1978-79	210,150	437,168	647,318
1980-81	278,740	581,120 [2]	859,860

1) Für 1947 wurden 1,135 Millionen US-Dollar von der UNRRA an die FAO für Technische Hilfe in neun Ländern überwiesen. Einige Ausgaben wurden in jenem Jahr gemacht, doch der größte Teil dieses Betrages wurde in darauffolgenden Jahren ausgegeben.
2) Schätzung.

Die von der Konferenz für 1946 und 1947 bewilligten Beträge waren recht bescheiden, da in diesen Anfangsjahren der Mitarbeiterstab klein war, und der Kern eines Arbeitsprogramms noch entwickelt werden mußte. Die Haushaltsausweitung in den nächsten zehn Jahren war aus drei Gründen ebenfalls nur geringfügig. Die Regierungen der Mitgliedsländer mußten noch herausfinden, in welcher Form sie Hilfsleistungen von dieser neuen Organisation erwarten konnten, so daß sie bei der Vergabe von Mitteln vorsichtig waren. Außerdem hatte der Kongreß der Vereinigten Staaten einen Dollarhöchstbetrag bestimmt, den er für angemessen hielt. Da die Vereinigten Staaten in diesen Jahren etwa ein Drittel des Regulären Haushalts aufbrachten und somit der größte Beitragszahler waren, setzte dies praktisch eine Höchstgrenze der Gesamtsumme fest. In diesem Zeitraum war, wie bereits erwähnt, das EPTA die Hauptquelle für die Finanzierung des Feldprogramms und dessen Mittel selbst waren noch bescheiden.

Die Unterstützung des Feldprogramms aus UNDP-Mitteln nahm 1959 rasch zu, und im Jahr 1961 schaffte der US-Kongreß den Dollarhöchstbetrag (obwohl er einen Prozenthöchstsatz beibehielt) der Beitragszahlungen der Vereinigten Staaten an den Regulären Haushalt ab und ebnete auf diese Weise der FAO-Konferenz den Weg, sich für die folgenden Zweijahreszeiträume auf erhebliche Beitragserhöhungen zu einigen. Von dieser erweiterten Basis aus ist der Reguläre Haushalt in den letzten Dekaden in einem angemessenen Maße gestiegen, obwohl ein wesentlicher Teil dieser Erhöhungen in der letzten Zeit natürlich verwendet werden mußte, um die durch Inflation bedingten Kostensteigerungen aufzufangen. Somit blieben die realen Steigerungsraten weiterhin gering.

DER MITARBEITERSTAB

Als sich die FAO nach der Konferenz von Quebec zunächst in ihrer vorübergehenden Zentrale in Washington einrichtete, war der Stab in der Tat sehr klein. Neben dem neuernannten Generaldirektor bestand er aus einigen Mitarbeitern der Interimskommission und Personen, die während und unmittelbar nach der 1. Sitzung der FAO-Konferenz eingestellt worden waren. Selbst ein Jahr später, Ende 1946, war es dem Generaldirektor - der gerne britischen Gepflogenheiten folgte - möglich, den größten Teil seines Stabs in einem nur mäßig großen Sitzungssaal zum Fünfuhrtee zu bitten.

Von 1947 bis 1950 vergrößerte sich der Mitarbeiterstab mit der Erweiterung des Arbeitsprogramms und Haushalts, und bis zum Ende dieser Zeit wurden alle sechs Gebäude im Gebiet des Dupont Circle in Washington von der Organisation benutzt. Mit der Verlegung Anfang 1951 in die endgültige Zentrale nach Rom erfolgte eine erhebliche Verminderung der Zahl der Mitarbeiter, da viele nicht mit nach Italien gingen. Danach jedoch begann der Prozeß des Wiederaufbaus und der weiteren Entwicklung.

Es ist kaum möglich, an dieser Stelle an die verschiedenen Stationen und Entwicklungen dieses darauffolgenden Prozesses zu erinnern. Der Hinweis dürfte ausreichen, daß die Zunahme des Mitarbeiterstabs die Ausweitung des Arbeitsprogramms und des Haushalts bis 1975 widerspiegelte. Danach war die Zunahme der Mitarbeiter wesentlich geringer, weil entschiedene Anstrengungen unternommen wurden, durch geringere Haushaltsaufwendungen für ständige Posten eine größere Flexibilität zu erhalten und den Gesamtumfang des Personals in der Zentrale und in den Regionalbüros in Schranken zu halten.

Tabelle 2 (Seite 87) zeigt die gegenwärtige Zahl der Mitarbeiter, ausgewiesen nach der Anzahl der Planstellen. Von den besetzten oder nicht besetzten Stellen des höheren Dienstes gehörten 31,5 % zur Zentrale und die restlichen 68,5 % zum Außendienst oder zu Regionalbüros, Gemeinsamen Abteilungen, Länderbüros und Feldprojekten. Letztere allein machen etwa zwei Drittel der Gesamtzahl aus.

Tabelle 2: FAO-Mitarbeiterstab am 30. April 1981

Einsatzort	Art der Stellen								
	Höherer Dienst und Leitungsfunktionen			Allgemeiner Dienst			Insgesamt		
	Besetzte Stellen	Vakante Stellen	Insgesamt	Besetzte Stellen	Vakante Stellen	Insgesamt	Besetzte Stellen	Vakante Stellen	Insgesamt
Zentrale	1 383	142	1 525	2 444	49	2 493	3 827	191	4 018
Regionalbüros und gemeinsame Abteilungen 1)	119	10	129	213	3	216	332	13	345
Länderbüros	87	–	87	283	11	294	370	11	381
Feldprojekte	2 287	808	3 095	610	69	679	2 897	877	3 774
Insgesamt	3 876	960	4 836	3 550	132	3 682	7 426	1 092	8 518

1) Abteilungen, die gemeinsam von der FAO und den regionalen Wirtschaftskommissionen unterhalten werden.

11 HAUPTABTEILUNGEN, ABTEILUNGEN UND ANDERE WICHTIGE EINRICHTUNGEN

In den vorangegangenen zwei Kapiteln wurden allgemeine Betrachtungen über die Entwicklung der Zentrale insgesamt angestellt, und zwar sowohl im Hinblick auf die Organisationsstruktur als auch auf das Arbeitsprogramm. Auch in diesem Kapitel werden ähnliche Informationen gegeben, mit dem Unterschied, daß das Hauptaugenmerk auf die jeweiligen Teilbereiche anstatt auf die Organisation insgesamt gerichtet wird.

BÜRO DES GENERALDIREKTORS

Neben dem Generaldirektor und dem Stellvertretenden Generaldirektor umfaßt das Büro des Generaldirektors sein Kabinett, das Büro für Programm, Haushalt und Evaluierung, das Büro für internationale Organisationen (das das Büro für Sonderhilfsmaßnahmen einschließt), das Büro für Rechtsangelegenheiten und das Büro für interne Rechnungsprüfung und Kontrolle.

Gemäß der Satzung, den Allgemeinen Regeln der Organisation, den Finanzregeln und vorbehaltlich der allgemeinen Aufsicht durch die Konferenz und den Rat besitzt der Generaldirektor alle Vollmachten und Befugnisse, um die Arbeiten der Organisation zu leiten (Artikel VII und Regel XXXVII). Er ernennt den Stellvertretenden Generaldirektor (der der Bestätigung durch den Rat bedarf, Regel XXXIX.1), der ihn nach Bedarf unterstützt und als Generaldirektor fungiert im Falle seiner Verhinderung oder wenn das Amt vakant ist (Regel XXXVI.2).

Im Hinblick auf das weite Feld der Gesamtverantwortung des Generaldirektors für die Arbeit der Organisation wird hier nicht der Versuch unternommen, die Aktivitäten seines unmittelbaren Büros über die allgemeinen zuvorgenannten Hinweise hinaus zu erörtern. Die verschiedenen Teilbereiche seines Büros sollen jedoch im folgenden kurz beschrieben werden.

Kabinett

Das Kabinett besteht aus einem Direktor und einem kleinen Mitarbeiterstab. Es trägt aktiv zur Bewältigung der täglichen Arbeit des unmittelbaren Büros des Generaldirektors bei und führt nach Bedarf eine breite Palette von Sonderaufgaben durch.

In den Amtszeiten der ersten Generaldirektoren wurden die Beamten natürlich angewiesen, für sie als Sonderassistenten, Persönliche Assistenten usw. zu arbeiten, aber die offizielle Einrichtung eines Kabinetts erfolgte nicht vor der Amtsübernahme des fünften Generaldirektors A.H. Boerma im Januar 1968. Zu den Sonderassistenten der ersten Generaldirektoren gehörten Frank L. McDougall (Australien) von Oktober 1945 bis Februar 1958, David M. Lubbock (Vereinigtes Königreich) von Oktober 1945 bis April 1948 und Joseph L. Orr (Vereinigte Staaten) von April 1951 bis Dezember 1955.

Der Titel eines "Chef de Cabinet" wurde von 1968 bis Juni 1976 vom Leiter dieses Amtes geführt und danach in "Directeur de Cabinet" umbenannt. Folgende Personen hatten dieses Amt inne:

Chef de Cabinet und Directeur de Cabinet	Land	Amtszeit
Declan J. Walton	Irland	Januar 1968 bis Juni 1975
J.V.A. Nehemiah	Indien	Juni 1975 bis Dezember 1975
J. de Mèredieu	Frankreich	Januar 1976 bis April 1980
Vikram J. Shah	Vereinigtes Königreich	Mai 1980 bis

Büro für Programm, Haushalt und Evaluierung

Dieses Büro besteht aus zwei Unterabteilungen, eine für Programm und Haushalt und eine andere für Evaluierung. Es wurde in seiner jetzigen Form am 1. Januar 1978 eingeführt. Seine drei funktionellen Grundlagen blicken auf eine recht wechselvolle Geschichte in der FAO zurück.

Von 1946 bis Anfang 1951 unterstanden die Haushaltsfragen dem Fachgebiet für Haushalt und Finanzen. Nach der Verlegung nach Rom befaßte sich das Fachgebiet für Haushalts- und Verwaltungsplanung bis Ende 1956 mit Hausnaltsfragen. Danach wurde der die Haushaltsplanung betreffende Aufgabenbereich ausgegliedert.

1957 und 1958 wurde die Arbeit für Programm und Haushalt durch einen zentralen Programm- und Verbindungsdienst im Büro des Generaldirektors koordiniert, der eine Unterabteilung für Programm und Haushalt, eine Unterabteilung für Verbindung zum Außendienst und einen Kommunikationsdienst zu internationalen Organisationen umfaßte. Einem Beschluß des Rates im Herbst 1958 zufolge, setzte der zentrale Programm- und Verbindungsdienst seine Arbeit im Büro des Generaldirektors fort und bestand aus einer kleinen Arbeitsgruppe für Programm und einem Büro für Haushaltsfragen, die sich bis zum Zweijahreszeitraum 1960-61 zu einem Fachgebiet für Programmforschung und Evaluierung sowie einem Fachgebiet für Haushalt entwickelt hatten. Dann wurde im Jahr 1962 eine Abteilung für Programmaufstellung und Haushalt, bestehend aus einem Fachgebiet für Programmaufstellung und einem Fachgebiet für Haushalt, innerhalb der Unterabteilung für Programm und Haushalt organisiert. Diese Unterabteilung blieb bis 1968 bestehen, und die

Gesichtspunkte in Zusammenhang mit Programmaufstellung und Haushalt wurden zusammen mit anderen Aktivitäten unter der allgemeinen Leitung der im folgenden aufgeführten Beamten durchgeführt.

Unterabteilung für Programmaufstellung und Haushalt	Land	Amtszeit	Titel
Pierre Terver	Frankreich	Mai 1956 bis Dezember 1958	Direktor
A.H. Boerma	Niederlande	Januar 1959 bis Juli 1960	Direktor
A.H. Boerma	Niederlande	Juli 1960 bis Juni 1962	Beigeordneter Generaldirektor
Oris V. Wells	Vereinigte Staaten	Juni 1962 bis Juli 1963	Beigeordneter Generaldirektor
Pierre Terver	Frankreich	Juli 1963 bis Juni 1968	Beigeordneter Generaldirektor

Als Ergebnis einer größeren Reorganisation, die in den Jahren 1968 und 1969 geplant und im Januar 1970 durchgeführt wurde, erfolgte am 8. Juli 1968 die Umwandlung der Unterabteilung für Programm und Haushalt in eine Hauptabteilung für Entwicklung. Im Januar 1970 wurde das Fachgebiet Haushalt in ein neues Büro für Rechnungsprüfung in die Hauptabteilung für Verwaltung und Finanzen verlegt, wo es bis Ende 1973 blieb. Eine Arbeitsgruppe für Programmaufstellung, die in der Hauptabteilung für Entwicklung verblieben war, wurde Anfang 1972 in das Büro des Generaldirektors zurückverlegt.

Im Jahr 1974 wurde im Büro des Generaldirektors ein Büro für Programm und Haushalt geschaffen, das die Arbeitsgruppe für Programmaufstellung und das Fachgebiet für Haushalt enthielt, die von der Hauptabteilung für Verwaltung und Finanzen übertragen wurden.

Ein Fachgebiet für Evaluierung, das am 1. Juni 1968 in der früheren Abteilung für Wirtschaftsanalysen eingerichtet worden war, wurde am 1. Januar 1973 in die Hauptabteilung für Entwicklung verlegt und wieder in "Unterabteilung für Evaluierung" umbenannt. Am 1. Januar 1978 wurde diese Unterabteilung von dem Büro für Programm und Haushalt übernommen, das in "Büro für Programm, Haushalt und Evaluierung" umbenannt wurde.

Die Aufgaben dieses Büros gehen zum größten Teil aus seiner Bezeichnung hervor. Jedoch sollen hier einige allgemeine Anmerkungen über seine Entwicklung gemacht werden.

Im Laufe der Jahre nahmen Umfang und Vielfalt der Programm- und Haushaltsaufgaben des Büros und seiner vielen Vorläufer mit der Ausweitung des Regulären Programms, mit der Schaffung und Ausweitung des durch extrabudgetäre Mittel finanzierten Feldprogramms sowie mit der Einrichtung und Entwicklung des Welternährungsprogramms rasch zu, wobei bestimmte Aspekte letzteren Programms die Aufmerksamkeit des Büros erforderten. Die formelle Evaluierung entwickelte sich erst im Januar 1967, und in den nächsten zehn Jahren widmeten die Unterabteilung für Evaluierung und ihre Vorgänger ihre gesamte Aufmerksamkeit dem Feldprogramm. Im Jahr 1978 wurde der Aufgabenbereich dieser Unterabteilung erweitert und die Evaluierung der Aktivitäten des Regulären Programms miteinbezogen. Sie erstellt vor allem die Rechenschaftsberichte, "Überprüfung der Feldprogramme" und "Überprüfung des Regulären Programms", die der Konferenz als Grundlage für die Prüfung der FAO-Tätigkeiten in den zwei vorangegangenen Jahren dienen.

Viele Beamte haben die Leitung der drei Hauptbereiche dieses Büros innegehabt. Im Programmsektor waren dies:

Leiter des Fachgebiets für Programmforschung und Evaluierung	*Land*	*Amtszeit*
V. Marrama	Italien	Januar 1959 bis Juni 1962
Leiter des Fachgebiets für Programmaufstellung		
Dr. P.K. Ray	Indien	Januar 1964 bis Juni 1971
Direktor der Arbeitsgruppe für Programmaufstellung		
Edward M. West	Vereinigtes Königreich	März 1970 bis März 1974
Leiter der Unterabteilung für Programm und Haushalt		
V.M. Mills	Vereinigte Staaten	April 1979 bis Oktober 1981

Das Arbeitsgebiet Haushalt stand unter der Leitung der folgenden maßgebenden Beamten:

Leiter des Fachgebiets für Haushalt und Finanzen	*Land*	*Amtszeit*
P.G. Watterson	Vereinigtes Königreich	Oktober 1946 bis Dezember 1950
W.K. Mudie	Australien	Januar 1951 bis Dezember 1951
Leiter des Fachgebiets für Haushalt und Verwaltungsplanung		
I.L. Posner	Vereinigte Staaten	März 1951 bis Dezember 1955
Leiter des Fachgebiets für Haushalt		
Jean Fairley	Vereinigtes Königreich	Januar 1959 bis Juni 1964
Harry B. Wirin	Vereinigte Staaten	März 1966 bis Dezember 1966
E. Lewin	Israel	Juni 1967 bis Oktober 1974

Leiter der Unterabteilung für Programm und Haushalt	Land	Amtszeit
V.M. Mills	Vereinigte Staaten	April 1979 bis

Die Leitung des Bereichs Evaluierung, der erheblich später als die anderen beiden Sektoren eingerichtet worden war, hatten:

Leiter der Unterabteilung für Evaluierung	Land	Amtszeit
B.S. Mahajan	Indien	Januar 1972 bis Dezember 1977
A.R. Ayazi	Afghanistan	Januar 1979 bis

Die Gesamtleitung des Büros, einschließlich seiner Vorgänger, hatten folgende Beamte inne:

Direktor der Abteilung für Programmaufstellung und Haushalt	Land	Amtszeit
W.H. Pawley	Australien	Juli 1962 bis März 1966
Harry B. Wirin	Vereinigte Staaten	Januar 1967 bis Dezember 1969

Beigeordneter Generaldirektor, Hauptabteilung für Verwaltung und Finanzen, und Direktor des Büros für Programm und Haushalt		
Edward M. West	Vereinigtes Königreich	März 1974 bis März 1977

Direktor des Büros für Programm und Haushalt		
Edward M. West	Vereinigtes Königreich	April 1977 bis März 1979

Direktor des Büros für Programm, Haushalt und Evaluierung		
Edward M. West	Vereinigtes Königreich	April 1979 bis

Büro für internationale Organisationen

Dieser Abschnitt ·befaßt sich sowohl mit dem Büro für internationale Organisationen als auch mit dem Büro für Sonderhilfsmaßnahmen, welches seine Aufgaben unter der allgemeinen Aufsicht des erstgenannten Büros durchführt.

Die Geschichte des Büros für internationale Organisationen begann im August 1953, als ein "Leitender Beamter für Verbindung zu internationalen Organisationen" in das Büro der Sonderassistenten im Büro des Generaldirektors berufen wurde.

Im Januar 1956 war eine Unterabteilung für Verbindung zu internationalen Organisationen im Büro des Generaldirektors eingerichtet worden, die dort bis Dezember 1958 bestand. Als im Januar 1959 in dem Büro eine Unterabteilung für Programm und Haushalt mit einem breiteren Aufgabenbereich als eine frühere Unterabteilung mit der gleichen Bezeichnung eingerichtet wurde, schloß diese ein Fachgebiet für Verbindung zu internationalen Organisationen ein und trat an die Stelle der Unterabteilung für Verbindung zu internationalen Organisationen. Diese Regelung blieb bis Juni 1962 bestehen, als das Fachgebiet einer neuen Abteilung für Programmverbindung übertragen wurde, die innerhalb der Unterabteilung für Programm und Haushalt geschaffen wurde.

Als Teil einer umfassenden Gesamtreorganisation wurde das Fachgebiet am 1. Juni 1968 die Abteilung für Verbindung zu internationalen Organisationen, mit einem Fachgebiet für internationale Organisationen und einem Fachgebiet für Nahrungsmittelnormen (dank der Tatsache, daß das Programm für Nahrungsmittelnormen gemeinsam mit der WHO durchgeführt wird). Am 8. Juli 1968 erfolgte die Umwandlung der Unterabteilung für Programm und Haushalt in eine Hauptabteilung für Entwicklung, zu der die Abteilung für Verbindung zu internationalen Organisationen gehörte. Im August 1972 wurde das Fachgebiet für Nahrungsmittelnormen, umbenannt in Unterabteilung für Nahrungsmittelnormen und -kontrolle, in die Abteilung für Nahrungsmittelpolitik und Ernährung verlagert. Das Fachgebiet für internationale Organisationen, umbenannt in "Büro für internationale Organisationen", wurde dem Büro des Generaldirektors zugeordnet, wo es seitdem geblieben ist.

Das Büro für internationale Organisationen berät den Generaldirektor und handelt in seinem Auftrag in Angelegenheiten, die die Vereinten Nationen und andere Mitglieder der VN-Familie betreffen, organisiert die Vertretung der FAO auf Sitzungen, die außerhalb der FAO stattfinden, dient als zentraler Punkt für die Teilnahme der FAO am Verwaltungsausschuß für Koordinierung, befaßt sich mit Anträgen zwischenstaatlicher und nichtstaatlicher Organisationen auf einen Status bei der FAO, sorgt für den ständigen Informationsfluß zu den FAO-Verbindungsbüros in New York und Genf, koordiniert die Beiträge der FAO zu Berichten, die von anderen Organisationen angefordert werden, befaßt sich mit Grundsatzfragen und – in Zusammenarbeit mit dem Büro für Sonderhilfsmaßnahmen (OSRO) – beurteilt Anträge auf Nahrungsmittelnothilfe, die sich aus dem Welternährungsprogramm ergeben.

Folgende Personen leiteten das Büro für internationale Organisationen und dessen Vorläufer:

Leitender Beamter für Verbindung zu internationalen Organisationen und Leiter der Unterabteilung für Verbindung zu internationalen Organisationen	Land	Amtszeit
Antonio G. Orbaneja	Spanien	August 1953 und Januar 1959

Leiter des Fachgebiets für Verbindung zu internationalen Organisationen	Land	Amtszeit
Antonio G. Orbaneja	Spanien	Januar 1959 bis März 1967
Peter Crane	Vereinigte Staaten	Juli 1967 bis Mai 1968
Direktor der Abteilung für Verbindung zu internationalen Organisationen		
J.V.A. Nehemiah	Indien	Juni 1968 bis August 1972
Direktor des Büros für internationale Organisationen		
J.V.A. Nehemiah	Indien	August 1972 bis Juni 1975
Declan J. Walton	Irland	Juli 1975 bis Dezember 1980
André Regnier	Belgien	Januar 1981 bis

Das Büro für Sonderhilfsmaßnahmen (OSRO) verdankt seine Entstehung der Schaffung des "Büros für Hilfsmaßnahmen für die Sahelzone" am 14. Mai 1973. Anfang der 70er Jahre litten die Länder der Sahelzone unter zahlreichen Dürreperioden, die ihren Höhepunkt in einer sehr ernsten Krise im Jahr 1972 erreichten. Dies führte zu einem wichtigen Hilfsprogramm, das von den Vereinten Nationen 1973 ins Leben gerufen wurde. Am 20. Mai 1973 wurde eine Vereinbarung zwischen dem Generalsekretär der Vereinten Nationen und dem Generaldirektor der FAO getroffen, daß die FAO als Zentrale dieser VN-weiten Hilfsaktion fungieren soll. So diente OSRO in der Zeit der Sahelkrise als wichtigstes Instrument zur Mobilisierung und Koordinierung der von der internationalen Völkergemeinschaft geleisteten Hilfe. Als im Jahr 1973 die Notlage im Sahel äußerst kritisch war, erfolgte die Nahrungsmittelversorgung für abgelegene Gebiete, die während der Regenzeit auf dem Landweg nicht erreichbar waren, auf dem Luftweg. Insgesamt wurden 20 000 bis 25 000 t Getreide und Grundnahrungsmittel vier Monate lang in Einsätzen rund um die Uhr per Flugzeug transportiert. Gleichzeitig wurde Saatgut für 400 000 ha zur Verfügung gestellt und Futtermittel wurden verteilt, um einen Grundbestand an Vieh zu erhalten, der für den Lebensunterhalt der nomadischen Bevölkerung lebensnotwendig ist. In den Jahren 1974 und 1975 wurden die Maßnahmen in einem etwas geringeren Umfang fortgesetzt. Es wird geschätzt, daß zwischen 1973 und 1975 etwa 1,5 Millionen t Nahrungsgetreide und 70 000 t Grundnahrungsmittel durch die internationale Völkergemeinschaft aufgebracht wurden, den größten Teil davon durch OSRO. Obwohl in den Ländern der Sahelzone seit 1975 die Probleme immer wieder aufgetreten sind, mußten die Maßnahmen zu keinem Zeitpunkt mehr mit der gleichen Intensität durchgeführt werden.

Am 1. Oktober 1975 wurde der Aufgabenbereich von OSRO geändert. Es behielt seine ursprüngliche Kurzbezeichnung bei, wurde aber in "Büro für Sonderhilfsmaßnahmen" umbenannt und erhielt ein weltweites Mandat für alle Formen der landwirtschaftlichen Nothilfe. Es arbeitet eng mit dem Welternährungsprogramm zusammen, das seinerseits Nahrungsmittelnothilfe nach Zustimmung durch den Generaldirektor der FAO leistet, und unterhält darüber hinaus auch enge Verbindungen zu dem Koordinator der Vereinten Nationen für Katastrophenhilfe (UNDRO).

Obwohl es unmöglich ist, in dem nur begrenzt zur Verfügung stehenden Rahmen alle Maßnahmen, an denen OSRO beteiligt war, zusammenzufassen, ist dennoch besonders auf das Hilfsprogramm für Kamputschea hinzuweisen. Zwischen Ende 1979 und Ende 1980 organisierte das Büro die Versorgung mit fast 30 000 t Saatgut, 13 000 t Düngemittel sowie Bewässerungspumpen, Pestiziden und anderen Betriebsmitteln. Gleichzeitig wurde ein Projekt zur Rettung der kamputscheanischen Süßwasserfischerei eingeleitet. Dieses Programm wurde durchgeführt in enger Zusammenarbeit mit dem Weltkinderhilfswerk der Vereinten Nationen (UNICEF) (das für diese Nothilfemaßnahme als "leitende Organisation" der VN-Familie fungierte), dem Welternährungsprogramm (WEP), dem Entwicklungsprogramm der Vereinten Nationen (UNDP), dem Internationalen Ausschuß des Roten Kreuzes sowie einigen nichtstaatlichen Organisationen.

Folgende Personen haben die Leitung von OSRO unter seiner früheren und seiner jetzigen Bezeichnung innegehabt:

Direktor des Büros für internationale Organisationen und Leitender Beamter des OSRO	Land	Amtszeit
J.V.A. Nehemiah	Indien	Mai 1973 bis August 1973
Leiter des OSRO		
K.A.P. Stevenson	Indien	August 1973 bis Dezember 1974
J.P. Dabell	Vereinigtes Königreich	Januar 1975 bis Juli 1976
K.P. Wagner	Bundesrepublik Deutschland	April 1977 bis

Büro für Rechtsangelegenheiten

Dieses Büro, dessen Leiter ein Rechtsberater ist, besteht aus zwei Arbeitseinheiten: dem Büro des Rechtsberaters und dem Fachgebiet für Rechtswesen.

Historisch gesehen wurden zunächst Vorkehrungen für einen Rechtsberater im Jahr 1948 getroffen. Diese Stelle erschien auf dem am 6. Juli desselben Jahres veröffentlichten Organigramm. Sie wurde jedoch nicht vor dem 27. Dezember 1948 besetzt und später bis zum 30. März 1951 auf der Basis einer Teilzeitberatungstätigkeit ausgeübt. Einen Rechtsbeamten gab es wiederum nicht vor Juli 1952. Das war mehr als ein Jahr nach der Verlegung der Zentrale von Washington nach Rom. Am 1. Januar 1953 wurde die Bezeichnung seiner Stelle in "Leiter der Arbeitseinheit für Verbindungs- und Rechtsangelegenheiten" geändert. Später wurde der Name abgekürzt in "Arbeitseinheit für Rechtsangelegenheiten" und im Jahr 1956 in "Arbeitseinheit Recht". Zu diesem Zeitpunkt erhielt der Leiter der Arbeitseinheit den Titel "Rechtsberater", der jedoch erst im Jahr 1958 allgemein üblich wurde.

Am 1. Januar 1959 wurde das Büro, das bis dahin zum Büro des Generaldirektors gehörte, der neugeschaffenen Hauptabteilung für Öffentlichkeitsarbeit und Rechtsangelegenheiten zugewiesen und "Büro des Rechtsberaters" benannt. Im Jahr 1968 erfolgte die Rückverlegung in das Büro des Generaldirektors.

Seinem Wesen nach blieben die grundsätzlichen Aufgaben des Büros des Rechtsberaters und seiner Vorläufer im Laufe der Jahre ziemlich unverändert, obwohl mit der Vergrößerung der Organisation die Arbeit unvermeidlich an Vielfalt und Umfang zunahm. Sein Aufgabenbereich umfaßt die Beratung des Generaldirektors, der Regierungsorgane sowie anderer satzungsgemäßer Organe der Organisation in Rechts- und Satzungsfragen; die Vertretung der Organisation bei Gerichtsverfahren; die Ausübung von Depositarfunktionen bei Verträgen; die Abfassung und Auslegung der Satzung der FAO und des WEP; die Abfassung von Konventionen und Abkommen, einschließlich der nach Artikel XIV und XV der Satzung abgeschlossenen, sowie die Behandlung von Rechtsfragen, die sich aus den Beziehungen der Organisation mit Regierungen und anderen Organisationen ergeben. Seit der Gründung des Ausschusses für Satzungs- und Rechtsangelegenheiten (CCLM) im Jahr 1957 arbeitet das Büro des Rechtsberaters für diesen Ausschuß. Wie bereits gesagt, spiegelt die besondere Art und der Umfang der von dem Büro behandelten Rechtsfragen bis zu einem gewissen Grad die Programme und Aktivitäten der Organisation insgesamt wider, sei es, daß sie aus dem Regulären Haushalt oder aus dem Sonderhaushalt finanziert werden. Neben der Aufgabenerweiterung des Büros gab es auch einige schwerpunktmäßige Verlagerungen. So spiegelte sich die Zunahme der Feldtätigkeiten, die für die Entwicklung der Organisation im Laufe der Jahre typisch gewesen ist, in einer Zunahme von Rechtsfragen in Verbindung mit diesen Tätigkeiten, Vereinbarungen über Aktivitäten, die aus dem Sonderhaushalt finanziert werden, wie auch in der Dezentralisation wider. Die Einrichtung der Stelle eines Rechtsbeamten im Jahr 1974, der für Fragen des Umweltrechts verantwortlich ist, zeigte auch das verstärkte Engagement der Organisation in diesem Bereich. Darüber hinaus wurde der Frage der Menschenrechte in zunehmendem Maße Aufmerksamkeit geschenkt und dies insbesondere in Hinblick auf das Recht auf angemessene Ernährung und Befreiung vom Hunger.

Bereits im Jahr 1912 hatte eine Arbeitseinheit im Internationalen Institut für Landwirtschaft (IIA) ähnliche Aktivitäten durchgeführt wie das gegenwärtige Fachgebiet Rechtswesen. Als der Nachlaß des IIA auf das Büro der FAO überging, wurde diese Arbeitseinheit dem neugeschaffenen FAO-Regionalbüro für Europa angegliedert. Nach der Verlegung der FAO-Zentrale nach Rom im Jahr 1951 gehörte die Arbeitseinheit, die dann Unterabteilung für Rechtswesen benannt wurde, zu einer von mehreren Organisationseinheiten unter der Leitung eines Direktors für Informations- und Ausbildungsdienste. Im Jahr 1956 wurde sie als Teil der Informationsabteilung zunächst für kurze Zeit "Fachgebiet für Rechtsauskünfte" genannt und erhielt später die Bezeichnung "Fachgebiet für Agrarrecht". 1959 wurde sie innerhalb der neugeschaffenen Hauptabteilung für Öffentlichkeitsarbeit und Rechtsangelegenheiten eine selbständige Arbeitseinheit und 1967 in "Fachgebiet für Rechtswesen" umbenannt, das im Januar 1971 in das Büro des Rechtsberaters verlegt und somit seinen Platz im Büro des Generaldirektors hatte.

Das Fachgebiet für Rechtswesen nimmt hauptsächlich folgende Funktionen wahr: Sammlung und Klassifizierung von Gesetzestexten und Verträgen, die für die FAO auf Fachgebieten von Interesse sind, und Verbreitung dieser Informationen durch die halbjährlich erscheinende Fachzeitschrift "Food and Agricultural Legislation"; Erstellung anderer Fachveröffentlichungen und Studien über vergleichendes Recht hinsichtlich Fachthemen wie Agrar-, Wasser-, Ernährungs-, Fischerei-, Forst- und Saatgutrecht; und die unmittelbare Unterstützung von Regierungen in Rechts- und institutionellen Angelegenheiten, einschließlich der Untersuchung bestehender nationaler, rechtswirksamer Rahmenbedingungen sowie die Konzipierung der erforderlichen Gesetze, um die Durchführung besonderer Ziele, Projekte und Programme von Regierungen oder regionalen Institutionen zu erleichtern.

Auch im Fachgebiet für Rechtswesen gab es Schwerpunktverlagerungen. Aus einer Arbeitseinheit, die sich hauptsächlich mit der Sammlung und Einordnung von Gesetzen und der Ausarbeitung von auf Forschung beruhenden Untersuchungen beschäftigte, ist es nun vornehmlich auf Unterstützung des Außendienstes ausgerichtet. Zu den durch dieses Fachgebiet abgedeckten sachlichen Rechtsbereichen wurde in den letzten Jahren in zunehmendem Maße der Schwerpunkt auf das Fischereirecht aufgrund der Entwicklungen im Seerecht und des Programms der Ausschließlichen Wirtschaftszonen (AWZ) sowie auf nationales und internationales Recht in bezug auf Wasservorkommen und Bodenreform sowie auf Agrarrecht gelegt.

Folgende Personen leiteten das Büro des Rechtsberaters entweder unter seiner derzeitigen oder einer der früheren Bezeichnungen:

Rechtsberater	*Land*	*Amtszeit*
J.W. Cutler	Vereinigte Staaten	Juli 1948 bis März 1951

Rechtsbeamter; Leiter der Arbeitseinheit für Verbindungs- und Rechtsangelegenheiten; Leiter der Arbeitseinheit für Rechtsangelegenheiten; Leiter der Arbeitseinheit Rechtswesen; Rechtsberater	Land	Amtszeit
G. Saint-Pol	Frankreich	Juli 1952 bis Dezember 1969
Rechtsberater		
Paolo Contini	Vereinigte Staaten	Januar 1970 bis August 1975
Jean-Pierre Dobbert	Schweiz	Januar 1977 bis

Büro für interne Rechnungsprüfung und Kontrolle

Entsprechend den Finanzregeln der Organisation wurde im Juli 1947 bei der FAO die interne Rechnungsprüfung eingeführt und ein Interner Rechnungsprüfer und Kontrollbeamter benannt. Seitdem hat das Büro einige Änderungen hinsichtlich seines Platzes in der Organisationsstruktur, seines Namens, seines Aufgabenbereiches, seiner Berichterstattung sowie der personellen Besetzung erfahren.

Von Juli 1947 bis Juni 1949 gehörte das Büro zum Fachgebiet Haushalt und Finanzen der Verwaltungsabteilung und erstattete dem Beamten für Haushalt und Finanzen sowie dem Generaldirektor durch den Direktor der Verwaltungsabteilung Bericht. Im Januar 1948 wurde die Bezeichnung des Büros von "Interne Rechnungsprüfung und Kontrolle" in "Interne Rechnungsprüfung" geändert. Im Juli 1949 wurde es in das Büro des Direktors der Verwaltungsabteilung eingegliedert und erstattete dem Generaldirektor durch den Direktor Bericht. Die Eingliederung der internen Rechnungsprüfung in das Büro des Generaldirektors erfolgte im Januar 1950 und die Änderung des Namens in "Arbeitsgruppe für interne Rechnungsprüfung" im Juli 1951. Im Januar 1956 wurde die Bezeichnung des Büros erneut geändert, und zwar in die heute noch gültige Bezeichnung "Büro für interne Rechnungsprüfung und Kontrolle". Obwohl es in dem Büro des Generaldirektors verblieb, erstattete es bis Dezember 1975 dem Generaldirektor durch den Direktor der Verwaltungsabteilung und später, nachdem diese Abteilung 1960 eine Hauptabteilung wurde, durch den Beigeordneten Generaldirektor der Hauptabteilung für Verwaltung und Finanzen Bericht. Seit Januar 1976 erstattet der Leiter des Büros dem Generaldirektor unmittelbar Bericht.

Auch der Titel des Leiters dieses Büros war Änderungen unterworfen. Anfangs wurde er als "Interner Rechnungsprüfer und Kontrollbeamter" bezeichnet. Von Januar 1948 bis Dezember 1955 hieß er "Interner Rechnungsprüfer". Seit Januar 1956 wird er als "Leiter des Büros für interne Rechnungsprüfung und Kontrolle" bezeichnet.

Von Juli 1947 bis Dezember 1951 bestand der Mitarbeiterstab der internen Rechnungsprüfung nur aus einem Beamten des höheren Dienstes und seiner Sekretärin. Mit den Jahren nahm die Zahl der Mitarbeiter zu und erreichte im Jahr 1977 21 Mitarbeiter. Auch hierin spiegelt sich der zunehmende Umfang und die Vielfalt des Arbeitsprogramms und Haushalts, neue Aktivitäten sowie die daraus folgende Zunahme der Anforderungen an dieses Büro wider.

In den ersten Jahren umfaßte das Aufgabengebiet des Büros die traditionellen Prüfungsaufgaben und erstreckte sich auf Bargeld, Wertgegenstände, Ausrüstungen, Konten und Verträge. Das Hauptgewicht lag auf der Überprüfung geleisteter Zahlungen für finanzielle Angelegenheiten der Organisation. Die allmähliche Zunahme der von FAO und WEP verwalteten Finanzmittel führte zusammen mit neuen Entwicklungen auf dem Gebiet der Rechnungsprüfung zu einer Erweiterung des Verantwortungs- und Aufgabenbereichs der internen Rechnungsprüfung, die den modernen Praktiken und Normen angepaßt wurde, um nicht nur Finanz- und Abwicklungsrevisionen vorzunehmen, sondern auch Wirtschaftlichkeit, Effizienz und die Erzielung erwünschter Ergebnisse zu überprüfen. Das Ziel der internen Rechnungsprüfung wird deshalb in einer Unterstützung der Leitung gesehen, indem sie regelmäßige, unabhängige, objektive Beurteilungen und Prüfungen von Aktivitäten im Bereich von Finanzen, Buchhaltung und Verwaltung sowie anderer Aktivitäten erhält und indem mögliche Mittel zur Verbesserung der Effizienz und der Wirtschaftlichkeit von Projekten wie auch des Mitteleinsatzes untersucht werden. In Erfüllung seines Mandats koordiniert das Büro für interne Rechnungsprüfung und Kontrolle seine Arbeit mit der des externen Rechnungsprüfers, um eine lückenlose Bearbeitung zu erreichen und Überschneidungen zu vermeiden. An dieser Stelle sei erwähnt, daß gemäß der allgemeinen Praxis von Regierungen und Geschäftswelt die Hauptverantwortung des externen Rechnungsprüfers darin besteht, die Regierungsorgane über die Bilanzen der Organisation zu informieren, während die interne Rechnungsprüfung dem Generaldirektor verantwortlich und in erster Linie mit alltäglichen Vorgängen befaßt ist. Inhaltlich jedoch unterscheiden sich die Aufgaben und Zielsetzungen der externen und internen Rechnungsprüfer nicht wesentlich voneinander. Obwohl sie voneinander unabhängig sind, sind die von ihnen benutzten Arbeitsmethoden häufig identisch. Externe Rechnungsprüfer erfassen und evaluieren die internen Prüfungskontrollen und -grundsätze, um den Grad des in sie zu setzenden Vertrauens zu bestimmen. Die Gründlichkeit der internen Rechnungsprüfung entscheidet über das Ausmaß der Verläßlichkeit und den Arbeitsumfang des externen Rechnungsprüfers.

Folgende Personen haben die Arbeitseinheit für interne Rechnungsprüfung in ihren unterschiedlichen Formen geleitet:

Interner Rechnungsprüfer und Kontrollbeamter	Land	Amtszeit
Ho Lien-Yu	China	Juli 1947 bis August 1948
Interner Rechnungsprüfer		
G.V. Ganeshan	Indien	September 1948 bis März 1951
Interner Rechnungsprüfer und Leiter des Büros für interne Rechnungsprüfung und Kontrolle		
G. Hoornweg	Niederlande	Juli 1951 bis Dezember 1960
Leiter des Büros für interne Rechnungsprüfung und Kontrolle		
J. Greig	Vereinigtes Königreich	Januar 1961 bis Dezember 1976
K. Mehboob	Pakistan	Januar 1977 bis

HAUPTABTEILUNG FÜR LANDWIRTSCHAFT

Die Grundlage für drei der wichtigsten Hauptabteilungen der FAO wurde kurz nach der Konferenz von Quebec mit der Errichtung von drei Abteilungen (die nach und nach Hauptabteilungen wurden) geschaffen, um sich mit Wirtschaft und Statistik, Fischerei, Forst- und Holzwirtschaft zu befassen, eine vierte mit Ernährungsfragen. Aber erst nach mehr als einem Jahr nach der Gründung der FAO wurden Schritte unternommen, um mit der Arbeit über fachliche Fragen der Landwirtschaft zu beginnen. Angesichts dieser beträchtlichen Verzögerung sind einige der Umstände, die die Anfänge dieser Arbeit begleiteten, erwähnenswert.

Der eigentliche Grund für die Verzögerung bestand darin, daß der erste Generaldirektor, der sich auf seinen Vorschlag für eine Welternährungsbehörde konzentrierte, den größten Teil seiner Energie diesem Ziel widmete. Gleichzeitig trieb er die Einrichtung einer Abteilung für Wirtschaft und Statistik voran, die die Welternährungsbehörde bei deren Arbeit unterstützen sollte. Bis zum Sommer des Jahres 1946 brachten jedoch die Regierungen der Mitgliedsländer allmählich ihre Sorge über die Verzögerung der Arbeit im Landwirtschaftsbereich zum Ausdruck. Um zu zeigen, daß Schritte in dieser Richtung unternommen wurden, und um die Grundlage für das Arbeitsprogramm der Landwirtschaftsabteilung zu schaffen, berief der Generaldirektor noch vor der 2. Sitzung der FAO-Konferenz einen Ständigen Beratungsausschuß für Agrarwissenschaft sowie einen Ständigen Beratungsausschuß für landwirtschaftliche Produktion vom 23. bis 28. August 1946 nach Kopenhagen ein.

Die Ausschüsse stimmten jedoch unmittelbar nach ihrem Zusammentritt darin überein, daß getrenntes Arbeiten nicht möglich war, und sie beschlossen, gemeinsam unter einem einzigen Vorsitzenden zusammenzutreffen. In den Jahren danach, in denen es Ständige Beratungsausschüsse gegeben hatte, wurde dieser eine als einziger Ständiger Beratungsausschuß für Landwirtschaft behandelt. Beim Aufbau der Landwirtschaftsabteilung tauchte der Gedanke einer zweigleisigen Betrachtung der Agrarfragen in der Form eines Vorschlags wieder auf, daß es für Beratung und für Forschung je eine Abteilung geben sollte. Diese Idee wurde jedoch nicht weiter verfolgt.

Nach seiner Teilnahme an der gemeinsamen Sitzung der Ständigen Beratungsausschüsse wurde Dr. Ralph W. Phillips (Vereinigte Staaten) von der FAO eingestellt, um sowohl die Verantwortung als Leiter des Fachgebiets für tierische Produktion zu übernehmen als auch mit der Schaffung einer Landwirtschaftsabteilung zu beginnen. Er meldete sich am 2. Dezember 1946 zum Dienst. Ihm schlossen sich Dr. Vladimir Ignatieff (Kanada), der seit einigen Monaten in einer anderen Tätigkeit bei der FAO gearbeitet hatte, sowie zwei Sekretärinnen an. Dies war der Grundstock der heutigen Hauptabteilung für Landwirtschaft. Im Laufe der darauffolgenden Monate wurden die Leiter der Fachgebiete für Land- und Wassernutzung sowie Pflanzenproduktion und einige andere Mitarbeiter eingestellt.

Die der Landwirtschaftsabteilung zur Verfügung stehenden Mittel waren zum Teil aufgrund ihres späten Starts am Anfang recht begrenzt. Der größte Teil des Haushalts war den bereits bestehenden Abteilungen zugewiesen worden, wobei die Abteilung für Wirtschaft und Statistik angesichts der Priorität, die der vorgeschlagenen Welternährungsbehörde eingeräumt wurde, einen erheblichen Teil erhielt.

Der erste Direktor der Landwirtschaftsabteilung, Dr. G. Scott Robertson (Vereinigtes Königreich), nahm seine Arbeit am 11. Mai 1947 auf, blieb jedoch nur bis Dezember desselben Jahres im Amt. Der zweite und letzte Direktor dieser Abteilung, Dr. F.T. Wahlen (Schweiz), übernahm dieses Amt vom 18. August 1949 bis zum 1. Juli 1958, als er Stellvertretender Generaldirektor wurde. Während der Unterbrechung vom 2. Dezember 1946 bis zum 11. Mai 1947 und vom 31. Dezember 1947 bis zum 18. August 1949 fungierte Dr. Ralph W. Phillips als amtierender Direktor der Abteilung.

Als die FAO-Zentrale Anfang 1951 nach Rom verlegt wurde, wurde der Rahmen der Landwirtschaftsabteilung auf fünf Fachgebiete erweitert: Land- und Wassernutzung, pflanzliche Produktion, tierische Produktion, landwirtschaftliche Institutionen und Dienste, ländliches Wohlfahrtswesen. Ferner gehörten zu dem Büro des Direktors zwei Arbeitsgruppen, eine für Technische Hilfe und eine für Programmanalyse. Mit Ausnahme des Fachgebiets für Atomenergie, das im September 1957 eingerichtet wurde, und einigen Änderungen innerhalb des Büros des Direktors, blieb diese Grundstruktur bis zum 1. Januar 1959 unverändert. Im Rahmen einer gesamten Umorganisation der FAO wurde dann diese Abteilung als solche abgeschafft, und ihre Fachgebiete wurden als Abteilungen einer neuen Hauptabteilung für fachlich-technische Angelegenheiten übertragen. Diese neue Hauptabteilung umfaßte die Abteilung für Land- und Wassererschließung, Pflanzenproduktion und -schutz, Tierproduktion und -gesundheit, ländliche Institutionen und Dienste, Fischerei, Forstwirtschaft und Ernährung sowie ein Fachgebiet für Atomenergie.

Im Dezember 1962 übernahm die Hauptabteilung für Wirtschaft die Abteilung für ländliche Institutionen und Dienste und führte von da an die Bezeichnung "Hauptabteilung für wirtschaftliche und soziale Angelegenheiten". Im Oktober 1964 wurde das Fachgebiet für Atomenergie durch eine Gemeinsame FAO/IAEA-Abteilung für Atomenergie mit Sitz in Wien ersetzt, das seitens der FAO weiterhin Teil der Hauptabteilung für fachlich-technische Angelegenheiten blieb. Aus der Fischereiabteilung wurde am 1. Januar 1966 eine eigene Hauptabteilung für Fischerei.

Am 1. Juni 1968 wurde die Abteilung für Ernährung in die damalige Hauptabteilung für wirtschaftliche und soziale Angelegenheiten verlagert und die Hauptabteilung für fachlich-technische Angelegenheiten wurde die jetzige Hauptabteilung für Landwirtschaft, die somit die Abteilungen für Land- und Wassererschließung, Pflanzenproduktion und -schutz, Tierproduktion und -gesundheit, Forst- und Holzwirtschaft sowie die Gemeinsame FAO/IAEA-Abteilung für Atomenergie und Nahrungsmittel und Landwirtschaft umfaßte. Gleichzeitig erhielt diese Hauptabteilung eine neue Abteilung für landwirtschaftliche Dienste.

Die Abteilung für Forst- und Holzwirtschaft wurde am 1. Januar 1970 aus der Hauptabteilung für Landwirtschaft ausgegliedert und in eine Hauptabteilung für Forstwirtschaft umgewandelt. Am 4. März 1974 erfolgte die Einrichtung der Abteilung für landwirtschaftliche operationelle Maßnahmen und ihre verwaltungsmäßige Eingliederung in die Hauptabteilung für Landwirtschaft, wo sie sowohl für diese als auch für die Hauptabteilung für Wirtschafts- und Sozialpolitik arbeitete.

Das Forschungsentwicklungszentrum wurde am 1. Januar 1978 von der Hauptabteilung für Entwicklung auf die Hauptabteilung für Landwirtschaft dem Büro des Beigeordneten Generaldirektors übertragen.

Seit dieser Zeit blieb die gegenwärtige Struktur dieser Hauptabteilung im wesentlichen unverändert, mit der Ausnahme, daß das Büro des Beigeordneten Generaldirektors nun auch die Arbeitsgruppe zur Koordinierung des Umweltprogramms, das Sekretariat des Technischen Beratungsausschusses (TAC) der Beratungsgruppe für Internationale Agrarforschung (CGIAR) und die Arbeitsgruppe für die Koordinierung und Planung von Grundsatzfragen umfaßt.

Folgende Personen waren offiziell Leiter der Hauptabteilung für Landwirtschaft und deren Vorläufer:

Direktor der Abteilung für Landwirtschaft	Land	Amtszeit
Dr. G. Scott Robertson	Vereinigtes Königreich	Mai 1947 bis Dezember 1947
Dr. F.T. Wahlen	Schweiz	August 1949 bis Juli 1958

Beigeordneter Generaldirektor, Hauptabteilung für fachlich-technische Angelegenheiten	Land	Amtszeit
Dr. Frank W. Parker	Vereinigte Staaten	März 1959 bis Juni 1962
Dr. O.E. Fischnich	Bundesrepublik Deutschland	September 1962 bis Mai 1968

Beigeordneter Generaldirektor, Hauptabteilung für Landwirtschaft	Land	Amtszeit
Dr. O.E. Fischnich	Bundesrepublik Deutschland	Juni 1968 bis Juli 1974
Dr. D.F.R. Bommer	Bundesrepublik Deutschland	Oktober 1974 bis

Seit der Einrichtung der Hauptabteilungen für fachlich-technische Angelegenheiten und Landwirtschaft wurden ihre Beigeordneten Generaldirektoren durch folgende Beamte unterstützt:

Assistent des Beigeordneten Generaldirektors, Hauptabteilungen für fachlich-technische Angelegenheiten und Landwirtschaft	Land	Amtszeit
Thomas E. Ritchie	Vereinigte Staaten	Januar 1959 bis September 1970

Assistent des Beigeordneten Generaldirektors der Hauptabteilung für Landwirtschaft	Land	Amtszeit
Dr. I.R. Loerbroks	Bundesrepublik Deutschland	Oktober 1970 bis

Abteilung für Land- und Wassererschließung

Diese Abteilung begann ihre Arbeit am 3. Februar 1947, als Dr. J. Lossing Buck (Vereinigte Staaten) das Amt des Leiters des Fachgebiets für Bodennutzung in der früheren Landwirtschaftsabteilung übernahm. Ihm schloß sich am selben Tag Dr. Vladimir Ignatieff (Kanada) an, der seit Anfang 1946 in anderen Funktionen in der FAO tätig war. Aus diesem "Zwei-Mann-Betrieb" entwickelte sich das Fachgebiet, dessen Name im Jahr 1951 in Fachgebiet für Boden- und Wassernutzung erweitert wurde, zu einer Abteilung.

Die Umwandlung des Fachgebiets in eine Abteilung erfolgte am 1. Januar 1959, als die Abteilung aus den vier Fachgebieten Landvermessung und Bodenfruchtbarkeit, Bodennutzung und landwirtschaftliche Betriebsführung, Wasserressourcen und Bewässerung sowie Agrartechnik bestand. Im Jahr 1959 arbeiteten in der Abteilung 180 Experten für das Feldprogramm im Rahmen des Erweiterten Programms für Technische Hilfe (EPTA). Als im Oktober 1958 der Sonderfonds der Vereinten Nationen (UNSF) gegründet und im Jahr 1959 seine ersten 13 Projekte gebilligt wurden, wurden fünf von ihnen, die den Bereich Boden und Wasser betrafen, der FAO zugewiesen.

In den nächsten zwei Dekaden kam es in der Abteilung zu mehreren Änderungen:

Im Jahr 1960 lief in Zusammenarbeit mit der FAO und der Düngemittelindustrie ein FFHC-Düngemittelprogramm an. Ein Büro für Weltbodenressourcen wurde 1961 zur Erstellung einer Weltbodenkarte eingerichtet. Im Juni 1968 kam es zur Aufteilung des Fachgebiets Landvermessung und Bodenfruchtbarkeit in die Fachgebiete Bodenressourcen und Landvermessung, Bodenbewirtschaftung sowie -erhaltung und Düngemittelverbrauch, wobei das Büro für Weltbodenressourcen letzterem Fachgebiet zugeordnet wurde. Diese beiden Fachgebiete wurden im Januar 1970 in einer Unterabteilung für Bodenressourcen, -entwicklung und -erhaltung zusammengefaßt. Im Jahr 1974 wurde das Internationale Düngemittelprogramm ins Leben gerufen, um die Düngemittelknappheit in den ärmeren Ländern zu vermindern. Im Januar 1978 wurde die obengenannte Aktivität von einer Unterabteilung für Bodenressourcen, -bewirtschaftung und -erhaltung und einer Unterabteilung für Düngemittel und Pflanzenernährung übernommen, die neben der anderen Arbeit mit Düngemitteln und Bodenfruchtbarkeit auch für das FFHC-Düngemittelprogramm und das Internationale Düngemittel-Versorgungsprogramm zuständig war. Gleichzeitig war der Unterabteilung für Düngemittel und Pflanzenernährung von der Abteilung für landwirtschaftliche Dienste die Verantwortung für den Bereich "Wirtschaftlichkeit der Düngemittel" übertragen worden.

Im Juni 1968 wurden die Fachgebiete für Landnutzung und Landbewirtschaftung sowie für Agrartechnik von der neugebildeten Abteilung für landwirtschaftliche Dienste übernommen. Zum selben Zeitpunkt wurden die Fachgebiete für Wasserressourcen und Bewässerung in die Fachgebiete für Wasserressourcen und Wassererschließung aufgeteilt. Im Januar 1970 jedoch wurden diese beiden Fachgebiete wieder in einer Unterabteilung für Wasserressourcen und -erschließung zusammengefaßt; im Januar 1979 wurde sie umbenannt in "Unterabteilung für Wasserwirtschaft".

Die Schaffung eines Postens für Fernerkundung im Büro des Beigeordneten Generaldirektors der Hauptabteilung für Landwirtschaft erfolgte im Januar 1974. Er wurde in den Jahren 1976-77 zu einer Arbeitsgruppe für "Fernerkundung" erweitert, im Januar 1978 der Abteilung für Land- und Wassererschließung übertragen und im Januar 1980 in Zentrum für "Fernerkundung" umbenannt.

Die Abteilung für Land- und Wassererschließung übernahm im Juni 1968 ein Büro für operationelle Maßnahmen, das ab Januar 1970 "Unterabteilung für operationelle Maßnahmen" hieß. Als im März 1974 die Abteilung für landwirtschaftliche operationelle Maßnahmen eingerichtet wurde, wurde diese Unterabteilung aufgelöst.

Somit bestand im Zweijahreszeitraum 1980-81 die Abteilung aus den Unterabteilungen für Düngemittel und Pflanzenernährung, für Wasserwirtschaft, für Bodenressourcen, -bewirtschaftung und -erhaltung sowie einem Zentrum für Fernerkundung.

Obwohl einige der früheren Aufgabenbereiche dieser Abteilung anderen Bereichen der Organisation übertragen wurden, betrug der Haushalt des Regulären Programms in den

Jahren 1980-81 7,2 Millionen US-Dollar, während er im Zweijahreszeitraum 1958-59 434 000 US-Dollar betrug. 1980-81 betreute die Abteilung fachlich 140 Feldprojekte und war unmittelbar verantwortlich für die Durchführung von 32 Projekten, die im Rahmen von UNDP, UNEP, TCP, Treuhandfonds und gemeinsamen Regierungsprogrammen finanziert wurden.

Ziel der Aktivitäten dieser Abteilung ist die Unterstützung von Mitgliedsländern bei der Verbesserung des Lebensstandards in ländlichen Gebieten durch Optimierung der Bodennutzung und Erhaltung von Land- und Wasserressourcen für die Zukunft. Diese Aktivitäten beziehen sich auf die Feststellung und Planung von Land- und Wasserressourcen, Bodenbewirtschaftung und wirksamen Düngemitteleinsatz, Wassererschließung und -wirtschaft, -erhaltung und Neulandgewinnung sowie auf die Unterstützung des Feldprogramms in all diesen Bereichen.

Folgende Leistungen sind in den verschiedenen Hauptarbeitsgebieten erreicht worden:

- starkes Engagement in den vergangenen 25 Jahren bei der Erschließung von Land- und Wasserressourcen, z.B. die Entwicklungsprojekte Mahaweli in Sri Lanka, Naktong River Basin in der Republik Korea, Merrim Lagoon und São Francisco in Lateinamerika und Chad River Basin, Volta und Rifiji-Pangani Wami in Afrika;
- intensive Untersuchungen von Grundwasservorkommen sowie ihre Erschließung in Zypern, Ägypten, Griechenland, Jamaika, Jordanien und den Philippinen. Die Abteilung unterstützte ebenfalls eine Anzahl von Regierungen bei der Ermittlung von Landressourcen in ihren Ländern, z.B. Argentinien, Bangladesch, Brasilien, Chile, Ägypten, Indonesien, Iran, Jordanien, Libanon, Pakistan, Sierra Leone, Syrien und Venezuela;
- Förderung eines wirksamen Düngemitteleinsatzes. Die Abteilung hat sich schon in den ersten Tagen ihres Bestehens stark für diese Aufgabe engagiert. Dieses Engagement fand im Jahr 1960 seinen Höhepunkt in der Gründung des Düngemittelprogramms, das seit seiner Einführung 38 Länder umfaßt, sowie in der Bereitstellung von Düngemitteln im Rahmen des Internationalen Düngemittel-Versorgungsprogramms (IFS) in Höhe von 50 000 t Düngemitteln in den letzten sechs Jahren;
- Vorhaben in der Bodenerhaltung und Neulandgewinnung, z.B. das Kalasin-Projekt in Thailand, das Versuchsprojekt Prektnot in dem damaligen Kambodscha, das Musterprojekt Ahero in Kenia und Landgewinnungsprojekte in Ägypten, Iran und Irak;
- Ausbildungsprogramme auf den Gebieten "Wasserwirtschaft", "Wirksamer Düngemitteleinsatz", "Bodenerhaltung", "Organisches Recycling", "Bodenuntersuchung" und "Fernerkundung", um den ständig zunehmenden Bedarf an qualifizierten, nationalen Mitarbeitern decken zu können;
- Erkenntnisse der letzten Jahre über den möglichen Beitrag der Fernerkundung zur Land- und Wassererschließung, Hilfsmaßnahmen, Frühwarnsysteme und Überwachung von Dürre und Überschwemmungen. Das Zentrum für Fernerkundung sorgt ebenfalls für den ständigen Informationsfluß zu einigen Feldprojekten und -programmen, die von anderen Abteilungen durchgeführt werden;
- Funktion als Forum für internationale Koordination und Wechselbeziehungen. Die Abteilung wirkte mit beim Zustandekommen eines internationalen Abkommens über eine gemeinsame Zeichenerklärung für die Erstellung der Weltbodenkarte. Durch ihre Veröffentlichung der "Rahmenbedingungen der Landevaluierung" hat sie einen internationalen Ansatz zur Schätzung der Ertragsfähigkeit der Bodenressourcen gefördert;

- im Jahr 1965 wurde eine gemeinverständliche Serie "Bodenbulletins" und "Berichte über Be- und Entwässerung" ins Leben gerufen, die sich auf wichtige Themen erstrecken, die für die Mitarbeiter im Feld und ihre Counterparts von Interesse sind. Diese Veröffentlichungen erwiesen sich als außerordentlich nützlich bei der Verbreitung der neuesten Kenntnisse über die Erschließung von Land- und Wasserressourcen.

Am Anfang bestand die Arbeit der Abteilung vor allem in der Beratung, und ein wesentlicher Teil der zur Verfügung stehenden Geldmittel wurde zur Sammlung und zum Austausch von Informationen ausgegeben. Seit 1950 erhielten dann die Vorhaben innerhalb der Feldprogramme zunehmende Bedeutung und gehörten schließlich zum Hauptaufgabenbereich der Abteilung. Dieses Engagement erreichte 1968 einen Höhepunkt, als die Abteilung für die Durchführung eines Drittels der FAO-Feldprogramme zuständig war. Im Jahr 1974 trat dann eine wesentliche Änderung ein, als die Verantwortlichkeit für die Durchführung von Feldprogrammen den Fachabteilungen genommen wurde, die dann in erster Linie mit der fachlichen Betreuung dieser Programme beauftragt wurden.

In den ersten Jahren fanden die von europäischen Ländern (Arbeitsgruppen der Europäischen Kommission für Landwirtschaft - ECA) und von der Internationalen Reiskommission unterstützten Programme wesentliche Beachtung. Später erweiterte sich der Umfang der internationalen Zusammenarbeit erheblich, wie sich dies in der Aufnahme regionaler Aktivitäten im Bereich von Land- und Wassernutzung, der Zusammenarbeit bei der Weltbodenkarte sowie von Kooperationsabkommen mit der Internationalen Kommission für Be- und Entwässerung und der Internationalen Gesellschaft für Bodenkunde widerspiegelte.

In den 60er Jahren konzentrierten sich die Aktivitäten in den Bereichen Boden und Wasser sowohl innerhalb der Feldprogramme als auch des Regulären Programms auf technische Aspekte der Wasserwirtschaft, Voruntersuchungen zur Durchführbarkeit großer Entwicklungsprojekte und die Ausarbeitung methodischer Leitlinien. Das Düngemittelprogramm und in begrenztem Umfang auch die Aktivitäten der Internationalen Reiskommission waren die einzigen Maßnahmen, die sich unmittelbar auf den landwirtschaftlichen Aufgabenbereich auf der Ebene der Bauern erstreckten.

In den frühen 70er Jahren wurde den Problemen von Boden- und Wasserbewirtschaftung sowie der Anwendung von Untersuchungen über Ressourcen bei besonderen Feldproblemen größere Aufmerksamkeit gewidmet. Als Ergebnis wurde eine Reihe neuer Aktivitäten ins Leben gerufen, um den neuen Prioritäten sowie den Gesamtaspekten der ländlichen Entwicklung Rechnung zu tragen:

- Schaffung einer breiteren Basis für das Düngemittelprogramm unter Berücksichtigung anderer damit verbundener Betriebsmittel wie Saatgut, Pflanzenschutzmittel und Kredit;
- Wiederaufbau des Bewässerungssystems;

- Verbesserung der Wasserwirtschaft in der Landwirtschaft;
- Recycling organischer Abfälle;
- Förderung der biologischen Stickstoffixierung durch Leguminosen;
- Evaluierung von Erschließung und Rentabilität landwirtschaftlich nutzbarer Flächen in der Welt (Studie über agroökologische Zonen);
- neuer Akzent auf der Erhaltung von Boden und Wasser, einschließlich Bekämpfung der Wüstenbildung;
- Schwerpunkt auf Ausbildung, deren Auswirkungen sich auf der untersten Ebene bemerkbar machen;
- verstärkte Berücksichtigung der gesundheitlichen Aspekte bei der Erschließung von Wasserressourcen in Zusammenarbeit mit der WHO;
- engere Zusammenarbeit mit anderen Organisationen (z.B. FAO/UNIDO/Weltbankgruppe im Düngemittelbereich);
- Ausrichtung des Regulären Programms und der Feldtätigkeit auf die Verbesserung der Lebensbedingungen und der landwirtschaftlichen Produktivität der Kleinbauern;
- Konzentration auf Technologien zur Energieeinsparung mit gleichzeitiger Unterstreichung der Notwendigkeit, der Landwirtschaft bei der Zuweisung verfügbarer Energieressourcen Priorität einzuräumen.

Folgende Beamte haben die Abteilung bzw. die frühere Unterabteilung für Land- und Wassererschließung geleitet:

Leiter des Fachgebiets für Land- und Wassernutzung	Land	Amtszeit
Dr. J. Lossing Buck	Vereinigte Staaten	Februar 1947 bis Juli 1954
Dr. Rainer Schickele	Vereinigte Staaten	Juli 1954 bis Dezember 1958
Direktor der Abteilung für Land- und Wassererschließung		
Dr. Rainer Schickele	Vereinigte Staaten	Januar 1959 bis März 1965
Edouard Saouma	Libanon	April 1965 bis Dezember 1975
Dr. Raoul J.A. Dudal	Belgien	Dezember 1976 bis

Abteilung für Pflanzenproduktion und -schutz

Formell begann ein Fachgebiet für pflanzliche Erzeugung mit seiner Arbeit am 22. Juni 1947, als Dr. L.E. Kirk (Kanada) das Amt des Fachgebietsleiters in der damaligen Abteilung für Landwirtschaft übernahm. Zusammen mit drei weiteren Mitarbeitern, die bereits im Laufe des Jahres für das Fachgebiet eingestellt worden waren, bildete es den Kern der späteren Abteilung für Pflanzenproduktion und -schutz. Der Name des Fachgebiets wurde im Jahr 1951 in "Fachgebiet für Pflanzenproduktion" geändert.

Der Übergang zum Status einer Abteilung erfolgte am 1. Januar 1959, als die Bildung der Fachgebiete für Pflanzenproduktion und -verbesserung sowie für Pflanzenschutz begann.

Bis 1962 war die Zahl der Fachgebiete auf vier angewachsen, die sich mit Nahrungspflanzen und Gartenbau, Industriepflanzen, Weide- und Futterpflanzen sowie Pflanzenschutz beschäftigten. Zwei Jahre später hatte sich eine differenziertere Abteilungsstruktur entwickelt mit Fachgebieten, die sich mit Feldfrüchten, Weide- und Futterpflanzen, Obst und Gemüse, Industriepflanzen und Pflanzenschutz befaßten. Dieser Aufbau blieb bis Juni 1968 bestehen. Dann wurde die Arbeitseinheit um ein Büro für operationelle Maßnahmen erweitert, obwohl es in der Abteilung bereits seit einigen Jahren eine kleine Arbeitsgruppe gab, die sich mit operationeller Arbeit befaßte. Im selben Monat wurde die Abteilung, die bis dahin ein Teil der Hauptabteilung für fachlich-technische Angelegenheiten war, in die neugegründete Hauptabteilung für Landwirtschaft eingegliedert. Am 8. Juli 1968 erfolgte folgende Umgruppierung der Aktivitäten der Abteilung (die für einige Wochen "Abteilung für pflanzliche Erzeugung" geheißen hatte):

Fachgebiet für Pflanzenökologie und Genreserven
Fachgebiet für Pflanzenschutz
Fachgebiet für Weide- und Futterpflanzen
Fachgebiet für Obst- und Gemüsepflanzen
Fachgebiet für Feldfrüchte
Büro für operationelle Maßnahmen

Als die umfassende Umorganisation der FAO im Januar 1970 voll wirksam wurde, wurden drei Fachgebiete zu einer Unterabteilung zusammengefaßt und ein Fachgebiet wurde eine Arbeitsgruppe; die Abteilung hatte dann folgenden Aufbau:

Unterabteilung für Pflanzen- und Grünlandproduktion
Unterabteilung für Pflanzenschutz
Fachgebiet für Anbauökologie und Genreserven
Unterabteilung für operationelle Maßnahmen

Im März 1974 wurde durch die Einführung der Abteilung für landwirtschaftliche operationelle Maßnahmen die Unterabteilung für operationelle Maßnahmen aufgelöst, ansonsten blieb jedoch die vorgenannte Struktur erhalten. Die Arbeitsgruppe für Pflanzenökologie und Genreserven soll im Januar 1982 in "Zentrum für pflanzliche Genreserven" umbenannt werden.

Die Abteilung ist zuständig für eine Vielzahl von Vorhaben, die sich auf eine breite Palette von Fachbereichen erstrecken und im folgenden kurz erörtert werden. Auch sollen einige der wesentlichen erreichten Ziele erwähnt werden.

Für den Feldfruchtbau hatte ein gemeinsames Programm zur Prüfung von Hybridreis in europäischen und Mittelmeerländern, das im Jahr 1947 ins Leben gerufen wurde, einen wesentlichen Einfluß. Die betreffenden Regierungen übernahmen es im Jahr 1958 in vollem Umfang. Ein im März 1949 aufgebautes und von der Internationalen Reiskommission (IRC) unterstütztes Projekt war das Internationale Reishybridzuchtprojekt. Ein "Weltkatalog für Genreserven bei Reis" wurde 1950 veröffentlicht. Ihm folgte im Jahr 1952 die erste Ausgabe des "IRC Newsletter". Die erste Ausgabe eines "Weltkatalogs für Genreserven bei Weizen" erfolgte 1950. Zwei Jahre später begann ein Projekt für Weizen- und Gerstenzucht im Nahen Osten mit besonderem Schwerpunkt auf Ausbildung. 1952 wurde die "Landwirtschaftliche Entwicklungsstudie Nr. 28 über Getreidezüchtungsverfahren" publiziert. Zu den weiteren Verdiensten der Abteilung auf dem Gebiet des Feldfruchtbaus gehören:

- Einrichtung von Regionalprojekten im Bereich des Feldfruchtbaus, die Verbesserung des Nährwerts von Weizen und Gerste und die umfassende Versorgung mit Nahrungspflanzensaatgut im Nahen Osten und Nordafrika;
- Aufbau eines Regionalprojekts zur Entwicklung von Wurzelfrüchten in der pazifischen Region;
- Ausbildung von mehr als 450 Personen in verschiedenen Bereichen des Feldfruchtbaus;
- Herausgabe zahlreicher Publikationen, fachlicher Berichte und Handbücher;
- intensiver fachlicher Informationsfluß für viele Feldprojekte.

Die Aktivitäten im Gartenbau begannen 1954 mit der Berufung eines Fachmannes für Gartenbau und für Weinbau. Zu den in diesem Gebiet geleisteten Arbeiten gehören:

- Förderung des gemeinsamen Austausches von Pflanzmaterial;
- Organisation eines regionalen Verbundnetzes für Olivenforschung im Mittelmeerraum;
- Entwicklung eines regionalen Dattelzentrums im Irak;
- schwerpunktmäßige Behandlung von geschütztem Gemüseanbau im Rahmen von Feldprojekten in den Golfstaaten und Mittelmeerländern;
- Projekte zur Förderung der Blumen- und Pilzproduktion.

In den Anfangsjahren ging es vor allem um die Förderung traditioneller Industriepflanzen wie Kautschuk, Kaffee, Kakao und Tee. In letzter Zeit liegt der Schwerpunkt auf Nahrungspflanzen für den Eigenverbrauch sowie auf Zuckerrohr, Baumwolle (für Ölsaaten und Fasern) und Ölpflanzen, insbesondere Kokosnuß, Sonnenblumen, Erdnuß, Sesam und Saflor. Neben der Hilfe für Länder mit traditionellem Plantagenanbau ist in letzter Zeit das Hauptaugenmerk auf die Probleme neuer Erzeugerländer gerichtet: Diversifizierung durch die Förderung von Plantagenpflanzen, Verbesserung von Pflanzmaterial und Anbaumethoden sowie Behandlung der Probleme von Kleinbauern in den Ländern, die diese bei der Einführung von Plantagenpflanzen fördern wollen.

Viel Aufmerksamkeit ist auch der Verbesserung von Grünland und Weidepflanzen gewidmet worden. Zu den Aktivitäten auf diesem Gebiet gehören:

- Erstellung eingehender ökologischer Gutachten, insbesondere in Nordafrika und dem Nahen Osten in den frühen 50er Jahren, um die Grundlage für die Einführung verbesserter Weidebewirtschaftungsprogramme zu schaffen;

- Durchführung ökologischer Gutachten in zahlreichen Ländern, die zu zwei bedeutenden FAO-Publikationen führten, nämlich "Das Grasland Afrikas" und "Das Grasland Indiens";

- besonders seit den 60er Jahren die Durchführung von Feldprojekten, die sowohl die Futtermittelversorgung auf Weideflächen als auch die tropischen Weiden verbessern sollen. Bis Ende der 60er Jahre erhielten bzw. baten 23 Länder um Unterstützung auf dem Gebiet der Weidebewirtschaftung oder der Naturweiden. 93 Feldposten waren dafür eingerichtet worden;

- in Zusammenarbeit mit der Schwedischen Internationalen Entwicklungsbehörde (SIDA) Anfang der 70er Jahre die Durchführung von Ausbildungskursen in tropischer Weidewirtschaft in Asien und in der Pazifikregion sowie von Ausbildungsprogrammen für tropische Weidewirtschaft und -bewirtschaftung für afrikanische Länder südlich der Sahara. Die kürzlich (1980) herausgegebene Publikation über "Tropische Futterpflanzen" findet bereits heute breite Anwendung als Text und Quellennachweis;

- in den 70er Jahren wurde der verstärkten Verwendung von stickstoffbindenden Leguminosen für eine bessere Weidelandgewinnung erhöhte Aufmerksamkeit geschenkt;

- Förderung der Integration zahlreicher nationaler Forschungsanstalten in ein Verbundnetz zur Erleichterung der Forschungs-, Ausbildungs- und Beratungsarbeit im Bereich "Tropisches Weideland";

- Schwerpunkt auf der Entwicklung der Ressourcen für neue Futterpflanzen in Ostafrika, einschließlich der Sammlung und Bewertung sowohl einheimischer wie eingeführter Pflanzen in natürlichen Pflanzschulen, Erhaltung erfolgversprechenden Pflanzmaterials, Saatgutvermehrung;

- gemeinsam mit dem Umweltprogramm der Vereinten Nationen (UNEP) Durchführung eines Programms für die ökologische Bewirtschaftung von aridem und semiaridem Weideland, zunächst in Nordafrika und dem Nahen Osten und in neuerer Zeit auch in Lateinamerika, Asien und dem Pazifik.

Seit dem Bestehen der Organisation wird der Produktion und Verteilung von Saatgut große Bedeutung beigemessen. Bereits Ende der 40er Jahre wurden experimentelles Saatgut im Rahmen des UNRRA-Transferfonds an einige Länder geliefert und Vorhaben auf dem Gebiet des pflanzlichen Genmaterials eingeleitet. Besondere Aktivitäten in den letzten Jahrzehnten umfassen:

- Organisation einer Weltsaatgutkampagne von 1958 bis 1962, an der sich 79 Mitgliedsländer der FAO beteiligten, mit Schwerpunkt auf dem Jahr 1961, das zum Weltsaatgutjahr ausgerufen wurde;

- Einrichtung eines Programms für Saatgutverbesserung und -entwicklung im Jahr 1973 zur verstärkten Durchführung früherer Projekte. Bis Juli 1980 nahmen 118 Länder und 119 Fachinstitutionen und -organisationen daran teil. Zwischen 1974 und 1980 wurden etwa 400 000 Saatgutproben zu experimentellen Zwecken in 140 Länder verschickt. In den Jahren 1979 und 1980 wurden im Rahmen der Nothilfe über 44 000 t Saatgut in 39 Länder geliefert. Auch wurden durch dieses Programm Saatgutproduktions- und Ausbildungszentren in 20 asiatischen, afrikanischen und lateinamerikanischen Ländern eingerichtet. Mehr als 1 100 Personen sind in unterschiedlichen Bereichen der Saatguttechnologie ausgebildet und eine Reihe von Publikationen zu Schulungszwecken sowie anderes Informationsmaterial über Saatguttechnologie sind veröffentlicht worden.

Die Arbeit an pflanzlichem Genmaterial wurde in begrenztem Umfang Ende der 40er Jahre aufgenommen, und zwar auf Empfehlung der ersten Sitzung des Ständigen Beratungsausschusses für Landwirtschaft im Jahr 1946. Besondere Aufmerksamkeit richtete sich auf die Katalogisierung der Genreserven bei Weizen und Reis und auf die Förderung der Pflanzenerforschung sowie die Prüfung und Erhaltung von Genmaterial. Ein regionales Zentrum für pflanzliches Genmaterial wurde in der Türkei eingerichtet und ein Ausbildungskurs für Jungakademiker an der Universität von Birmingham angeboten. Nachdem die Konferenz der Vereinten Nationen über menschliche Umwelt (Stockholm, 1972) verstärkte Anstrengungen auf diesem Gebiet empfohlen hatte, kam es 1974 zur Errichtung eines Internationalen Amts für pflanzliches Genmaterial (IBPGR), das von der Beratungsgruppe für Internationale Agrarforschung (CGIAR) und einem Sekretariat in der Arbeitsgruppe für Pflanzenökologie und Genreserven finanziert wurde. Bald entstand ein globales Programm, das sich zunächst auf Weizen, Reis, Mais, Sorghum, Hirse und Bohnen konzentrierte, später jedoch auch auf Kokosnüsse, Bananen, Mehlbananen, tropisches Gemüse, Futterpflanzen, Baumwolle und Kaffee. Im Rahmen der Technischen Hilfe werden Anstrengungen zur Intensivierung nationaler Programme für pflanzliches Genmaterial unternommen.

Der effektive Einsatz von pflanzlichem Genmaterial ist jedoch eng verbunden mit den agroklimatologischen Bedingungen, unter denen die Pflanzen gedeihen. Da sowohl Agrometeorologie als auch Pflanzenökologie für die Landwirtschaft von Bedeutung sind, wurde nach einer gemeinsamen Sitzung von FAO/UNESCO/WMO im Jahr 1960 in Rom ein Gemeinschaftsprojekt ins Leben gerufen, das in den Jahren 1963, 1969, 1975 und 1976 zur Veröffentlichung agroklimatologischer Untersuchungen von semiariden Bedingungen im Nahen Osten, in Ostafrika, in den Anden und in der Sahelzone führte. Eine weitere Untersuchung von tropischen Feuchtgebieten in Südostasien wird gegenwärtig vorgenommen. Im Jahr 1971 wurde mit der Einrichtung einer Klimadatenbank begonnen, die nach einigen Jahren der Entwicklung die agroklimatische Datenbasis für das Projekt agroökologischer Zonen der Abteilung Land- und Wassererschließung legte (siehe Seite 107). Maßnahmen zur Ernteüberwachung wurden in der Sahelzone eingeleitet. Die Verfügbarkeit moderner Minicomputersysteme machte es möglich, die Datenbank zu erweitern und die Ermittlung und Interpretation von Informationen wesentlich leichter zu gestalten. Agrometeorologische Ernteüberwachung wird in den Entwicklungsländern ausgedehnt, da sie einen wesentlichen Beitrag zur nationalen und internationalen Ernährungssicherheit leisten kann.

Auch die Arbeit im Bereich des Pflanzenschutzes gehörte zu den ersten Projekten der früheren Abteilung für Landwirtschaft und ihres Fachgebiets für pflanzliche Erzeugung. Sie begann mit einer internationalen Tagung, die 1947 nach London einberufen wurde, um die Bekämpfung von Verlusten bei gelagertem Getreide zu untersuchen. Die dort vorgelegten Berichte bildeten die Grundlage für eine "Landwirtschaftliche Studie über die Haltbarmachung von gelagertem Getreide", die noch im gleichen Jahr veröffentlicht wurde. Ausgehend von diesen anfänglichen Bemühungen weitete sich die Arbeit über Pflanzenschutz wesentlich aus.

Der sichere und wirksame Einsatz von Schädlingsbekämpfungsmitteln wurde lange Zeit von der FAO in Zusammenarbeit mit der WHO geprüft. Im Jahr 1962 richtete die FAO einen Expertenausschuß für Schädlingsbekämpfungsmittel in der Landwirtschaft ein. Das Modell eines Plans für die Zulassung und Anerkennung einer internationalen Liste von landwirtschaftlichen Schädlingsbekämpfungsmitteln wurde von der FAO-Sachverständigengruppe für Vorschriften, Registrierungsbedingungen und Anwendungsrichtlinien für Schädlingsbekämpfungsmittel ausgearbeitet. "Leitlinien für die Gesetzgebung hinsichtlich der Registrierung für Verkauf und Vermarktung von Schädlingsbekämpfungsmitteln" (1969) und ein "Modellplan zur Errichtung nationaler Organisationen für die amtliche Kontrolle von Schädlingsbekämpfungsmitteln" (1970) wurden veröffentlicht, erstere gemeinsam mit der WHO. Die Sachverständigengruppe arbeitete ebenfalls ein "Handbuch für die Anwendung der FAO-Vorschriften für Pflanzenschutzmittel" aus (1971), das sich auf mehr als 100 technische und über 400 formulierte Schädlingsbekämpfungsmittel erstreckt. Seither sind insgesamt 350 Richtlinien über einzelne Schädlingsbekämpfungsmittel veröffentlicht worden. In Verbindung mit dem Internationalen Rat für Zusammenarbeit bei Analysen von Schädlingsbekämpfungsmitteln (CIPAC) erstellte die Sachverständigengruppe ebenfalls ein "Handbuch der Analyse für Wirkstoffe und Schädlingsbekämpfungsmittel" (1970).

Sowohl die gesundheitlich tragbare tägliche Aufnahme als auch die akzeptablen Höchstwerte für Rückstände in Nahrungsmitteln sind in Zusammenarbeit mit der WHO in einem Sachverständigenausschuß für Rückstände von Schädlingsbekämpfungsmitteln und Umwelt, der etwa 120 Komponenten geprüft hat, festgelegt worden. Seitdem wird seit 1965 die Schrift "Evaluierungen über die Toxizität von Rückständen von Schädlingsbekämpfungsmitteln in Nahrungsmitteln" jährlich veröffentlicht und den Regierungen der Mitgliedsländer zur Verfügung gestellt. Diese Arbeit bildete auch die Grundlage für den Unterausschuß für Rückstände von Schädlingsbekämpfungsmitteln in Nahrungsmitteln der Gemeinsamen FAO/WHO-Codex-Alimentarius-Kommission.

Andere Arbeiten zum sicheren und wirksamen Gebrauch von Schädlingsbekämpfungsmitteln haben sich befaßt mit:

- der Erstellung von zwei weltweiten Untersuchungen in den Jahren 1965 und 1968, die zusammen mit späteren Arbeiten darauf hinweisen, daß über 300 Tier- und Pflanzenarten offensichtlich eine Resistenz gegen ein oder mehrere Schädlingsbekämpfungsmittel entwickelt haben. Diese Gesamtzahl setzt sich im wesentlichen aus Insekten und Milben, aber auch aus Nagetieren und Pflanzenschädlingen wie auch aus einigen Unkräutern zusammen, die vermutlich gegen Unkrautbekämpfungsmittel resistent sind. Diese Problematik ist von besonderer Bedeutung in bezug auf Schädlinge bei gelagertem Getreide. Hierüber wurde eine Veröffentlichung abgefaßt. Auch hat die FAO ein "Modellberatungsblatt über die Resistenz von Schädlingen gegenüber Schädlingsbekämpfungsmitteln" herausgegeben sowie eine ähnliche Veröffentlichung über die "Resistenz von Pflanzenschädlingen gegenüber Schädlingsbekämpfungsmitteln";

- der Durchführung einer Regierungskonsultation über die "Internationale Normung der Bedingungen für die Registrierung von Schädlingsbekämpfungsmitteln" (Rom, 1977), die der Ausgangspunkt für intensivere Anstrengungen bei der Behandlung dieses Problems waren.

Die Unkrautbekämpfung ist ebenso ein wichtiger Aspekt in der Pflanzenschutzarbeit der FAO. Die Mitgliedsländer erhalten Informationen über die Fortschritte der Wissenschaft im Bereich der Unkräuter. Die internationale Zusammenarbeit bei der Unkrautbekämpfung wird gefördert und den Mitgliedsländern auf Anfrage Technische Hilfe gewährt. Im Jahr 1970 wurde in den Vereinigten Staaten eine Internationale FAO-Konferenz über Unkrautbekämpfung abgehalten, deren Sitzungsberichte die amerikanische Gesellschaft zur Unkrautbekämpfung veröffentlichte. Auch publizierte die FAO ein Handbuch über "Die Nutzung von Wasserpflanzen" (1968, Neuauflage 1979).

Im Bereich der Pflanzenpathologie lieferten in den 60er Jahren einige beratende Sachverständigengruppen Informationen über eine Reihe von möglichen ernsthaften Krankheitsproblemen bei Weizen, Mais, Kokosnuß, Kaffee und einigen anderen wichtigen Kulturen. Sie empfahlen Mittel und Wege, wie die FAO den betroffenen Ländern helfen könnte. Im Jahr 1967 hielt die FAO ein Symposium über Ernteverluste ab, aus dem sich ein internationales Programm zur Zusammenarbeit mit dem grundlegenden Ziel der Erstellung von Vergleichsmethoden bei der Messung und Erfassung solcher Verluste entwickelte. Eines der Arbeitsergebnisse war 1970 die Herausgabe eines FAO-Handbuchs über Methoden der Feststellung von Ernteverlusten, das in einer Auflage des Commonwealthbüros für Landwirtschaft 1971 neu herauskam. Ergänzungen zu dieser Ausgabe wurden weiterhin herausgegeben und die neueste ist derzeit in Druck. Weitere internationale Vorhaben, die von der FAO im Laufe der Jahre unterstützt worden sind, erstreckten sich auf technische Hilfe zur Bekämpfung der tödlichen Gelbfärbung der Kokosnüsse, der Fäulnis bei Getreide, des Schimmels beim Mais und des Blattrosts beim Kaffee. Ein anderer wichtiger Schritt in Verbindung mit der Bekämpfung von Krankheiten auf dem Feld war der Versuch, krankheitsresistente Kaffee- und Weizensorten durch Pflanzenzüchtung mit besonderem Schwerpunkt auf der horizontalen Resistenz zu entwickeln.

Zu den Schädlingen, vor denen die Feldfrüchte geschützt werden müssen, gehören auch Nagetiere und Vögel. Seit 1947 erhalten die Mitgliedsländer Rat, Ausbildung und Unterstützung bei Problemen in Zusammenhang mit den Schädlingen unter den Wirbeltieren. In den letzten Jahren hat sich die besondere Aufmerksamkeit auf die getreidefressenden Vögel in den afrikanischen Ländern südlich der Sahara und auf die Bekämpfung von Schädlingen unter den Wirbeltieren in Pakistan gerichtet. Bibliographien über die biologische Beschaffenheit der Schädlinge unter den Nagern, die die Jahre 1950-1969 und 1970-1974 umfassen, sind in Zusammenarbeit mit der WHO erarbeitet worden und werden ständig auf den neuesten Stand gebracht.

Etwa 60 Länder in Afrika und Asien laufen immer wieder Gefahr, von verheerenden Heuschreckenplagen heimgesucht zu werden. Die FAO befaßt sich seit 1951 mit der Heuschreckenbekämpfung, als einige Mitgliedsländer bei der Lösung dieses Problems um Hilfe baten und die FAO zur Förderung der internationalen Zusammenarbeit bei der Bekämpfung der Schädlinge ein Programm zur Bekämpfung der Wüstenheuschrecke ausarbeitete. Im Rahmen eines vom UNDP finanzierten 5-Millionen-Dollar-Projekts, das die FAO 1960-1970 durchführte, wurden im internationalen Rahmen regelmäßige Untersuchungen und Berichterstattungsdienste eingerichtet. Um Gemeinschaftsaktionen zu fördern, half die FAO bei der Gründung von zwei regionalen Organisationen und bei der Einrichtung von drei Kommissionen zur Bekämpfung der Wüstenheuschrecke. Bis 1971 wurden die Organisation zur Bekämpfung der Wüstenheuschrecke in Ostafrika (DLCO-EA) und die "Organisation commune de lutte antiacridienne et de lutte antiaviaire" (OCLALAV) ins Leben gerufen. Finanziert von den beteiligten Staaten, tragen diese regionalen Gremien dazu bei, daß die Arbeit selbst in Zeiten ohne Schädlingsbefall weitergeführt wird. Die Arbeitsprogramme der drei Kommissionen, die unter der Leitung der FAO stehen, jede mit eigenem Sekretariat, werden durch den FAO-Ausschuß zur Bekämpfung der Wüstenheuschrecke (DLCC) koordiniert, dessen Arbeit vom Internationalen Treuhandfonds für die Wüstenheuschrecke unterstützt wird. Der Ausschuß trifft jährlich mit den drei Kommissionen zusammen. Technische Hilfe wird ebenfalls durch die Internationale Organisation zur Bekämpfung der Afrikanischen Wanderheuschrecke (OICMA) und durch die Internationale Organisation zur Bekämpfung der Roten Heuschrecke in Zentral- und Südafrika (IRLCO-CSA) gewährt. Zur verstärkten Unterstützung der Arbeiten im Bereich des Pflanzenschutzes in den Ländern der Heuschreckenregion wurde im Jahr 1979 ein Sonderaktionsprogramm zur Verstärkung des Pflanzenschutzes ins Leben gerufen, damit diese Länder effektiver mit den anfallenden Problemen des Pflanzenschutzes und der Heuschreckenplage fertig werden können.

Integrierte Schädlingsbekämpfung hat in den letzten Jahren zunehmende Aufmerksamkeit in den ländlichen Gebieten erhalten. Der FAO-Sachverständigenausschuß für integrierte Schädlingsbekämpfung, der im Jahr 1966 eingesetzt wurde, liefert neueste Informationen als Beratungsgrundlage für Mitgliedsregierungen. Weiterhin obliegt ihm die technische Aufsicht über die Feldprojekte, die Aufstellung von Ausbildungsprogrammen und die Herausgabe von Publikationen. Nachdem das UNEP dem Vorschlag des Ausschusses für ein weltweites Projekt für Forschung und Ausbildung in integrierter Schädlingsbekämpfung zugestimmt hatte, wurde 1975 ein globales Gemeinschaftsprogramm von FAO/UNEP für die Entwicklung und Anwendung der integrierten Schädlingsbekämpfung in der Landwirtschaft durchgeführt. Eine erste Veröffentlichung von "Leitlinien für die integrierte Bekämpfung von Baumwollschädlingen" erfolgte im Jahr 1973. Ähnliche Leitlinien folgten für Reis, Mais und Sorghum.

Der internationalen Tagung und der Publikation über Konservierung von gelagertem Getreide im Jahr 1947 folgte das "Handbuch über Begasung zur Insektenbekämpfung", dessen zweite Ausgabe drei Auflagen hatte. Im Laufe der Jahre wurden Ausbildungskurse veranstaltet und technische Hilfsprojekte durchgeführt. Im Jahr 1977 richtete die FAO-Konferenz ein "Sonderkonto für die Verhinderung von Nahrungsverlusten" ein und unterstützte eine Sondermaßnahme, die hauptsächlich die Herabsetzung von Verlusten bei der Lagerung erreichen sollte. Die Leitung dieses Sonderprogramms wurde der Abteilung für landwirtschaftliche Dienste übertragen. Ihre Arbeit wird in einem der nächsten Kapitel beschrieben (siehe Seite 125-126).

Seit langem hat sich die FAO für die Verhinderung der Ausbreitung von Insekten und Pflanzenkrankheiten über nationale Grenzen hinweg eingesetzt. Um einheitliche, auf fundierten biologischen Erkenntnissen beruhende Pflanzenquarantänevorschriften einzuführen, verabschiedete die 6. Sitzung der FAO-Konferenz im Jahr 1951 eine Internationale Pflanzenschutzkonvention. Diese wurde von der 20. Sitzung im Jahr 1979 geändert, um sie den neuen Entwicklungen im internationalen Handel anzupassen. Die FAO hat die Regierungen einiger Mitgliedsländer bei der Einrichtung von Nach-Import-Quarantänestationen zur risikolosen Einführung neuen Pflanzmaterials unterstützt. Ebenfalls war sie bei der Entwicklung nationaler Pflanzenquarantänevorschriften behilflich. Ein wesentliches Element dieser Aktivitäten war die Ausbildung.

Eine weitere wichtige Aufgabe der FAO in bezug auf Pflanzenquarantäne ist die Zusammenstellung von Berichten über die Ausbreitung der hauptsächlichen Pflanzenschädlinge und die Weitergabe dieser Informationen, zusammen mit Einzelheiten über Pflanzenschutzvorschriften einzelner Länder, an die Mitgliedstaaten, um den internationalen Handel mit Pflanzen und pflanzlichen Produkten zu erleichtern. Das FAO-Pflanzenschutz-Bulletin, dessen Veröffentlichung 1952 begann, wird als Medium benutzt, um die vom FAO-Weltnachrichtendienst über Pflanzenkrankheiten und -schädlinge ermittelten Informationen zu verbreiten. Dieser Nachrichtendienst wurde im Rahmen der Internationalen Pflanzenschutzkonvention 1951 eingerichtet. Weitere Mittel zur Erreichung der Zielsetzungen der Konvention sind die regionalen Pflanzenschutzkommissionen der FAO in Asien und dem Pazifik, in der Karibik und im Nahen Osten.

Die Abteilung für Pflanzenproduktion und -schutz sowie das ehemalige Fachgebiet wurden von folgenden Personen geleitet:

Leiter des Fachgebiets für Pflanzenproduktion	Land	Amtszeit
Dr. L.E. Kirk	Kanada	Juni 1947 bis Juli 1954
Leiter des Fachgebiets für Pflanzenproduktion		
Dr. J.G. Knoll	Bundesrepublik Deutschland	Juli 1954 bis Dezember 1958
Direktor der Abteilung für Pflanzenproduktion und -schutz		
Dr. J.G. Knoll	Bundesrepublik Deutschland	Januar 1959 bis August 1960
Dr. J. Vallega	Argentinien	Juli 1960 bis Juli 1969
Dr. F. Albani	Argentinien	Januar 1970 bis Juli 1977
Dr. Oscar Brauer	Mexiko	August 1977 bis

Abteilung für Tierproduktion und -gesundheit

Diese Abteilung nahm am 2. Dezember 1946 ihre Arbeit auf, als Dr. Ralph W. Phillips (Vereinigte Staaten) den Posten eines Leiters des damaligen Fachgebiets für Tierproduktion übernahm und mit dem Aufbau eines Fachgebiets als Teil der Abteilung für Landwirtschaft begann. Der Name des Fachgebiets wurde im Jahr 1951 in "Fachgebiet für tierische Produktion" geändert.

Am 1. Januar 1959 erfolgte die Umwandlung in eine Abteilung mit der heute noch gültigen Bezeichnung. Die Abteilung bestand damals aus den Fachgebieten für Tierproduktion, Milchwirtschaft und Tiergesundheit. Im Juni 1968 wurde ein Büro für operationelle Maßnahmen angeschlossen. Die Umwandlung der Fachgebiete in Unterabteilungen und die Zusammenlegung der Fachgebiete für Tierproduktion und Milchwirtschaft erfolgten im Januar 1970, so daß sich die Abteilung wie folgt zusammensetzte:

Unterabteilung für Tiergesundheit
Unterabteilung für Tierproduktion und Milchwirtschaft
Unterabteilung für operationelle Maßnahmen

Als im März 1974 die Abteilung für landwirtschaftliche operationelle Maßnahmen eingerichtet wurde, wurde die Unterabteilung für operationelle Maßnahmen abgeschafft. Daraus ergaben sich Änderungen hinsichtlich der Aufgaben, des Umfangs und der Arbeitsmethoden sowie einige Umstrukturierungen, so daß die Abteilung im April 1974 folgenden Aufbau hatte:

Unterabteilung für Tierzuchtforschung und Ausbildung
Unterabteilung für Förderung der Fleisch- und Milchproduktion
Unterabteilung für Tiergesundheit
Arbeitseinheit für Tierzuchtpolitik und -planung (bis 1975)

Eine weitere Umorganisation der Abteilung erfolgte im Juni 1978, die zu ihrer gegenwärtigen Struktur führte. Neben dem Büro des Direktors umfaßt sie folgende Unterabteilungen:

Unterabteilung für Tierproduktion
Unterabteilung für Fleisch- und Milchwirtschaft
Unterabteilung für Tiergesundheit

Das nach der Errichtung des Fachgebiets für Tierproduktion Ende 1946 entwickelte Arbeitsprogramm war darauf ausgerichtet, Mitgliedsländern bei der züchterischen Verbesserung der Produktivität in der Großtier- und Geflügelhaltung unter Anwendung moderner Erkenntnisse auf allen Gebieten der Tierproduktion zu helfen. Dazu gehörten Verbesserungen durch Züchtung, Ernährung, Auslaufhaltung und Weidewirtschaft, Verminderung der Verluste durch Bekämpfung von Krankheiten und Parasiten sowie verbesserte Methoden bei der Verarbeitung und Vermarktung tierischer Produkte. Besondere Anstrengungen wurden im Bereich der internationalen Zusammenarbeit zwischen Sachverständigen unternommen. Diese Ziele verfolgte die FAO durch Tagungen, Teilnahme an internationalen Kongressen und anderen Zusammenkünften, Anregung zur Gründung regionaler Organisationen auf Regierungsebene und auf der Ebene wissenschaftlicher Forschung in der tierischen Produktion, durch Herausgabe fachlicher Publikationen sowie durch Einleitung, Förderung und Unterstützung bei der Entwicklung von Aktionsprogrammen, einschließlich der Vermittlung von beträchtlicher Technischer Hilfe, nachdem Geldmittel für Feldprojekte verfügbar wurden. Die im folgenden aufgeführten Zusammenfassungen zeigen anhand einiger Beispiele in groben Umrissen Umfang und Art der geleisteten Arbeit.

Seit Anbeginn hat die FAO den Problemen der Tiergesundheit große Aufmerksamkeit geschenkt. Im Jahr 1947 wurde ein Ad-hoc-Beratungsausschuß für Tiergesundheit nach Washington einberufen, um über Art und Inhalt der auf dem Gebiet der Veterinärmedizin zu leistenden Arbeit zu beraten. Im selben Jahr wurden Maßnahmen zur Unterstützung der betroffenen Länder bei der Bekämpfung der Rinderpest eingeleitet.

Die FAO und die Europäische Kommission zur Bekämpfung der Maul- und Klauenseuche, ein satzungsgemäßes Organ der FAO, spielten eine führende Rolle bei der Koordinierung von Impfaktionen in Südosteuropa zur Bekämpfung der Maul- und Klauenseuche (MKS). Die Seuchenausbrüche wurden in der Türkei durch den Virus Typ SAT-1 (1962), durch den Untertyp A-22 (1964) und durch den Typ Asia-1 (1973) hervorgerufen. Um die in den letzten Jahren in Europa erzielten Erfolge zu konsolidieren, fördert die Kommission in Zusammenarbeit mit der FAO und dem Internationalen Tierseuchenamt (OIE) verstärkte, aufeinander abgestimmte Maßnahmen zur Beseitigung der restlichen Infektionsherde auf dem Kontinent.

Bei der Bekämpfung der Hauptinfektionskrankheiten hat die FAO die Länder aktiv unterstützt. Nach einer Notstandskonsultation, die die FAO im August 1960 im Libanon organisierte, wurde die Afrikanische Pferdekrankheit, die fast die gesamte Region des Nahen Ostens zwischen 1959 und 1963 heimgesucht hatte, durch die gemeinsamen Anstrengungen der betroffenen Länder mit der fachmännischen Unterstützung der FAO ausgerottet. Ebenfalls wurden Kampagnen zur Bekämpfung der Rinderpest in Afrika, Asien und dem Pazifischen Raum unterstützt. Größere Vorhaben in der jüngsten Vergangenheit waren Nothilfemaßnahmen in Ländern Lateinamerikas und der Karibik, als sich 1978 die Afrikanische Schweinepest in der westlichen Hemisphäre ausbreitete.

Nach der 17. Sitzung der FAO-Konferenz im Jahr 1973 wurde ein Langzeitprogramm zur Bekämpfung der Afrikanischen Schlafkrankheit bei Tieren ins Leben gerufen. Nachdem eine Vorbereitungsphase im Jahr 1975 eingeleitet und 1979 abgeschlossen wurde, unterstützte die 20. FAO-Konferenz im November 1979 einen Vorschlag für die Durchführung eines breit angelegten Programms und beschloß die Gründung einer Kommission für die Afrikanische Schlafkrankheit bei Tieren, die im April 1980 in der FAO-Zentrale zu ihrer ersten Sitzung zusammentrat. Das Programm wird durchgeführt von einem Koordinierungsteam, einem ökologisch-technischen Beratungsausschuß und einem Beratungsausschuß für Entwicklung und hat das Ziel, eine Langzeitstrategie für die Bekämpfung der Afrikanischen Schlafkrankheit bei Tieren und ihrer Überträger auszuarbeiten. Dies soll unter Berücksichtigung von Umweltaspekten und der gleichzeitigen Planung und Durchführung leistungsfähiger Programme für die ländliche Entwicklung geschehen.

Die Expertenkonsultation über Tierproduktion und -gesundheitsforschung, die 1974 in Kopenhagen stattfand, stellte die von Zecken übertragenen Krankheiten und ihre Überträger als Schwerpunktbereich heraus. Später wurden in etwa 20 Ländern in allen Regionen der Welt Projekte durchgeführt. Zu den wichtigsten Leistungen gehören Beiträge zum Verständnis des "Ostküstenfiebers" und die Ökologie der Ostafrikanischen Zecke. Neben den umfangreichen Feldprogrammen gehören zu den gegenwärtigen Arbeiten auch die Zusammenstellung und Verbreitung von Informationen, Ausbildungskurse und Seminare, Erstellung eines praktischen Handbuchs für den Außendienst über die Bekämpfung der Zecken, die Förderung eines weltweiten Beratungszentrums für Resistenz gegen Milbenbekämpfungsmittel, die Herstellung einer FAO-Testausrüstung für Resistenz gegen Milbenbekämpfungsmittel sowie regelmäßige Beratungen mit Expertengruppen.

Tiergesundheitsprobleme in Zusammenhang mit dem Fleischhandel sind eingehend untersucht worden. Im Jahr 1973 wurde ein Bericht über nichttarifäre Hemmnisse im Fleischhandel durch Gesundheitsanforderungen als erster ergänzender Bericht zum FAO/WHO/OIE-Jahrbuch über Tiergesundheit veröffentlicht. Ihm folgte im Oktober 1973 in Pendik, Türkei, eine FAO-Sachverständigenkonsultation über nichttarifäre Hemmnisse im Fleischhandel und über krankheitsfreie Zonen.

Die Aktivitäten auf diesem Gebiet erstrecken sich auf die Sammlung und Analyse von Informationen über das Auftreten und die Bekämpfung von Tierkrankheiten in der ganzen Welt, die im "Jahrbuch über Tiergesundheit" veröffentlicht werden.

Die Ausbildung und Fortbildung im Bereich der Tiergesundheit erfolgte jahrelang über Einzelstipendien. Fünf ständige Ausbildungszentren in Spezialbereichen der Veterinärmedizin sind für Jungakademiker eingerichtet und mehrere 100 Lehrer für Tiermedizin sind in einjährigen Kursen ausgebildet worden.

Auf dem Sektor der tierischen Produktion wurde der Schwerpunkt auf drei Bereiche gelegt: tierisches Genmaterial, Futterressourcen und Formen der Tierproduktion.

In den Anfangsjahren der Arbeit über tierisches Genmaterial wurde der Hauptakzent auf die Sammlung und Veröffentlichung von Informationen über die Tierrassen in den verschiedenen Teilen der Welt gelegt, so z.B. über Rinderrassen in Indien und Pakistan, Afrika und Europa und über Schafrassen im Mittelmeerraum. Auch heute noch wird diese Arbeit fortgesetzt und in letzter Zeit wurden Veröffentlichungen über den Wasserbüffel herausgegeben. Der Schwerpunkt der Arbeit ist jedoch verlagert worden und liegt auf der Beratung der Regierungen, wie sie am besten ihr wertvolles tierisches Genmaterial im Entwicklungsprozeß nutzen können. Unterstützt wurde diese Arbeit durch finanzielle Beiträge zu Treuhandfonds, insbesondere seitens der SIDA, und durch die Verbreitung wertvollen Genmaterials durch den Austausch von Bullensperma. Weitere Vorhaben befaßten sich mit der Evaluierung von Rassen und Zuchtreihen in vom UNDP und aus anderen Quellen finanzierten internationalen und nationalen Evaluierungsprogrammen. Mitte der 70er Jahre begann die Zusammenarbeit von FAO und UNEP mit einer Bestandsaufnahme des tierischen Genmaterials in der Welt, wobei besonderer Schwerpunkt auf Rassen gelegt wurde, die vom Aussterben bedroht oder kurz vor dem Aussterben sind. In diesem Zusammenhang sollte besonders eine Untersuchung erwähnt werden, die Schlafkrankheits-resistenten Tierbeständen in Afrika galt und die in Zusammenarbeit mit dem Internationalen Tierproduktionszentrum für Afrika durchgeführt wurde, sowie Arbeiten über leistungsfähige Schafrassen. Diese Phase der FAO/UNEP-Zusammenarbeit hatte ihren Höhepunkt in einer Technischen Konsultation über die Erhaltung und Bewirtschaftung von tierischem Genmaterial, die im Juni 1980 in Rom stattfand.

Obwohl sich eine frühere Landwirtschaftsstudie mit Mängeln in der Tierernährung befaßte, konzentrierten sich die ursprünglichen Aktivitäten der FAO im Bereich der Fütterung auf die extensiven Produktionssysteme auf Weideland. In jüngster Zeit wird der Verfütterung von Nebenprodukten der Agroindustrie größere Beachtung geschenkt. Darüber hinaus wurden Studien über die Verwendung von Abfallprodukten, einschließlich tierischer

Abfallprodukte, im Rahmen moderner Fütterungssysteme herausgegeben. Anfang der 70er Jahre unterstützte die FAO in Zusammenarbeit mit Institutionen in Frankreich, der Bundesrepublik Deutschland und den Vereinigten Staaten die Errichtung eines internationalen Verbundnetzes für Futtermittelinformationen, das eine abgestimmte internationale Nomenklatur für Futtermittel und ein Vermittlungssystem für Futtermitteldaten entwickelt hat. Die Entwicklung dieses Netzwerks ist inzwischen soweit fortgeschritten, daß die FAO ihre Beteiligung an diesem Aufgabenbereich einschränken konnte.

In den 70er Jahren wurde zunehmend mehr Gewicht auf die tierische Produktion gelegt, um die Regierungen der Mitgliedsländer bei der Entwicklung geeigneter Systeme zu beraten, die ihren lokalen wirtschaftlichen und klimatischen Bedingungen sowie den Problemen der Kleinbauern angepaßt sind. Unter den von den Regierungen festgesetzten Prioritäten stand die Rinderproduktion an erster Stelle. In den letzten Jahren wurden jedoch auch Anstrengungen unternommen, die Aufzucht kleinerer Tierarten zu fördern, z.B. Schafe, Geflügel und selbst Kleintiere wie Kaninchen, da diese alle zweifellos weltweit bei den von Landwirten eingeführten Systemen eine große Rolle spielen.

Als die FAO mit ihrer Arbeit in den Bereichen Tierzucht, -fütterung und -haltung begann, wurde das Milchvieh natürlich nicht übersehen. Am Anfang bestand die Hauptaufgabe darin, bei der Milchproduktion und beim Pflanzenbau in Verbindung mit dem Ende der 40er Jahre entwickelten UNICEF-Programm für Milchkonservierung technische Hilfe zu leisten. Die Zusammenarbeit mit der FAO führte zur Errichtung von 70 Molkereien in verschiedenen Ländern. Die Gesamtinvestitionen der UNICEF beliefen sich auf 30 Millionen US-Dollar, und die Technische Hilfe der FAO betrug etwa 3,5 Millionen US-Dollar, welche von UNICEF und EPTA/UNDP aufgebracht wurden. Ein weiterer wichtiger Aufgabenbereich auf dem Gebiet der Milchwirtschaft, in dem die FAO seit 1956 an führender Stelle stand, war die Ausbildung von Personal. Die dritte Aktivität war in Zusammenarbeit mit dem Internationalen Milchwirtschaftsverband die Schaffung eines Regierungsexpertenausschusses zur Ausarbeitung der Richtlinien für Milch und Milcherzeugnisse mit dem Ziel, die Verbraucher durch Festlegung von Normen für Milcherzeugnisse, die in den internationalen Handel gelangen, zu schützen. Ende der 60er Jahre wurde die Arbeit dieses Ausschusses, der jährlich zusammentrat, in die Codex-Alimentarius-Kommission (siehe Seite 147) integriert, während sein technisches Sekretariat weiterhin zum Fachgebiet für Milchwirtschaft gehörte.

Bis Ende der 60er Jahre sorgte dieses Fachgebiet für einen ständigen Informationsfluß zu einer großen Zahl von Sachverständigen im Außendienst. Es leitete ein Programm zur Ausbildung in der Milchwirtschaft auf allen Ebenen, das sich mit Unterstützung des Dänischen Amts für Internationale Entwicklung (DANIDA) zu einem globalen Projekt entwickelte, welches praktisch allen Entwicklungsländern Hilfe leistet.

Nachdem die 15. Sitzung der FAO-Konferenz im Jahr 1969 ihre Zustimmung gegeben hatte, wurde ein Internationales Programm zur Koordinierung der Milchproduktionsentwicklung ins Leben gerufen. Ad-hoc-Beratungen in den Jahren 1970 und 1972 bestätigten die Arbeitsmethoden des Programms. Finnland stellte Sonderhaushaltsmittel zur Verfügung. Bis Ende 1980 hatten 49 Länder Hilfe unterschiedlicher Art erhalten. Folgemaßnahmen, Durchführung von Projekten, Beratungstätigkeiten und insbesondere Investitionen, die sich auf etwa 250 Millionen US-Dollar beliefen, wurden zum größten Teil auf bilateraler Ebene durch die Unterstützung von Regierungen finanziert.

Die Aktivitäten auf dem Gebiet der Milchwirtschaft wurden verstärkt. Gegenwärtig liegt der Schwerpunkt auf der Unterstützung von Institutionen in einzelnen Ländern und der Technischen Zusammenarbeit zwischen den Entwicklungsländern (TCDC). Im Laufe der Jahre wurde eine Reihe von Publikationen als Hilfe für diese Ausbildungsarbeit erstellt.

Seite an Seite mit den wachsenden Hilfeleistungen auf dem Gebiet der Milchwirtschaft und auch um den Anträgen der Regierungen der Mitgliedsländer zu entsprechen, wurde 1974 mit Unterstützung der SIDA ein Internationales Programm zur Förderung der Fleischproduktion, ähnlich dem Programm zur Förderung der Milchproduktion, aufgestellt. Bis Ende 1980 wurde im Rahmen dieses Programms 30 Ländern Hilfe gewährt, davon 25 in Verbindung mit dem Programm zur Förderung der Milchproduktion.

Folgende Personen haben das Amt des Direktors der Abteilung für Tierproduktion und -gesundheit bzw. des Leiters des früheren Fachgebiets innegehabt:

	Land	Amtszeit
Leiter des Fachgebiets für Tierproduktion und Stellvertretender Direktor der Landwirtschaftsabteilung		
Dr. Ralph W. Phillips	Vereinigte Staaten	Dezember 1946 bis Mai 1949
Leiter des Fachgebiets für Tierproduktion und Direktor der Abteilung für Tierproduktion und -gesundheit		
Dr. K.V.L. Kesteven	Australien	Januar 1950 bis Dezember 1968
Direktor der Abteilung für Tierproduktion und -gesundheit		
Dr. H.A. Jasiorowski	Polen	April 1969 bis November 1975
Dr. H.C. Mussmann	Vereinigte Staaten	September 1977 bis Juli 1980
Dr. R.B. Griffiths	Vereinigtes Königreich	Oktober 1980 bis

In der Zeit von Mai bis Dezember 1949 hatte Dr. Ralph W. Phillips (Vereinigte Staaten) die Leitung des Fachgebiets neben seinem Amt als Stellvertretender Direktor der Landwirtschaftsabteilung inne. Dr. E.A. Eichhorn (Vereinigte Staaten) arbeitete als amtierender Direktor der Abteilung für Tierproduktion und -gesundheit von Dezember 1968 bis März 1969, und Dr. R.B. Griffiths (Vereinigtes Königreich) übte diese Tätigkeit von Dezember 1975 bis August 1977 und von Juli bis September 1980 aus.

Abteilung für landwirtschaftliche Dienste

Als am 1. Juni 1968 die ersten Phasen einer grundlegenden Umorganisation der FAO abgeschlossen waren, gehörte dazu auch die Schaffung einer Abteilung für landwirtschaftliche Dienste, die sich wie folgt zusammensetzte:

Unterabteilung für Produktionsökonomie und landwirtschaftliche Betriebsführung (zuvor Fachgebiet für Bodennutzung und landwirtschaftliche Betriebsführung in der Abteilung für Land- und Wassererschließung);

Unterabteilung für Agrartechnik (die zum größten Teil aus dem früheren Fachgebiet für Agrartechnik der Abteilung für Land- und Wassererschließung bestand);

Unterabteilung für Nahrungsmittel und landwirtschaftliche Verarbeitung (die am 8. Juli 1968 wieder in "Unterabteilung für Agroindustrie" umbenannt wurde. Diese Unterabteilung setzte sich aus Teilen der Nahrungsmittelindustrie und -technologie zusammen, die von der Abteilung für Ernährung übertragen worden waren, sowie aus Teilen des früheren Fachgebiets für Agrartechnik der Abteilung für Land- und Wassererschließung);

das Büro für operationelle Maßnahmen (es wurde am 4. März 1974 bei Gründung der Abteilung für landwirtschaftliche operationelle Maßnahmen abgeschafft).

Zwei weitere Arbeitseinheiten wurden im April 1973 der neuen Abteilung angegliedert:

Unterabteilung für Vermarktung und Kredit (zusammengesetzt aus Teilen der Unterabteilung für Landreform, Genossenschaften, Kredit, Vermarktung und Agrarsoziologie der damaligen Abteilung für ländliche Institutionen);

Arbeitsgruppe für landwirtschaftliche Betriebsmittel (übertragen von der Abteilung für Wirtschaftsanalyse und eingegliedert in das Büro des Direktors. Diese Arbeitsgruppe wurde am 1. Januar 1978 der Abteilung für Land- und Wassererschließung zugeordnet und somit Teil der Unterabteilung für Düngemittel und Pflanzenernährung).

Im Juni-August 1973 wurde der größte Teil der Mitarbeiter der Unterabteilung für Produktionsökonomie und landwirtschaftliche Betriebsführung in andere technische Abteilungen versetzt, um mikroökonomische Beiträge zu einem Weltleitplan zu leisten. Die verbleibenden Beamten bildeten die Arbeitsgruppe für landwirtschaftliche Betriebsführung. Im Juli 1978 wurde diese Arbeitsgruppe ausgebaut und als Unterabteilung für landwirtschaftliche Betriebsführung und Produktionsökonomie erneut eingerichtet.

Auf diese Weise erhielt die Abteilung ihre gegenwärtige Struktur und umfaßt die folgenden vier wichtigen Unterabteilungen:

Unterabteilung für landwirtschaftliche Betriebsführung und Produktionsökonomie
Unterabteilung für Agrartechnik
Unterabteilung für Agroindustrie
Unterabteilung für Vermarktung und Kredit

Die Bezeichnungen dieser Unterabteilungen deuten in groben Umrissen die Art der durch die Abteilung geleisteten Arbeit an. Für Maßnahmen zur Vermeidung von Nahrungsmittelverlusten gibt es einen Koordinator im Büro des Direktors. Die folgenden Zusammenfassungen geben einen Überblick über die Art und die Verdienste dieser Hauptarbeitsgebiete.

Die Arbeit auf dem Gebiet der landwirtschaftlichen Betriebsführung und Produktionsökonomie hat sich auf die Planung, Organisation und Evaluierung des gesamten Betriebsbereichs konzentriert und auch die Wirtschaftsanalyse der Ackerbau- und Viehzuchtbetriebe erfaßt. Die Mitgliedsländer wurden unterstützt bei der Sammlung, Verarbeitung und Analyse von mikroökonomischen Daten sowie durch Daten aus der technischen Produktion für landwirtschaftliche Planung und Formulierung von Maßnahmen mit dem Schwerpunkt auf der Anwendung neuer landwirtschaftlicher Technologien, Diversifizierung der Aktivitäten, Auswahl neuer Bewirtschaftungssysteme, Fragen der Betriebsgröße, Struktur und Organisationsform sowie ihre Auswirkungen auf das Produktionsniveau, Beschäftigung und Einkommen der Landwirte und Landarbeiter sowie Bodennutzungsplanung. Die derzeitigen Programmschwerpunkte der Unterabteilung sind Einrichtung einer Datenbank für mikroökonomische und technische Produktionsstatistik, Verstärkung der Ausbildung im Bereich der landwirtschaftlichen Betriebsführung in den Mitgliedstaaten, Möglichkeiten für die Erhöhung der Einkommen von Kleinbauern und Entwicklung von Methoden zur Produktivitätsverbesserung unter weniger günstigen Umweltbedingungen.

Zur Unterstützung des FAO-Feldprogramms ist eine besondere FAO-Datensammlung über landwirtschaftliche Betriebsführung und ein entsprechendes Analyseverfahren entwickelt worden. Um der wachsenden Nachfrage nach Aufwands/Ertrags-Koeffizienten und nach Daten über Produktionskosten für landwirtschaftliche Bewirtschaftungssysteme und Einzelbetriebe gerecht werden zu können, wurde vor kurzem eine Datenbank auf Computerbasis eingerichtet. Sie ermöglicht die selektive Gewinnung von Informationen, die zur Erstellung von Durchführbarkeitsstudien und Investitionsvorschlägen benötigt werden, schätzt Kosten und Wert des Einsatzes von Betriebsmitteln und deren Ergebnisse und bestimmt vergleichbare wirtschaftliche Vorteile. Auf diese Weise wird für einen wertvollen Informationsfluß für Feldprojekte gesorgt.

Die Arbeit im Bereich der Agrartechnik hat sich im Laufe der Jahre auf ein weites Spektrum von Problemen konzentriert, einschließlich der Verbesserung kleiner Werkzeuge und Geräte, der Einführung angemessener Mechanisierung, der Serviceleistung bei landwirtschaftlichen Maschinen, der Verbesserung der Lagereinrichtungen für Nahrungsmittel sowie allgemein der landwirtschaftlichen Gebäude, des Einsatzes tierischer und kommerzieller Energie in der Landwirtschaft sowie von Flugzeugen bei Aussaat, Düngemittelausbringung und Schädlingsbekämpfung. Dabei wird von dem Prinzip ausgegangen, daß die von den einzelnen Ländern ausgewählten Technologien den allgemeinen sozialen, ökonomischen und politischen Bedingungen ihres landwirtschaftlichen Sektors Rechnung tragen müssen. Da diese Technologien ortsspezifisch sind, können die auf Betriebsebene am geeignetsten erscheinende Form und auch die Schnelligkeit für die Einführung der Technologie nur nach Beurteilung der jeweiligen Bedingungen in jedem einzelnen Gebiet innerhalb eines Landes festgelegt werden.

Im Rahmen des Feldprogramms wird Entwicklungsländern bei der Ausarbeitung von Maßnahmen und Projekten geholfen, um gezielte Programme durchzuführen und so nationale Entwicklungsziele zu erreichen. Projekte in der ganzen Welt sind darauf angelegt, Verbesserungen hinsichtlich Anlage, Prüfung, Auswahl, Arbeitsweise und Unterhaltung von landwirtschaftlichen Maschinen für die Landerschließung und die landwirtschaftliche Produktion zu erzielen. Ferner werden Ausbildungsprogramme für Landwirte, Bedienungspersonal, Mechaniker und Regierungspersonal organisiert und durchgeführt, die mit dem wirksamen und rationellen Einsatz landwirtschaftlicher Maschinen befaßt sind, um die Produktion zu steigern und das Wohl der gesamten ländlichen Bevölkerung zu fördern. Schließlich werden durch Projekte auch wirksame Förderungsmaßnahmen für die Mechanisierung entwickelt. Außerdem wird Beratung bei der Planung von Lagereinrichtungen und -methoden sowie Ausbildung auf dem Gebiet der Ernteverwertung und Lagerhaltung sowie bei diesbezüglichen Investitionen gewährt. Aufmerksamkeit wird auch der strukturellen Verbesserung in der tierischen Produktion und der Arbeitsmethoden in der Futteraufbereitung, -behandlung und -lagerung sowie der Stallmistbehandlung und -beseitigung geschenkt. Die Erfolge hierbei umfaßten die Entwicklung von kostengünstigen Maistrocknungs- und Lagerungsschuppen für tropische Feuchtgebiete und die Finanzierung von Warenhäusern, Silos und Lagerhäusern im Werte von 60 Millionen US-Dollar. In Asien wurde ein regionales Verbundnetz für Agrartechnik entwickelt.

Der Verbrauch kommerzieller Energie für die landwirtschaftliche Produktion macht weniger als 3,5 % des gesamten Weltenergieverbrauchs aus. Nichtsdestoweniger ist dieser Energiebedarf für die Landwirte entscheidend, da die meisten Technologien zur Steigerung der landwirtschaftlichen Produktion in starkem Maße von energieintensiven Betriebsmitteln abhängen, wie z.B. chemische Düngemittel, Landmaschinen, Pumpenbewässerung und Schädlingsbekämpfungsmitteln. Die steigenden Kosten für kommerzielle Energie sind deshalb für alle Länder von großer Bedeutung. Der Energieverbrauch in der Landwirtschaft wird überprüft und Möglichkeiten zu seiner Verbesserung werden gesucht und gefördert. Dies schließt auch die Inanspruchnahme alternativer Energiequellen ein.

Zu den Aktivitäten in der Nahrungswirtschaft gehören Arbeiten in Zusammenhang mit der Verarbeitung von Getreide, stärkehaltigen Wurzeln und Knollen, Früchten und Gemüse,

Hülsenfrüchten, Ölfrüchten, Zuckerfrüchten, Nüssen, Getränken, Gewürzen und ätherischen Ölen, um die Versorgung mit Nahrungsmitteln zu steigern und für einen raschen Absatz der landwirtschaftlichen Produkte zu sorgen. Bei den Nichtnahrungsprodukten liegt der Schwerpunkt auf pflanzlichen und tierischen Fasern, Baumwolle, Sisal, Gambohanf, Seide, Fellen und Häuten sowie Kautschuk, um vor allem zunehmende Beschäftigungsmöglichkeiten zu schaffen und die Deviseneinkünfte zu steigern. In jüngster Zeit liegt das Schwergewicht im Nahrungsmittelsektor auf der Entwicklung von Mischmehl und der Verarbeitung von Obst und Gemüse, im Nichtnahrungsmittelbereich auf der Verarbeitung von Wolle und insbesondere Seide. Zunehmende Aufmerksamkeit wird auch der Verwendung von landwirtschaftlichen Nebenprodukten gewidmet. Dies soll zur Entwicklung angepaßter Technologien und deren Anwendung führen, da man erkannt hat, daß der rationelle Einsatz dieser Nebenprodukte für Industrie- und Entwicklungsländer zunehmend an Bedeutung gewinnt.

Die 19. Sitzung der FAO-Konferenz im Jahr 1977 stimmte der Einrichtung eines feldorientierten "Aktionsprogramms zur Verhinderung von Nacherntverlusten" zu. Obwohl sich das Programm noch in der Anfangsphase seiner Entwicklung befindet, gingen bis Juli 1980 insgesamt 13,2 Millionen US-Dollar für seine Finanzierung ein. Das ursprüngliche Ziel waren 20 Millionen US-Dollar, aber zusätzliche 5,9 Millionen US-Dollar sind durch Treuhandfonds-Vereinbarungen zugesagt worden. Es wurden 118 Projektanträge aus allen Teilen der Welt mit einem finanziellen Gesamtaufwand von 32 Millionen US-Dollar gestellt; und von diesen sind 58 Projekte mit einem Kostenaufwand von 12,3 Millionen US-Dollar gebilligt worden. Weitere 13 Projekte sind zur Einreichung bei Geldgebern von Treuhandfonds genehmigt worden, 4 dieser Projekte mit einem Gesamtkostenaufwand von 1,4 Millionen US-Dollar sind von den Geldgebern bereits akzeptiert worden. In der Anfangsphase lag das besondere Gewicht auf der Verminderung von Verlusten bei Grundnahrungsmitteln, das heißt bei Nahrungsgetreide, Hack- und Knollenfrüchten.

Die Arbeit im Bereich der Vermarktung und betrieblicher Versorgung hat sich auf die Absatzerfordernisse von Kleinbauern und, insbesondere in Entwicklungsländern, auf die Sicherstellung ausreichend verfügbarer Produktionsmittel für diese Bauern konzentriert. Den Mitgliedsländern ist Rat und Hilfe gewährt worden, um die Absatzorganisationen und -einrichtungen zu verbessern, die staatlichen Hilfsdienste zu stärken, die Entwicklung wirksamer Exportabsatzmethoden voranzutreiben, die Wirksamkeit von Investitionen in Gemeinschafts- und Großhandelsmärkten, Lager- und entsprechenden Verarbeitungsanlagen festzustellen, um Absatzerfordernissen nachzukommen und Nahrungsmittelverluste zwischen Produzent und Verbraucher zu vermeiden, Absatzorganisationen, Preisstabilisierungsmechanismen und Lager für nationale Nahrungsreserven zu errichten sowie Ausbildungskurse im Bereich Absatzmanagement zu organisieren und zu leiten. In den zurückliegenden Jahren wurde verstärkte Aufmerksamkeit den Absatzproblemen geschenkt in bezug auf die Handhabung von Grundnahrungsmitteln nach der Ernte und staatliche Maßnahmen in Zusammenhang mit der Anlage und Wiederauffüllung von Nahrungsreserven im Rahmen nationaler Ernährungssicherheitsprogramme. Viele Länder haben die FAO bei der Organisation des Exports von Früchten und Gemüse außerhalb der Saison um Unterstützung gebeten. Regierungen sind bei der Einrichtung und Erhaltung der Leistungsfähigkeit von praktischen Versorgungskanälen für landwirtschaftliche Produktionsmittel unterstützt worden. Dazu gehört auch die Anleitung bei der Planung und Finanzierung der unentbehrlichen Infrasturktur sowie die Ausbildung in Absatzmanagement und -methoden, und zwar nicht nur für Mitarbeiter öffentlicher und genossenschaftlicher Organisationen, sondern auch für selbständige Großhändler und Einzelhändler. Bedeutende Teile der Arbeit im Bereich Agrarkredit umfaßten die Erstellung von Fallstudien für Agrarkredite mit dem Ziel, den Mangel an verläßlichen Daten über die Art der Kreditnachfrage der Bauern und die Leistung der Kreditinstitute, diese zu befriedigen, auszugleichen, die Leistungsfähigkeit landwirtschaftlicher Kreditinstitute zu verbessern, institutionelle Kredite als Teil integrierter ländlicher Entwicklungsprogramme zu organisieren, spezielle Ausbildungseinrichtungen und betriebliche Berufsförderungsprogramme für Mitarbeiter landwirtschaftlicher nationaler Kreditinstitute einzurichten, Beratung bei der Gewährung und Durchführung von Kreditzahlungen und Sparmechanismen zu leisten, Zentralbanken zu einer engeren Beteiligung an der Entwicklung der Agrarkredite zu bringen und die Einrichtung wirksamer, kooperativer Kreditsysteme zu fördern. Während früher Agrarkredite vor allem in Verbindung mit Genossenschaften gesehen wurden, haben erfolgreiche Regional- und Weltkonferenzen den Schwerpunkt stärker auf die Notwendigkeit der Beteiligung des gesamten Finanzsystems, einschließlich der Zentral- und Entwicklungsbanken, an der Bereitstellung von Krediten für Kleinbauern, Fischer usw. und an der Aktivierung ländlicher Sparguthaben gelegt. Für einige Länder und subregionale Gruppen sind Ausbildungslehrgänge im Kredit- und Bankwesen durchgeführt worden. Die Koordinierung regionaler Bemühungen wird von den regionalen landwirtschaftlichen Agrarkreditgesellschaften vorgenommen, die auf Initiative der FAO gegründet worden sind. In ähnlicher Weise hat die FAO ein Förderungsprogramm für Agrarkredit (SACRED) entwickelt, das die finanzielle und technische Hilfe zwischen den Geber- und Empfängerländern, die dem Programm angehören, koordiniert.

Darüber hinaus wird den Entwicklungsländern bei der Errichtung von Versicherungssystemen für Ernte und Viehbestand Unterstützung gewährt.

Nach der Einrichtung der Abteilung für landwirtschaftliche Dienste im Juni 1968 fungierte A.D. Faunce (Australien) bis zum Dezember desselben Jahres als amtierender Direktor.

Die Leitung der Abteilung hatten seitdem folgende Personen inne:

Direktor der Abteilung für landwirtschaftliche Dienste	Land	Amtszeit
Dr. E.H. Hartmans	Vereinigte Staaten	Januar 1969 bis Dezember 1970
T.S.B. Aribisala	Nigeria	Oktober 1970 bis Dezember 1979
M.S.O. Nicholas	Ghana	April 1980 bis

Gemeinsame FAO/IAEA-Abteilung für die Anwendung der Atomenergie (Isotope und Strahlen) bei Nahrungsgütern und in der Entwicklung der Landwirtschaft

Im November 1955 stimmte die 8. Sitzung der FAO-Konferenz dem Beginn einer Arbeit über die Anwendung von Atomenergie in der Landwirtschaft zu. Im Februar 1956 nahm ein Fachmann die Arbeit im Fachgebiet für landwirtschaftliche Institutionen und Dienste in der damaligen Abteilung für Landwirtschaft auf und fungierte somit als Mittelpunkt für diesen Aufgabenbereich. Ein eigenständiges Fachgebiet für Atomenergie wurde im September 1957 in der Abteilung für Landwirtschaft eingerichtet. Bei Gründung der Hauptabteilung für fachlich-technische Angelegenheiten im Januar 1959 kam dieses Fachgebiet zum Büro des Beigeordneten Generaldirektors. Dr. R.A. Silow (Vereinigtes Königreich) arbeitete als erster Fachmann auf diesem Gebiet und später als Leiter des Fachgebiets für Atomenergie.

Im Oktober 1964 wurde eine Gemeinsame FAO/IAEA-Abteilung für die Anwendung von Atomenergie bei Nahrungsgütern und in der Landwirtschaft in Wien eingerichtet, die sowohl das Personal als auch die Programme des FAO-Fachgebiets für Atomenergie und der IAEA-Arbeitsgruppe für Landwirtschaft zusammenfaßte. Seitens der FAO bildete die gemeinsame Abteilung einen Teil der Hauptabteilung für fachlich-technische Angelegenheiten und später der Hauptabteilung für Landwirtschaft, während sie bei der IAEA Teil der Hauptabteilung für Forschung und Isotopen ist.

Die gemeinsame Abteilung hat sechs Hauptarbeitsgebiete, die sich jeweils befassen mit: Bodenfruchtbarkeit, Bewässerung und Pflanzenproduktion, Pflanzenzüchtung und Genetik, Tierproduktion und -gesundheit, Insekten- und Schädlingsbekämpfung, chemische Rückstände und Verschmutzung, Nahrungsmittelschutz. Zur Aufgabe der Anwendung von Atomenergie in diesen Bereichen gehören die Koordinierung und Unterstützung der Forschung, technische Hilfe, Ausbildung und Verbreitung von Informationen.

In den Mitgliedsländern arbeiten gegenwärtig über 250 Forschungsinstitutionen und Versuchsstationen an etwa 25 koordinierten Forschungsprogrammen. In jedem einzelnen dieser Programme werden Atomenergietechniken in dem Bemühen um die Lösung wirtschaftlich bedeutender Probleme angewandt. Es werden zur Zeit etwa 100 Projekte der Technischen Hilfe in mehr als 40 Entwicklungsländern durchgeführt, in deren Rahmen Ausbildung, fachmännischer Rat und Ausrüstungen gewährt werden. Neben der Stipendiatenausbildung werden jährlich drei oder vier internationale Ausbildungskurse abgehalten.

Auch werden in jedem Jahr zwei Symposien und zwei Seminare zum Zweck des Informationsaustausches durchgeführt sowie Publikationen erstellt und herausgegeben.

Einige Hinweise auf den Nutzen aus den von der gemeinsamen Abteilung durchgeführten oder unterstützten Aktivitäten lassen sich an folgenden Beispielen ablesen:

- Schätzungen in einem Mitgliedsland ergaben, daß durch die wirksamere Verteilung von Düngemitteln durch die Bauern, die durch Forschung auf dem Gebiet der erfolgreichen Stickstoffdüngung von Mais ermöglicht wurde, ein jährlicher wirtschaftlicher Gewinn von 36 Millionen US-Dollar erzielt wurde;

- in Ungarn wurde 1978 die durch Mutationszüchtung gewonnene neue Reissorte "Nucleoryza" auf 33,2 % der Reisanbaufläche des Landes angebaut, wodurch die Durchschnittserträge um 30,6 % erhöht wurden;

- in Indien stellte sich heraus, daß eine verbesserte männliche, sterile, linienhybride Art der Perlhirse, die durch Mutation erzeugt wurde, zu einem hohen Grade resistent gegen Blauschimmel ist. Schätzungen besagen, daß durch neue resistente Hybriden eine allmähliche Ertragssteigerung von jährlich mehr als 3 Millionen t erreicht werden kann;

- eine Studie über parasitische Infektionen bei Lämmern in Kaschmir, Indien, enthüllte, daß bis zu 70 % der Tiere vom Lungenwurm (Dictyocaulus filaria) infiziert wurden und daß dieser Parasit sowie die durch ihn hervorgerufene Lungenentzündung die hauptsächlichen Faktoren für die Beschränkungen der Schafproduktion waren. Umfangreiche, auf früheren Arbeiten im Vereinigten Königreich und in Jugoslawien basierende Feldversuche haben gezeigt, daß ein strahlengeschwächter Impfstoff äußerst wirksam ist. Etwa 50 000 Lämmer werden gegenwärtig jedes Jahr in Kaschmir geimpft. Die Sterblichkeitsrate hat stark abgenommen, die Ablammquoten und die Gewichtszunahmen sind angestiegen und der Befall von Lungenwurm ist auf unter 5 % zurückgegangen;

- mehr als 15 Jahre Forschungsarbeit sind der Anwendung der Technik von sterilisierten Insekten bei der Fruchtfliege, die Früchte angreift, und bei der Tsetsefliege gewidmet worden. Die Massenzüchtung der mediterranen Fruchtfliege hat nun das Stadium der praktischen Produktion von mehreren 100 Millionen Fliegen pro Woche für Feldeinsätze erreicht. Die Abhängigkeit von tierischen Wirten bei der Zucht der Tsetsefliegen wurde durch die Anwendung von Fütterungsverfahren mit Membranen eliminiert. Das machte auch Bekämpfungsmaßnahmen praktikabel. Im Rahmen von solchen Kampagnen wird zur Zeit die praktische Eignung der Methode mit sterilen Insekten, und zwar bei der Tsetsefliege in Nigeria und der mediterranen Fruchtfliege getestet, um der Gefahr ihrer Ausbreitung in Mexiko entgegenzutreten;

- eine Studie in einem Mitgliedsland über die Wirksamkeit und die Folgen des Einsatzes von Dieldrin bei der Bekämpfung der Tsetsefliege zeigte, daß nur etwa 40 % von der beabsichtigten Menge auf Bäumen abgelagert wurden. Der Rest hingegen ging verloren und bedrohte die Umwelt. Das führte zur Änderung der Routinespritzung und zur Einführung wirksamerer Anwendungsmethoden;

- die Arbeit über die Bestrahlung von Nahrungsmitteln hat zur Entwicklung dieser Technik, die nun in kommerziellem Umfang bei Kartoffeln in Japan und bei gewissen Fischprodukten und -arten in den Niederlanden angewandt wird, beigetragen. Es wird erwartet, daß mehr Länder sie anwenden werden. Einige Nahrungsmittel- und Mehrzweckfabriken befinden sich im Bau. Dieses Verfahren wird auch angewandt bei der Herstellung von pathogenfreiem Tierfutter für Labortiere sowie bei der Sterilisierung einiger Nahrungsmittel für die Versorgung immunologisch abwehrunfähiger Patienten mit gesundheitlich unbedenklichen Nahrungsmitteln. Die Tagungsteilnehmer des Gemeinsamen FAO/IAEA/WHO-Sachverständigenausschusses über die Gesundheitsverträglichkeit bestrahlter Nahrungsmittel kamen im Jahr 1980 zu dem Schluß, daß zur Konservierung und Vermeidung von Nacherntverlusten bei keinem Nahrungsmittel durch die Bestrahlung bis zu einer Dosis von 10 Kilogray

(1 Megarad) ein toxikologischer Schaden hervorgerufen wird. Somit müssen so behandelte Nahrungsmittel nicht mehr länger auf Toxizität untersucht werden. Die FAO/WHO-Codex-Alimentarius-Kommission wird diese Schlußfolgerungen in ihrer "Empfohlenen internationalen allgemeinen Norm für bestrahlte Nahrungsmittel" berücksichtigen.

Während die Arbeit in allen diesen Bereichen fortgesetzt wird, werden jetzt auch verstärkte Anstrengungen bei Projekten unternommen, in denen Atomenergietechniken als Mittel eingesetzt werden können, und zwar zur Maximierung der biologischen Stickstoffixierung bei Feldfrüchten, zur Förderung eines wirksameren Düngemitteleinsatzes bei Mehrfachanbau und zur Ermittlung besserer Nutzungsmethoden von Getreidestroh und anderen Nebenprodukten der Agroindustrie, die mit Nichteiweiß-Stickstoffkomponenten behandelt und versetzt worden sind.

Das Abkommen zwischen der FAO und IAEA über die gemeinsame Abteilung sieht vor, daß die FAO den Direktor ernennt. Seit ihrer Gründung im Oktober 1964 ist Dr. M. Fried (Vereinigte Staaten) der Direktor der Abteilung. (Anmerkung des Übersetzers: Am 1. Februar 1983 hat Dr. Sigurbjörnsson (Island) diesen Posten angetreten.)

Zentrum zur Förderung der Forschung

Das Zentrum zur Förderung der Forschung befindet sich seit Januar 1978 im Büro des Beigeordneten Generaldirektors, Hauptabteilung für Landwirtschaft. Zuvor waren die Forschungsaktivitäten auf die ganze Organisation verteilt.

Obwohl die Forschung von den ersten FAO-Missionen betrieben wurde und sich aus verschiedenen Arbeitsgebieten innerhalb des Arbeitsprogramms der Abteilung für Landwirtschaft ergab, wurde der Agrarforschung als eigenes Gebiet besondere Aufmerksamkeit erst nach der Verlegung der Zentrale nach Rom im Jahr 1951 geschenkt. Gemäß einer Empfehlung des Europäischen Ausschusses für Landwirtschaft im Jahr 1950 fand im Oktober 1951 in London eine Tagung über die Organisation der Agrarforschung in Europa statt. Die im Verlauf dieser Tagung gesammelten Informationen wurden in der Reihe "Landwirtschaftliche Entwicklungsstudie Nr. 29, Die Organisation für Agrarforschung in Europa" veröffentlicht. Nach dem Folgetreffen im September 1952 in Rom, das die mögliche Einrichtung eines einheitlichen Informationssystems über laufende Forschungsprojekte und die Vereinfachung des Informationsaustausches sondieren sollte, setzte der Europäische Ausschuß für Landwirtschaft einen Unterausschuß für Agrarforschung ein.

Mit einer Tagung über die Organisation der Agrarforschung in Mexiko und Zentralamerika im Dezember 1955, gemeinsam mit dem Interamerikanischen Institut für Agrarwissenschaften in Turrialba, Costa Rica, wurde in ähnlicher Weise auch in Lateinamerika ein Anfang gesetzt. Die Leitung der Organisation dieser wie auch der europäischen Sitzung hatte der Stellvertretende Direktor der damaligen Abteilung für Landwirtschaft übernommen.

Eine weitere Tagung über die Organisation und Verwaltung der Agrarforschung im Nahen Osten fand im Jahr 1961 in Tel Amara, Libanon, statt. Ein Beamter des Fachgebiets für landwirtschaftliche Institutionen und Dienste innerhalb der Abteilung für Landwirtschaft beschäftigte sich von 1951 bis 1958 und von 1959 bis 1960, nachdem das Fachgebiet in die Abteilung für ländliche Institutionen und Dienste umgewandelt worden war, unter anderem mit Problemen der Agrarforschung. Im Juni 1962 wurde für diesen Aufgabenbereich ein hauptamtlicher Beamter bestellt, und im Januar 1973 übernahm das im August 1972 geschaffene Forschungszentrum der Hauptabteilung für Entwicklung dieses Amt. Das neue Zentrum, das auch das Sekretariat des Technischen Beratungsausschusses (TAC) der Beratungsgruppe für Internationale Agrarforschung (CGIAR) umfaßte, wurde im März 1976 in zwei Arbeitseinheiten aufgeteilt, und zwar in ein Zentrum zur Förderung der Forschung und in eine Arbeitseinheit mit dem TAC-Sekretariat. Im Januar 1978 wurden beide Arbeitseinheiten dem Büro des Beigeordneten Generaldirektors, Hauptabteilung für Landwirtschaft, übertragen.

In den Anfangsjahren fand die Organisation und Verwaltung der Agrarforschung in dem Feldprogramm nur wenig Beachtung. Bis zum Jahr 1959 hatten lediglich vier Experten entsprechende Aufträge durchgeführt. Dennoch nahmen die Aktivitäten in diesem Bereich zwischen 1962 und 1965 beträchtlich zu, wobei mehrere regionale Projekte und mehr als 20 nationale Projekte verwirklicht wurden. Zu einer ebenso großen Erweiterung der Projektvorhaben kam es von 1966 bis 1970. Sachverständigenausschüsse für die Organisation und Verwaltung der Agrarforschung traten 1965 und 1969 in Rom zusammen. Das Landwirtschaftliche Forschungsinformationssystem (CARIS) nahm auf experimenteller Basis seine Arbeit auf. Ferner wurde im Sudan und in Guinea, Afrika, ein neuer Versuch zur zwischenstaatlichen Zusammenarbeit unternommen, der auf agro-ökologisch-klimatischen Analoga basierte.

Von 1971 bis 1975 wurden eine Reihe von Aktivitäten, zum Teil von CGIAR unterstützt, sowie eine Anzahl nationaler und regionaler Projekte zur Verstärkung landwirtschaftlicher Forschungssysteme, die aus anderen Quellen finanziert wurden, ins Leben gerufen. In den Jahren 1976 bis 1977 konzentrierte sich das Zentrum zur Förderung der Forschung vor allem auf die Unterstützung nationaler Forschungsprogramme und -projekte sowie auf die Vorbereitungen der Teilnahme der FAO an der Konferenz der Vereinten Nationen über Wissenschaft und Entwicklungstechnologie (UNCSTD).

Nachdem im Januar 1979 das Zentrum zur Förderung der Forschung der Hauptabteilung für Landwirtschaft angegliedert wurde, war seine Arbeit in erster Linie ausgerichtet auf die Stärkung nationaler Forschungsmöglichkeiten, die Förderung der Verbindung zwischen Forschung und Beratung, die Unterstützung von UNDP- und TCP-finanzierten FAO-Forschungsprojekten sowie auf den Abschluß der letzten Vorbereitungen für die Teilnahme der FAO an der UNCSTD, die im August 1979 in Wien tagte.

Folgende Beamte waren für die Leitung der Arbeit des Zentrums verantwortlich:

Leiter des Forschungszentrums und des Zentrums zur Förderung der Forschung	Land	Amtszeit
Peter Oram	Vereinigtes Königreich	August 1972 bis September 1976
J.H. Monyo	Tansania	Oktober 1977 bis

Abteilung für landwirtschaftliche operationelle Maßnahmen

Obwohl diese Abteilung verwaltungsmäßig der Hauptabteilung für Landwirtschaft untersteht, arbeitet sie auch für die Hauptabteilung für Wirtschafts- und Sozialpolitik, und der Direktor der Abteilung erstattet den Beigeordneten Generaldirektoren und zugleich Leitern beider Hauptabteilungen Bericht. Als sie im März 1974 eingerichtet wurde, wurden die in den verschiedenen Abteilungen der beiden Hauptabteilungen bestehenden Unterabteilungen für operationelle Maßnahmen abgeschafft, und der größte Teil der Mitarbeiter wurde von der neuen Abteilung übernommen. Zur Vorbereitung der Einrichtung dieser Abteilung wurde im Januar 1974 ein Direktor ernannt.

Die Abteilung für landwirtschaftliche operationelle Maßnahmen ist verantwortlich für die Leitung und Verwaltung von Projekten des Feldprogramms, die aus Sonderhaushaltsmitteln, wie UNDP, und aus von bilateralen Geberländern, Empfängerländern und anderen Geldgebern unterstützten Treuhandfonds finanziert werden. Sie trägt auch die Verantwortung für die Abwicklung aller Projekte des Programms für Nachernteverluste. Gleiches gilt für bestimmte Vorhaben des Programms für Technische Zusammenarbeit (TCP), das aus dem Regulären Haushalt finanziert wird.

Die Fachbereiche dieser Projekte der Abteilung sind: Tierproduktion und -gesundheit, Pflanzenproduktion und -schutz, Land- und Wasserressourcen, Erschließung und Erhaltung, Agrartechnik, Nahrungsmitteltechnologie und -verarbeitung und andere Agroindustriezweige, landwirtschaftliche Betriebsführung und Produktionsökonomie, Kreditwesen, Vermarktung und landwirtschaftliche Versorgungseinrichtungen, Umweltprobleme, Beratung, Erziehung, Ausbildung und Forschung, Genossenschaften und andere Organisationen der Landbevölkerung, Hauswirtschaft und verwandte soziale Programme, Bevölkerung, Beschäftigung, Agrarreform, Organisation, Verwaltung und Maßnahmen auf dem Gebiet der landwirtschaftlichen und ländlichen Entwicklung, landwirtschaftliche Planung, Agrarstatistik, Nahrung und Ernährung und Agrarwaren. In den Aufgabenbereich fallen nicht forst- und fischereiwirtschaftliche Projekte sowie einige andere ausgewählte Programme, wie z.B. Kurzzeitausbildungskurse und Seminare, das Düngemittelprogramm, die Arbeit der Gruppe für Heuschreckenbekämpfung und Nothilfemaßnahmen sowie die regionalen Ausbildungszentren für Milchwirtschaft.

Die Abteilung für landwirtschaftliche operationelle Maßnahmen verfügt über vier regionale Unterabteilungen, und zwar für Afrika, Asien und den Pazifik, Europa, Nordafrika und den Nahen Osten sowie für Lateinamerika. Sie sorgen für eine ständige Unterstützung der Mitarbeiter im Außendienst und koordinieren die Arbeit der Zentrale für die Feldprojekte, und zwar angefangen von der Einstellung des Personals, den Anschaffungen usw. bis zur fachlichen Unterstützung und den Folgemaßnahmen. Zu jeder Unterabteilung gehören Beamte für Länderprojekte, die für die Betreuung von Projekten in einem oder mehreren Ländern ihrer Region zuständig sind.

Die Abteilung verfügt auch über eine Unterabteilung für Verwaltung der landwirtschaftlichen Projekte, die von den Zentraldiensten befugt ist, für administrative Unterstützung und Dienstleistungen für die Feldprojekte zu sorgen. Dazu gehören Personal, Haushalt und Finanzen, Verträge und Ausrüstungen. Eine Gruppe für Stipendien gehört verwaltungsmäßig zu dieser Abteilung und erfaßt alle Stipendien der FAO. Außerdem ist eine Arbeitsgruppe für operationelle Information und Analyse im Büro des Direktors für die Analyse der Daten über die Arbeitslast und Leistung der Abteilung verantwortlich. Daneben stellt sie Informationen zur Verfügung, so daß die Abteilung die richtige Gewichtung hinsichtlich der Gesamtleistung des Feldprogramms vornehmen kann. Sie führt besondere Untersuchungen über die Leistung der Abteilung durch und hilft bei der Erfüllung der Informationspflichten gegenüber den Regierungsorganen und Geberländern. Seit Januar 1980 ist eine aus der Hauptabteilung für Entwicklung ausgegliederte Arbeitsgruppe für Berichterstattung ebenfalls dem Büro des Direktors angegliedert. Wie die Gruppe für Stipendien arbeitet sie für die ganze FAO und unterstützt die Fachdienste, indem sie die geforderten Berichte und Pläne in Projektdokumente einarbeitet, die Mitarbeiter für den Außendienst informiert, vereinbarten Meldeterminplänen nachgeht und formale Berichte überprüft und freigibt. Die Arbeitsgruppe für Berichterstattung ist für die Herausgabe, Verarbeitung und den Versand von Schluß- und Fachberichten an Regierungen verantwortlich. Sie steht im Mittelpunkt aller grundsätzlichen und verfahrensmäßigen Angelegenheiten, die das FAO-Berichterstattungssystem im Bereich der Feldprojekte betreffen.

Der Aufgabenbereich dieser Abteilung in bezug auf die Durchführung der Projekte zeigt sich daran, daß sie sich mit 60 % des gesamten FAO-Feldprogramms befaßt. In Dollar ausgedrückt (geschätzt auf der Basis der Ausgaben für Projekte im Jahr 1980) wurden 112 Millionen US-Dollar für UNDP-finanzierte Projekte, 42 Millionen US-Dollar für aus Treuhandfonds finanzierte Projekte (einschließlich der beigeordneten Sachverständigen) und 12 Millionen US-Dollar für Projekte im Rahmen des Programms für Technische Zusammenarbeit und des Programms für Nachernteverluste aufgewandt. Derzeitig werden 700 Großprojekte (jedes mit mehr als 150 000 US-Dollar) und 340 Kleinprojekte in etwa 130 Ländern durchgeführt, an denen jährlich ungefähr 1 500 Feldprojektbeamte, 620 Berater und 230 beigeordnete Sachverständige beteiligt sind.

Folgende Beamte leiteten als Direktor die Abteilung für landwirtschaftliche operationelle Maßnahmen:

Direktor der Abteilung für landwirtschaftliche operationelle Maßnahmen	Land	Amtszeit
Dr. E.H. Hartmans	Vereinigte Staaten	Januar 1974 bis August 1980
Dr. C.H. Bonte-Friedheim	Bundesrepublik Deutschland	August 1980 bis

HAUPTABTEILUNG FÜR WIRTSCHAFTS- UND SOZIALPOLITIK

Eine Abteilung für Wirtschaft und Statistik wurde im Mai 1946, einige Monate nach der Gründung der FAO, eingerichtet. Der erste Generaldirektor widmete ihrer Entwicklung besondere Aufmerksamkeit, da er von ihr bei der Durchsetzung seines Vorschlags für eine Welternährungsbehörde Unterstützung erwartete und diese dann für diese Behörde arbeiten sollte. Als dieser Vorschlag von der 2. Sitzung der FAO-Konferenz im gleichen Jahr abgelehnt wurde, verschob sich zwar der Schwerpunkt; diese Abteilung blieb jedoch der Mittelpunkt für die Arbeit der Vorbereitungskommission, die zunächst zur Gründung des FAO-Rates und später des Warenausschusses führte.

Bis zum Juli 1947 war die Abteilung in "Abteilung für Wirtschaft, Vermarktung und Statistik" umbenannt worden. Sie bestand aus vier Fachgebieten, die sich jeweils mit Informationen über Wirtschaft und Statistik, Waren und Handelspolitik, Beziehungen zwischen Landwirtschaft und Industrie sowie mit statistischen Normen befaßten. Bis zum Februar 1948 war das erste der Fachgebiete in "Fachgebiet für Statistik" umbenannt und ein Fachgebiet für Produktionsökonomie geschaffen worden, das bis zum Januar 1949 die neue Bezeichnung "Fachgebiet für Produktionsökonomie und Entwicklung" erhielt.

Während der Nahrungsmittelknappheit der Nachkriegszeit führten FAO-Maßnahmen zur Einrichtung eines Internationalen Rates für Ernährungsnotstand (IEFC). Dieser Rat arbeitete als selbständige Einheit unter der Leitung der FAO bis November 1947, als er in einen Internationalen FAO-Ausschuß für Ernährungsnotstand (IEFC) umgewandelt wurde. Der IEFC wurde im Juni 1949 aufgelöst.

Im September 1948 wurde die Abteilung für Wirtschaft, Vermarktung und Statistik in zwei Abteilungen aufgeteilt:

> Abteilung für Verteilung mit Arbeitseinheiten für Getreide, Fette und Öle, Reis, Fasern, Vieh, Düngemittel und verschiedene Rohstoffe; ihr Direktor war gleichzeitig Generalsekretär des IEFC;
>
> Abteilung für Wirtschaft und Statistik, die als "Serviceabteilung" eingestuft wurde und Fachgebiete für Statistik, Produktions- und Entwicklungsökonomie, Nahrungsmittelverbrauch und Verwendung sowie Wirtschaftsanalyse umfaßte.

Diese Struktur blieb bis zur Verlegung der FAO-Zentrale Anfang 1951 bestehen. Dann wurde die Abteilung für Verteilung abgeschafft. Ihre Mitarbeiter sowie ihr Aufgabenbereich wurden wieder von der Abteilung für Wirtschaft und Statistik übernommen. Der Name der Abteilung wurde auf "Abteilung für Wirtschaft" gekürzt. Im Juni 1952 setzte sich diese neugestaltete Abteilung aus den Fachgebieten für Wirtschaftsanalyse, Waren und Statistik zusammen.

Der Übergang von einer Abteilung zu einer Hauptabteilung für Wirtschaft erfolgte am 1. Januar 1959. Zu diesem Zeitpunkt wurden die oben genannten drei Fachgebiete in folgende Abteilungen umgewandelt:

Abteilung für Wirtschaftsanalyse
Abteilung für Waren
Abteilung für Statistik

Im Dezember 1962 wurde die Abteilung für ländliche Institutionen und Dienste von der damaligen Hauptabteilung für fachlich-technische Angelegenheiten der Hauptabteilung für Wirtschaft übertragen, deren Name in "Hauptabteilung für Wirtschafts- und Sozialpolitik" geändert wurde (von Januar 1964 bis Mai 1968 hieß sie wiederum "Hauptabteilung für Wirtschaft und Soziales"). Im Juni 1968 wurde die Abteilung für Ernährung von der Hauptabteilung für fachlich-technische Angelegenheiten in diese Hauptabteilung verlegt und ihr Name auf "Hauptabteilung für Wirtschaft und Sozialwesen" gekürzt. In dieser Entwicklungsphase setzte sich die Hauptabteilung aus folgenden Abteilungen zusammen, von denen zwei umbenannt worden waren:

Abteilung für Wirtschaftsanalyse
Abteilung für Waren und Handel
Abteilung für Statistik
Abteilung für Ernährung
Abteilung für ländliche Institutionen

Im Jahr 1974 wurde der Name der Hauptabteilung wieder in "Hauptabteilung für Wirtschafts- und Sozialpolitik" umgeändert, ebenso wurden drei ihrer Abteilungen umbenannt:

Abteilung für Methodenanalyse
Abteilung für Nahrungspolitik und Ernährung
Abteilung für menschliche Ressourcen, Institutionen und Agrarreform

Im März 1974 entstand die Abteilung für landwirtschaftliche operationelle Maßnahmen. Obwohl sie verwaltungsmäßig zur Hauptabteilung für Landwirtschaft gehört, arbeitet sie auch für das Feldprogramm der Hauptabteilung für Wirtschafts- und Sozialpolitik, und der Direktor der Abteilung erstattet den Beigeordneten Generaldirektoren und zugleich Leitern beider Hauptabteilungen Bericht. Diese grundlegende Struktur ist seitdem beibehalten worden. Außerdem wurde im April 1972 eine Arbeitsgruppe für Bevölkerungsprogramme und im Jahr 1978 eine Arbeitsgruppe für globale Zukunftsstudien, die beide zum Büro des Beigeordneten Generaldirektors gehören, geschaffen.

Die wichtigsten Aufgaben der Hauptabteilung für Wirtschafts- und Sozialpolitik können wie folgt zusammengefaßt werden:

- Schaffung eines Rahmens für landwirtschaftliche und ländliche Entwicklungspolitik, einschließlich der damit verbundenen bevölkerungspolitischen Aspekte und innerhalb dieses Rahmens Einrichtung bzw. Unterstützung bestehender entsprechender Institutionen und Dienste, einschließlich Ausbildung in den erforderlichen Fertigkeiten; Unterstützung der Kontrolle und Beurteilung des Fortschritts in der ländlichen Entwicklung, unter besonderer Berücksichtigung der Verbesserung der Lebensbedingungen der weniger privilegierten ländlichen Bevölkerungsgruppen;

- Sammlung von Informationen, Beurteilung und Überwachung der Ernährungslage und des Nahrungsmittelbedarfs in der Welt; Aufstellung von Nahrungs- und Ernährungspolitiken im Rahmen der ländlichen und landwirtschaftlichen Entwicklungspolitik, in der Absicht, die Armut auf dem Lande und die Unterernährung zu mindern; Unterstützung der Mitgliedsländer bei der Aufstellung und Durchführung ihrer Nahrungs- und Ernährungspolitiken sowie bei deren Einbeziehung in die Programme und Projekte für die ländliche Entwicklung;

- Sammlung, Analyse und Verbreitung von Informationen über die Lage von Ernährung und Landwirtschaft, ihre kurz- und mittelfristigen Aussichten sowie langfristigen Perspektiven als Grundlage für die Aufstellung und Durchführung diesbezüglicher Maßnahmen;

- Analyse der nationalen und internationalen Nahrungs-, Landwirtschafts- und Warenpolitiken; Durchführung von Aktivitäten zur Unterstützung der Welternährungssicherheit; Teilnahme und Mitwirkung an internationalen Verhandlungen und Beratungen über Ernährung und Landwirtschaft;

- Unterstützung nationaler Regierungen sowie regionaler und internationaler Organisationen bei der Planung, Programmierung und Aufstellung von Maßnahmen in bezug auf die sozialen, wirtschaftlichen und bevölkerungsbezogenen Aspekte von Ernährung und Landwirtschaft sowie bei der nationalen Ernährungssicherheit.

Die folgenden Beamten leiteten die Hauptabteilung und ihre Vorgänger:

Direktor der Abteilung für Wirtschaft und Statistik sowie der Abteilung für Wirtschaft, Vermarktung und Statistik	Land	Amtszeit
Dr. Howard R. Tolley	Vereinigte Staaten	Mai 1946 bis März 1951
Direktor der Abteilung für Verteilung		
Frederick B. Northrop	Vereinigte Staaten	September 1948 bis Februar 1951
Direktor der Wirtschaftsabteilung		
A.H. Boerma	Niederlande	Mai 1951 bis Dezember 1958

	Land	Amtszeit
Beigeordneter Generaldirektor, Hauptabteilung für Wirtschaft		
Dr. Mordecai Ezekiel	Vereinigte Staaten	Januar 1959 bis Februar 1961
Beigeordneter Generaldirektor, Hauptabteilung für Wirtschafts- und Sozialpolitik		
Oris V. Wells	Vereinigte Staaten	Juni 1962 bis Juli 1963
Beigeordneter Generaldirektor, Hauptabteilungen für Wirtschafts- und Sozialpolitik, für Wirtschafts- und Sozialfragen sowie für Wirtschaft und Soziales		
Mekki Abbas	Sudan	September 1963 bis September 1968
Beigeordneter Generaldirektor, Hauptabteilung für Wirtschaft und Soziales		
Albert Adomakoh	Ghana	April 1969 bis Juli 1970
Beigeordneter Generaldirektor, Hauptabteilungen für Wirtschaft und Soziales und für Wirtschafts- und Sozialpolitik		
Dr. Eric M. Ojala	Neuseeland	August 1970 bis September 1976
Beigeordneter Generaldirektor, Hauptabteilung für Wirtschafts- und Sozialpolitik		
Dr. Nurul Islam	Bangladesch	Juli 1977 bis

Seit 1964 sind die Beigeordneten Generaldirektoren und zugleich Leiter der Hauptabteilungen von folgenden Beamten unterstützt worden:

Assistent des Beigeordneten Generaldirektors	Land	Amtszeit
Ebo Glazenburg	Niederlande	Januar 1964 bis Mai 1973
Teuvo Lehti	Finnland	Juli 1973 bis Oktober 1976
Dr. M.H. Abbas	Jordanien	November 1976 bis

Abteilung für allgemeine Analysen

Obwohl der erste allgemein bekannte Vorgänger der Abteilung für allgemeine Analysen das Fachgebiet für Wirtschaftsanalyse war, das im September 1948 in die Abteilung für Wirtschaft, Vermarktung und Statistik integriert wurde, unterstanden dem früheren Fachgebiet für wirtschaftliche und statistische Informationen Aufgabenbereiche, die denen der heutigen Abteilung mehr oder weniger entsprechen. Im Januar 1959 wurde das Fachgebiet für wirtschaftliche und statistische Informationen in "Abteilung für Wirtschaftsanalyse" umbenannt. Das Beratungsbüro, das es seit Januar 1969 im Büro des Generaldirektors gab, wurde im Juli 1972 der Abteilung zugeordnet, die dann wiederum die Bezeichnung "Abteilung für allgemeine Analysen" erhielt.

Das Fachgebiet für Produktionsökonomie, das im Februar 1948 innerhalb der Abteilung für Wirtschaft, Vermarktung und Statistik geschaffen wurde, wurde im Januar 1949 in "Fachgebiet für Produktions- und Entwicklungsökonomie" umbenannt und mit der Verlegung nach Rom im Frühjahr 1951 aufgelöst. Es kann ebenfalls als Vorläufer der Abteilung bezeichnet werden.

Zur Zeit gibt es drei Unterabteilungen innerhalb der Abteilung:

Unterabteilung für Planungshilfe
Unterabteilung für entwicklungspolitische Studien und Ausbildung
Unterabteilung für Bestandsaufnahme und Zukunftsaussichten

Der Abteilung für allgemeine Analysen unterstehen folgende Aufgabenbereiche:

- Analyse und Berichterstattung über die Lage und Aussichten von Ernährung und Landwirtschaft in der Welt und in einzelnen Regionen;
- Analyse der nationalen und internationalen Probleme und Maßnahmen der landwirtschaftlichen Entwicklung;
- Unterstützung von Ländern und Ländergruppen bei der Verbesserung ihrer landwirtschaftlichen Planung und Projektanalyse durch Entwicklung und Anwendung von Planungsmethoden, Organisation und Unterstützung von Ausbildungsprogrammen sowie direkte Hilfe durch Feldprojekte und Missionen.

Als im Januar 1948 der Vorläufer der Abteilung, das Fachgebiet für Wirtschaftsanalyse, eingerichtet wurde, wurde ihm die Verantwortung für die Ausarbeitung des Jahresberichts des Generaldirektors, "Die Lage von Ernährung und Landwirtschaft", übertragen, der gemäß der Regel XXXVII.2(c) der Allgemeinen Richtlinien der Organisation vorgelegt wird. Von Anfang an erfolgte diese Arbeit hauptsächlich auf regionaler Ebene, konzentrierte sich jedoch auf die Wirtschaftsanalyse auf Länderebene. Das frühere Fachgebiet und die Abteilung blieben weiterhin mit den in den regionalen Wirtschaftskommissionen von der FAO und den VN eingerichteten gemeinsamen Abteilungen eng verbunden. Pionierarbeit wurde bei der landwirtschaftlichen Planung und Projektanalyse, Sektoranalyse, Preispolitik, Vermarktung, Projektevaluierung etc. geleistet, wenn auch die Verantwortung für die Arbeit in den beiden letztgenannten Bereichen später anderen Arbeitseinheiten der Organisation übertragen wurde. Die Abteilung verfügt in Form von Informationsakten über eine umfassende Unterlagensammlung über die Wirtschaft der einzelnen Länder. Nationale Entwicklungspläne werden überprüft und Probleme der landwirtschaftlichen Entwicklung der Länder sowie ihre Erfordernisse in Zusammenhang mit ihrer Wirtschafts- und Sozialpolitik insgesamt und den entsprechenden Bedürfnissen analysiert. Dieser Arbeit kommt eine große Bedeutung zu auf dem Gebiet der Berichterstattung über Bestandsaufnahme und Zukunftsaussichten, der Planung von Hilfe und der Projektbeurteilung, der Unterstützung von Feldtätigkeiten und regionaler Aktivitäten (einschließlich der Arbeit der gemeinsamen Abteilungen), der Unterweisung von Feldexperten und der Versorgung der anderen Arbeitseinheiten der FAO mit den neuesten Informationen und Analysen über die Wirtschaft eines Landes.

In dem Bericht des Generaldirektors, "Die Lage von Ernährung und Landwirtschaft" (SOFA), werden die Ergebnisse der Analyse der Lage und Zukunftsaussichten von Ernährung und Landwirtschaft in der Welt und ihren einzelnen Regionen veröffentlicht. Andere periodische Berichte werden außerdem für die FAO-Konferenz, den Rat und die Regionalkonferenzen ausgearbeitet. Auch werden Beiträge für den Prüfungs- und Fortschrittsbericht des Systems der Vereinten Nationen, der alle zwei Jahre vorgelegt wird, zur Bewertung der Fortschritte in den Entwicklungsdekaden geliefert. In den letzten Jahren wurde zunehmend der Schwerpunkt auf die Analyse des in die Landwirtschaft fließenden Fremd- und Inlandskapitals sowie auf die Probleme der am schwersten betroffenen (MSA) und der am wenigsten entwickelten Länder (LDC) gelegt.

Die direkte Hilfe der Abteilung sowohl für einzelne Regierungen als auch für regionale und subregionale Zusammenschlüsse zur Verbesserung der nationalen Planung umfaßt die landwirtschaftliche Sektoranalyse, die Analyse der Maßnahmenoptionen, die Aufstellung von Plänen, Programmen und Projekten zur Entwicklung von Ernährung und Landwirtschaft sowie Ausbildung für landwirtschaftliche Planung und Analyse. Sie wird gleichermaßen durch Missionen des Regulären Programms und durch fachliche Unterstützung von Feldprojekten für Planungshilfe ermöglicht.

Die Leitung der Abteilung und ihrer vorangegangenen Fachgebiete hatten folgende Beamte:

Leiter des Fachgebiets für wirtschaftliche und statistische Informationen	*Land*	*Amtszeit*
J.B. Rutherford	Kanada	Juli 1947 bis September 1948
Leiter des Fachgebiets für Produktionsökonomie und des Fachgebiets für Produktionsökonomie und -entwicklung		
Harold A. Vogel	Vereinigte Staaten	Juli 1947 bis März 1951

Leiter des Fachgebiets für Wirtschaftsanalyse und Stellvertretender Direktor der Wirtschaftsabteilung	Land	Amtszeit
Dr. Mordecai Ezekiel	Vereinigte Staaten	April 1951 bis Dezember 1958
Leiter des Fachgebiets für Wirtschaftsanalyse und Direktor der Abteilung für Wirtschaftsanalyse		
Philip G.H. Barter	Vereinigtes Königreich	Januar 1958 bis März 1966
Direktor der Abteilung für Wirtschaftsanalyse		
Clifford F. Pennison	Vereinigtes Königreich	Juli 1966 bis Juni 1967
Dr. Kenneth L. Bachman	Vereinigte Staaten	September 1967 bis Juni 1972
Direktor der Abteilung für allgemeine Analysen		
W.H. Pawley	Australien	Juli 1972 bis Januar 1974
Dr. J.P. Bhattacharjee	Indien	Februar 1974 bis

Abteilung für Waren und Handel

Der erste Vorläufer der derzeitigen Abteilung für Waren und Handel, das Fachgebiet für Waren und Wirtschaftspolitik, befand sich ab Juli 1947 in der Abteilung für Wirtschaft, Vermarktung und Statistik. Im September 1948 wurde es in die Abteilung für Verteilung eingegliedert. Sein Aufgabenbereich umfaßte verschiedene wichtige Warenbereiche. Im Mai 1951, im Anschluß an die Verlegung der FAO nach Rom, erfolgte erneut die Einrichtung eines Fachgebiets für Waren als Teil der neugebildeten Abteilung für Wirtschaft, in die die Abteilung für Verteilung integriert wurde.

Im Januar 1959 wurde das Fachgebiet für Waren in eine Abteilung für Waren umgewandelt, die im Juni 1968 schließlich in "Abteilung für Waren und Handel" umbenannt wurde.

Der gegenwärtige Aufbau der Abteilung umfaßt folgende Unterabteilungen:

Unterabteilung für Grundnahrungsmittel
Unterabteilung für Rohstoffe, tropische und Gartenbauerzeugnisse
Unterabteilung für Warenpolitik und -projektionen
Unterabteilung für Ernährungssicherheit und Information
Arbeitsgruppe für die Unterstützung der Ernährungssicherheit

Von Anfang an leistete die Abteilung (ebenso wie ihre Vorgänger) Pionierarbeit in den Problembereichen, die durch den internationalen Handel mit landwirtschaftlichen Produkten (ohne Fischerei- und Forsterzeugnisse), entstanden waren. Sie unterstützte nach dem

Zweiten Weltkrieg die Diskussionen über weltweite Notreserven und über die Verwertung von Nahrungsüberschüssen. Auch arbeitete sie wegbereitend auf dem Gebiet der Warenforschung und hat vieles zur Erleichterung der internationalen Zusammenarbeit beigetragen. Sie stand im Vordergrund bei der Erstellung von Warenprojektionen, -berichten und -bulletins, die für die Entwicklung zwischenstaatlicher Zusammenarbeit notwendig sind, sowie bei der Ausarbeitung von Richtlinien für internationale Maßnahmen, insbesondere in der Handelspolitik. Seit der Gründung der Welthandelskonferenz (UNCTAD) im Jahr 1964 als Organ der Vereinten Nationen bestehen enge Verbindungen zwischen der Abteilung und dieser Konferenz.

Die Lage und die Aussichten für alle wichtigen landwirtschaftlichen Erzeugnisse werden ständig von der Abteilung überprüft. Daten über Waren werden gesammelt und analysiert und die Ergebnisse in dem jährlich erscheinenden Bericht der FAO "Lage und Aussichten bei landwirtschaftlichen Grundstoffen" veröffentlicht. Dieser Bericht stellt besondere Warenprobleme heraus und schlägt internationale Maßnahmen zu ihrer Behandlung eher auf Warenbasis als nach geographischen Regionen vor.

Um bei einer Vielzahl von Problembereichen, die sich auf den internationalen Handel mit landwirtschaftlichen Erzeugnissen beziehen, helfen zu können, organisiert die Abteilung durch den Warenausschuß (CCP) und seine zwischenstaatlichen Unterausschüsse internationale Erzeuger- und Verbrauchertagungen. Durch den Beratenden Unterausschuß für Überschußverwertung des CCP beschäftigt sie sich ebenfalls mit den Problemen der Überschußverwertung. Auf nationaler Ebene besteht ihre Hilfe in der Beratung über einzelne Waren sowie in der Teilnahme an Missionen, die beispielsweise mit dem Internationalen Programm zur Koordinierung der Förderung der Milchwirtschaft und dem Internationalen Programm zur Förderung der Fleischproduktion verbunden sind.

Außerdem übt die Abteilung Leit- und Schlüsselfunktionen auf dem Gebiet der Welternährungssicherheit aus. Sie arbeitet für den FAO-Ausschuß für Welternährungssicherheit und die damit verbundene "Internationale Verpflichtung zur Sicherung der Welternährung". Ferner betreibt sie das weltweite "Informations- und Frühwarnsystem" und führt das 1974 eingeführte Hilfsprogramm für Ernährungssicherheit durch, in dessen Rahmen bis zum Frühjahr 1981 bereits 44 Ländern Hilfe gewährt wurde. Vor kurzem wurde ein FAO-Aktionsplan für Welternährungssicherheit ausgearbeitet, der weiter verfolgt wird.

Bei der Erstellung von Material für den Ausschuß für Nahrungsmittelhilfepolitiken und -programme (CFA) arbeitet die Abteilung auch mit dem Welternährungsprogramm (WEP) zusammen. Der UNCTAD wurde im Rahmen des Integrierten Rohstoffprogramms fachliche Unterstützung bei den Rohstoffverhandlungen über Tee, Jute und Juteprodukte, Hartfasern, Bananen, Fleisch und Ölsaaten gewährt.

Die Abteilung für Waren und Handel und ihre Vorgänger standen unter der Leitung folgender Beamten:

Direktor der Abteilung für Verteilung	Land	Amtszeit
Frederick B. Northrop	Vereinigte Staaten	September 1948 bis Februar 1951
Leiter des Fachgebiets für Waren und Wirtschaftspolitik		
P. Lamartine Yates	Vereinigtes Königreich	Juli 1947 bis September 1948
Leiter des Fachgebiets für Waren und Direktor der Abteilung für Waren		
Gerda Blau	Vereinigtes Königreich	September 1951 bis Dezember 1962
Direktor der Abteilung für Waren und der Abteilung für Waren und Handel		
Dr. Eric M. Ojala	Neuseeland	Juli 1964 bis Juni 1970
Direktor der Abteilung für Waren und Handel		
Dr. Sartaj Aziz	Pakistan	August 1971 bis Januar 1976
A.G. Leeks	Vereinigtes Königreich	Dezember 1976 bis

Abteilung für Statistik

Ab Juli 1947 wurden zwei Fachgebiete in der Abteilung für Wirtschaft, Vermarktung und Statistik eingerichtet, die sich mit den verschiedenen Aspekten dieses Gebiets beschäftigen sollten: ein Fachgebiet für wirtschaftliche und statistische Informationen und ein Fachgebiet für statistische Normen.

Im September 1948 wurde die statistische Arbeit in einem Fachgebiet für Statistik der damaligen Abteilung für Wirtschaft und Statistik zusammengefaßt. Im Januar 1959 erhielt dieses Fachgebiet den Rang einer Abteilung und wurde "Abteilung für Statistik" genannt. Die Abteilung hat heute folgenden Aufbau:

Unterabteilung für statistische Entwicklung
Unterabteilung für statistische Analyse
Arbeitsgruppe für Grunddaten

In ihrem Anfangsstadium war die statistische Arbeit der FAO zum größten Teil eine Fortsetzung und Erweiterung der Pionierarbeit, die der Vorläufer der FAO, das Internationale Institut für Landwirtschaft (IIA), geleistet hatte. Das erste "Jahrbuch für Agrarstatistik" des IIA für das Jahr 1910 (veröffentlicht 1912) umfaßte Anbaugebiet, Ertrag und Produktion ausgewählter Kulturen sowie Zahlen über Viehbestände. Später wurde der Inhalt auf Handels- und Preisdaten für die wichtigsten Kulturen sowie Düngemittel erweitert. Das Institut gab zudem mehrere Monographien und methodische Informationen über Statistik heraus. Von 1927-28 bis 1936-37 erschien fast jährlich eine statistische Reihe über landwirtschaftliche Buchführung. Die Ergebnisse der ersten Landwirtschaftszählung (1930) wurden in dem "Bulletin für Agrarstatistik" des IIA veröffentlicht. Die Arbeit des Instituts wurde jedoch durch den Zweiten Weltkrieg unterbrochen. Die FAO trat das Erbe des IIA an und übernahm später einige ihrer Aufgaben. Aus Anlaß dieses Übergangs im statistischen Bereich war das letzte der statistischen Jahrbücher des IIA, das den Zeitraum von 1941-42 bis 1945-46 erfaßte, eine Gemeinschaftspublikation, die die FAO 1947 in drei Bänden herausgab.

Obwohl die Arbeit des IIA die Grundlage für das Statistikprogramm der FAO war, mußte bei der Gestaltung des neuen Aufbaus des Fachgebiets und dann erneut bei der Abteilung ein wichtiger Unterschied in Priorität und Ausrichtung berücksichtigt werden. Bei der Gründung der FAO war man sich allgemein der Tatsache bewußt, daß ein großer Teil der Weltbevölkerung unzureichend ernährt war, aber die Fakten und Zahlen sowie die statistische Analyse, die für die Beurteilung des Ausmaßes des Problems notwendig waren, konnten keineswegs als ausreichend bezeichnet werden. Dies erforderte eine beträchtliche Ausweitung des Umfangs der verfügbaren Basisstatistik und eine Verstärkung der statistischen Analyse, besonders im Bereich der Nahrungsmittelversorgung, bezogen auf die wachsende Weltbevölkerung und auf die Probleme des Hungers und der Unterernährung, insbesondere die, die aus der ungleichmäßigen Verteilung der verfügbaren Nahrungsmittel unter den Bevölkerungsgruppen innerhalb der Länder entstanden waren.

Die Ausweitung der nationalen, von der Abteilung für Statistik und anderen Arbeitseinheiten der FAO gesammelten Daten fand ihren Höhepunkt in der Errichtung einer Computerdatenbank für Ernährungs- und Agrarstatistik, die die größte ihrer Art in der Welt ist. Eines ihrer charakteristischen Merkmale ist die Zusammenfassung verschiedener einzelner Datenserien, die früher getrennt zusammengestellt wurden, in einem einzigen System, das ihre Beziehungen zueinander erkennen läßt und auf diese Weise die analytische Arbeit vereinfacht.

Als der Vorgänger, das Fachgebiet für Statistik, Ernährungs- und Agrarstatistiken sammelte und verbreitete, stellte er gleichzeitig ein Länderprogramm für Technische Hilfe im Bereich der Ernährungs- und Agrarstatistik auf, das auch Zählungen und Erhebungen erfaßte. Es spielte eine bedeutende Rolle bei der Einführung der Stichprobenverfahren (kombiniert mit objektiven Messungen) in vielen Entwicklungsländern, um Statistiken über Anbaugebiete und Erträge sowie über Viehbestände zu erstellen und die statistischen Erhebungen im Bereich des Nahrungsverbrauchs zu verbessern. Das Programm für Landwirtschaftszählung des IIA wurde weiter verfolgt und durch die Förderung der alle zehn Jahre vorgenommenen nationalen Landwirtschaftszählungen beträchtlich erweitert. Ein Anfang wurde mit dem "Programm für die Weltlandwirtschaftszählung 1950" gemacht. Außerdem wurde ein wichtiges Programm durchgeführt, und zwar zur Standardisierung von Konzepten, Definitionen und Klassifikationen für Ernährungs- und Agrarstatistik sowie zur Verbreitung von verwandten fachlichen und methodischen Informationen und zur Weiterentwicklung von Methoden der Datenerfassung, die in einer Reihe von Handbüchern und Richtlinien veröffentlicht wurden.

Ein wichtiger Schritt zur Erweiterung des Umfangs und der Verbesserung der Basisstatistik auf Länderebene war die Einbeziehung der Länder selbst bei der Überprüfung der nationalen Daten und der Gestaltung der fachlichen Aspekte des Arbeitsprogramms der Abteilung. Zu diesem Zweck wurden Kommissionen für Agrarstatistik in Asien und im Fernen Osten (heute Asien und der Pazifik), in Afrika und im Nahen Osten eingesetzt. Für die westliche Hemisphäre wurde in Zusammenarbeit mit dem Interamerikanischen Institut für Statistik ein gemeinsamer Unterausschuß eingerichtet, und für Europa wurde in Zusammenarbeit mit der Konferenz der Europäischen Statistiker und der ECE eine entsprechende Studiengruppe für Ernährungs- und Agrarstatistik geschaffen. Gleichzeitig richtete das Büro für Statistik der VN regionale Statistikerkonferenzen ein, mit denen die Abteilung für Statistik der FAO und ihre regionalen Kommissionen eng zusammenarbeiten. Das Arbeitsprogramm der Abteilung für Statistik in der Zentrale berücksichtigt die Überlegungen dieser regionalen Gremien. Gemäß Resolution Nr. 46/59 der 10. Sitzung der FAO-Konferenz überprüft zudem ein Beratender Sachverständigenausschuß für Statistik die statistischen Publikationen der FAO und macht Empfehlungen für die fachlichen Aspekte des Statistikprogramms der Organisation.

Eine bedeutende Leistung der Abteilung kurz nach ihrer Einrichtung im Jahr 1959 war die Ausarbeitung des "3. Welternährungsberichtes der FAO", der 1963 veröffentlicht wurde. Während der 1. (1946) und 2. (1952) Bericht im wesentlichen die gesamte Nahrungsmittelversorgung der Länder untereinander analysierte, war das neue Merkmal des 3. Berichtes der Versuch, die verfügbaren Informationen über die Nahrungsmittelverteilung zwischen den Haushalten innerhalb der Länder zu analysieren, um die Gesamtzahl der unterernährten oder schlecht ernährten Menschen zu schätzen. Diese Bestandsaufnahme war das grundlegende Dokument für den 1. Welternährungskongreß, der 1963 in Washington stattfand. Gleichermaßen lieferte er einen beträchtlichen Teil des Fachmaterials für die "Kampagne Kampf gegen den Hunger". Der im Jahr 1977 veröffentlichte 4. Welternährungsbericht der FAO brachte den 3. auf den neuesten Stand und entwickelte die analytische Arbeit an den Aspekten der Verteilung des Nahrungsmittelangebots noch weiter. Zudem lieferte er erstmals zusätzlich zu den groben Schätzungen für die großen regionalen Gruppierungen und die Welt insgesamt Schätzungen über die Zahl der Unterernährten in vielen einzelnen Ländern. Das zunehmende Interesse an der Frage der Verteilung des Nahrungsmittelangebots innerhalb der Länder hat ferner dazu geführt, daß der Sammlung und Tabellarisierung nicht aggregierter Daten nach kleinen subnationalen Gebieten und agroökologischen Regionen sowie sozioökonomischen Gruppen eine größere Bedeutung beigemessen wurde. Ein erster Schritt in dieser Richtung erfolgte in Zusammenarbeit mit der Abteilung für Land- und Wassererschließung durch die Tabellarisierung der Daten über Bevölkerung, Flächen und pflanzliche Produktion nach agroökologischen Zonen für Länder in Afrika. Das Aktionsprogramm der Weltkonferenz über Agrarreform und ländliche Entwicklung (WCARRD) gab einen weiteren Anstoß zu dieser Arbeit durch seine Empfehlung, daß die Länder geeignete Daten sammeln und Indikatoren zur Überwachung und Evaluierung der Agrarreform und ländlichen Entwicklung entwickeln sollen. Diese große Herausforderung für die nahe Zukunft erfordert intensive Anstrengungen, sowohl auf nationaler als auch internationaler Ebene.

Folgende Beamte leiteten die statistische Arbeit der FAO im Laufe der Jahre:

Leiter des Fachgebiets für statistische Normen und des Fachgebiets für Statistik	Land	Amtszeit
Dr. Conrad Taeuber	Vereinigte Staaten	Dezember 1946 bis Februar 1951
Leiter des Fachgebiets für wirtschaftliche und statistische Informationen		
J.B. Rutherford	Kanada	Juli 1947 bis September 1948
Leiter des Fachgebiets für Statistik und Direktor der Abteilung für Statistik		
Dr. P.V. Sukhatme	Indien	Juli 1951 bis Januar 1972
Direktor der Abteilung für Statistik		
Dr. K.L. Bachman	Vereinigte Staaten	Juli 1972 bis Juli 1975
Dr. R.D. Narain	Indien	Oktober 1977 bis Februar 1980
Dr. C.L. Quance	Vereinigte Staaten	Januar 1981 bis

Dr. R.D. Narain (Indien) war von Februar bis Juni 1972 und von August 1975 bis September 1977 außerdem als amtierender Direktor tätig.

Abteilung für Nahrungspolitik und Ernährung

Die Arbeit der FAO auf dem Gebiet der Ernährung begann formell im Juli 1946, als Dr. W.R. Aykroyd zum Direktor der Abteilung für Ernährung ernannt wurde. Unterteilt wurde die von Beginn an kleine Abteilung 1947 in ein Fachgebiet für die einzelnen Regionen und den Außendienst und ein Fachgebiet für Ernährungsprogramme. Nach Verlegung der FAO-Zentrale nach Rom im Jahr 1951 und der Auflösung der Abteilung für ländliches Sozialwesen wurde der Aufgabenbereich Hauswirtschaft von der zuletzt genannten Abteilung der Abteilung für Ernährung übertragen, in der eine Arbeitseinheit für Hauswirtschaft eingerichtet wurde. Im wesentlichen blieb die Abteilung jedoch bis zum Juli 1958 unverändert.

Ein weiterer damaliger Vorläufer der Abteilung für Nahrungspolitik und Ernährung, das Fachgebiet für Nahrungsverbrauch und -verwendung, wurde ungefähr im Januar 1949 in der Abteilung für Wirtschaft, Vermarktung und Statistik geschaffen, jedoch nach der Verlegung nach Rom aufgelöst. Die wichtigste Leistung dieses Fachgebiets bestand in einer Reihe von Ernährungsbilanzen, die für die FAO-Mitgliedstaaten erstellt wurden.

Als im Januar 1960 ein Plan zur Umorganisation der Organisation in die Tat umgesetzt wurde, wurde die Abteilung für Ernährung in die Hauptabteilung für fachlich-technische Angelegenheiten verlegt. Als diese im Juni 1968 als Teil einer früheren allgemeinen Umorganisation in eine Hauptabteilung für Landwirtschaft umgewandelt wurde, kam die Abteilung für Ernährung zur Hauptabteilung für Wirtschaft und Soziales. Zu diesem Zeitpunkt umfaßte sie folgende vier Fachgebiete:

Fachgebiet für Nahrungsmittelverbrauch und -planung
Fachgebiet für Ernährungswissenschaft
Fachgebiet für angewandte Ernährung
Fachgebiet für Hauswirtschaft

Im Januar 1970 erfolgte die Umwandlung in die folgenden drei Unterabteilungen:

Unterabteilung für Nahrungspolitik und Ernährungswissenschaft
Unterabteilung für Ernährung und Entwicklung eiweißreicher Nahrungsmittel
Unterabteilung für Hauswirtschaft

In dieser Zeit besaß die Abteilung ebenfalls ein Büro für Programmkoordinierung (später umbenannt in "Büro für Programmkoordinierung und Verwaltung") und ein kleines Sekretariat für die Arbeit der Beratungsgruppe für Proteine (PAG), ein von FAO, WHO, UNICEF, Weltbank und Vereinten Nationen gemeinsam gefördertes interdisziplinäres Gremium.

Im August 1972 wurde die Unterabteilung für Hauswirtschaft der Abteilung für menschliche Ressourcen, Institutionen und Agrarreform zugeordnet. Das Fachgebiet für Nahrungsmittelnormen, umbenannt in Unterabteilung für Nahrungsmittelnormen und -kontrolle, wurde von der Abteilung für Verbindung zu internationalen Organisationen in die Abteilung für Nahrungspolitik und Ernährung verlagert. Im Jahr 1973 bestand die Abteilung aus folgenden Arbeitseinheiten:

Unterabteilung für Nahrungspolitik und Ernährungswissenschaft
Unterabteilung für Nahrungsmittelnormen und -kontrolle
Unterabteilung für Ernährungsprogramme und Forschung
PAG-Sekretariat
Büro für Programmkoordinierung und Verwaltung

Eine weitere Umorganisation im Jahr 1974 führte zu der Umbenennung der drei Unterabteilungen:

Unterabteilung für Nahrungspolitik und -programme
Unterabteilung für Nahrungsmittelnormen und Ernährungswissenschaft
Unterabteilung für Ernährungsstrategie und -entwicklung

Ende 1976 wurden weitere Änderungen vorgenommen, und die Abteilung nahm ihre gegenwärtige Form mit den folgenden Unterabteilungen an:

Unterabteilung für die Beurteilung von Nahrungsmitteln und Ernährung
Unterabteilung für Ernährungsprogramme
Unterabteilung für Nahrungsmittelnormen und Ernährungswissenschaft

1977 wurden die PAG und ihr Sekretariat aufgelöst. Im Januar 1978 wurde das Büro für Programmkoordinierung und Verwaltung durch eine kleine Arbeitsgruppe für Verwaltung in dem Büro des Direktors ersetzt.

Unter den in der Präambel der Satzung aufgeführten Aufgaben treffen zwei ganz besonders auf die Arbeit der Abteilung für Nahrungspolitik und Ernährung zu:

die Erhöhung des Ernährungs- und Lebensstandards ...
und die Befreiung der Menschheit von Hunger.

Die Abteilung bemüht sich, die Mitgliedstaaten zu unterstützen bei der Aufstellung und Durchführung solider Ernährungsprogramme, der Einführung ernährungsbezogener Überlegungen in die Planung und Bewertung von Investitionen und Projekten für die ländliche Entwicklung, bei der Aufstellung und Durchführung von Sonderprogrammen für anfällige Bevölkerungsgruppen, bei der Verbesserung der Qualität und Sicherheit der Nahrungsmittelvorräte zum Schutz des Verbrauchers sowie bei der Entwicklung und Anerkennung international vereinbarter Normen zur Erleichterung des internationalen Handels mit Ernährungsgütern.

Die Unterabteilung für die Beurteilung von Nahrungsmitteln und Ernährung unterstützt die Regierungen, damit diese Ernährungssituationen besser beurteilen, Maßnahmen und Programme zur Linderung des Hungers und der Unterernährung aufstellen und den Fortschritt überwachen können. Sie leistet Hilfe beim Aufbau nationaler Institutionen für Ernährungsplanung und bei der Entwicklung nationaler oder regionaler Methoden für die Ernährungsplanung und -überwachung. Zudem trägt sie die Verantwortung für die Sammlung und

Auslegung von Daten über Nahrungsverbrauch, Zusammensetzung der Nahrungsmittel und menschlichen Nahrungsbedarf und veröffentlicht zu diesem Thema FAO- oder gemeinsame FAO/WHO-Berichte.

Die Unterabteilung für Ernährungsprogramme hilft den Ländern bei der Planung und Durchführung von Ernährungsprogrammen in ländlichen Gebieten; hierzu gehören Programme für angewandte Ernährung, in deren Rahmen Familien im Anbau und der Nutzung nahrhafter Nahrungsmittel unterwiesen werden, sowie Programme für Ernährungsaufklärung, die aufgestellt werden, um verbesserte Ernährungsgewohnheiten einzuprägen, insbesondere bessere Methoden zur Ernährung von Kindern. Eine andere Art von Hilfe ist die technische Unterstützung und Beratung für Nahrungsmittelhilfe und ergänzende Speisungsprogramme. Bereits seit 1965 werden Tagungen über die Bewertung angewandter Ernährung, einschließlich ergänzender Speisungsprogramme, organisiert. Außerdem wurde ein Handbuch über "Planung und Bewertung von Programmen für angewandte Ernährung" herausgegeben. Eine praktische Anleitung über Bewertungsmethoden wird zur Zeit als Ergänzung zu diesem Handbuch ausgearbeitet. Die Unterabteilung für Nahrungsmittelnormen und Ernährungswissenschaft beschäftigt sich in erster Linie mit der Erhaltung der Nahrungsmittelsicherheit und -qualität. Ihre Arbeit ist in drei wesentliche Bereiche unterteilt:

- Entwicklung und Anwendung internationaler Nahrungsmittelnormen und Angleichung nationaler Nahrungsmittelbestimmungen unter der Ägide der im Jahr 1963 gegründeten Gemeinsamen FAO/WHO-Codex-Alimentarius-Kommission;
- Förderung der Nahrungsmittelkontrolle und des Verbraucherschutzes, um eine sichere und gesunde Nahrungsmittelversorgung zu erreichen und den Verbraucher vor Gesundheitsrisiken und kommerziellem Betrug zu schützen;
- Nahrungsmittelsicherheit in bezug auf den Gebrauch von Lebensmittelzusatzstoffen und Vermeidung von Kontamination. Die Reinheit und die Sicherheit bei der Verwendung von Substanzen wie Konservierungsmittel, Farbstoffe, Geschmackstoffe, Bindemittel und Verarbeitungshilfen unterstehen einer regelmäßigen Prüfung durch den Gemeinsamen FAO/WHO-Sachverständigenausschuß für Lebensmittelzusatzstoffe. In Zusammenarbeit mit dem UNEP wurde ein Gemeinsames FAO/WHO-Programm für die Überwachung der Kontamination von Nahrungs- und Futtermitteln aufgestellt. Auch über die verschiedenen Aspekte des Nährwertes und des Schutzes der Nahrungsmittel wird Auskunft erteilt.

Ein bedeutender Aspekt der Aktivitäten dieser Unterabteilungen ist der Aufbau nationaler Institutionen und der Ausbau des jeweiligen örtlichen Personalbestands. Insbesondere in den Entwicklungsländern kann dies in bezug auf die oben angeführten Aufgabenbereiche durch praxisbezogene Ausbildung, den Besuch von regionalen und nationalen Kursen und Seminaren sowie durch die Unterstützung regionaler und internationaler Lehrgänge erreicht werden. Handbücher, Richtlinien und anderes Schulungsmaterial werden zur Förderung der Ausbildungsprogramme herausgegeben.

Die derzeitig geltenden vom Verwaltungs- und Koordinierungsausschuß (ACC) getroffenen institutionellen Vereinbarungen in bezug auf Ernährung enthalten die Gründung eines Unterausschusses des ACC für Ernährung, der die Abstimmungen der Maßnahmen und Aktivitäten im Ernährungsbereich der Organisationen der Vereinten Nationen, insbesondere zur Erreichung der Zielsetzungen von Resolution V der Welternährungskonferenz, unterstützen soll. Dieser Unterausschuß erhält von einer Beratungsgruppe für Ernährung (AGN), die den Platz der PAG eingenommen hat, fachkundigen Rat. Das Sekretariat des ACC-Unterausschusses, das im Frühjahr 1978 seine Arbeit aufnahm, ist auch zuständig für die AGN und gehört zu der Abteilung der FAO für Nahrungspolitik und Ernährung. Daher steht die Abteilung im Mittelpunkt der Bemühungen zur Mobilisierung der institutionellen, menschlichen und finanziellen Ressourcen des Systems der Vereinten Nationen und anderer Organisationen, die sich mit der Verbesserung der Welternährungslage beschäftigen.

Die "Lord Boyd Orr-Gedächtnisbibliothek für Nahrung und Ernährung", ein Zweig der "David Lubin-Gedächtnisbibliothek", ist eine selbständige Einheit und leistet Indexierungs- und Auffindungsdienste. Mit einem Bestand von etwa 5 000 Büchern, 200 aktuellen Fachzeitschriften und einer vollständigen FAO-Dokumentation über Nahrung und Ernährung dient sie, wie ihr Name schon besagt, dem Andenken an den ersten Generaldirektor der FAO.

Folgende Beamte waren als Direktoren der Abteilung für Ernährung oder der Abteilung für Nahrungspolitik und Ernährung tätig:

Direktor der Abteilung für Ernährung	Land	Amtszeit
Dr. W.R. Aykroyd	Vereinigtes Königreich	Juli 1946 bis Mai 1960
Dr. M. Autret	Frankreich	August 1960 bis Oktober 1971
Direktor der Abteilung für Ernährung und der Abteilung für Nahrungspolitik und Ernährung		
M. Ganzin	Frankreich	November 1971 bis Juni 1977
Direktor der Abteilung für Nahrungspolitik und Ernährung		
Dr. Z.I. Sabry	Kanada	Februar 1979 bis

Von Juli 1977 bis Januar 1979 hatte G.O. Kermode (Vereinigtes Königreich) das Amt des amtierenden Direktors inne. David M. Lubbock (Vereinigtes Königreich) leitete das Fachgebiet für Nahrungsverbrauch und -verwertung von Januar 1949 bis März 1951.

Abteilung für menschliche Ressourcen, Institutionen und Agrarreform

Der Ursprung dieser Abteilung kann bis zu dem Fachgebiet für landwirtschaftliche Institutionen und Dienste und dem Fachgebiet für ländliches Sozialwesen der früheren Abteilung für Landwirtschaft und dem Vorgänger der letztgenannten Abteilung, der Abteilung für ländliches Sozialwesen, zurückverfolgt werden. Ihre Arbeit auf dem Agrarreformsektor fiel zuvor in die Zuständigkeit des Fachgebiets für Boden- und Wassernutzung der Abteilung für Landwirtschaft. Bei ihrer Gründung unter der ursprünglichen Bezeichnung "Abteilung für ländliche Institutionen und Dienste" entnahm sie diesen drei ursprünglichen Institutionen Programmelemente und Mitarbeiter. Später übernahm sie von der Abteilung für Ernährung, die anfänglich selbst ein Teil der Abteilung für ländliches Sozialwesen gewesen war, den Bereich Hauswirtschaft. Aus diesem Grund ist ihre Entstehungsgeschichte recht kompliziert.

Die Gründung der Abteilung für ländliches Sozialwesen erfolgte im Juli 1947 mit Dr. Horace Belshaw (Neuseeland) als Direktor. Diese kleine Abteilung wurde in Fragen des ländlichen Sozialwesens sozusagen zum Gewissen der FAO, denn sie sollte der ländlichen Soziologie, den Genossenschaften und Krediten besondere Aufmerksamkeit schenken und die Arbeit der FAO auf dem Gebiet der Hauswirtschaft in Angriff nehmen. Nach der Verlegung der FAO-Zentrale nach Rom im Jahr 1951 wurde die Abteilung aufgelöst und ihre Aufgaben und Mitarbeiter anderen Abteilungen zugeordnet: Hauswirtschaft kam zur Abteilung für Ernährung, und die anderen Themenbereiche übernahm die Abteilung für Landwirtschaft.

Nach der Verlegung der Abteilung für Landwirtschaft im April 1951 nach Rom wurden zwei neue Fachgebiete eingerichtet: ein Fachgebiet für ländliches Sozialwesen, das für die Arbeit in den Bereichen Agrarsoziologie, landwirtschaftliche Genossenschaften, Agrarkredit und ländliche Industrie zuständig war sowie ein Fachgebiet für landwirtschaftliche Institutionen und Dienste, das sich mit der landwirtschaftlichen Beratung, Ausbildung, Forschung und den Gesamtproblemen der Verwaltung von landwirtschaftlichen Institutionen befassen sollte. Im Januar 1959 wurde als Teil einer umfassenden Umorganisation eine neue Abteilung für ländliche Institutionen und Dienste innerhalb der Hauptabteilung für fachliche Angelegenheiten eingerichtet, und ihr wurden diese zwei Fachgebiete, die nunmehr in drei unterteilt wurden, zugeordnet:

Fachgebiet für landwirtschaftliches Erziehungswesen und Verwaltung
Fachgebiet für ländliches Sozialwesen
Fachgebiet für Agrarverfassung und Besiedlung

Die Aufgabengebiete des letztgenannten Fachgebiets wurden von der neuen Abteilung vom Fachgebiet für Boden- und Wassernutzung der Abteilung für Landwirtschaft übernommen, das mit seinem Vorläufer, dem Fachgebiet für Bodennutzung, in den Bereichen Agrarverfassung und Besiedlung seit Mitte 1947 aktiv gewesen war und besonders seit dem 20. Oktober 1947, als Sir Bernard Binns einen Posten als Sachverständiger für Agrarverfassung in dem Fachgebiet übernahm. Die Arbeit an diesen Problemen wurde besonders in den Jahren 1951 bis 1958 in den Mittelpunkt gestellt, das heißt von der Verlegung nach Rom bis zur Einrichtung der Abteilung für ländliche Institutionen und Dienste, der dieser Aufgabenbereich übertragen wurde.

Im Dezember 1962 wurde die Abteilung von der Hauptabteilung für fachlich-technische Angelegenheiten in die Hauptabteilung für wirtschaftliche und soziale Angelegenheiten verlagert. Ab Juni 1968 führte sie wieder die Bezeichnung "Abteilung für ländliche Institutionen" und hatte folgenden neuen Aufbau:

Fachgebiet für landwirtschaftliches Erziehungswesen
Fachgebiet für landwirtschaftliche Ausbildung
Fachgebiet für Entwicklungsinstitutionen und -dienste
Unterabteilung für Landreform, Genossenschaften, Kredit, Vermarktung und Agrarsoziologie
Fachgebiet für Genossenschaften, Kredit und Agrarsoziologie
Fachgebiet für Agrarverfassung und Agrarreform
Fachgebiet für Vermarktung
Büro für operationelle Maßnahmen

Im Januar 1970 wurde diese Struktur wie folgt geändert:

Unterabteilung für landwirtschaftliches Erziehungswesen, Beratung und Landjugend
Unterabteilung für Agrarreform, Agrarsoziologie und ländliche Institutionen
Unterabteilung für Vermarktung, Kredit und Genossenschaften
Unterabteilung für operationelle Maßnahmen

Am 1. Januar 1972 wurde die zweite der obenangeführten Unterabteilungen wie folgt aufgeteilt:

Unterabteilung für Agrarreform und Agrarsoziologie
Arbeitsgruppe für Entwicklungsinstitutionen und -dienste

Die Aktivitäten der FAO auf dem Gebiet der Hauswirtschaft wurden durch die Abteilung für ländliches Sozialwesen in Angriff genommen, als im September 1949 Margaret Hockin, später Margaret H. Harrington (Kanada), den ersten Posten für Hauswirtschaft übernahm. Im Anschluß an die Verlegung der FAO nach Rom im Jahr 1951 wurde die Verantwortung für diese Arbeit der Abteilung für Ernährung übertragen. Ein im Juni 1968 innerhalb dieser Abteilung eingerichtetes Fachgebiet für Hauswirtschaft erhielt im Januar 1970 den Rang einer Unterabteilung. Unter der neuen Bezeichnung "Unterabteilung für Hauswirtschaft und Sozialprogramm" erfolgte im August 1972 ihr Wechsel in die Abteilung für ländliche Institutionen und Dienste, die hiermit gleichzeitig in "Abteilung für menschliche Ressourcen, Institutionen und Agrarreform" umbenannt wurde.

Im Januar 1973 wurden die Forschungsaktivitäten dieser Abteilung dem Forschungszentrum in der Hauptabteilung für Entwicklung übertragen, und im April des gleichen Jahres übernahm die Abteilung für landwirtschaftliche Dienste die Zuständigkeit für das Aufgabengebiet Vermarktung und Kredit.

Im Januar 1974 bestand die Abteilung aus fünf Unterabteilungen:

Unterabteilung für landwirtschaftliches Erziehungswesen und Beratung
Unterabteilung für Entwicklungsorganisation und -institutionen
Unterabteilung für Agrarverfassung und Produktionsstruktur
Unterabteilung für Hauswirtschaft und Sozialprogramme
Unterabteilung für operationelle Maßnahmen (aufgelöst im März 1974 und Übertragung ihrer Aufgaben auf die Abteilung für landwirtschaftliche operationelle Maßnahmen)

Die Arbeit der Abteilung zielt darauf ab, allgemein das Wohl der Landbevölkerung zu verbessern und insbesondere den Fortschritt in der ländlichen Entwicklung in den ärmeren Regionen zu fördern. Diese Zielsetzungen werden verfolgt durch Unterstützung von Regierungen bei der Ausarbeitung und Durchführung nationaler Strategien und Maßnahmen sowie bei der Schaffung eines institutionellen Rahmens für die Verwirklichung der diesbezüglichen Ziele. Ein besonderer Schwerpunkt wird auf die Einbeziehung der unterprivilegierten ländlichen Bevölkerungsgruppen in diese wichtige Entwicklung gelegt, da sie bis heute hiervon ausgeschlossen sind, um ihnen somit die Teilnahme an den sie betreffenden Entscheidungen und Maßnahmen zu ermöglichen, ihre Produktivität und ihr Einkommen zu heben und somit ihre Lebensbedingungen zu verbessern. Priorität wird auch dem Konzept der integrierten ländlichen Entwicklung eingeräumt; angestrebt und unterstützt werden Maßnahmen in vielen Bereichen, einschließlich der institutionellen, sozialen und strukturellen Entwicklungssektoren, das heißt Agrarverfassung und Besiedlung, Produktionsstrukturen und Agrarreform, Hauswirtschaft, Bevölkerungsprogramme und die Integration der Frau in die Entwicklung, landwirtschaftliche Erziehung und Beratung, Ausbildung und Landjugend, Entwicklung der Genossenschaften, Organisationen der Landbevölkerung, Arbeitskräfteplanung und Beschäftigung, besonders bei den landlosen Bauern sowie Verwaltung der ländlichen Entwicklung.

Die Abteilung ist zuständig für zahlreiche Feldprojekte und berät in institutionellen und sozialen Fragen in Zusammenhang mit Projekten anderer Abteilungen. Zusätzlich zu ihren Aktivitäten auf nationaler Ebene unterstützt sie auch die zwischenstaatliche und regionale Arbeit, indem sie die Einrichtung regionaler Zentren für die ländliche Entwicklung und ihrer Verbundnetze von nationalen Institutionen fördert. So wurde 1979 ein Zentrum für integrierte ländliche Entwicklung in Asien und dem Pazifik (CIRDAP) gegründet. Ein ähnliches Zentrum für Afrika befindet sich zur Zeit im Aufbau, und Verhandlungen über die Errichtung solcher Zentren in Lateinamerika und dem Nahen Osten sind bereits angelaufen. Die Abteilung ist ebenfalls zuständig für die Arbeitsgruppe des ACC für ländliche Entwicklung (zusammengesetzt aus 24 Organisationen und Gremien der VN-Familie), die unter der Leitung der FAO Maßnahmen auf dem Gebiet der ländlichen Entwicklung der einzelnen Organisationen koordiniert. Der Direktor, der als Sekretär der Arbeitsgruppe des ACC fungiert, ist auch zuständig für einen Ausschuß für ländliche Entwicklung auf Hauptabteilungsebene, der Programme aufstellt und den Fortschritt in der ländlichen Entwicklung überwacht als eines der Mittel zur Erreichung der Zielsetzungen der Weltkonferenz über Agrarreform und ländliche Entwicklung (WCARRD).

Die Unterabteilung für landwirtschaftliches Erziehungswesen und Beratung befaßt sich mit den Systemen und Programmen der Mitgliedsländer im Bereich der landwirtschaftlichen Erziehung und Beratung, wobei der Schwerpunkt auf Programmen liegt, die zu einer Grundausbildung der landwirtschaftlichen Bevölkerung sowie anderer dem landwirtschaftlichen Sektor dienenden Personengruppen führen. Sie besitzt ein reges Interesse an den erzieherischen Aspekten der Umweltprogramme, fördert neue Methoden in der Formalausbildung, Beratung und Ausbildung, unterstützt nationale und subregionale Arbeitstagungen und Seminare und hilft den nationalen und regionalen Zentren bei der Verbesserung der Kenntnisse und Fähigkeiten des örtlichen Personals. Zudem stellt sie das Sekretariat für eine zwischen den Hauptabteilungen tätige Arbeitsgruppe für Ausbildung, unterstützt andere Abteilungen bei Projekten, die auch Erziehungs-, Beratungs- und Ausbildungskomponenten enthalten und vertritt die FAO in der als gemeinsames Sekretariat bestehenden FAO/UNESCO/ILO-Arbeitsgruppe für landwirtschaftliche Erziehung, Wissenschaft und Ausbildung.

Die Unterabteilung für Entwicklungsorganisation und -institutionen beschäftigt sich mit "Genossenschaften und anderen ländlichen Organisationen", mit der "Organisation von Entwicklungsdiensten" sowie mit Problemen der "ländlichen Beschäftigung und Arbeitskräfteplanung". Diese Tätigkeiten beinhalten:

- Förderung des Zusammenschlusses von Kleinbauern, Teilpächtern und Landarbeitern zu selbständigen Gruppen, um sie auf diese Weise zur aktiven Beteiligung an der Entwicklung anzuregen und ihren Nutzen daraus zu verbessern, indem ihnen ermöglicht wird, ein wirtschaftlicheres Produktionsvolumen zu erreichen und ihre Verhandlungsstärke zu erhöhen;
- Beratung der Mitgliedstaaten über Möglichkeiten für eine Verbesserung der Leistungsfähigkeit der Genossenschaften und anderer Erzeugerorganisationen durch Einführung einer besseren Geschäftsführung und besserer Produktionsmethoden;
- Unterstützung von Mitgliedsregierungen beim Ausbau ihrer Organisationsstruktur und Verbesserung ihrer Verwaltungs- und Leitungstätigkeit für eine effektive Planung und Durchführung von landwirtschaftlichen Entwicklungsprogrammen und -projekten. Hierzu gehört die unmittelbare Beratung über Dezentralisierung und leistungsfähige Liefersysteme im Feld unter Beteiligung der örtlichen Bevölkerung;
- Zusammenarbeit mit Mitgliedsregierungen bei der Aufstellung nationaler Ausbildungsprogramme, die auf den Bedarf an leitenden Verwaltungsbeamten und Betriebsleitern landwirtschaftlicher Entwicklungsprogramme abgestimmt sind;
- Zusammenarbeit mit anderen nationalen und internationalen Organisationen, die sich mit der Organisation der Entwicklung befassen. Die Unterabteilung ist ebenfalls ein Mittelpunkt für die Zusammenarbeit mit den anderen internationalen Organisationen, insbesondere mit der ILO, im Bereich der ländlichen Beschäftigung, der Planung der ländlichen Entwicklung, der Studien über die ländliche Armut und den Problemen bezüglich der Einkommensverteilung;
- Unterstützung der Mitgliedstaaten bei der Beurteilung ihres Bedarfs an landwirtschaftlichen Arbeitskräften durch ihre nationalen Institutionen und bei der Förde-

rung von Beschäftigungsmöglichkeiten in ländlichen Gebieten, besonders für die Landlosen.

Die Unterabteilung für Agrarverfassung und Produktionsstruktur beschäftigt sich mit den Problemen der Agrarverfassung, Besiedlung und Agrarreform, im besonderen mit den damit untrennbar verbundenen Reformen der Produktionsstruktur und den Hilfsdiensten. Sie unterstützt die Regierungen bei der Analyse, Planung und Durchführung von Programmen und Projekten zur Verbesserung ihrer Agrarstruktur und hilft ihnen auf diese Weise, ihre Ziele hinsichtlich des Zugangs zu und der Verteilung von Land und anderen Produktionsmitteln, erhöhter Produktion und einer gerechteren Einkommensverteilung zu erreichen. Die Unterabteilung leistet fachliche Unterstützung und Hilfe bei Forschung und Ausbildung sowie bei der Planung, Durchführung und Evaluierung von Agrarreform- und Landbesiedlungsprogrammen. In Zusammenarbeit mit der ILO erstellt sie einen alle vier Jahre erscheinenden Bericht über den Fortschritt der Landreform für den ECOSOC. Gleichzeitig dient sie den Mitgliedstaaten und anderen interessierten Gremien als Zentrum für die Sammlung und Verbreitung von Informationen über Agrarverfassung, Landbesiedlung und Agrarreform. Zu diesem Zweck unterhält sie einen Dokumentationsdienst mit über 30 000 Verweisen.

Die Unterabteilung für Hauswirtschaft und Sozialprogramme unterstützt die Mitgliedsländer bei der Entwicklung von Programmen, die zum Ziel haben, "Familien und Frauen in die ländliche Entwicklung einzubeziehen". Dies geschieht durch Programme für Hauswirtschaft, ländliche Beratung und Ausbildung und durch Unterweisung zum Thema Familienleben und Bevölkerungsaufklärung. Die Regierungen erhalten Hilfe bei der Aufstellung von Zielen, Maßnahmen und Plänen zur Hebung des Lebensstandards der ländlichen Familien durch Förderung ihrer wirtschaftlichen Produktivität und sozialen Entwicklung. Besondere Priorität wird hierbei der Arbeitserleichterung für die Frauen durch Verbesserung der häuslichen und dörflichen Einrichtungen und Organisationen sowie durch Aufklärung über ihren möglichen Beitrag zu den Entwicklungsmaßnahmen eingeräumt. Hilfe wird den Mitgliedsländern auch bei der Planung und Entwicklung einer familien- und hauswirtschaftlich-orientierten Ausbildung gewährt. Dies erfolgt im Hinblick auf die personelle Ausstattung der nationalen Programme und Dienste für Familien und Frauen in ländlichen Gebieten. Im Rahmen der FAO stellt die Unterabteilung zudem die Leitung für die Förderung der Frauen in Programmen zur ländlichen Entwicklung.

Die Unterabteilung für Hauswirtschaft und Sozialprogramme beschäftigt sich ebenfalls mit Bevölkerungsprojekten im Zusammenhang mit der ländlichen Entwicklung. Die Länder erhalten Hilfe bei der Aufstellung von nationalen Bevölkerungsprogrammen sowie bei der Ausbildung, Erziehung und Forschung, wobei der Schwerpunkt hierbei auf dem Aufbau nationaler Forschungseinrichtungen liegt. Ein Dokumentationsdienst über die Lage der Bevölkerung und der ländlichen Entwicklung unterstützt die Errichtung eines Informationsnetzes und die Ausbildung nationaler Dokumentalisten.

Hinsichtlich der komplizierten Entstehungsgeschichte der Abteilung ist es schwierig, die einzelnen Personen, die leitende Posten während der Entwicklung innehatten, genau in die vielfältigen Organisationsbereiche, die mit diesem Arbeitsgebiet befaßt waren, einzuordnen. Jedoch sind alle im folgenden aufgeführten Personen erwähnenswert. Sie sind chronologisch in der Reihenfolge aufgeführt, in der sie die leitenden Posten übernahmen, die die Bereiche betrafen, die heute in die Zuständigkeit der Abteilung für menschliche Ressourcen, Institutionen und Agrarreform fallen:

Name	Land	Titel	Amtszeit
Dr. J. Lossing Buck	Vereinigte Staaten	Leiter des Fachgebiets für Bodennutzung und des Fachgebiets für Boden- und Wassernutzung	Februar 1947 bis Juli 1954
Dr. Horace Belshaw	Neuseeland	Direktor der Abteilung für ländliches Sozialwesen	Juli 1947 bis Februar 1951
Dr. Fred F. Lininger	Vereinigte Staaten	Leiter des Fachgebiets für landwirtschaftliche Institutionen und Dienste	Juni 1951 bis Juni 1952
R.N. Henry	Vereinigtes Königreich	Leiter des Fachgebiets für ländliches Sozialwesen und Direktor der Abteilung für ländliche Institutionen und Dienste	April 1952 bis Dezember 1958
Dr. R.J. Garber	Vereinigte Staaten	Leiter des Fachgebiets für landwirtschaftliche Institutionen und Dienste	September 1952 bis August 1953
A.H. Maunder	Vereinigte Staaten	Leiter des Fachgebiets für landwirtschaftliche Institutionen und Dienste	Oktober 1953 bis November 1957
Dr. Rainer Schickele	Vereinigte Staaten	Leiter des Fachgebiets für Boden- und Wassernutzung	Juli 1954 bis Dezember 1958
Dr. D.C. Kimmel	Vereinigte Staaten	Leiter des Fachgebiets für landwirtschaftliche Institutionen und Dienste	Dezember 1957 bis Dezember 1958
Margaret H. Harrington	Kanada	Leiter des Fachgebiets für Hauswirtschaft	Januar 1959 bis April 1962
Dr. Sushil K. Dey	Indien	Direktor der Abteilung für ländliche Institutionen und Dienste	Januar 1960 bis August 1962
Viggo Andersen	Dänemark	Direktor der Abteilung für ländliche Institutionen und Dienste	August 1962 bis Dezember 1972
Dr. H.R. Kötter	Bundesrepublik Deutschland	Direktor der Abteilung für menschliche Ressourcen, Institutionen und Agrarreform	Januar 1973 bis März 1976

Name	Land	Titel	Amtszeit
Rafael R. Moreno	Chile	Direktor der Abteilung für menschliche Ressourcen, Institutionen und Agrarreform	Oktober 1978 bis

Während des Zeitraums von März 1976 bis Oktober 1978 fungierte K.A.P. Stevenson (Indien) als amtierender Direktor der Abteilung.

HAUPTABTEILUNG FÜR FISCHWIRTSCHAFT

Eine Abteilung für Fischwirtschaft wurde im Juni 1946 eingerichtet, als ein Direktor und ein geschäftsführender Assistent ihre Posten in der FAO antraten. Im Frühjahr 1948 gab es bereits drei Fachgebiete in der Abteilung:

Fachgebiet für Fischereibiologie
Fachgebiet für Fischereitechnologie
Fachgebiet für Fischwirtschaft

Diese Grundstruktur blieb bis 1965 bestehen. Im Januar 1960 kam die Abteilung in die Hauptabteilung für fachlich-technische Angelegenheiten und blieb dort bis 1965. Mit Zustimmung der 13. Sitzung der FAO-Konferenz im Jahr 1965 wurde die Abteilung für Fischwirtschaft am 1. Januar 1966 aus der Hauptabteilung für fachlich-technische Angelegenheiten ausgegliedert und erhielt den Rang einer Hauptabteilung. Gleichzeitig wurden die drei Fachgebiete in zwei Abteilungen zusammengefaßt:

Abteilung für Fischereiressourcen und -nutzung
Abteilung für Fischwirtschaft und -erzeugnisse

Dieser Aufbau bestand bis Ende 1969 mit der Ausnahme, daß im Juni 1968 ein Büro für operationelle Maßnahmen eingerichtet wurde.

Im Januar 1970 wurde die Struktur der Hauptabteilung im Zuge der allgemeinen Umorganisation in die folgenden Organisationseinheiten geändert:

Abteilung für Fischereiressourcen
Abteilung für Fischwirtschaft und -institutionen
Abteilung für Fischindustrie
Abteilung für operationelle Maßnahmen

1972 wurde die Abteilung für Fischereiressourcen in "Abteilung für Fischereiressourcen und Umwelt" umbenannt.

Ende 1973 wurde die Abteilung für Fischwirtschaft und -institutionen aufgelöst, und im Januar 1974 erfolgte die Einrichtung einer Unterabteilung für Politik und Planung. Letztere wurde Ende 1977 abgeschafft und eine Unterabteilung für Fischereiinformation, -daten und -statistik im Januar 1978 gegründet. Demnach besaß die Hauptabteilung für Fischwirtschaft zu diesem Zeitpunkt folgenden Aufbau:

Abteilung für Fischereiressourcen und Umwelt
Abteilung für Fischindustrie
Unterabteilung für Fischereiinformation, -daten und -statistik
Unterabteilung für operationelle Maßnahmen

Außerdem gehörten zum Büro des Beigeordneten Generaldirektors eine Arbeitsgruppe für Verbindung zur Fischerei, eine Arbeitsgruppe für Perspektivstudien sowie eine Arbeitsgruppe zur Unterstützung der Leitung. Letztere war bereits seit 1974 als Arbeitseinheit der Unterabteilung für operationelle Maßnahmen tätig. 1980 wurden die Arbeitsgruppen für Verbindung zur Fischerei und für Perspektivstudien zu einer neuen Abteilung für Fischereipolitik und -planung zusammengelegt.

In dem Bericht der Interimskommission an die 1. Sitzung der FAO-Konferenz im Jahr 1945 wurde auf die Notwendigkeit einer Steigerung der Gesamtproduktion des Weltfischfangs durch eine bessere Nutzung der Fischgründe und des Fangs hingewiesen. Wissenschaftliche und statistische Informationen standen in unzureichendem Maße zur Verfügung. Verbesserte Methoden für die Verarbeitung von Fisch und die Erhaltung von Nährstoffen waren erforderlich. Langfristige Ziele sollten größere Lieferungen für die Verbraucher in der Welt und die Anhebung des Lebensstandards derer, die von den Erträgen der Fischerei abhängig sind, sein.

Vor diesem Hintergrund soll die FAO ihren Mitgliedstaaten helfen durch:

- die Sammlung, Analyse und Verbreitung von Informationen über Vorkommen, Produktion und Nutzung der im Wasser lebenden Ressourcen;
- die Unterstützung nationaler und internationaler Maßnahmen in Forschung, Bildung und Verwaltung sowie in bezug auf Dienste in Fischereiangelegenheiten;
- die Förderung der vernünftigen Nutzung und Erhaltung der im Wasser lebenden Ressourcen.

Durch die Einrichtung von Ausschließlichen Wirtschaftszonen (AWZ) als Folge der Diskussionen auf der Seerechtskonferenz der Vereinten Nationen hat eine zunehmende Zahl von Ländern ihre Rechtsansprüche auf die Gewässer vor ihren Küsten, im Normalfall auf 200 Meilen, ausgedehnt. Bis zum Frühjahr 1980 hatten bereits 100 Staaten so gehandelt, und die daraus entstandenen Ausschließlichen Wirtschaftszonen erstrecken sich auf Gebiete, die etwa zwei Dritteln der Landoberfläche der Erde entsprechen.

Wenn alle Küstenstaaten ebenso verfahren, werden die unter nationale Kontrolle fallenden Wasserflächen nahezu das Ausmaß der gesamten Landoberfläche einnehmen. Die Fischbestände, die fast 90 % des Fischfangertrags der Welt ausmachen, sind in diesen Regionen vorhanden. Das neue Seerecht hat viele Fischbestände, die früher von fremden Flotten genutzt wurden, unter die Kontrolle der Küstennationen gestellt.

Die Ausweitung der nationalen Zuständigkeit bewirkt Veränderungen in Fischereibewirtschaftung und -entwicklung, da die Küstenstaaten nun in der Lage sind, diese erneuerbare Ressource zu erhalten und für ihre Bevölkerung und Wirtschaft zu nutzen. Wenn gleichzeitig die Bewirtschaftungsanstrengungen der einzelnen Länder Erfolg haben sollen, wird ein hohes Maß an zwischenstaatlicher Zusammenarbeit erforderlich sein, da die Fische selbst die internationalen Grenzen nicht anerkennen und viele Bestände saisonbedingt von den Gewässern des einen Landes in die des anderen wandern.

Um ihren Mitgliedsländern und besonders jenen Entwicklungsländern, denen es an ausgebildeten Arbeitskräften sowie Einrichtungen fehlt, zu helfen, die Vorteile aus der neuen Situation zu nutzen, gründete die FAO im Jahr 1979 ein umfassendes AWZ-Hilfsprogramm, um die rationelle Bewirtschaftung und volle Nutzung der Fischressourcen in den Wirtschaftszonen der Entwicklungsländer zu fördern und ihnen die Sicherung eines größeren Anteils ihrer lebenden Meeresressourcen zu ermöglichen.

Mit den oben erwähnten Zielen vor Augen leistet die Hauptabteilung für Fischwirtschaft sofortige Hilfe durch:

- fachübergreifende Missionen für Hilfeleistungen bei der Ausarbeitung von Fischereipolitiken und -plänen;
- Beratung bei besonderen Problemen, von der Bewirtschaftung der Ressourcen und Fischereitechnologie bis zur nationalen Gesetzgebung und Kontrolle und Überwachung des Fischfangs;
- Ausbildung von Verwaltern im Fischereiwesen und anderen Posten, die in den Bereich der Bewirtschaftung und Entwicklung der Wirtschaftszonen fallen;
- Mobilisierung bilateraler und multilateraler finanzieller Mittel für die Fischerei;
- Unterstützung der Zusammenarbeit in der Entwicklung und Bewirtschaftung der Fischerei durch die regionalen FAO-Gremien und -Programme für Fischerei.

Diese Maßnahmen zur Erfüllung vorrangiger Hilfsanträge werden durch längerfristige Studien der grundlegenden Richtlinien und Methoden für die Bewirtschaftung und Entwicklung der Fischerei in den Ausschließlichen Wirtschaftszonen ergänzt.

Folgende Beamte leiteten die Abteilung für Fischwirtschaft bzw. die Hauptabteilung für Fischwirtschaft:

Direktor der Abteilung für Fischwirtschaft	*Land*	*Amtszeit*
Dr. D.B. Finn	Kanada	Juni 1946 bis Januar 1964
Roy I. Jackson	Vereinigte Staaten	Mai 1964 bis Dezember 1965

Beigeordneter Generaldirektor, Hauptabteilung für Fischwirtschaft	Land	Amtszeit
Roy I. Jackson	Vereinigte Staaten	Januar 1966 bis Dezember 1971
Fred E. Popper	Kanada	Januar 1972 bis September 1976
Hermann C. Watzinger	Norwegen	Januar 1977 bis August 1978
Kenneth C. Lucas	Kanada	November 1978 bis Oktober 1981

Abteilung für Fischereipolitik und -planung

Da diese Abteilung erst am 1. Januar 1980 eingerichtet wurde, kann eine Reihe ihrer Aufgaben bis zu den früheren Arbeitseinheiten zurückverfolgt werden. Diese sind:

das Fachgebiet für Fischwirtschaft, das von 1948 bis 1965 in der Abteilung für Fischwirtschaft untergebracht war;

das Fachgebiet für Wirtschaft und Entwicklung, das sich in der Abteilung für Fischwirtschaft und -erzeugnisse und später, von Januar 1966 bis Dezember 1973, in der Abteilung für Fischwirtschaft und -institutionen befand;

eine Arbeitsgruppe für Perspektivstudien und Fischereipolitik, später umbenannt in Arbeitsgruppe für fischwirtschaftliche Perspektivstudien, die von 1974 bis 1979 zum Büro des Generaldirektors gehörte;

eine Arbeitsgruppe für Verbindung zur Fischwirtschaft, die von Januar 1966 bis 1979 im Büro des Beigeordneten Generaldirektors untergebracht war.

Die Abteilung für Fischereipolitik und -planung ist in zwei Organisationseinheiten unterteilt, in eine Unterabteilung für die Planung der Fischereientwicklung und in eine Arbeitsgruppe für internationale fischwirtschaftliche Einrichtungen und Verbindung. Ihre Hauptaufgaben sind die Beratung und Unterstützung der Mitgliedstaaten bei Maßnahmen, Plänen und Programmen für Fischereibewirtschaftung und -entwicklung. Gleichfalls trägt sie die Verantwortung für die Ausarbeitung von Vorschlägen für die regionalen Fischereigremien der FAO, für die Aufrechterhaltung der Verbindung zu internationalen, zwischenstaatlichen und nichtstaatlichen Organisationen und Institutionen, die sich mit dem Fischereiwesen befassen, sowie für die Bereitstellung von Hilfeleistungen bei der Planung, Koordinierung und Überwachung der Programme für die Ausschließlichen Wirtschaftszonen.

Die Schaffung der Ausschließlichen Wirtschaftszonen verstärkte die Notwendigkeit einer klaren Formulierung der nationalen Zielsetzungen hinsichtlich der Nutzung der Fischereiressourcen und einer Festlegung der zu verfolgenden Strategien sowie der gezielt zu ergreifenden Maßnahmen. Ferner verhalf sie dem Bedarf an zwischenstaatlicher Zusammenarbeit zu größerer Beachtung. Während der ersten 18 Monate des Zweijahreszeitraums 1980-81 stellte die Abteilung 16 multidisziplinäre Missionen für die Beratung zu Maßnahmen und zur Planung des neuen Seerechts zusammen. Zudem trug sie dazu bei, die subregionalen Strukturen der regionalen Fischereigremien der FAO anzupassen und auszubauen, und ermöglichte ihnen, wirksamer auf die besonderen Bedürfnisse der Länder mit gemeinsamen Problemen - wie gemeinsame Fischbestände - einzugehen.

Die Leitung der Abteilung für Fischereipolitik und -planung und ihrer Vorgänger unterstand folgenden Beamten:

Leiter des Fachgebiets für Fischwirtschaft	Land	Amtszeit
Dr. G.M. Gerhardsen	Norwegen	Januar 1947 bis Dezember 1953
Fred E. Popper	Kanada	Juni 1954 bis Oktober 1962
Direktor der Abteilung für Fischwirtschaft und -erzeugnisse		
R. Harrison	Vereinigte Staaten	Mai 1966 bis Juni 1969
Direktor der Abteilung für Fischwirtschaft und -erzeugnisse und der Abteilung für Fischwirtschaft und -institutionen		
Dr. J.A. Storer	Vereinigte Staaten	Juni 1969 bis September 1973
Direktor der Abteilung für Fischereipolitik und -planung		
Jean-Emile Carroz	Schweiz	Januar 1980 bis

Von August 1963 bis Mai 1965 war C. Beever (Vereinigtes Königreich) amtierender Leiter des Fachgebiets für Fischwirtschaft.

Abteilung für Fischereiressourcen und Umwelt

Diese Abteilung hatte ihren Ursprung in dem Fachgebiet für Fischereibiologie, einem der drei bei der Einrichtung der Abteilung für Fischwirtschaft Anfang 1948 gegründeten Fachgebiete. Bis 1965 hatte sich dieses Fachgebiet so weit entwickelt, daß drei Arbeitseinheiten geschaffen wurden, die sich mit Meeresbiologie, Biologie der Binnengewässer und einem Forschungsprogramm befaßten. Als das Fachgebiet im Januar 1966 in "Abteilung für Fischereiressourcen und -nutzung" geändert wurde, bestand letztere aus fünf Fachgebieten:

Fachgebiet für die Bewertung des Fischbestands
Fachgebiet für Binnenfischerei
Fachgebiet für Meeresbiologie und Umwelt
Fachgebiet für Fischereifahrzeuge und -technik
Fachgebiet für operationelle Maßnahmen der Fischwirtschaft

Im Januar 1970 wurden die Aufgaben der Abteilung bezüglich Fischereifahrzeugen und -nutzung anderen Einheiten übertragen. Ihr Name wurde in "Abteilung für Fischereiressourcen" gekürzt und die Zahl ihrer Fachgebiete auf drei reduziert:

Fachgebiet für die Bewertung des Fischbestands
Fachgebiet für Binnenfischereiressourcen
Fachgebiet für Meeresbiologie und Umwelt

Ende des Jahres 1972 erhielt die Abteilung die neue Bezeichnung "Abteilung für Fischereiressourcen und Umwelt". Im Januar 1974 wurden die drei Fachgebiete zu zwei Unterabteilungen zusammengefaßt:

Unterabteilung für die Schätzung und Bewertung der Wasserressourcen
Unterabteilung für die Verbesserung der Wasserressourcen und Umwelt

Im Januar 1978 wurden die Namen der Unterabteilungen erneut angepaßt:

Unterabteilung für Meeresressourcen
Unterabteilung für Binnengewässerressourcen und Aquakultur

Dieser Aufbau ist bis heute beibehalten worden.

Die Arbeit der Unterabteilung für Meeresressourcen soll die Kenntnisse über Umfang, Verteilung und potentiellen Ertrag der Meeresfischressourcen erweitern und sicherstellen, daß dieses Wissen in der wirkungsvollsten Weise angewandt wird, um die Nutzung der Weltfischressourcen entweder durch verbesserte Nutzung nicht ausreichend genutzter Ressourcen oder durch ein besseres Management stark genutzter Ressourcen optimal zu gestalten. Zu diesem Zweck zielt eine große Anzahl von Aktivitäten darauf ab, die verschiedenen Fischressourcen zu ermitteln, die Methoden zur Ermittlung der Ressourcen zu verbessern, Mitgliedstaaten durch Studien zur Ressourcenermittlung und durch bessere diesbezügliche Ausbildung unmittelbar zu helfen und Informationen zu verbreiten. Das AWZ-Programm enthält ebenfalls wesentliche Hilfsmittel für die Ressourcenermittlung.

Die Unterabteilung für Binnengewässerressourcen und Aquakultur stellt einen breiten Rahmen von Dienstleistungen in drei verschiedenen, aber miteinander verwandten Bereichen bereit: Fischfang in Binnengewässern, Aquakultur und umweltbedingte Probleme von Küsten- und Binnenfischerei. Die Unterabteilung leistet den Mitgliedsländern Hilfe bei der Einschätzung, Entwicklung und Bewirtschaftung der Fischressourcen in Seen, Stauseen, Flüssen und Lagunen; bei der Förderung der Fischproduktion und anderer Meereserzeugnisse durch Kulturen; und schließlich, in bezug auf die Umwelt, bei der Erhaltung und Verbesserung der Wasserqualität zur Förderung der Fischproduktion.

Die ersten Bemühungen des damaligen Fachgebiets für Fischereibiologie konzentrierten sich auf die Sammlung und Verbreitung von Informationen über Fischereibiologie und über Methoden der Bestandsdynamik und -bewertung, die während der 50er Jahre in Europa und Nordamerika entwickelt worden waren. Dies bahnte den Weg für die erhöhte Anwendung praktischer Maßnahmen in den 60er Jahren, und zwar mit dem Schwerpunkt auf

Aquakultur und der Verantwortung für die Aufgaben, die schließlich in das Programm des Fachgebiets für Binnenfischerei aufgenommen wurden. Gleichzeitig begann die Arbeit an allgemeineren Aspekten der Bewirtschaftung dringlich zu werden: auf dem Meeressektor zum Beispiel, gewannen die Probleme der vielartigen tropischen Bestände, für die die traditionellen Bestandsbewertungsmethoden nicht ausreichten, sowie die Probleme der gemeinsamen Bestände, die gemeinschaftlich von einem oder mehreren Ländern bewirtschaftet werden mußten, immer mehr an Bedeutung. Diese Überlegungen erhielten durch die Einführung der AWZ, die den Ländern uneingeschränkte Fischereihoheit vor ihren Küsten einräumt, eine neue Bedeutung. In bezug auf die Binnengewässer geht der Trend immer mehr dahin, Fischerei und Aquakultur als eine der vielen Nutzungsmöglichkeiten der Gewässer zu betrachten und die Interessen der Fischerei mit denen anderer Benutzer zu integrieren.

Folgende Beamte leiteten die Abteilung und ihren ersten Vorgänger, das Fachgebiet:

Leiter des Fachgebiets für Fischereibiologie	Land	Amtszeit
Dr. J.L. Kask	Vereinigte Staaten	Januar 1948 bis Januar 1951
W.H. Schuster	Niederlande	Januar 1952 bis November 1953
Dr. G.L.K. Kesteven	Australien	April 1954 bis April 1960
Dr. S.J. Holt	Vereinigtes Königreich	April 1960 bis Dezember 1965
Direktor der Abteilung für Fischereiressourcen und -nutzung		
Dr. S.J. Holt	Vereinigtes Königreich	Mai 1966 bis August 1968
Direktor der Abteilung für Fischereiressourcen und der Abteilung für Fischereiressourcen und Umwelt		
Dr. M. Ruivo	Portugal	Dezember 1969 bis Dezember 1973
Direktor der Abteilung für Fischereiressourcen und Umwelt		
Dr. H. Kasahara	Japan	Januar 1974 bis Dezember 1980
Dr. A. Lindquist	Schweden	August 1981 bis

Abteilung für Fischindustrie

Die Abteilung für Fischindustrie wurde im Januar 1970 eingerichtet, um sich mit folgenden Bereichen zu befassen: Fischereihäfen und Anlage von Fischfabriken; Anlage, Konstruktion und Betrieb von Fischereifahrzeugen; Fischfangmethoden und -geräten; Ausbildung von Fischern; Konservierung und Verarbeitung von Fisch und Produktentwicklung sowie

Vermarktung von Fisch und Fischerzeugnissen. Einige dieser Aktivitäten wurden früher von anderen Arbeitseinheiten durchgeführt. Einer der ersten Vorläufer in der Abteilung für Fischwirtschaft war das Fachgebiet für Fischereitechnologie, dessen Leitung Mogens Jul (Dänemark) von Januar 1952 bis November 1953 innehatte. Nach der Gründung der Hauptabteilung für Fischwirtschaft im Januar 1966 umfaßte die Abteilung für Fischereiressourcen und -nutzung das Fachgebiet für Fischereifahrzeuge und -technik und das Fachgebiet für operationelle Maßnahmen der Fischwirtschaft, während das Fachgebiet für Fischerzeugnisse und Vermarktung zur Abteilung für Fischwirtschaft und -produkte gehörte.

Im Januar 1970 wurden diese Elemente in der Abteilung für Fischindustrie, die wie folgt organisiert ist, zusammengefaßt:

Fachgebiet für Fischereifahrzeuge und -technik
Fachgebiet für Fischfanggeräte und -methoden
Fachgebiet für Fischereiprodukte und Vermarktung
Arbeitsgruppe für die Verwaltung der Fischfangflotte

1974 wurde die zuletzt genannte Arbeitsgruppe der Unterabteilung für operationelle Maßnahmen zugeordnet, und die drei Fachgebiete wurden in zwei Unterabteilungen zusammengefaßt:

Unterabteilung für die Entwicklung der Fischindustrie
Unterabteilung für Fischindustrie, Technologie und Vermarktung (1976 umbenannt in Unterabteilung für Fischproduktion und Vermarktung).

Im Januar 1978 wurden die Unterabteilungen erneut teilweise umorganisiert und wie folgt umbenannt:

Unterabteilung für die Entwicklung der Fischindustrie
Unterabteilung für Verwertung und Vermarktung von Fisch
Unterabteilung für Fischereitechnologie

Im Januar 1980 wurde die zuerst genannte Unterabteilung aufgelöst. Einige ihrer Aufgaben übernahm die neugeschaffene Abteilung für Fischereipolitik und -planung.

Wie der Name besagt, fördert diese Abteilung die Fischindustrie und führt Maßnahmen durch, die zur Entwicklung der kommerziellen Fischerei führen. Die Unterabteilung für Fischereitechnologie trägt die Verantwortung für die gesamte Arbeit an der Entwicklung von Fischereifahrzeugen, -geräten und der kleinbetrieblichen Fischwirtschaft. Die Unterabteilung für die Verwertung und Vermarktung von Fisch ist zuständig für alles, was den Aufgabenbereich Behandlung, Konservierung, Verarbeitung und Vermarktung von Fisch betrifft.

Folgende Beamte waren als Direktor der Abteilung tätig:

Direktor der Abteilung für Fischindustrie	Land	Amtszeit
Herman C. Watzinger	Norwegen	Februar 1970 bis Dezember 1976
A. Labon	Polen	Februar 1977 bis

Unterabteilung für Information, Daten und Statistik der Fischwirtschaft

Bevor die Abteilung für Fischwirtschaft 1966 eine Hauptabteilung wurde, wurden ihre Aufgaben bezüglich Informationen, Daten und Statistiken auf die laufenden Programme ihrer verschiedenen Arbeitseinheiten verteilt. Im Januar 1966 erfolgte die Gründung einer Arbeitsgruppe für Information und Berichte über die Fischerei mit Sitz im Büro des Beigeordneten Generaldirektors. Ihre vorrangige Aufgabe war die Sammlung von Informationen über die Fischwirtschaft ihrer Mitgliedstaaten und die Veröffentlichung von Berichten über Feldprojekte. Zur gleichen Zeit wurden die Aufgaben in den Bereichen Statistik und Wirtschaftsdaten in der Abteilung für Fischwirtschaft und -produkte und die wissenschaftlichen Informationen und Datendienste innerhalb der Arbeitseinheit für biologische Daten in der Abteilung für Fischereiressourcen und -nutzung zusammengefaßt. Das Fachgebiet für Fischereitechnologie informierte in einer vierteljährlich erscheinenden Zeitschrift "Fakten über die Weltfischerei" über Verarbeitungstechniken, Schiffbau und Fischereifahrzeuge, während die Fischereiwissenschaft ihre Informationen hauptsächlich durch eine Fachzeitschrift des Fachgebiets für Fischereibiologie "Aktuelle Bibliographie über Meereswissenschaft und Fischerei" bezog.

Diese Aufgaben für statistische Daten und wissenschaftliche Information blieben zum größten Teil in dieser Struktur, unter Änderung der Bezeichnungen für die zuständigen Arbeitseinheiten, bis 1977 bestehen. Im Januar 1978 wurden alle diesbezüglichen Aufgaben in der Unterabteilung für Information, Daten und Statistik der Fischwirtschaft, deren Leitung E.F. Akyüz (Türkei) innehatte, zusammengefaßt. Diese Unterabteilung bemüht sich, allen Bereichen der Hauptabteilung für Fischwirtschaft, den Mitgliedstaaten, anderen Organisationen der VN-Familie sowie der Weltfischereigemeinschaft verläßliche und aktuelle Informationen über alle Aspekte der Weltfischwirtschaft zur Verfügung zu stellen. Somit bildet sie die Informationsgrundlage für die Planung und Bewirtschaftung der Fischwirtschaft, steigert auf diese Weise die Effizienz der staatlichen und industriellen Entscheidungsprozesse und hilft gleichzeitig bei der Verbesserung nationaler Methoden für die Sammlung, Zusammenstellung und Verbreitung solcher Informationen, die besonders seit Einrichtung der AWZ in zunehmendem Maße gefordert werden.

Unterabteilung für operationelle Maßnahmen

Obwohl die technischen Hilfsmaßnahmen der Abteilung für Fischwirtschaft fast gleichzeitig mit ihrer Gründung begonnen hatten, waren sie bis 1965 in einem derartigen Ausmaß angewachsen, daß es als wünschenswert erachtet wurde, solche Vorhaben in einem Büro für die Koordinierung von Feldprojekten zu zentralisieren. Im Juni 1968 wurde in der neugeschaffenen Hauptabteilung für Fischwirtschaft ein Büro für operationelle Maßnahmen eingerichtet, das die Aufgabe der Koordinierung der Feldprojekte übernehmen sollte. Im Januar 1970 wurde daraus die Unterabteilung für operationelle Maßnahmen. Im Januar 1974 wurden die Arbeitsgruppen für die Unterstützung der Verwaltung und für die Verwaltung der Fischereiflotte der Unterabteilung zugeordnet.

Das Feldprogramm der Hauptabteilung für Fischwirtschaft nahm während der 60er Jahre ständig an Umfang zu, so daß die Unterabteilung für operationelle Maßnahmen bis 1970 42 aus dem UNDP-Sonderfonds finanzierte Projekte im Wert von 43,3 Millionen US-Dollar verwaltete. Zwischen 1970 und 1980 gab es einen weiteren Zuwachs durch die steigende Zahl der durch Treuhandfonds finanzierten Projekte und Vorhaben im Rahmen des Programms für Technische Zusammenarbeit. Bis 1980 verwaltete die Unterabteilung für operationelle Maßnahmen bereits 241 operationelle Projekte, besaß einen Stab von 260 Feldexperten und Geldmittel aus verschiedenen Quellen im Gesamtwert von 145 Millionen US-Dollar. In der Zeit von Januar 1951 bis Juni 1960 wurden die Aktivitäten der Technischen Hilfe der Abteilung für Fischwirtschaft unter der Leitung von Reginald H. Fiedler (Vereinigte Staaten) durchgeführt. Ab 1966 leiteten folgende Beamte diese Arbeit:

Leiter des Amtes für die Koordinierung von Feldprojekten	Land	Amtszeit
M.J. Girard	Frankreich	Mai 1966 bis Juni 1968
Direktor der Unterabteilung für operationelle Maßnahmen		
H.C. Winsor	Kanada	Mai 1970 bis Februar 1974
N. Kojima	Japan	März 1974 bis

HAUPTABTEILUNG FÜR FORSTWIRTSCHAFT

Eine Abteilung für Forst- und Holzwirtschaft gehörte zu den vier wichtigsten Abteilungen, die im ersten Jahr nach der Gründung der FAO eingerichtet worden waren. Die Einbeziehung der Forstwirtschaft in den Aufgabenbereich der Organisation war jedoch in einem gewissen Sinne ein nachträglicher Einfall.

Als auf der Konferenz von Hot Springs mit den Vorbereitungen für die Gründung der FAO begonnen und über den Aufgabenbereich der neuen Organisation nachgedacht wurde,

wurde beschlossen, die Forstwirtschaft nicht in die von der FAO aufzunehmenden Themenbereiche einzubeziehen. Tatsächlich gab es in der Schlußakte der Konferenz von Hot Springs nur einen Hinweis auf die Forstwirtschaft, und zwar in Verbindung mit einer Empfehlung an die Nationen über den Schutz von Boden- und Wasserressourcen. In diesem Zusammenhang wurden die Staaten aufgefordert, wirtschaftliche und andere Maßnahmen zum Schutz der Wälder und gegebenenfalls zur Aufforstung von ungeschützten Wasserscheiden, einschließlich Maßnahmen zum Schutz der Nahrung liefernden freilebenden Tiere, durchzuführen; Hochwasserschäden zu verhindern; Gewässer zu schützen, die für den direkten Verbrauch oder zur Bewässerung genutzt werden.

Kurz nach Beendigung der Konferenz von Hot Springs traf eine kleine Gruppe von Förstern in Washington zusammen und beschloß, diese Angelegenheit weiterzuverfolgen. Sie richtete eine inoffizielle Arbeitsgruppe ein, die unter der Leitung von Lester B. Pearson stand. L.B. Pearson war zwar kein Förster, aber er interessierte sich für diesen Themenbereich und war Vorsitzender der nach der Konferenz von Hot Springs gebildeten Interimskommission. Als die Arbeitsgruppe ihren Fall zur Unterstützung der Einbeziehung der Forstwirtschaft dem Staatssekretär im Landwirtschaftsministerium der Vereinigten Staaten, Paul H. Appleby, vorlegte, zögerte dieser, war aber einverstanden, die Angelegenheit Dean Acheson, der zu jener Zeit stellvertretender Außenminister war, zu unterbreiten. Acheson antwortete, daß die Forstwirtschaft unter allen Umständen in den Themenkreis eingeschlossen werden sollte. Dennoch reagierte Appleby noch widerstrebend, da Präsident Franklin D. Roosevelt bei der Zusammenkunft der Konferenz in Hot Springs den Umfang der Themenbereiche in großen Zügen umrissen, aber die Forstwirtschaft nicht einbezogen hatte. Am 2. November 1943 jedoch ersuchte er den Präsidenten schriftlich um dessen Stellungnahme. Roosevelts handgeschriebene Antwort lautete: "Ja, ich bin der Meinung, daß die Forstwirtschaft dazu gehören sollte." Mit dieser Unterstützung wurde die Angelegenheit in der Interimskommission weiterverfolgt (Winters, 1974).

Die Interimskommission setzte schließlich einen Fachausschuß für Forst- und Holzwirtschaft ein, dessen Ergebnisse in den Bericht der Interimskommission vom 25. April 1945 aufgenommen wurden. Der Fachausschuß kam zu dem Schluß, daß die FAO über die "Befreiung vom Hunger" hinausgehen müßte und daß die Wälder eine der Ressourcen wären, mit denen die FAO sich befassen sollte, weil es zwischen der Forst- und der Landwirtschaft enge Beziehungen gäbe und die Forstwirtschaft einen wichtigen Beitrag zur Ausweitung der Weltwirtschaft leisten könnte. Ihre Feststellungen wurden als eine der Serien der "Fünf Fachberichte über Ernährung und Landwirtschaft" (Interimskommission für Ernährung und Landwirtschaft, 1945) veröffentlicht, die die Grundlage für die Prüfung des zukünftigen Programms der FAO durch die Konferenz von Quebec bildeten. In Quebec wurde schließlich beschlossen, die Forstwirtschaft in das Aufgabengebiet der FAO einzubeziehen.

Diesen Bestrebungen waren frühere Bemühungen um die Zusammenstellung von Informationen über den Waldbestand in der Welt und um die Förderung von Studien über forstwirtschaftliche Angelegenheiten vorausgegangen. Eine im Frühsommer 1932 in Wien abgehaltene Konferenz hatte die Schaffung eines Internationalen Holzausschusses (CIB) mit Sitz in Wien beschlossen, um Informationen über Produktion, Handel, Bestände und Preise der forstlichen Erzeugnisse zu sammeln und zu veröffentlichen sowie den Holzhandel zu fördern. Etwa 15 europäische Länder wurden neben Kanada und den Vereinigten Staaten Mitglieder. Während des 2. Weltforstkongresses im Jahr 1936 in Budapest wurde eine Resolution eingebracht, die die Einrichtung einer Konkurrenzinstitution, das Internationale Zentrum für Forstwirtschaft (CIS), als autonome Arbeitseinheit des Internationalen Instituts für Landwirtschaft (IIA) zum Ziel hatte. Das CIS wurde schließlich im Mai 1939 in Berlin gegründet. Es führte seine Arbeit auch während des Zweiten Weltkrieges mit begrenzter Mitgliederzahl fort. Im Jahr 1942 übernahm eine Zweigstelle des CIS, die Internationale Kommission für Holznutzung (CIUB), bestimmte Aufgaben des CIB. Nach dem Krieg war kein Akten- und Nachschlagematerial, das entweder vom CIB oder CIS und CIUB (Winters, 1974) zusammengetragen worden war, auffindbar. In bezug auf die Forstwirtschaft empfahl aber die Konferenz von Quebec unter anderem, daß die FAO sowohl mit den Aktivitäten des CIB als auch mit denen, die durch das CIS vom IIA begonnen worden waren, fortfahren sollte.

Die Abteilung für Forst- und Holzwirtschaft der FAO fing im Juni 1946 mit ihrer Arbeit an, als Marcel Leloup (Frankreich) das Amt des Direktors übernahm. Von dieser Zeit bis zu ihrer Umwandlung in eine Hauptabteilung für Forstwirtschaft im Jahr 1970 machte die Abteilung mehrere Änderungen in ihrer Bezeichnung durch:

Abteilung für Forst- und Holzwirtschaft, Juni 1946 bis August 1951
Abteilung für Forstwirtschaft, September 1951 bis Dezember 1958
Abteilung für Forst- und Holzwirtschaft, Januar 1959 bis Dezember 1967
Abteilung für Forstwirtschaft und Forstindustrie, Januar 1968 bis Dezember 1969
Hauptabteilung für Forstwirtschaft, Januar 1970

Bis zum April 1947 hatte die Abteilung mit den Fachgebieten für Forst- und Holzwirtschaft einen formalen Aufbau entwickelt. Dann erfolgten fünf wichtige strukturelle Änderungen, von denen hier nur in wesentlichen Zügen berichtet wird, obwohl dieser Ansatz zweifellos einige dieser Veränderungen allzu sehr vereinfacht. Im Jahr 1949 erfolgte die Aufteilung des Fachgebiets für Forstwirtschaft in die Arbeitseinheiten für Politik, Waldwirtschaft und Wirtschaft sowie die Aufgliederung des Fachgebiets für Holzwirtschaft in die Arbeitseinheiten für technische Entwicklung, Ausrüstungen sowie Handel und Industrie. Nach der Verlegung der FAO nach Rom Anfang 1951 wurden im Jahr 1952 diese sechs Arbeitseinheiten zu drei Fachgebieten zusammengefaßt, wobei die Arbeitseinheiten für Politik und Waldwirtschaft das Fachgebiet für Forstpolitik und -schutz wurden, die Arbeitseinheit für technologische Entwicklung das Fachgebiet für Forschung und Technologie, und die letzten drei Arbeitseinheiten, die sich mit den Bereichen Ausrüstungen, Handel und Industrie befaßten, das Fachgebiet für Forstwirtschaft.

1957 fanden weitere Änderungen statt, als das Fachgebiet für Forstpolitik und -schutz in "Fachgebiet für Forstpolitik" umbenannt wurde, und die Aufgabengebiete des Fachgebiets für Forstwirtschaft in bezug auf Ausrüstungen und Holzwirtschaft dem Fachgebiet für Forschung und Technologie übertragen wurden, das wiederum die neue Bezeichnung "Fachgebiet für Forsttechnologie" erhielt.

Diese Struktur blieb bis 1964 bestehen, als ein Fachgebiet für Forstproduktion hinzukam, und das Fachgebiet für Forsttechnologie den Namen "Fachgebiet für Holzwirtschaft und -nutzung" erhielt. 1966 hieß das Fachgebiet für Forstproduktion "Fachgebiet für Waldbewirtschaftung", und das Fachgebiet für Holzwirtschaft und -nutzung wurde in zwei Fachgebiete unterteilt, wobei eines die alte Bezeichnung beibehielt und das andere "Fachgebiet für Holzernte und -transport" benannt wurde. Somit bestand die Abteilung zwischen 1966 und 1969 aus fünf Fachgebieten. Außerdem wurde im Juni 1968 ein Büro für operationelle Maßnahmen geschaffen.

Am 1. Januar 1970 wurde die Abteilung für Forst- und Holzwirtschaft in eine Hauptabteilung mit zwei Abteilungen umgewandelt: eine Abteilung für Forstressourcen mit vier Fachgebieten, die sich jeweils mit der Erhaltung wildlebender Tiere und wildwachsender Pflanzen und dem Schutz des Waldes, mit Waldbewirtschaftung, Holzernte und -transport sowie mit forstwirtschaftlichen Institutionen und Ausbildung befaßten; eine Abteilung für Holzwirtschaft und Handel mit drei Fachgebieten für Zellstoff und Papier, mechanisch hergestellte Holzprodukte sowie für Wirtschaft und Statistik. Die Abteilung für Holzwirtschaft und Handel wurde 1978 umbenannt in "Abteilung für Holzwirtschaft". Zur selben Zeit wurde der Abteilung für Forstressourcen die Verantwortung für Holzernte und -transport übertragen.

Im Jahr 1976 wurde eine Unterabteilung für Politik und Planung eingerichtet, die einige Aufgaben beider Abteilungen und der Hauptabteilung, wie weiter unten berichtet, übernahm.

Daher besteht die Hauptabteilung für Forstwirtschaft gegenwärtig aus vier großen Arbeitseinheiten:

    Abteilung für Forstressourcen
    Abteilung für Holzwirtschaft
    Unterabteilung für Politik und Planung
    Unterabteilung für operationelle Maßnahmen

Die Hauptabteilung für Forstwirtschaft und ihre Vorgänger wurden geleitet von:

Direktor der Abteilung für Forst- und Holzwirtschaft und der Abteilung für Forstwirtschaft	Land	Amtszeit
M. Leloup	Frankreich	Juni 1946 bis Januar 1959
Direktor der Abteilung für Forst- und Holzwirtschaft		
Dr. Egon Glesinger	Österreich	Januar 1959 bis Juli 1963
Direktor der Abteilung für Forst- und Holzwirtschaft und der Abteilung für Holzwirtschaft		
N.A. Osara	Finnland	August 1963 bis September 1968
Direktor der Abteilung für Forst- und Holzwirtschaft und Beigeordneter Generaldirektor, Hauptabteilung für Forstwirtschaft		
B.K. Steenberg	Schweden	Dezember 1968 bis August 1974
Beigeordneter Generaldirektor, Hauptabteilung für Forstwirtschaft		
Kenneth King	Guyana	August 1974 bis Juli 1978
Dr. M.A. Flores Rodas	Honduras	September 1978 bis

Abteilung für Forstressourcen

Die Abteilung für Forstressourcen, die im Januar 1970 gegründet wurde, als die Abteilung für Forst- und Holzwirtschaft in eine Hauptabteilung umgewandelt wurde, besteht aus einem Fachgebiet für die Entwicklung von Forstressourcen, einem Fachgebiet für die Erhaltung des Waldes und der wildlebenden Tiere und wildwachsenden Pflanzen sowie einem Fachgebiet für forstwirtschaftliche Ausbildung, Beschäftigung und Institutionen. Wie bereits erwähnt, kann ihre Entstehung bis zum ursprünglichen, im November 1946 errichteten Fachgebiet für Forstwirtschaft zurückverfolgt werden.

Die Abteilung versucht, zur Unterstützung einer nachhaltigen nationalen und ländlichen Entwicklung die Mehrfachbewirtschaftung bestehender Wälder und die Anlage neuer Wälder zu fördern. Bei ihrer Arbeit berücksichtigt sie drei Funktionen des Waldes:

- Nutzfunktion: die Lieferung von Rohstoffen für die Industrie, Brennholz, Futter und Nahrung, Wasserschutz und Lebensraum für wildlebende Tiere;
- Schutzfunktion: besonders wichtig im Kampf gegen Erosion und Verödung sowie zur Erhaltung der Umweltqualität;

- Sozialfunktion: zur direkten Unterstützung des Wohls und der sozioökonomischen Entwicklung der Bevölkerung, die in Wäldern oder in der Nähe von Wäldern lebt.

Die Tätigkeiten der Abteilung sind zum größten Teil auf die Unterstützung der Forstverwaltungen und entsprechender nationaler Einrichtungen und Dienste ausgerichtet bei der erfolgreichen Durchführung ihrer Aufgaben in bezug auf die Integration von Forst- und Landwirtschaft, Bewirtschaftung tropischer Wälder, Rationalisierung des Wanderhackbaus, Bewirtschaftung von Wasserscheiden, Einrichtung und Bewirtschaftung von Forstanpflanzungen, Aufhalten und Umkehrentwicklung des Verödungsprozesses, Ausweitung der Energieproduktion aus forstwirtschaftlicher Biomasse und Sicherstellung einer kontinuierlichen Versorgung der Industrie mit Rohstoffen des Waldes. Die Förderung der Walderschließung umfaßt auch die Unterstützung bei der Ausweitung und Verbesserung globaler, regionaler und nationaler Ermittlungen der Forstressourcen; Verbesserung der waldbaulichen Maßnahmen und Erntemethoden, um den Ertrag und die Naturverjüngung zu begünstigen; Einführung verbesserter Methoden bei Baumschulen, Wiederaufforstung, Bewirtschaftung von Anpflanzungen und bei Agrowaldbau; Durchführung umfassender Programme im Bereich verbesserter Saatgutbeschaffung und -verteilung sowie auf dem Gebiet des Schutzes von Genreserven.

Bei ihren Anstrengungen zur Förderung der Erhaltung des Waldes und wildlebender Tiere und wildwachsender Pflanzen hilft die Abteilung mit bei der Anwendung besserer Methoden zur Wiederaufforstung und Bewirtschaftung von Wasserscheiden in Berggebieten, um die Bodenfruchtbarkeit zu erhalten und den Wasserlauf zu regulieren; bei der Anhebung des Lebensstandards der Landwirte, die Wanderhackbau betreiben, und der stromaufwärts lebenden Bevölkerung; bei der Verminderung von Hochwasserschäden und der Erhaltung eines dauerhaften Schutzes für die Versorgung mit Holz, Futter und Nahrung; bei der Erhaltung, Bewirtschaftung und dem Wiederaufbau von Wildbeständen und Nationalparks; bei der Befestigung von Sanddünen; bei Errichtung und Bepflanzung von Schutzgürteln und Windschutz, insbesondere in ariden Zonen, um einen Schutz gegen weitere Erosion und Verödung zu bilden, sowie bei Lieferung von Brennholz und Verbesserung der Umwelt.

In bezug auf die forstwirtschaftliche Ausbildung, Beschäftigung und Institutionen unterstützt die Abteilung die Mitgliedsländer der FAO bei der Ermittlung des Ausbildungsbedarfs von Arbeitskräften in der Forstwirtschaft und der Verbesserung von Inhalt und Methoden dieser Ausbildung; der Errichtung neuer oder den Ausbau bestehender Einrichtungen für Erziehung, Ausbildung und Beratung in der Forstwirtschaft; der Förderung der Fortbildung und Ausbildung am Arbeitsplatz für Forstpersonal; der Gestaltung und Modernisierung von Forstpolitik, Gesetzgebung und Verwaltungsstruktur und dem Ausbau des institutionellen Rahmens der Forschung in der Forstwirtschaft sowie der Förderung der Genossenschaften und anderer lokaler Organisationen, die sich auf Forstwirtschaft beziehen.

Zusammen mit anderen sachbezogenen Bereichen der Organisation ist die Abteilung zunehmend mit Arbeiten zur Unterstützung des Feldprogramms beschäftigt, so daß, da das gesamte Arbeitsprogramm umfassender geworden ist, der Hauptschwerpunkt immer mehr auf Aktivitäten zur Unterstützung der Entwicklungsländer liegt.

Folgende Personen leiteten die Abteilung für Forstressourcen und deren Vorgänger:

	Land	Amtszeit
Leiter des Fachgebiets für Forstwirtschaft		
S.B. Show	Vereinigte Staaten	November 1946 bis September 1949
Leiter der Arbeitseinheit für Waldbau		
D.T. Griffith	Australien	Januar 1950 bis Dezember 1950
Leiter des Fachgebiets für Forstpolitik und -schutz und des Fachgebiets für Forstpolitik		
T. François	Frankreich	Juni 1951 bis September 1962
Leiter des Fachgebiets für Forstpolitik und des Fachgebiets für Forstbewirtschaftung (Produktion) und Direktor der Abteilung für Forstressourcen		
R. Fontaine	Frankreich	September 1962 bis Oktober 1973
Direktor der Abteilung für Forstressourcen		
Dr. H. Steinlin	Schweiz	November 1973 bis Oktober 1976
L. Huguet	Frankreich	März 1977 bis April 1980
Dr. J. Prats-Llauradó	Spanien	Mai 1980 bis

Abteilung für Holzwirtschaft

Wie bereits aus der Beschreibung der Entwicklung der Hauptabteilung für Forstwirtschaft hervorgegangen ist, hat diese Abteilung, die im Jahr 1947 als Fachgebiet für Holzwirtschaft begann, eine recht wechselvolle Geschichte, und zwar nicht nur in bezug auf ihren Aufbau, sondern auch im Hinblick auf ihre Arbeitsbereiche und Schwerpunkte. Bis zu einem gewissen Grade wurden diese Schwerpunkte von der Philosophie und Theorie der wirtschaftlichen Entwicklung beeinflußt, an denen die führenden Wirtschaftswissenschaftler jener Zeit festhielten. Da Devisen als der wichtigste begrenzende Faktor in der wirtschaftlichen Entwicklung angesehen wurden, tendierte der Schwerpunkt zur Industrialisierung, deren Ziel die Erschließung von Exportmärkten war. Der Industrialisierung, die eine bessere Nutzung der Nebenwirtschaftszweige erreichen wollte, wurde größere Aufmerksamkeit geschenkt, als der Schwerpunkt auf der vollen Nutzung des Waldbestands lag. Als Erziehung als kritischer Faktor angesehen wurde, wurde der Schwerpunkt auf Erziehung und Ausbildung von Technikern, Bedienungspersonal und Führungskräften gelegt, um so die Grundlage für die Industrialisierung zu schaffen. Es ist aber in zunehmendem Maße erkannt worden, daß von einseitigen Faktoren getragene Lösungen selten die Grundlage für die Bewältigung von Problemen der wirtschaftlichen Unterentwicklung sind, und die Bemühungen der Abteilung sind mehr und mehr auf die integrierten Methoden der forstwirtschaftlichen und ländlichen Entwicklung gelenkt worden.

Die gegenwärtig von der Abteilung bearbeiteten Aufgaben beginnen mit dem Einschlag der Bäume im Wald und dem Transport des Holzes zu den holzverarbeitenden Betrieben; dann folgt der Durchlauf des Holzes durch die verschiedenen industriellen Verarbeitungsverfahren, wie z.B. Bearbeitung im Sägewerk und Herstellung von Sperrholz, Faserplatten, Spanplatten, Zellstoff und Papier; danach die Nutzung von Wald- und Sägewerksreststoffen in anderen Verarbeitungsprozessen und in zunehmendem Maße für Energiezwecke; und zuletzt die Aufbereitung und der Transport der verarbeiteten Produkte zu den Verbrauchermärkten.

Als Grundlage für eine wirksame Anwendung dieser Verfahren müssen Forstressourcen nicht wie ein Bergwerk behandelt, sondern zum Zwecke einer ständigen und steigenden Produktion bewirtschaftet werden. Die Holzwirtschaft ist durch die Umwandlung der bestehenden Ressourcen in notwendige, brauchbare Produkte ein wesentlicher Bestandteil des Gesamtprozesses der Waldbewirtschaftung, des Schutzes und der effektiven Nutzung der Wälder. Daher sind viele Tätigkeiten der Abteilung auf den Aufbau und die Leitung der Holzwirtschaft in Entwicklungsländern ausgerichtet, so daß sie ein wirksames Instrument in der forstwirtschaftlichen und sozialen Entwicklung wird. Um diese Ziele erreichen zu können, muß die Holzwirtschaft genau geplant, vorsichtig, aber angemessen mit Kapital und ausreichend mit Personal ausgestattet werden. Jeder dieser Aspekte ist im Arbeitsprogramm der Abteilung berücksichtigt.

Die Abteilung und ihre Vorgänger sind von folgenden Personen geleitet worden:

Leiter des Fachgebiets für Holzwirtschaft	Land	Amtszeit
Dr. Egon Glesinger	Österreich	Juli 1947 bis Oktober 1949
Leiter der Arbeitseinheit für technische Entwicklung		
L.J. Vernell	Vereinigtes Königreich	November 1949 bis März 1951
Leiter der Arbeitseinheit für Ausrüstungen		
Jean Vinzant	Frankreich	November 1949 bis März 1951

	Land	Amtszeit
Leiter des Fachgebiets für Forschung und Technologie und des Fachgebiets für Forsttechnologie		
Dr. I.T. Haig	Vereinigte Staaten	März 1951 bis März 1958
Leiter des Fachgebiets für Forsttechnologie		
André Métro	Frankreich	Juni 1958 bis November 1965
Leiter des Fachgebiets für Holzernte und -transport		
Gsaak Kissin	Brasilien	Januar 1966 bis Januar 1969
Leiter des Fachgebiets für Holzwirtschaft und -nutzung		
J. Swiderski	Vereinigte Staaten	März 1966 bis August 1969
Direktor der Abteilung für Holzwirtschaft und Handel		
Pekka J. Vakomies	Kanada	Januar 1970 bis März 1977
Direktor der Abteilung für Holzwirtschaft und Handel und der Abteilung für Holzwirtschaft		
A.J. Leslie	Australien	November 1977 bis

Unterabteilung für Grundsatzangelegenheiten und Planung

Die im Januar 1976 eingerichtete Unterabteilung für Grundsatzangelegenheiten und Planung besaß zwei Hauptentstehungsquellen. Die eine Quelle geht zurück auf eine Arbeitseinheit für Grundsatzangelegenheiten, die von 1949 bis 1951 bestand und 1952 zum Fachgebiet für Forstpolitik und -schutz und 1957 schließlich zum Fachgebiet für Forstpolitik wurde. Im Jahr 1966 wurde dieses Fachgebiet in zwei Fachgebiete aufgeteilt, die sich jeweils mit Forstpolitik und Waldbewirtschaftung befaßten. 1970 erfolgte die Zusammenlegung beider Bereiche zu einer Abteilung für Forstressourcen. Zu jener Zeit übernahm jedoch eine in dem Büro des Beigeordneten Generaldirektors geschaffene Arbeitsgruppe für Planung bestimmte Aufgaben des früheren Arbeitsgebiets für Forstpolitik sowie der Arbeitsgruppe für Programmkoordinierung, die zum Büro des Direktors der Abteilung für Forst- und Holzwirtschaft gehörte. Diese Grundsatz- und Planungsaufgaben wurden im Jahr 1976 der Unterabteilung für Grundsatzangelegenheiten und Planung übertragen.

Die andere Quelle ist eine Arbeitseinheit für Wirtschaft (1947-1951) und später ein Fachgebiet für Forstwirtschaft (1952-1970), die beide in einer Abteilung für Holzwirtschaft und Handel zusammengefaßt wurden. Im Jahr 1976 übernahm die Unterabteilung für Grundsatzangelegenheiten und Planung die entsprechenden Aufgaben von dieser Abteilung.

Für die Hauptabteilung ist die Unterabteilung auf den Gebieten der Planung, Zukunftsstudien, Statistik, Handel und Wirtschaftsanalysen tätig. Außerdem ist sie verantwortlich für die Organisation von Sitzungen des Forstausschusses und der regionalen Forstkommissionen, für Verbindungs- und Programmaufgaben sowie auch für einige Redaktions- und Dokumentationstätigkeiten. Zu den regelmäßig erscheinenden Publikationen, für die die Unterabteilung in erster Linie verantwortlich ist, gehören "Unasylva", das "FAO-Jahrbuch für forstliche Erzeugnisse" und ein "Monatliches Informationsblatt über den Handel mit tropischen Hölzern". Ein "Verzeichnis der Waldbestände in der Welt 1963", das 5. Verzeichnis dieser Art, wurde 1966 herausgegeben.

Folgende Beamte haben die Unterabteilung für Grundsatzangelegenheiten und Planung und deren Vorgänger geleitet:

Leiter der Arbeitseinheit für Wirtschaft	Land	Amtszeit
J.D. Harrison	Kanada	November 1949 bis März 1951
Leiter der Arbeitseinheit für Handel und Industrie		
T.V. Tarkiainen	Finnland	Januar 1949 bis September 1952
Leiter der Arbeitseinheit für Grundsatzangelegenheiten, des Fachgebiets für Forstpolitik und -schutz und des Fachgebiets für Forstpolitik		
T. François	Frankreich	November 1949 bis September 1962
Leiter des Fachgebiets für Forstwirtschaft		
T. Streyffert	Schweden	November 1952 bis Oktober 1953
H. Tromp	Schweiz	Dezember 1955 bis September 1957
J.C. Westoby	Vereinigtes Königreich	Januar 1958 bis August 1963
Leiter des Büros für Programm und operationelle Maßnahmen		
L.J. Vernell	Vereinigtes Königreich	Juni 1960 bis März 1961
Leiter des Fachgebiets für Forstpolitik		
R. Fontaine	Frankreich	September 1962 bis November 1965
L. Gímenez-Quintana	Spanien	Juli 1966 bis Dezember 1969

Leiter des Fachgebiets für Forstwirtschaft und der Unterabteilung für Grundsatzangelegenheiten und Planung	Land	Amtszeit
Dr. S.L. Pringle	Kanada	Dezember 1963 bis

Unterabteilung für operationelle Maßnahmen

Die Arbeit der Unterabteilung für operationelle Maßnahmen, die das erste Mal unter dem Namen "Büro für operationelle Maßnahmen" im Juni 1968 eingerichtet wurde, kann bis zu den Anfängen des Feldprogramms im Jahr 1951, als ein Beamter für Technische Hilfe ernannt wurde, zurückverfolgt werden. Zwischen 1951 und 1968 war die Verantwortung für die Koordinierung von Aktivitäten im Rahmen des Feldprogramms den verschiedenen Arbeitseinheiten in dem Büro des Abteilungsleiters übertragen worden. Folgende Beamte haben diese Arbeitseinheiten geleitet oder allgemein beaufsichtigt:

Beamter für Technische Hilfe und Leitender Beamter für Technische Hilfe	Land	Amtszeit
D. Roy Cameron	Kanada	April 1951 bis Januar 1953
Leitender Beamter für Technische Hilfe		
Pierre Terver	Frankreich	Januar 1953 bis Januar 1956
Leiter des Büros für Programm und operationelle Maßnahmen		
L.J. Vernell	Vereinigtes Königreich	Juni 1960 bis März 1961
Beamter für Feldprojekte und Leiter des Büros für operationelle Maßnahmen und Koordinierung		
N. Felsovanyi	Österreich	Dezember 1964 bis Juli 1969
Direktor der Unterabteilung für operationelle Maßnahmen		
L. Huguet	Frankreich	September 1969 bis Februar 1977
Dr. J. Prats-Llauradó	Spanien	März 1977 bis April 1980
Dr. M.K. Muthoo	Indien	Mai 1980 bis

HAUPTABTEILUNG FÜR ENTWICKLUNG

Die gegenwärtige Hauptabteilung für Entwicklung umfaßt, wie sie derzeit besteht, neben dem Büro des Beigeordneten Generaldirektors die Abteilung für die Entwicklung des Feldprogramms, das Investitionszentrum und die FFHC/Aktion für Entwicklung. Ihr Ursprung kann bis 1950 und bis zum Beginn des FAO-Feldprogramms zurückverfolgt werden. Finanziert wurde dieses Programm aus Mitteln des "Erweiterten Programms für Technische Hilfe" (EPTA). Einige Feldaktivitäten wurden bereits vor diesem Zeitpunkt durchgeführt (z.B. von der Organisation finanzierte Ländermissionen und von der früheren Landwirtschaftsabteilung und dem UNRRA-Transferfonds realisierte Feldprojekte), aber die Struktur des Feldprogramms selbst entwickelte sich aus den von dem EPTA geförderten Vorhaben. Wie bereits in Kapitel 10 erwähnt, hat sich die relative Betonung des Feldprogramms in bezug auf Umfang und Geldmittel, im Vergleich zu dem "Regulären Programm", im Laufe der Jahre erheblich verstärkt und spiegelt in beträchtlichem Maß den geänderten Anteil der Entwicklungsländer an den FAO-Mitgliedern wider.

Die Entwicklung der Hauptabteilung ist in der Tat recht komplex, da viele verschiedene organisatorische Vorkehrungen getroffen wurden, um die gegenwärtigen Aufgaben erfüllen zu können. Es gab auch eine Verflechtung von Aufgaben im Außendienst und im Rahmen des Regulären Programms, von denen einige nun anderen Hauptabteilungen oder dem Büro des Generaldirektors übertragen sind. Im folgenden Überblick wird das Hauptgewicht auf den Aufgabenbereich gelegt, mit dem zur Zeit die Hauptabteilung für Entwicklung betraut ist, da die anderen Tätigkeiten an anderer Stelle genauer behandelt werden.

Am 16. November 1949 unternahm die Generalversammlung der Vereinten Nationen formelle Schritte zur Aufstellung des "Erweiterten Programms für Technische Hilfe" (EPTA), und einige Wochen später beschloß die 5. Sitzung der FAO-Konferenz die Beteiligung der FAO an diesem Vorhaben.

Dr. F.T. Wahlen (Schweiz), Direktor der damaligen Abteilung für Landwirtschaft, wurde am 24. Oktober 1950 zum Leiter des EPTA in der FAO ernannt und übte diese Tätigkeit bis zum 15. Januar 1952 aus.

Die 2. Sondersitzung der FAO-Konferenz im November 1950 wurde davon in Kenntnis gesetzt, daß bis zum 31. Oktober 1950 34 Anträge auf Hilfe eingegangen und Abkommen mit zehn Regierungen unterzeichnet worden waren. Die Konferenz stellte fest, daß Fortschritte bei der Durchführung der Technischen Hilfe von zwei Faktoren begrenzt wurden: erstens, die große Mehrheit der Regierungen, die die Zahlung von Beiträgen zugesagt hatte, hatte diese aber noch nicht auf das Sonderkonto eingezahlt, so daß am 31. Oktober 1950 weniger als 7 Millionen US-Dollar bei den Vereinten Nationen eingegangen waren; zweitens, viele potentielle Empfängerländer waren noch nicht über die Bedingungen, unter denen Technische Hilfe gewährt werden konnte, informiert worden. Anfang 1951 jedoch arbeiteten die ersten Experten in der Zentrale in Washington, und nach der Verlegung der Zentrale nach Rom wuchs ihre Anzahl sehr schnell.

Dem Stellvertretenden Generaldirektor unterstand als Chefkoordinator für Technische Hilfe seit dem 15. Januar 1952 die Leitung über die Technische Hilfe, und ein Beamter, der für den Leiter des EPTA tätig war, wurde zum stellvertretenden Koordinator ernannt. Von Januar 1952 bis Januar 1956 befaßte sich eine zentrale Arbeitsgruppe in dem Büro des Generaldirektors, zu der auch die Arbeitseinheit für Stipendien gehörte, mit den Angelegenheiten des EPTA.

Im Januar 1956 wurde eine Unterabteilung für Programm und Haushalt in dem Büro des Generaldirektors eingerichtet, die sich sowohl mit dem Regulären Programm als auch mit dem EPTA befaßte. Sie wurde im Mai desselben Jahres in eine Unterabteilung für Programm und Haushalt und in eine Unterabteilung für Verbindung zum Außendienst (die auch die frühere Arbeitseinheit für Stipendien aufnahm) aufgeteilt. Ihnen angegliedert war die Unterabteilung für Verbindung zu internationalen Organisationen. Diese drei Einheiten wurden im Januar 1959 zu einer neuen Unterabteilung für Programm und Haushalt zusammengefaßt, die ein umfangreicheres Aufgabengebiet hatte und in Fachgebiete aufgeteilt war, die sich mit sieben Arbeitsbereichen befaßten: Programmdienste, Programmforschung und Evaluierung, Haushalt, Programmverbindung, Verbindung zu internationalen Organisationen, Feldprojekte sowie Ausbildung und Stipendien. Der Direktor dieser neuen Unterabteilung erhielt im Juli 1960 den Rang eines Beigeordneten Generaldirektors. Bis zum Juni 1962 blieb die Struktur der Unterabteilung im wesentlichen unverändert, als sie wie folgt umorganisiert wurde:

    Abteilung für Programmaufstellung und Haushalt
      Fachgebiet für Programmaufstellung
      Fachgebiet für Haushalt

    Abteilung für Programmverbindung
      Fachgebiet für Verbindung zu den Regionen
      Fachgebiet für Verbindung zu internationalen Organisationen
      Fachgebiet für Nahrungsmittelnormen

    Abteilung für die Koordinierung Technischer Hilfe
      Fachgebiet für Verbindung zu Länderprojekten
      Fachgebiet für Technische Zusammenarbeit
      Fachgebiet für Stipendien und Ausbildung

Das Gemeinsame FAO/Weltbankprogramm wurde im April 1964 der Unterabteilung zugeordnet.

Der Aufbau der Unterabteilung für Programm und Haushalt trat am 1. Juni 1968 im Wege der strukturellen Umorganisation der Zentrale wie folgt in Kraft:

    Abteilung für Regionaldienste
    Gemeinsames FAO/Weltbankprogramm
    Gemeinsames FAO/Industrieprogramm
    Abteilung für Verbindung zu internationalen Organisationen
      Fachgebiet für internationale Organisationen
      Fachgebiet für Nahrungsmittelnormen
    Abteilung für Programmaufstellung und Haushalt

Am 8. Juli 1968 wurde die Hauptabteilung für Entwicklung formell mit der gleichen Struktur errichtet, nur das Gemeinsame FAO/Weltbankprogramm erhielt die alte Bezeichnung "Investitionszentrum".

Innerhalb der nachfolgenden zehn Jahre gab es zahlreiche Änderungen im Aufbau der Hauptabteilung:

Anfang 1970 erfolgte die Auflösung der Abteilung für Programmaufstellung und Haushalt und die Verlegung des Fachgebiets für Haushalt zum Büro des Rechnungsprüfers; eine Arbeitsgruppe für Programmaufstellung verblieb in der Hauptabteilung für Entwicklung bis 1972, als sie dem Büro des Generaldirektors zugeordnet wurde;

im August 1972 wurde die Abteilung für Verbindung zu internationalen Organisationen aus der Hauptabteilung ausgegliedert. Gleichzeitig wurde ein Forschungszentrum eingerichtet, dessen Entwicklung auf den Seiten 129-130 beschrieben worden ist;

im Januar 1973 wurde das Fachgebiet für Evaluierung von der Abteilung für Wirtschaftsanalyse der Hauptabteilung übertragen und in "Unterabteilung für Evaluierung" umbenannt;

im Februar 1974 wurde die Abteilung für Regionaldienste in "Abteilung für Verbindung zum Außendienst" umbenannt;

die meisten operationellen Aktivitäten der Hauptabteilung für Entwicklung wurden eingestellt, nachdem im März 1974 die Abteilung für landwirtschaftliche operationelle Maßnahmen eingerichtet wurde;

im Januar 1976 wurde der Aufgabenbereich "Kampagne Kampf gegen den Hunger/Aktion für Entwicklung" von dem Büro des Generaldirektors in die Hauptabteilung verlagert und die "Abteilung für Verbindung zum Außendienst" in "Abteilung für die Entwicklung des Feldprogramms" umbenannt;

im Januar 1978 wurde die Unterabteilung für Evaluierung in das Büro für Programm, Haushalt und Evaluierung verlagert;

am 30. Juni 1978 wurde das Gemeinsame FAO/Industrieprogramm eingestellt.

Die Aufgaben der Hauptabteilung für Entwicklung sind, kurz gesagt, folgende: den Zufluß finanzieller und technischer Mittel sowie von Ausbildung in die Entwicklungsländer zu erhöhen; die Geber- und Empfängerländer von Hilfsmitteln bei der Koordinierung ihrer Aktivitäten zu unterstützen und höchste Priorität den Entwicklungserfordernissen einzuräumen, die Regierungen der Entwicklungsländer bei der Auffindung und Schaffung von Möglichkeiten für eine erfolgreiche Innovation zu unterstützen und in ihren eigenen Entwicklungsbemühungen unabhängiger zu werden, und die Arbeit der Regionalbüros und der FAO-Ländervertreter mit der der Zentrale abzustimmen.

In bezug auf das Feldprogramm der FAO verhandelt die Hauptabteilung auf politischer Ebene mit den Hauptgeberländern entweder über Entwicklungshilfe oder über Investitionen, koordiniert die Arbeitsbeziehungen der Organisation mit den staatlichen und nichtstaatlichen Geldgebern, unterhält insbesondere Verbindung mit dem UNDP, der Weltbank, den regionalen Banken und dem IFAD, genehmigt von TCP und aus Treuhandfonds finanzierte und vom Generaldirektor genehmigte Vorhaben, und unterhält enge Arbeitsbeziehungen zu den operationellen Unterabteilungen und wichtigen Abteilungen in den Hauptabteilungen für Landwirtschaft, Fischerei und Forstwirtschaft, die Feldprojekte durchführen oder für deren fachliche Betreuung sorgen.

Die Hauptabteilung für Entwicklung dient auch als Hauptverbindungsglied zwischen der Zentrale und den Regional- und Verbindungsbüros. Obwohl die Regionalvertreter und die Leiter der Verbindungsbüros den Generaldirektor vertreten und, wenn nötig, direkten Zugang zu ihm haben, laufen ihre tagtäglichen Kontakte mit der Zentrale über die Hauptabteilung. Sie hat ebenfalls die Aufsicht über die FAO-Ländervertreter und deren Büros.

Im Hinblick auf die Komplexität ihrer Vorgänger ist die Darstellung eines genauen Entstehungsberichts über die Hauptabteilung für Entwicklung, ihre Leiter und ihre früheren Arbeitseinheiten kaum möglich. Daher werden hier nur die Leiter im Rang eines Beigeordneten Generaldirektors seit dem Bestehen als Hauptabteilung erwähnt:

Beigeordneter Generaldirektor, Hauptabteilung für Entwicklung	Land	Amtszeit
Pierre Terver	Frankreich	Juli 1968 bis April 1972
Juan Felipe Yriart	Uruguay	Mai 1972 bis April 1980
J. de Mèredieu	Frankreich	Mai 1980 bis

Abteilung für die Entwicklung von Feldprogrammen

Diese Abteilung hatte, in umgekehrter Reihenfolge gesehen, folgende Vorläufer: die Abteilung für Verbindung zum Außendienst, die Abteilung für Regionaldienste, die Abteilung für Zusammenarbeit in Technischer Hilfe, das Fachgebiet für Feldprojekte, die zentrale Unterabteilung für Programme und Verbindung, den Chefkoordinator für Technische Hilfe und den Leiter des "Programms für Technische Hilfe". Es ist bereits allgemein erörtert worden, wie die meisten dieser Arbeitseinheiten in den Entwicklungsprozeß paßten, so daß hier nur die letzten drei Vorgänger dieser Abteilung beschrieben werden.

Die im Juni 1962 gegründete und bis Mai 1968 bestehende Abteilung für Zusammenarbeit in Technischer Hilfe umfaßte die Fachgebiete für Verbindung zu Länderprojekten, für Technische Zusammenarbeit und für Stipendien und Ausbildung. Sie war zuständig für operationelle und andere Aufgaben, die nicht länger in die Zuständigkeit der Hauptabteilung für Entwicklung fallen.

Im Juni 1968 wurde sie in "Abteilung für Regionaldienste" umbenannt und am 8. Juli 1968 der neu eingerichteten Hauptabteilung für Entwicklung zugeordnet. Zu diesem Zeitpunkt kamen folgende Arbeitsgebiete zu dieser Abteilung: die Fachgebiete für Verbindung zu Länderprojekten und für Technische Zusammenarbeit (von der ehemaligen Abteilung für Technische Zusammenarbeit), das Fachgebiet für regionale Verbindung (von der früheren

Abteilung für Programmverbindung) sowie die Teile der Hauptabteilung für fachlich-technische Angelegenheiten in dem Büro des Beigeordneten Generaldirektors, die in Entwicklungs- und Einsatzprojekten mit UNICEF, WEP und FFHC zusammengearbeitet hatten. Die Abteilung war in fünf regionale Unterabteilungen, eine Unterabteilung für die Koordinierung von Feldprogrammen und eine Arbeitsgruppe für Berichterstattung untergliedert. Im Oktober 1971 wurde ihr ein "operationelles Zentrum" angeschlossen.

Am 1. Februar 1974 erfolgte die Umgestaltung der Abteilung für Regionaldienste in eine Abteilung für Verbindung zum Außendienst, deren Struktur und Aufgabenbereich bestehenblieb bis auf die Ausnahmen, daß das operationelle Zentrum aufgelöst wurde, die Unterabteilung für die Koordinierung von Feldprogrammen in "Unterabteilung für Verbindung zu Sonderprogrammen" umbenannt wurde, die regionalen Unterabteilungen zu "Büros" und die Aufgaben der Unterabteilung für Europa dem Regionalbüro für Europa übertragen wurden.

Die neue Bezeichnung der Abteilung als "Abteilung für Entwicklung von Feldprogrammen" war gültig ab Januar 1976. Sie hatte einen ähnlichen Aufbau wie die Abteilung für Verbindung zum Außendienst, ausgenommen, daß die Arbeitsgruppe für Grundsatzangelegenheiten und Programmkontrolle abgeschafft und eine Arbeitsgruppe für technische Kooperationsprogramme sowie eine weitere für gemeinsame FAO/Regierungsprogramme hinzukamen. Im Januar 1978 wurde eine Unterabteilung für Koordinierung von Feldprogrammen eingerichtet, und am 30. Juni 1978 wurde die Arbeitsgruppe für gemeinsame FAO/Regierungsprogramme aufgelöst.

Die folgenden Beamten waren für die Abteilung und ihre drei letzten Vorgänger verantwortlich:

	Land	Amtszeit
Direktor der Abteilung für Zusammenarbeit in Technischer Hilfe und der Abteilung für Regionaldienste		
J.P. Huyser	Niederlande	Juni 1962 bis September 1970
Dr. E.H. Hartmans	Vereinigte Staaten	September 1970 bis Januar 1974
Direktor der Abteilung für Verbindung zum Außendienst		
Andrew Joseph	Sri Lanka	Februar 1974 bis August 1975
Direktor der Abteilung für Verbindung zum Außendienst und der Abteilung für Entwicklung von Feldprogrammen		
Karl Olsen	Vereinigte Staaten	September 1975 bis April 1976

Direktor der Abteilung für Ent-wicklung von Feldprogrammen	Land	Amtszeit
Dr. C. Beringer	Bundesrepublik Deutschland	Januar 1978 bis

Investitionszentrum

Das gegenwärtige Investitionszentrum entstand aus dem Gemeinsamen FAO/Weltbankprogramm, dessen Grundlage ein am 2. April 1964 unterzeichnetes Abkommen war und das als ein Sektor der Unterabteilung für Programm und Haushalt in dem Büro des Generaldirektors eingerichtet wurde. Andere Abkommen wurden mit der Interamerikanischen Entwicklungsbank (gebilligt von der FAO-Konferenz im Jahr 1965) und mit der Afrikanischen sowie der Asiatischen Entwicklungsbank (gebilligt im November 1967) geschlossen. Bei der Einrichtung der Hauptabteilung für Entwicklung am 8. Juli 1968 wurde das Gemeinsame FAO/Weltbankprogramm mit diesen mit Investitionen verbundenen Aktivitäten zu einem Investitionszentrum zusammengefaßt. Das gemeinsame Programm von FAO und Banken entstand im Mai 1972, obwohl das erste Treffen zwischen Privatbankiers und der FAO bereits im Mai 1969 stattgefunden hatte.

In letzter Zeit wurden Verbindungen zu anderen Kreditinstituten, wie z.B. die verschiedenen arabischen Fonds, einige subregionale Kreditinstitute und der Internationale Fonds für landwirtschaftliche Entwicklung (IFAD) hergestellt. Alle Aktivitäten der FAO im Rahmen dieser Abkommen, Programme und anderer Vereinbarungen werden von dem Investitionszentrum durchgeführt. (Das oben genannte Abkommen zwischen der FAO und der Interamerikanischen Entwicklungsbank ist abgelaufen.)

Die grundlegende Aufgabe des Investitionszentrums ist, den Regierungen bei der Ermittlung und Vorbereitung von Projekten zur Finanzierung, die normalerweise in zwei Stufen erfolgt, zu helfen. Die erste Stufe ist die Untersuchung oder Feststellung. Die zweite besteht darin, staatliche Institutionen bei der Vorbereitung von Projekten zu beraten und zielt auf die Erstellung einer Durchführbarkeitsstudie zur Vorlage bei einem Kreditinstitut ab. In zunehmendem Maße ist die zweite Phase ein "Gemeinschaftsunternehmen" von Investitionszentrum, Ministerien, Institutionen oder lokalen Banken sowie der örtlichen Beamten der Gegenseite geworden. Eine dritte Stufe, die Beurteilung, das heißt die letzte Überprüfung aller Aspekte eines Projekts, unterliegt der Verantwortung der Finanzierungsorganisation und der Regierung.

Die gegenwärtige Form des Investitionszentrums nahm im Juni 1973 zum ersten Mal Gestalt an, als man es – der Umorganisation der Landwirtschaftsabteilung bei der Weltbank nach regionalen Gesichtspunkten folgend – in zwei Unterabteilungen umstrukturierte, von denen jede die Zuständigkeit für eine bestimmte geographische Region hatte. Eine dritte Unterabteilung, die Unterabteilung für Investitionshilfe, wurde im Juni 1976 gegründet und beschäftigte sich mit Vorhaben, die von anderen Kreditinstituten als der Weltbank durchgeführt wurden.

Im August 1979 kam es zu einer erneuten Aufteilung der operationellen Arbeitsbereiche des Investitionszentrums auf die fünf Unterabteilungen, wobei sich die ersten drei auf das gemeinsame Programm mit der Weltbank und die letzten zwei auf die Zusammenarbeit mit anderen Kreditinstituten beziehen:

> Europa, Naher Osten, Nord- und Ostafrika
> Asien und der Pazifik
> Lateinamerika und Westafrika
> Internationale Fonds und Nationalbanken
> Regionale Entwicklungsbanken

Der Direktor des Investitionszentrums wird unterstützt von zwei Stellvertretenden Direktoren, von denen der eine für das gemeinsame Programm mit der Weltbank und der andere für die gemeinsamen Aktivitäten mit anderen Kreditinstituten zuständig ist.

Die Leitung des Investitionszentrums und seiner Vorgänger hatten folgende Beamte inne:

	Land	Amtszeit
Direktor des Gemeinsamen FAO/Weltbankprogramms und des Investitionszentrums		
Henry Ergas	Griechenland	April 1964 bis September 1970
Direktor des Investitionszentrums		
J.P. Huyser	Niederlande	September 1970 bis Juli 1977
C. Fernando	Sri Lanka	August 1977 bis

Kampagne Kampf gegen den Hunger/Aktion für Entwicklung

Generaldirektor Sen hatte in einer Rede vor dem ECOSOC im Juli 1958 zum ersten Mal die Idee einer Kampagne Kampf gegen den Hunger aufgegriffen. Drei Monate später unterbreitete er der 29. Sitzung des FAO-Rates einen formellen Vorschlag für einen solchen Feldzug. Der Rat begrüßte dessen Zielsetzungen und setzte eine Ad-hoc-Kommission ein, die den Generaldirektor bei der Vorbereitung ausführlicherer Vorschläge unterstützen sollte. Diese wurden im Juni 1959 der 31. Sitzung des Rates vorgelegt, die sie einstimmig billigte. Im Herbst 1959 erteilte die 10. Sitzung der FAO-Konferenz ihre Zustimmung für das Vorhaben (Resolution 13/59). Im Mai 1960 fand die erste Konferenz internationaler Nicht-Regierungsorganisationen statt, die die Grundlage für eine Zusammenarbeit mit der FAO legte.

Die Kampagne begann offiziell am 1. Juli 1960. Im November 1965 stimmte die 13. Sitzung der FAO-Konferenz einer Verlängerung bis Ende 1970 zu. Die 15. Sitzung der Konferenz im November 1969 beschloß ihre Weiterführung bis Ende 1980. Dies stimmte auch mit einem Vorschlag des Generaldirektors überein, daß die zukünftigen Aktivitäten der Aktion mehr praxisorientiert sein sollten. Im Juni 1970 erhielt dieses Projekt die Bezeichnung "Kampf gegen den Hunger/Aktion für Entwicklung" (FFH/AD). Die Hauptabteilung für Entwicklung übernahm im Januar 1976 den FFH/AD-Koordinator und seinen Mitarbeiterstab von dem Büro des Generaldirektors, zu dem sie seit 1960 gehörten. Im Jahr 1979 billigte die Konferenz die Weiterführung der FFH/AD-Aktion als Teil des Arbeitsprogramms der Organisation für 1980-81.

Gezielte, in Verbindung mit der Aktion durchgeführte Vorhaben waren die Sonderversammlung bedeutender Persönlichkeiten am 14. März 1963 in Rom, die ein Manifest über das Recht des Menschen auf Befreiung vom Hunger herausgab; ein Welternährungskongreß im Juni 1963 in Washington; und ein zweiter Welternährungskongreß im Juni 1970 in Den Haag.

Neben den verschiedenen Informations- und Erziehungsaufgaben hat die Aktion viele entweder durch Geberländer oder Nicht-Regierungsorganisationen finanzierte Feldprojekte gefördert. Zur Verwirklichung dieser Aufgaben war eine Arbeitsgruppe für FFH/AD-Projekte eingesetzt und diese im August 1971 der damaligen Unterabteilung für Regionaldienste übertragen worden. Im Januar 1976 kam sie zurück zum Büro des FFH/AD-Koordinators, das wiederum der Hauptabteilung für Entwicklung zugeordnet worden war.

Ein Ergebnis der Anstrengungen im Rahmen der FFHC war das frühere Gemeinsame FAO/Industrieprogramm, das von der 13. Sitzung der FAO-Konferenz im Jahr 1965 gebilligt worden war. Es arbeitete unter einem von der beteiligten Industrie getragenen Treuhandfonds. Dieses Programm sollte dazu beitragen, die agroindustrielle Ausweitung in den Entwicklungsländern durch eine engere Zusammenarbeit zwischen FAO, Industrie und Regierungen zu beschleunigen. Im Jahr 1977 wurde beschlossen, dieses Vorhaben nicht weiter als Teil der FAO fortzuführen. Es wurde daher am 30. Juni 1978 eingestellt.

Die folgenden Beamten arbeiteten als Koordinator der Kampagne Kampf gegen den Hunger:

Koordinator der Kampagne Kampf gegen den Hunger/ Aktion für Entwicklung	Land	Amtszeit
Charles H. Weitz	Vereinigte Staaten	September 1960 bis Oktober 1971
Hans A.H. Dall	Dänemark	Dezember 1971 bis Februar 1979

Seit Februar 1979 ist A. Peña Montenegro (Chile) leitender Beamter des FFH/AD.

HAUPTABTEILUNG FÜR ALLGEMEINE ANGELEGENHEITEN UND INFORMATION

Diese Hauptabteilung besteht gegenwärtig aus vier Abteilungen: Konferenz-, Rats- und Protokollangelegenheiten; Information; Veröffentlichungen; Bibliothek und Dokumentation. Sie hat eine vielfältige und komplexe Entstehungsgeschichte, teils wegen der vielen zu bewältigenden Aufgaben und teils als Folge von wechselnden Methoden bei der Ausübung dieser Aufgaben.

Die Abteilung für Konferenz-, Rats- und Protokollangelegenheiten kann bis August 1946 zurückverfolgt werden, als im Büro des Generaldirektors ein leitender Verwaltungsbeamter (M. Veillet-Lavallée, Frankreich) ernannt wurde, um verschiedene Verwaltungs- und Finanzaufgaben zu überwachen und sich mit Satzungs-, Rechts- und externen Angelegenheiten zu befassen. Sein Titel änderte sich Anfang 1947 in "Erster Exekutivbeamter". Im Juli 1948 wurden seine Verwaltungs- und Finanzaufgaben der neuen Verwaltungsabteilung übertragen, während das Büro des Generaldirektors unter M. Veillet-Lavallée als Generalsekretär den Bereich für Satzungs-, Rechts- und externe Angelegenheiten übernahm.

Sowohl die Abteilung für Information als auch die Abteilung für Veröffentlichungen haben ihren Ursprung in der Ernennung eines Direktors für Information (Gove Hambidge, Vereinigte Staaten) im Dezember 1945. Im Laufe des Jahres 1946 wurde die Unterabteilung für Information eingerichtet. Sie und ihre Nachfolgeeinrichtungen waren bis Dezember 1958, als die beiden Aufgabenbereiche voneinander getrennt wurden, für Information und Veröffentlichungen verantwortlich.

In den Anfangstagen der Organisation wurde in der vorläufigen FAO-Zentrale in Washington auch die erste Bibliothek eingerichtet, und als erster Bibliothekar wurde H. Jenssen (Norwegen) im Januar 1946 ernannt. Eine umfangreiche, vom Internationalen Institut für Landwirtschaft gegründete Bibliothek gehörte zum Nachlaß des IIA, der von der FAO übernommen wurde. Nach der Verlegung der FAO-Zentrale nach Rom wurden die beiden Bibliotheken zusammengelegt und im Juni 1952 wurde die Sammlung "David Lubin-Gedächtnisbibliothek" benannt.

Im Januar 1959 wurden alle diese Aufgaben, einschließlich der des Rechtsberaters und des damaligen Fachgebiets für Agrarrecht, in einer Hauptabteilung für Öffentlichkeitsarbeit und Rechtsangelegenheiten zusammengefaßt.

Das Büro des Rechtsberaters kam im Juni 1968 zurück zum Büro des Generaldirektors, und die Hauptabteilung wurde in ein Büro für Außenbeziehungen und Information zurückgestuft, behielt aber alle ihre Aufgaben bei. Im Januar 1970 erfolgte die Umbenennung des

Büros in "Büro für allgemeine Angelegenheiten und Information". Das Fachgebiet für Rechtswesen (das ehemalige Fachgebiet für Agrarrecht) wurde im Januar 1971 in das Büro des Generaldirektors verlegt, wo es Teil des Büros des Rechtsberaters wurde. Im Juli 1976 wurde das Büro für allgemeine Angelegenheiten und Information in eine "Hauptabteilung für allgemeine Angelegenheiten und Information" umgewandelt.

Folgende Personen leiteten die Hauptabteilung und ihre Vorgänger:

Direktor für Information und Direktor der Unterabteilung für Information	Land	Amtszeit
Gove Hambidge	Vereinigte Staaten	Dezember 1945 bis August 1948
Leitender Verwaltungsbeamter, Erster Exekutivbeamter, Generalsekretär und Beigeordneter Generaldirektor, Hauptabteilung für Öffentlichkeitsarbeit und Rechtsangelegenheiten		
Marc Veillet-Lavallée	Frankreich	August 1946 bis Juli 1963
Beigeordneter Generaldirektor, Hauptabteilung für Öffentlichkeitsarbeit und Rechtsangelegenheiten		
Dr. Egon Glesinger	Österreich	August 1963 bis Juni 1969
Direktor des Büros für allgemeine Angelegenheiten und Information		
Dr. H. Broicher	Bundesrepublik Deutschland	Juni 1969 bis August 1972
Raymond Aubrac	Frankreich	September 1972 bis Juli 1975
Beigeordneter Generaldirektor, Hauptabteilung für allgemeine Angelegenheiten und Information		
Harold W. Mandefield	Frankreich	August 1976 bis Mai 1978
Beigeordneter Generaldirektor, Hauptabteilung für allgemeine Angelegenheiten und Information und Generalsekretär der Konferenz und des Rates		
Almamy Sylla	Mali	Juni 1978 bis

Bevor näher auf die Abteilungen der Hauptabteilung eingegangen wird, sollte ein besonderer Aspekt der Arbeit der Hauptabteilung Erwähnung finden, nämlich das Programm für Münzen und Medaillen, das direkt dem Büro des Beigeordneten Generaldirektors unterstellt ist. Es wurde im November 1966 als "Münzplan" ins Leben gerufen und sein Rahmen 1971 auf sogenannte "Ceres- und Agricola-Medaillen" ausgedehnt, die zeitgenössische Frauen und Männer darstellen, die zur Förderung der Ideale der FAO bedeutende Beiträge geleistet haben. Die FAO-Münzen sind die ersten in der Münzgeschichte, denen ein gemeinsamer internationaler Leitsatz zugrunde liegt: Nahrung für alle. Bis 1980 hatten nahezu 100 Länder über 400 Münzen herausgegeben. Mehr als 5,5 Millionen Stück mit einem Geldwert von etwa 250 Millionen US-Dollar waren im Umlauf. Die für dieses Programm verantwortlichen Beamten sind:

Leiter des Münzplans und Leiter des Programms für Münzen und Medaillen	*Land*	*Amtszeit*
Raymond Lloyd	Vereinigtes Königreich	Januar 1966 bis März 1980
Leiter des Programms für Münzen und Medaillen		
Clive Stannard	Vereinigtes Königreich	August 1980 bis

Abteilung für Konferenz-, Rats- und Protokollangelegenheiten

In den Anfangsjahren der Organisation hatte das Büro des Generaldirektors unter einem Beamten, der die aufeinanderfolgenden Titel "Leitender Verwaltungsbeamter", "Erster Exekutivbeamter" und "Generalsekretär" führte, eine Anzahl der Aufgaben dieser Abteilung wahrgenommen. Diese Pflichten waren lose gegliedert. Von Februar 1946 bis Oktober 1948 gab es in diesem Bereich ein Büro für Außenbeziehungen.

Als Anfang 1951 die Verlegung der FAO-Zentrale nach Rom erfolgte, wurde ein Generalsekretariat unter der Leitung eines Generalsekretärs geschaffen. Es hatte keinen formalen Aufbau, aber es arbeiteten dort Beamte, die sich mit Außenbeziehungen, Konferenzfragen, offizieller Korrespondenz und Zusammenarbeit befaßten. Bis 1953 hatten sich eine Arbeitseinheit für Zusammenarbeit und Rechtswesen und eine Arbeitseinheit für Konferenz- und Ratsangelegenheiten entwickelt. Die Bezeichnung der ersteren änderte sich im Frühjahr 1954 in "Arbeitseinheit für Rechtsangelegenheiten", der eine Arbeitseinheit für Außenbeziehungen angeschlossen wurde. Eine Arbeitseinheit für Protokollfragen kam bis September 1956 hinzu, und der Name "Arbeitseinheit für Rechtsangelegenheiten" wurde erneut in "Arbeitseinheit für Rechtswesen" geändert.

Als im Januar 1959 die Hauptabteilung für Öffentlichkeitsarbeit und Rechtsangelegenheiten entstand, hatte sie unter anderem ein Fachgebiet für Konferenz und betriebliche Angelegenheiten sowie ein Büro für Zusammenarbeit und Protokoll. Ein eigenes Büro des

Rechtsberaters war für Rechtsangelegenheiten zuständig, während sich das Fachgebiet für Agrarrecht mit Rechtsfragen befaßte.

Nachdem M. Veillet-Lavallée seinen Posten als Beigeordneter Generaldirektor und zugleich Leiter dieser Hauptabteilung aufgegeben hatte, arbeitete er von August 1963 bis Oktober 1964 als Sonderassistent des Generaldirektors. In dieser Eigenschaft behielt er sein Amt als Generalsekretär der Konferenz und des Rates bei. Nach seinem Ausscheiden folgte ihm A.C. Janssen (Niederlande) als Generalsekretär. Er hatte dieses Amt von Juni 1965 bis Februar 1970 inne; anfänglich war er dem Büro des Generaldirektors und später dem Büro des Beigeordneten Generaldirektors, Hauptabteilung für Öffentlichkeitsarbeit und Rechtsangelegenheiten, zugeordnet.

Mit der Umwandlung der Hauptabteilung in das Büro für allgemeine Angelegenheiten und Information im Juni 1968 wurde das Fachgebiet für Konferenz- und operationelle Angelegenheiten sowie das Büro für Verbindung und Protokoll, umbenannt in ein Fachgebiet, der neuen Abteilung für Konferenz-, Rats- und Protokollangelegenheiten übertragen. A.C. Janssen wurde der Direktor dieser neuen Abteilung, war aber weiterhin als Generalsekretär der Konferenz und des Rates tätig, bis der Beigeordnete Generaldirektor und Leiter der Hauptabteilung dieses Büro im Juni 1978 direkt übernahm.

Im Februar 1970 kam die Arbeitseinheit für Visaangelegenheiten von der Personalabteilung zum Fachgebiet für Verbindung und Protokoll, und im Januar 1980 wurde die Arbeitsgruppe für Konferenzangelegenheiten von der Abteilung für Verwaltungsdienste in das Fachgebiet für Konferenzorganisation verlegt. Gleichzeitig wurde die Arbeitseinheit für Dolmetschangelegenheiten aus dem Fachgebiet für Konferenzorganisation ausgegliedert und in ein Fachgebiet für Dolmetschangelegenheiten innerhalb der Abteilung für Konferenz-, Rats- und Protokollangelegenheiten umgewandelt.

Die Aufgaben dieser Abteilung umfassen folgende festgelegte Bereiche:
- die Planung und Betreuung aller Sitzungen der Konferenz, des Rates und seiner Gremien sowie der Regionalkonferenzen; die Vorbereitung des Berichtsentwurfs und des Schlußberichts von Konferenz und Rat; die Unterstützung der Hauptabteilungen und Abteilungen bei der Planung und Betreuung anderer Sitzungen und Tagungen sowie bei Verhandlungen mit Regierungen; Koordination von Verhandlungen über die Nutzung der Konferenzräume der Organisation durch externe Gremien; Planung und Sicherstellung von Dolmetschern und Übersetzern auf allen FAO-Tagungen;
- die angemessene Erledigung der gesamten offiziellen Korrespondenz zwischen dem Generaldirektor und den Regierungen der Mitgliedsländer nicht nur in bezug auf die Organisation von Konferenzen, Sitzungen, Gruppenausbildungsprogrammen, sondern auch hinsichtlich allgemeiner grundsätzlicher Angelegenheiten;

- die Aufrechterhaltung der Zusammenarbeit mit Regierungen und ihren ständigen Vertretern in Angelegenheiten, die die Mitgliedschaft und satzungsgemäßen und protokollarischen Beziehungen betreffen sowie mit der Regierung des Gastlandes bei der praktischen Durchführung des Abkommens mit der Zentrale.

Folgende Personen sind in diesem Aufgabenbereich für die Abteilung bzw. vor deren Entstehung leitend tätig gewesen:

Leitender Verwaltungsbeamter, Erster Exekutivbeamter und Generalsekretär der Konferenz und des Rates	Land	Amtszeit
Marc Veillet-Lavallée	Frankreich	August 1946 bis Oktober 1964
Generalsekretär der Konferenz und des Rates und Direktor der Abteilung für Konferenz-, Rats- und Protokollangelegenheiten		
A.C. Janssen	Niederlande	Juni 1965 bis Februar 1970
Antonio G. Orbaneja	Spanien	Oktober 1970 bis April 1974
Direktor der Abteilung für Konferenz-, Rats- und Protokollangelegenheiten		
Noël Crapon de Caprona	Frankreich	April 1974 bis

Von April 1974 bis Juni 1978 war N. Crapon de Caprona auch als Generalsekretär der Konferenz und des Rates tätig.

Abteilung für Information

Die Abteilung für Information und die aus ihr entstandene Abteilung für Veröffentlichungen können bis zu einem gemeinsamen Ursprung zurückverfolgt werden: die Ernennung eines Direktors für Information im Dezember 1945. Erst im Januar 1959 wurden beide Aufgabenbereiche deutlich voneinander getrennt.

Im Jahr 1946 wurde eine Unterabteilung für Information geschaffen, die im August 1948 zur Abteilung für Information wurde und für Öffentlichkeitsarbeit, Publikationen und Bibliothek verantwortlich war. Die Umbenennung in "Informations- und Bildungsdienste" erfolgte im Januar 1952 und erfaßte die Unterabteilungen für Information, Dokumente, Bibliothek und Rechtsdienste.

Als im Januar 1959 die Hauptabteilung für Öffentlichkeitsarbeit und Rechtsangelegenheiten eingerichtet wurde, wurde diese Arbeitseinheit mit ihr zusammengelegt, und zwar unter der Bezeichnung "Unterabteilung für Information und Öffentlichkeitsarbeit", die sich im September 1961 in "Unterabteilung für Pressewesen" änderte. Im Januar 1966 wurde aus dieser Unterabteilung die Abteilung für Pressewesen, deren Name im Juni 1968 in "Presseabteilung" und bereits im Juli 1969 erneut in "Informationsabteilung" gekürzt wurde, so daß sie dieselbe Benennung erhielt wie bereits im August 1948. Somit hatte sich der Kreis um die Bezeichnung "Abteilung" geschlossen.

Die Aufgaben der Abteilung für Information sind:

- Herausgabe von Pressemeldungen, Sachberichten sowie Radio- und Fernsehmaterial über aktuelle Vorhaben und Ereignisse;
- Zusammenarbeit mit Nachrichtenmedien sowie Organisation von Reportagemissionen im Feld für Medienvertreter;
- Erstellung von täglichen Pressezusammenfassungen und Auswahl von Zeitungsausschnitten für den internen Informationsdienst;
- Erstellung von Broschüren, wie z.B. "Kampf dem Hunger in der Welt", Faltblättern, Ausstellungsstücken und Merkblättern sowie Anschauungsmaterial;
- Abfassung von Sonderartikeln und Vereinbarungen mit Verfassern außerhalb der FAO für die Bearbeitung von Sachartikeln;
- Veröffentlichung der zweimal im Monat erscheinenden FAO-Zeitschrift über Landwirtschaft und Entwicklung, "Ceres";
- Unterhaltung eines Bilderdienstes, einschließlich Photoaufträge, eines Photolabors und eines Photoarchivs;
- Unterstützung von Mitgliedsländern bei dem Ausbau und der Unterhaltung eines Kommunikationsnetzes für Landwirtschaft und ländliche Entwicklung, besonders im Gebrauch der Medien, um die Landbevölkerung zu informieren und zu motivieren, sowie bei der Anwendung audio-visueller Unterrichtsmittel;
- Beratung und technische Unterstützung des Welternährungsprogramms bei seinen verschiedenen Informationstätigkeiten;
- Verantwortung für die Verleihung des A.H.-Boerma-Preises;
- Zusammenarbeit mit den Vereinten Nationen und anderen Organisationen des VN-Systems auf dem Gebiet des Pressewesens und dem Ausbau und der Erhaltung eines Kommunikationsnetzes.

Die Informationsabteilung und ihre Vorläufer wurden geleitet von:

Direktor für Information und Direktor der Unterabteilung für Information	Land	Amtszeit
Gove Hambidge	Vereinigte Staaten	Dezember 1945 bis August 1948
Direktor der Abteilung für Information und der Informations- und Bildungsdienste		
Duncan Wall	Vereinigte Staaten	August 1948 bis Dezember 1958
Direktor der Unterabteilung für Information und Öffentlichkeitsarbeit und der Unterabteilung für Pressewesen		
W.G. Casseres	Costa Rica	Januar 1959 bis Dezember 1961

Direktor der Unterabteilung für Pressewesen und der Presseabteilung	Land	Amtszeit
Henri Menjaud	Frankreich	Oktober 1961 bis Oktober 1966

Direktor der Abteilung für Pressewesen, der Presseabteilung und der Abteilung für Information		
Theodore Kaghan	Vereinigte Staaten	Januar 1967 bis September 1973

Direktor der Abteilung für Information		
John A. Stordy	Vereinigtes Königreich	Oktober 1973 bis Juni 1974
Mohamed Benaissa	Marokko	Juli 1974 bis April 1976
Colin Mackenzie	Vereinigtes Königreich	Januar 1978 bis

Von April 1976 bis Dezember 1977 war Colin Mackenzie als amtierender Direktor der Abteilung tätig.

Abteilung für Veröffentlichungen

Von 1945 bis 1958 waren die Tätigkeiten der FAO im Bereich "Publikationen" eng mit denen im Informationssektor verbunden, und als solche gehörten sie zu den Aufgaben des Direktors der eben beschriebenen Abteilung für Information. Im Januar 1959 wurde in der neugeschaffenen Hauptabteilung für Öffentlichkeitsarbeit und Rechtsangelegenheiten eine eigene Unterabteilung für Veröffentlichungen eingerichtet, die neben anderen Aufgaben auch für interne Vervielfältigung, Verteilung und Vertrieb verantwortlich war, die zuvor den Verwaltungsdiensten oblagen. Die Unterabteilung erhielt im Januar 1966 den Rang einer Abteilung.

Die Abteilung für Veröffentlichungen ist verantwortlich für die Herausgabe, Übersetzung und Veröffentlichung von FAO-Publikationen, für die Übersetzung und Veröffentlichung von Dokumenten sowie für die Verteilung von Veröffentlichungen und Dokumenten. Durch ein Netz autorisierter Verkaufsagenten und Verteiler werden die FAO-Publikationen, die käuflich zu erwerben sind, in der ganzen Welt angeboten und regelmäßig in einem Katalog erfaßt und veröffentlicht. Die in den Publikationen und Dokumenten enthaltenen grundlegenden Tatsachen werden natürlich in den Fachabteilungen und -hauptabteilungen der Organisation zusammengestellt.

Folgende Beamte leiteten die Abteilung für Veröffentlichungen und deren Vorgänger:

Direktor für Information und Informationsdienste	Land	Amtszeit
Gove Hambidge	Vereinigte Staaten	Dezember 1945 bis August 1948

Direktor der Abteilung für Information, der Informations- und Bildungsdienste und der Unterabteilung für Veröffentlichungen	Land	Amtszeit
Duncan Wall	Vereinigte Staaten	August 1948 bis März 1964
Direktor der Unterabteilung für Veröffentlichungen und der Abteilung für Veröffentlichungen		
Harold W. Mandefield	Frankreich	Januar 1966 bis Juli 1976
Direktor der Abteilung für Veröffentlichungen		
Paul Savary	Frankreich	Dezember 1976 bis

Von August bis November 1976 war Enrique Navas (Nicaragua) amtierender Direktor der Abteilung für Veröffentlichungen.

Abteilung für Bibliothek und Dokumentationssysteme

Diese Abteilung hatte zwei Anfänge und machte eine Reihe von Veränderungen durch, und zwar sowohl was ihren internen Aufbau als auch ihren Standort innerhalb der Struktur der Organisation betraf.

Mit der Ernennung eines Bibliothekars im Januar 1946 wurde die Bibliothek gegründet und verwaltungsmäßig der damaligen, einfach als "Allgemeine Programme und technische Dienste" bezeichneten Arbeitseinheit zugeordnet. Von 1949 bis 1958 gehörte sie zur Abteilung für Information, und ihre Bezeichnung änderte sich 1951 in "Unterabteilung für Bibliothek". Das Internationale Institut für Landwirtschaft (IIA) hatte die wahrscheinlich zweitgrößte Bibliothek für landwirtschaftliche Literatur in der Welt eingerichtet. Da die Tätigkeiten dieses Instituts während des Zweiten Weltkrieges eingeschränkt worden waren, war diese Bibliothek 1945 ein Teil des Vermögens, das von der FAO übernommen werden sollte. Sie blieb als ein Anhängsel des FAO-Regionalbüros für Europa bestehen, bis die Zentrale nach Rom verlegt wurde, und die in Washington zusammengestellte Sammlung und die Sammlung des Regionalbüros für Europa mit der Bibliothek der neuen FAO-Zentrale zusammengelegt wurden. Die ehemalige Bibliothek des IIA ist aber innerhalb der FAO-Bibliothek eine gesonderte Abteilung. Am 10. Juni 1952 erhielt sie zu Ehren des Mannes, dessen Ideen und Tatkraft zur Gründung des Internationalen Instituts für Landwirtschaft geführt hatten, den Namen "David Lubin-Gedächtnisbibliothek".

Die Bezeichnung der organisatorischen Arbeitseinheit, die für die Führung der Bibliothek verantwortlich war, änderte sich im Januar 1959 von "Unterabteilung für Bibliothek" in "Bibliothek". Sie wurde ein eigener Bereich der neugeschaffenen Hauptabteilung für Öffentlichkeitsarbeit und Rechtsangelegenheiten. Der Posten des Bibliothekars wurde zu dem eines Leitenden Bibliothekars angehoben. So war die Situation bis 1967, als die

Bibliothek des Fachgebiets für Fischwirtschaft gegründet wurde. Im Laufe des Jahres 1967 entstand formal in der Abteilung für Veröffentlichungen ein Dokumentationszentrum, mit dessen Aufbau bereits Ende 1966 begonnen wurde. Als im Juni 1968 die Hauptabteilung für Öffentlichkeitsarbeit und Rechtsangelegenheiten in das Büro für Außenbeziehungen und Information umgewandelt wurde, wurde in ihm eine Unterabteilung für Dokumentation und Bibliothek geschaffen, die sich aus dem Dokumentationszentrum, der "David Lubin-Gedächtnisbibliothek" und dem Fachgebiet für Rechtswesen zusammensetzte. Die Unterabteilung für Dokumentation und Bibliothek erhielt im Januar 1970 die neue Benennung "Abteilung für Dokumentation, Rechtswesen und Bibliothek". Das Fachgebiet für Rechtswesen wurde im Januar 1971 in das Büro des Rechtsberaters verlegt. Folglich wurde die Abteilung in "Abteilung für Bibliothek und Dokumentation" umbenannt, deren grundlegende Komponenten die "David Lubin-Gedächtnisbibliothek" und das Dokumentationszentrum blieben. Aufgrund eines Beschlusses des FAO-Rates auf seiner 60. Sitzung im Juni 1973 entstand eine weitere Fachbibliothek, die "Lord Boyd Orr-Gedächtnisbibliothek für Nahrung und Ernährung", und im Zweijahreszeitraum 1974-75 eine dritte, die Fachbibliothek für Statistik.

Die gegenwärtige Bezeichnung "Abteilung für Bibliothek und Dokumentationssysteme" wurde im Januar 1974 übernommen. Seit dieser Zeit besteht die Abteilung aus der "David Lubin-Gedächtnisbibliothek" und dem Fachgebiet für System- und Projektentwicklung.

Die Abteilung für Bibliothek und Dokumentationssysteme ist verantwortlich für die Unterhaltung einer leistungsfähigen Bibliothek und von Dokumentationsdiensten, für die Benutzung dieser Einrichtungen zur verbesserten Verbreitung der Kenntnisse über die Zuständigkeitsbereiche der FAO sowie für die Unterstützung von Mitgliedstaaten bei der Einrichtung und Verbesserung ihrer nationalen landwirtschaftlichen Dokumentationsinfrastruktur.

Die "David Lubin-Gedächtnisbibliothek" steht mit der Hauptbibliothek und den drei Fachbibliotheken, die jeweils Dokumentation über Fischerei, Ernährung und Statistik enthalten, der FAO-Zentrale, dem Mitarbeiterstab im Außendienst und, soweit möglich, den Mitgliedsländern zur Verfügung. Neben der Durchführung konventioneller Bibliotheksaufgaben (Auswahl und Ankauf von Bibliotheksmaterial, Kontrolle der in regelmäßiger Folge erscheinenden Veröffentlichungen, Katalogisierung, Klassifizierung und Indexierung, Ausleihe, Nachschlage- und Bildreproduktionsdienste) kann sie für die einzelnen Interessengebiete der Organisation von internen Datenbanken (FAO-Dokumente, Bibliotheksmonographien, AGRIS) und einer Vielzahl externer Datenbanken bibliographische Daten abrufen. Viele Dokumente können als Photokopien und in Mikrofilmen zur Verfügung gestellt werden. Die Bibliothek handelt auch als Koordinationszentrum für das Netz landwirtschaftlicher Bibliotheken (AGLINET), ein Gemeinschaftsnetz der wichtigsten landwirtschaftlichen Bibliotheken in der Welt, das 1974 aufgebaut wurde und dem gegenwärtig 17 Mitglieder angehören. AGLINET erleichtert den Bibliotheken untereinander die Ausleihe von Dokumentation und die Bereitstellung von Photokopien.

Das Fachgebiet für System- und Projektentwicklung kann von allen Mitgliedsländern benutzt werden, um mit Hilfe von AGRIS, CARIS und den Feldprojekten die Übermittlung landwirtschaftlicher Informationen zu verbessern und ihre Möglichkeiten bei der Sammlung, Speicherung, Auffindung und Verbreitung landwirtschaftlicher Informationen zu entwickeln und zu verbessern.

AGRIS (Internationales Informationssystem für Wissenschaft und Technik in der Landwirtschaft) wird durch das AGRIS-Koordinierungszentrum im Fachgebiet koordiniert. 1975 nahm es seine Arbeit auf und bis Ende 1980 lieferten mehr als 100 nationale, regionale und internationale Zentren Informationen an die Datenbank, die zu dem Zeitpunkt nahezu 600 000 bibliographische Quellenangaben gespeichert hatte. Monatlich werden Daten sowohl auf Magnetbändern als auch in der gedruckten Bibliographie "Agrindex" zur Verfügung gestellt. "Agrindex" wird seit 1977 von Apimondia in Bukarest und Rom herausgegeben.

Das landwirtschaftliche Forschungsinformationssystem (CARIS) wird ebenfalls durch ein CARIS-Koordinierungszentrum im Fachgebiet koordiniert. Ein in den Jahren 1974-77 durchgeführtes Versuchsprojekt führte zur Erstellung von Verzeichnissen auf der Grundlage von Daten, die von 60 Entwicklungsländern und 8 internationalen Forschungsinstituten zur Verfügung gestellt wurden, wobei etwa 20 000 Projekte, 2 000 Forschungseinrichtungen, 10 000 Forscher und 3 500 Forschungsprogramme erfaßt wurden. Im Jahr 1979 wurde die Tätigkeit dezentralisiert. 60 Länder erklärten sich bereit, an dem Programm teilzunehmen. Aufträge für fachliche Unterstützung werden seitdem auf der Grundlage der neuen Methode durchgeführt, die für das dezentralisierte CARIS-Programm erforderlich war.

Viele Feldprojekte sind seit 1974 durchgeführt worden. Intensive Ausbildung (insbesondere in AGRIS-Verfahren), Ausrüstungen, fachmännische Beratung sowie Stipendien sind bereitgestellt worden. In den Jahren 1979-80 profitierten insgesamt 33 Länder von den Projekten, deren Ziel die Schaffung und der Ausbau nationaler Dokumentationszentren war.

Folgende Personen haben die Leitung der Abteilung innegehabt, und zwar seit ihrer Gründung als Unterabteilung für Dokumentation und Bibliothek:

Direktor der Unterabteilung für Dokumentation und Bibliothek und der Abteilung für Rechtswesen und Bibliothek	Land	Amtszeit
M. Moulik	Indien	Juni 1968 bis Juli 1971

Direktor der Abteilung für Doku-mentation, Rechtswesen und Bibliothek und der Abteilung für Bibliothek und Dokumentation	Land	Amtszeit
Raymond Aubrac	Frankreich	Juli 1971 bis August 1972
Direktor der Abteilung für Bibliothek und Dokumentation und der Abteilung für Bibliothek und Dokumentationssysteme		
Nicola S. Dumitrescu	Rumänien	November 1973 bis Juni 1978
Direktor der Abteilung für Bibliothek und Dokumentationssysteme		
F. Cazacu	Rumänien	März 1979 bis

Für zwei längere Amtsperioden, September 1972 bis Oktober 1973 und Juli 1978 bis Februar 1979, war G. Dubois (Belgien) amtierender Direktor.

Innerhalb der Abteilung bzw. ihrer Vorgänger wurden Bibliotheksangelegenheiten von folgenden Personen wahrgenommen:

Bibliothekar und Leitender Bibliothekar	Land	Amtszeit
H. Jenssen	Norwegen	Januar 1946 bis Dezember 1969
Leitender Bibliothekar		
K. Harada	Japan	Januar 1972 bis

Die Arbeit an den Dokumentationssystemen leiteten:

Leiter des Informationszentrums und des Fachgebiets für System- und Projektentwicklung	Land	Amtszeit
G. Dubois	Belgien	September 1966 bis Juli 1979
Leiter des Fachgebiets für System- und Projektentwicklung		
E. Samaha	Libanon	September 1979 bis

HAUPTABTEILUNG FÜR VERWALTUNG UND FINANZEN

Diese Hauptabteilung besteht aus vier Abteilungen: Abteilung für Finanzdienste, Abteilung für Managementdienste, Personalabteilung und Abteilung für Verwaltungsdienste.

In den Anfangstagen der Organisation, als Mitarbeiterstab und Haushalt noch klein waren, wurden die Aufgaben nicht, im Gegensatz zu heute, von den oben aufgeführten Abteilungen wahrgenommen, sondern von einer Anzahl kleiner, lose strukturierter Büros. Als im August 1946 ein Leitender Verwaltungsbeamter ernannt wurde, der die Arbeit dieser Büros überwachen und einige andere Aufgaben übernehmen sollte, bildete sich eine gewisse Organisationsstruktur heraus. Die Amtsbezeichnung dieses Beamten änderte sich Anfang 1947 in "Erster Exekutivbeamter". Mitte 1948 wurden ihm andere Tätigkeiten übertragen und eine Abteilung für Verwaltung eingerichtet, deren vier Fachgebiete jeweils für Haushalt und Finanzen, Personal und Management, Betriebsanlagen und Arbeitsverfahren, Archiv und Dokumente zuständig waren.

Als die FAO 1951 nach Rom übersiedelte, wurde die Abteilung für Verwaltung in "Verwaltungs- und Finanzdienste" umbenannt und dem Büro des Generaldirektors zugeordnet. Im Jahr 1956 wurde sie in "Abteilung für Verwaltung und Finanzen" umbenannt und aus dem Büro des Generaldirektors ausgegliedert, und im Juli 1960 erhielt sie den Status einer "Hauptabteilung für Verwaltung und Finanzen". Nach weiteren organisatorischen Änderungen, die im Januar 1970 wirksam wurden, wurde die heutige Bezeichnung "Hauptabteilung für Verwaltung und Finanzen" festgelegt.

Die folgenden Beamten haben diese Hauptabteilung und ihre Vorläufer geleitet:

Leitender Verwaltungsbeamter und Erster Exekutivbeamter	Land	Amtszeit
Marc Veillet-Lavallée	Frankreich	August 1946 bis Juli 1948
Direktor der Abteilung für Verwaltung und der Abteilung für Verwaltung und Finanzen, Beigeordneter Generaldirektor, Hauptabteilung für Verwaltung und Finanzen		
Frank Weisl	Vereinigte Staaten	Juli 1948 bis Juni 1967
Beigeordneter Generaldirektor, Hauptabteilung für Verwaltung und Finanzen		
C.F. Pennison	Vereinigtes Königreich	Juli 1967 bis März 1974
Beigeordneter Generaldirektor, Hauptabteilung für Verwaltung und Finanzen		
Edward M. West	Vereinigtes Königreich	April 1974 bis März 1977
Peter J. Skoufis	Vereinigte Staaten	März 1977 bis

Abteilung für Finanzdienste

Der erste Vorgänger dieser Abteilung war ein Fachgebiet für Haushalt und Finanzen, das es von 1946 bis Anfang 1951 in Washington gab. Nach der Verlegung nach Rom erfolgte die Umbenennung in "Fachgebiet für Finanzen" und Haushaltsangelegenheiten wurden einer anderen Organisationseinheit übertragen. 1962 wurde es eine "Abteilung für Finanzen", was bis 1969 fortdauerte.

In dem 1970 geschaffenen und bis 1973 bestehenden Büro des Rechnungsprüfers wurden erneut die Gebiete "Haushalt" und "Finanzen" zusammengefaßt. Mit der Auflösung dieses Büros Ende 1973 wurde auch wieder der Tätigkeitsbereich "Haushalt" verlegt und die gegenwärtige Abteilung für Finanzdienste geschaffen.

Die Aufgaben dieser Abteilung gehen weitgehend aus ihrem Namen hervor. Sie umfassen die Unterhaltung von Konten, die Erstellung von Finanzberichten, die Verwaltung der Beiträge, Bankgeschäfte, Auszahlungen, Lohn- und Gehaltslisten, Reisekontrolle und -spesen sowie Handelsrechnungen. Die interne Rechnungsprüfung war Aufgabe des ursprünglichen Fachgebiets, bis dieses Mitte 1949 verlegt wurde. Im Zeitraum von 1956 bis 1958 wurde die Automation eingeführt. Die Automatisierung der Gehaltsabrechnung war im April 1958 erreicht, und die Automatisierung setzte sich in den folgenden Jahren in weiteren Bereichen fort.

Die Entwicklung und der Ausbau der Abteilung waren eng mit der Zunahme und Ausweitung der Arbeit der Organisation insgesamt verbunden. Die Hauptfaktoren, die ihre Arbeit und ihre Vergrößerung beeinflußten, waren die Gründung des EPTA und des Sonderfonds sowie deren Entwicklung zum UNDP in den 50er und 60er Jahren; die Entwicklung des Welternährungsprogramms in den 70er Jahren; die sehr schnelle Ausweitung der Treuhandfonds in den vergangenen zwei Jahrzehnten und die kürzliche Einrichtung des TCP. Nach der allgemeinen Umorganisation der Zentrale in den Jahren 1968 und 1969 wurden die Arbeitsgruppen für Management und Unterstützung eingerichtet, und es begann die Dezentralisierung der Haushalts- und Finanzdienste, indem in den Hauptabteilungen für Landwirtschaft und Fischerei und in der Abteilung für ländliche Institutionen Arbeitsgruppen eingerichtet wurden. Ähnliche Arbeitseinheiten wurden später auch in der Hauptabteilung für Forstwirtschaft und im Investitionszentrum der Hauptabteilung für Entwicklung geschaffen.

Leitende Beamte dieser Abteilung und ihrer Vorgänger waren:

	Land	Amtszeit
Leiter des Fachgebiets für Haushalt und Finanzen		
P.G. Watterson	Vereinigtes Königreich	Oktober 1946 bis Dezember 1950
Leiter des Fachgebiets für Haushalt und Finanzen und des Fachgebiets für Finanzen, Direktor der Finanzabteilung		
W.K. Mudie	Australien	Januar 1951 bis Dezember 1969

Rechnungsprüfer	Land	Amtszeit
Harry B. Wirin	Vereinigte Staaten	Januar 1970 bis September 1973
Direktor der Abteilung für Finanzdienste		
A.J. Bronsema	Niederlande	Juli 1973 bis Juni 1979
G. Hoornweg	Niederlande	Januar 1980 bis

Abteilung für Managementdienste

Einige der gegenwärtigen Aufgaben dieser Abteilung waren anfänglich mit Personalaufgaben des Fachgebiets für Personal und Management verbunden, und zwar von Ende 1946 bis Anfang 1951. Nach der Verlegung nach Rom wurden diese Tätigkeiten von März 1951 bis Dezember 1955 dem Fachgebiet für Haushalt und Verwaltungsplanung übertragen. Im Januar 1956 wurde das Fachgebiet für Verwaltungsplanung in der Abteilung für Verwaltung und Finanzen gegründet, im Juli 1962 in "Fachgebiet für Management" umbenannt und in der Abteilung für Personal und Management untergebracht sowie im Juni 1968 in "Abteilung für Managementdienste" umgeändert.

Die Abteilung besteht zur Zeit aus zwei Fachgebieten und einer Arbeitsgruppe. Die Arbeit des Fachgebiets für Organisation und Methoden soll die leitenden Beamten darin unterstützen, daß alle Aspekte ihrer Leitaufgaben rationell und mit verstärkter Wirksamkeit durchgeführt werden. Das Fachgebiet für Computersysteme ist dafür verantwortlich, daß bei den Vorhaben der Organisation die Computer voll eingesetzt werden. Die Arbeitsgruppe für Managementinformationssysteme entwickelt und kontrolliert Systeme, die dazu bestimmt sind, den Informationsbedarf des Managements effizient und ökonomisch zu decken.

Leitende Beamte dieser Abteilung und ihrer Vorläufer waren:

	Land	Amtszeit
Leiter des Fachgebiets für Personal und Management		
Robert I. Biren	Vereinigte Staaten	November 1946 bis März 1951
Leiter des Fachgebiets für Haushalt und Verwaltungsplanung und des Fachgebiets für Verwaltungsplanung		
I.L. Posner	Vereinigte Staaten	März 1951 bis Juni 1962
Leiter des Fachgebiets für Management und Direktor der Abteilung für Managementdienste		
J.J. Cohen de Govia	Panama	Juli 1962 bis

Personalabteilung

In den ersten Jahren der FAO in Washington war das Fachgebiet für Personal und Management für Personalfragen zuständig. Nach dem Transfer der FAO-Zentrale nach Rom kam es im Jahr 1951 zur Einrichtung eines eigenen Fachgebiets für Personal. Die Zuständigkeit für Personalausstattung und -politik sowie Verfahrensweisen hierzu, die gegenwärtig zum Aufgabengebiet der Personalabteilung gehören, lag von 1951 bis 1957 beim Fachgebiet für Haushalt und Verwaltungsplanung. Dieser Tätigkeitsbereich wurde im Jahr 1962 mit der Einrichtung einer Abteilung für Personal und Management, zu der das Fachgebiet für Personal gehörte, dem Fachgebiet für Management zugeordnet, das ebenfalls ein Teil dieser Abteilung war.

Im Jahr 1967 wurde diese Abteilung in eine Abteilung für Verwaltungsmanagement und in ein Personalbüro aufgeteilt. Erstere war unterteilt in ein Fachgebiet, zu dessen Aufgaben auch der Personalbestand zählte, in ein Büro für Fortbildung und Verfahrensweise, das für die Förderung und Ausbildung des Mitarbeiterstabs, die Personalpolitik und Verfahrensweisen zuständig war, und in ein Büro für Gesundheits- und medizinische Dienste. Das Personalbüro beschäftigte sich mit der Einstellung, Betreuung, sozialen Sicherheit und Beratung der Mitarbeiter. Nach der Managementstudie einer Beratungsfirma im Jahr 1968 wurde jedoch eine vollständige Umorganisation vorgenommen und eine Personalabteilung gegründet, deren Aufgaben wie folgt verteilt wurden:

Unterabteilung für Einstellung, Beschäftigung und Personalbestand
Arbeitsgruppe für Personalbestand
Arbeitsgruppe für Personalpolitik und Richtlinien
Arbeitsgruppe für Personaldienst (Einstellung, Personaleinsatz, soziale Sicherheit)
Fachgebiet für Stipendien und Ausbildung
Arbeitseinheit für Förderung und Ausbildung der Mitarbeiter
Arbeitseinheit für Stipendien
Fachgebiet für Gesundheits- und medizinische Dienste

Innerhalb dieser grundlegenden Struktur kam es nach der Bildung von Arbeitsgruppen zur Unterstützung der Verwaltung (1968-69) zu gewissen Veränderungen in einigen Hauptabteilungen. Die Dezentralisierung des Personaldienstes begann mit der Schaffung von Personalzweigstellen in den Hauptabteilungen für Landwirtschaft, Wirtschaft und Soziales sowie für Fischerei, die mit der personellen Ausstattung von Feldprojekten betraut wurden. Bis 1975 hatte sich der heutige Abteilungsaufbau im wesentlichen entwickelt:

Unterabteilung für Personalbestand und -benennung
Unterabteilung für Einstellungsplanung und Personalförderung
Fachgebiet für Gesundheits- und medizinische Dienste (1977 umbenannt in "Medizinischer Dienst")

Personalzweigstellen gibt es jetzt in den Hauptabteilungen für Landwirtschaft, Wirtschaft und Soziales, Fischerei, Forstwirtschaft, allgemeine Angelegenheiten und Information sowie für Entwicklung.

Die Personalabteilung ist wie ihre Vorgänger eine Dienstleistungseinheit, deren Aufgabe es ist, Arbeitsprogramme zu unterstützen. Während deren Arbeit nicht materiell mit den fachlichen Zielsetzungen der FAO verbunden ist, hat sie in bezug auf die Einstellung und den Einsatz von Personal der Organisation in angemessener Weise gedient. Im Laufe der Jahre hat sich die Abteilung vergrößert, um dem wachsenden Personalbedarf zu entsprechen, und sie hat viele Beiträge zur Durchführung der Arbeiten der Organisation geleistet. Einige Beispiele können angeführt werden:

- Von 1956 bis 1968 wurde ein Ausbildungskurs für Bürokräfteanwärter durchgeführt, um dem Mangel an ausgebildeten, örtlich verfügbaren Stenographen mit englischer Muttersprache zu begegnen. Die italienischen Praktikanten erhielten Englischunterricht und wurden als Sekretärinnen oder für Bürotätigkeiten ausgebildet. Viele von ihnen haben heute innerhalb der Organisation gehobene Funktionen im allgemeinen Dienst und einige im höheren Dienst.

- Während der letzten zehn Jahre haben jährlich mehr als tausend FAO-Mitarbeiter an Sprachkursen teilgenommen, um die aktive Kommunikation in einer Organisation, die vielsprachig Antworten auf Entwicklungsfragen geben muß, zu fördern. Die Ausbildung in Kommunikation sowie für Verwaltungs- und Aufsichtsaufgaben ist regelmäßig durchgeführt worden. Seit Beginn der FAO werden Kurse für Sekretärinnen und Bürokräfte durchgeführt. Im Oktober 1980 wurde die audio-programmierte Ausbildung in Kurzschrift eingeführt.

- Der im Jahr 1951 mit einer Krankenschwester gegründete Medizinische Dienst umfaßt heute fünf Ärzte, fünf Schwestern, Laboreinrichtungen und Laboranten, die ein weites Gebiet von routinemäßigen Labortests, Schutzimpfungen und medizinischen Untersuchungen abdecken. Für eine Vielzahl von Krankheiten und sonstige medizinische Probleme gibt es auch Sprechstunden und Beratungen.

- 1970 wurde für ehemalige Mitarbeiter eine Krankenversicherung eingeführt. Im selben Jahr wurde ein medizinischer Reisedienst für die Mitarbeiter des Außendienstes und ihre Angehörigen eingerichtet, der es ihnen ermöglicht, auf Kosten der Organisation medizinische Einrichtungen außerhalb ihres Einsatzortes in Anspruch zu nehmen. Ein neues Krankenversicherungssystem wurde 1972 eingeführt, das die Mitarbeiter, besonders diejenigen im Außendienst, und deren Angehörige mit einem weltweiten Versicherungsschutz versieht.

- 1975 begannen besondere Anstrengungen zur Beseitigung der unterschiedlichen Behandlung von Mann und Frau. Es kam zu Änderungen der Personalstatuten und -vorschriften. Im Oktober 1977 übertrug der Generaldirektor der Personalabteilung die besondere Verantwortung für die Einstellung und Beförderung von mehr qualifizierten Frauen. 1978 wurden in den Hauptabteilungen Verbindungsbeamte für gleiche Beschäftigungsmöglichkeiten ernannt, die die Durchführung dieser Politik unterstützen sollen.

- Bei der Einstufung der Posten auf der Grundlage von Leistung und übernommenen Aufgaben hat die FAO unter allen Organisationen des VN-Systems an der Spitze gestanden. In den letzten Jahren wurde die Arbeitsgruppe für Personalbestand erweitert, so daß sie eine größere Anzahl von Arbeitsplatzüberprüfungen vornehmen kann.

- Im Jahr 1980 wurden Verbesserungen im externen Ausbildungsprogramm, das ursprünglich im Jahr 1975 eingeführt wurde, vorgenommen, damit die Mitarbeiter die mit ihrer Arbeit verbundenen Qualifikationen und auch ihre Aufstiegsmöglichkeiten innerhalb der Organisation verbessern können. Diese Verbesserungen umfassen auch Gehaltszahlungen an diejenigen Mitarbeiter im Außendienst, die anerkannte Ausbildungsprogramme absolvieren, die ihnen den gleichen Zugang zu externen Ausbildungsstätten sicherstellen wie ihren Kollegen in der Zentrale.

- Im Gegensatz zu anderen Ausbildungsprogrammen, die sich mit der Förderung des internen Mitarbeiterstabs beschäftigen, wurde das bereits 1974 unter der Bezeichnung "Internship"-Programm bekannte PTAD-Programm (Berufsausbildung für landwirtschaftliche Entwicklung) eingeführt, um qualifizierten Fachleuten aus den Mitgliedsländern der Organisation eine Fortbildung vor Ort durch direkte Teilnahme an den Aktivitäten der FAO für einen festgesetzten Zeitraum (normalerweise sechs Monate) zu bieten.

Folgende Beamte waren in Personalangelegenheiten in leitender Funktion für die FAO tätig:

	Land	Amtszeit
Leiter des Fachgebiets für Personal und Management		
Robert I. Biren	Vereinigte Staaten	November 1946 bis April 1951
Leiter des Fachgebiets für Personal		
Louis E. Hosch	Vereinigte Staaten	März 1951 bis Januar 1953
Henry J. Mercer	Vereinigtes Königreich	Januar 1953 bis Mai 1957
Bernard A. Anderson	Vereinigte Staaten	August 1957 bis Januar 1965
Richard H. Mattox	Vereinigte Staaten	Februar 1965 bis Dezember 1966
Leiter des Personalbüros		
Magnus E. Askerstam	Schweden	April 1967 bis Juni 1968
Direktor der Personalabteilung		
Roger Piat	Frankreich	November 1968 bis Juli 1973
Frank H. Thomasson	Vereinigtes Königreich	März 1974 bis August 1976
J.A.C. Davies	Sierra Leone	August 1976 bis

Abteilung für Verwaltungsdienste

In dem Zeitraum von Ende 1945 bis Anfang 1951 befaßten sich zwei Fachgebiete mit Aufgaben, die ganz oder zum Teil der jetzigen Abteilung für Verwaltungsdienste obliegen: das Fachgebiet für Haus- und Betriebsdienst und das Fachgebiet für Archiv und Dokumente. Nach der Verlegung der Zentrale nach Rom Anfang 1951 wurden diese Aufgaben neben der Aufsichtspflicht über das Restaurant und die Cafeteria einem neuen Fachgebiet für interne Dienste übertragen.

1956 wurde die Arbeitseinheit für Archiv und Dokumente des Fachgebiets abgeschafft, und die Publikations- und Dokumentationsdienste kamen zur Abteilung für Information, und das Fachgebiet für Verwaltungsplanung übernahm den Archivbereich.

Im September 1961 erfolgte die Umbenennung des Fachgebiets für interne Dienste in "Fachgebiet für allgemeine Dienste" und im September 1963 in "Büro für allgemeine Dienste"; im September 1964 wurde der Posten seines Leiters in den Rang eines Direktors angehoben, und im Mai 1968 wurde es die "Abteilung für Verwaltungsdienste".

Die Aufgaben dieser Abteilung spiegeln sich in den Bezeichnungen ihrer verschiedenen Arbeitsgruppen wider. Sie bestehen aus Fachgebieten, die verantwortlich sind für Gebäude, Schriftwechsel und Archiv; Verträge; Dienstleistungen für den Außendienst und die Zentrale; Beschaffung und Kontolle, neben den Sicherheitskräften und dem Einkaufszentrum für den Mitarbeiterstab.

Folgende Beamte haben die Abteilung und ihre Vorgänger geleitet:

	Land	Amtszeit
Leiter des Fachbereichs für Haus- und Betriebsdienst		
G.E. Overington	Vereinigtes Königreich	1946 bis Anfang 1951
Leiter des Fachgebiets für allgemeine Dienste		
R.N.J. Hibbard	Vereinigtes Königreich	Anfang 1951 bis Dezember 1962
Leiter und Direktor des Büros für allgemeine Dienste		
John A. Olver	Vereinigte Staaten	September 1963 bis März 1966
Direktor des Büros für allgemeine Dienste		
José Barbosa	Brasilien	April 1966 bis Mai 1968
Direktor der Abteilung für Verwaltungsdienste		
G. Hoornweg	Niederlande	Juni 1968 bis Dezember 1976
A.G. Georgiadis	Griechenland	Januar 1977 bis

12 DAS VN/FAO-WELTERNÄHRUNGSPROGRAMM

Das Welternährungsprogramm (WEP) ist ein gemeinsames Organ der FAO und der Vereinten Nationen. Es wurde zunächst für einen Versuchszeitraum von drei Jahren durch gleichlautende Resolutionen der FAO-Konferenz (Resolution 1/61) und der Generalversammlung der Vereinten Nationen (Resolution 1714(XIV)), die jeweils am 24. November und 19. Dezember 1961 angenommen wurden, ins Leben gerufen. Gleichlautende Resolutionen der FAO-Konferenz (Resolution 4/65) und der Generalversammlung der Vereinten Nationen (Resolution 2095(XX)), die jeweils am 6. und 20. Dezember 1965 angenommen wurden, sicherten seine Weiterführung "solange die multilaterale Nahrungsmittelhilfe für durchführbar und wünschenswert erachtet wird".

Das WEP hat seine Zentrale bei der FAO in Rom. Es wird von einem Exekutivdirektor geleitet, der, nach Konsultation mit seinem Aufsichtsorgan, dem Ausschuß für Nahrungsmittelhilfepolitiken und -programme (CFA), das auf den Seiten 205-207 beschrieben wird, gemeinsam vom Generaldirektor der FAO und vom Generalsekretär der Vereinten Nationen ernannt wird. Das WEP wird durch freiwillige Beiträge der Mitgliedsländer der FAO und der Vereinten Nationen in Form von Waren, Dienst- und Bargeldleistungen finanziert. Ein bestimmter Teil, dessen Höhe nach den jeweiligen Bedingungen vom CFA jedes Jahr beschlossen wird, ist dem Generaldirektor der FAO vorbehalten, um in Notfällen den Bedarf an Nahrungsmitteln zu decken.

Wie bereits in Kapitel 9 erwähnt, erfolgte die Gründung der FAO in einer Zeit, als die Welt noch infolge des Zweiten Weltkrieges unter Nahrungsmittelknappheit litt. Zunächst gründete die FAO einen Internationalen Rat für Ernährungsnotstand, der sich mit der freiwilligen Verteilung von Soforthilfegütern befaßte. Als sich die Lage besserte, wurde er zunächst in einen Internationalen Ausschuß für Ernährungsnotstand der FAO umgewandelt und später aufgelöst. Mit der Wiederherstellung der vollen Produktion in den vom Krieg betroffenen Gebieten stellten sich in einigen Ländern allmählich Überschüsse bei bestimmten Produkten ein.

Um seinem Gesamtauftrag, nämlich Überwachung der Lage von Ernährung und Landwirtschaft in der Welt, voll zu genügen, richtete der FAO-Rat im Jahr 1949 einen Warenausschuß (CCP) ein. Dieser wiederum schuf 1954 einen Unterausschuß für Überschußverwertung (CSD), später umbenannt in Beratender Unterausschuß für Überschußverwertung, als das Problem der Überschüsse beträchtliche Ausmaße erreichte. Eine der ersten Aufgaben war die Abfassung eines Bündels von "Grundsätzen für Überschußverwertung".

Zwei Ereignisse im Oktober 1960 bildeten den Hintergrund für wichtige Entwicklungen in der Verwertung von Nahrungsmittelüberschüssen. Die Generalversammlung der Vereinten Nationen nahm eine Resolution (1496(XV)) an, nach der den an Nahrungsmittelmangel leidenden Menschen die Überschüsse im Rahmen des VN-Systems zur Verfügung gestellt werden sollten. Die FAO wurde hierbei aufgefordert, Möglichkeiten zur Durchführung dieses Vorhabens zu entwickeln. Der FAO-Rat ermächtigte dann seinerseits den Generaldirektor, eine Studie über dieses Problem durchzuführen, und setzte einen Zwischenstaatlichen Beratungsausschuß (der im Rahmen des CCP arbeitete) mit 13 Mitgliedern ein, der den Generaldirektor bei dieser Studie beraten sollte. Sein Bericht mit dem Titel "Entwicklung durch Ernährung - Eine Strategie für die Verwertung von Überschüssen" wurde im März 1961 veröffentlicht.

Der Zwischenstaatliche Beratungsausschuß wurde im April 1961 von dem Generaldirektor einberufen, um den Bericht zu diskutieren. Zur gleichen Zeit schlugen die Vereinigten Staaten die Einrichtung eines dreijährigen Versuchsprogramms mit zweckgebundenen Mitteln in Höhe von 100 Millionen US-Dollar vor. Die Vereinigten Staaten waren bereit, hiervon 40 Millionen US-Dollar zur Verfügung zu stellen, und zwar im Rahmen des Public Law 480, das verabschiedet worden war, um Möglichkeiten für eine Lösung der wachsenden landwirtschaftlichen Überschüsse im eigenen Land zu bieten. Aufgrund der positiven Reaktion des ECOSOC auf den Bericht und den Vorschlag wurden der Generaldirektor der FAO und der Generalsekretär der Vereinten Nationen aufgefordert, Einzelheiten des vorgeschlagenen Programms auszuarbeiten. Eine Arbeitsgruppe trat im August 1961 in der FAO-Zentrale zusammen und arbeitete einen "FAO/VN-Vorschlag für Verfahren und Vereinbarungen in bezug auf die multilaterale Verwertung von Nahrungsmittelüberschüssen" aus.

Dieser Vorschlag wurde dann von der FAO-Konferenz und der Generalversammlung der Vereinten Nationen angenommen. Er war die Grundlage für die ersten beiden Resolutionen, die zu Beginn dieses Kapitels erwähnt wurden. Der gebilligte dreijährige Versuchszeitraum erstreckte sich auf die Jahre 1963, 1964 und 1965.

Der Vorschlag sah auch die Zusage seitens der Mitgliedsländer zur Bereitstellung von geeigneten Waren, Dienst- und Bargeldleistungen vor, und die erste Beitragsankündigungskonferenz wurde im September 1962 in New York einberufen. Entsprechend der Entscheidung, das WEP fortzuführen, haben regelmäßig alle zwei Jahre Beitragsankündigungskonferenzen stattgefunden.

Von Anfang an wurde das WEP von einem Zwischenstaatlichen Ausschuß (IGC) des Welternährungsprogramms kontrolliert, der aus 20 Ländervertretern bestand, die jeweils zur Hälfte vom FAO-Rat und dem ECOSOC gewählt wurden. Die Anzahl der Mitglieder erhöhte sich Ende 1963 auf 24.

Aufgrund einer Empfehlung der Welternährungskonferenz im Jahr 1974 wurden von der FAO-Konferenz am 26. November 1975 (Resolution 22/75) und der Generalversammlung der Vereinten Nationen am 17. Dezember 1975 (Resolution 3404(XXX)) Schritte unternommen, den IGC in einen Ausschuß für Nahrungsmittelhilfepolitiken und -programme (CFA) umzuwandeln (er wird weiter unten beschrieben). Der CFA gibt allgemeine Richtlinien für die Politik, Verwaltung und Durchführung des WEP, dient als Forum für zwischenstaatliche Beratungen über nationale und internationale Nahrungsmittelhilfepolitiken und -programme und übt in Übereinstimmung mit den festgelegten Vorschriften und Bestimmungen die Aufsicht über das WEP aus. Gewöhnlich tritt er regelmäßig zweimal im Jahr zusammen und berichtet dem FAO-Rat und dem ECOSOC jährlich über seine Arbeit. Er erstellt auch die regelmäßigen und besonderen Berichte für den Welternährungsrat.

Etwa zwei Drittel der WEP-Ressourcen werden in Form von Waren und ein Drittel in Barmitteln und Dienstleistungen zur Verfügung gestellt. Mehr als die Hälfte der Waren ist Getreide wie Weizen, Mais und Sorghum. Die üblichste Form der zur Verfügung gestellten Dienstleistungen ist jedoch der Transport von Waren. Tabelle 3 zeigt die dem WEP seit seiner Gründung bereitgestellten Mittel nach Zusageperioden.

Tabelle 3: Mittel des Welternährungsprogramms 1963-1982

Zeitraum	US-Dollar (Millionen)	
	Ziel	Zugesagt
1963-1965	100	85
1966-1968	275	187
1969-1970	200	319
1971-1972	300	243
1973-1974	340	360
1975-1976	440	656
1977-1978	750	725
1979-1980	950	820
1981-1982	1 000	717

Neben den regulären Zusagen kommen dem WEP auch Mittel aus zwei anderen Quellen zugute: aus dem Nahrungsmittelhilfe-Übereinkommen (FAC) und der Internationalen Nahrungsmittelnotreserve (IEFR). Seit Beginn des Programms sind Mittel in Höhe von 340 Millionen US-Dollar im Rahmen des FAC und 300 Millionen US-Dollar im Rahmen der IEFR über das WEP gelaufen. Der Gesamtumfang der WEP-Vorhaben läßt sich daran erkennen, daß in der Zeit von 1963 bis 1980 mehr als 3 Mrd. US-Dollar in Waren und Bargeld durch mehr als 1 000 Projekte in 110 Ländern für die wirtschaftliche und soziale Entwicklung zur Verfügung standen. Außerdem wurden mehr als 450 Hilfsprojekte in 100 Ländern durchgeführt mit einem Gesamtkostenaufwand für das Programm in Höhe von 600 Millionen US-Dollar.

Wie bereits erwähnt, wird das Programm von einem Exekutivdirektor geleitet, der von einem stellvertretenden Exekutivdirektor unterstützt wird. Neben dem Büro des Exekutivdirektors besteht das Sekretariat aus drei Hauptbereichen: einer Abteilung für Projektleitung, einer Abteilung für Ressourcenbewirtschaftung und einer Abteilung für Außenbeziehungen und allgemeine Dienste. Die Mitarbeiter sind in der WEP-Zentrale und den Einsatzorten in den Empfängerländern tätig, wo Beamte des Außendienstes die Durchführung der vom WEP unterstützten Projekte und Nothilfemaßnahmen beaufsichtigen. Die Gesamtstruktur des WEP ist in einem Schaubild dargestellt (siehe Tasche auf dritter Umschlagseite).

Folgende Exekutivdirektoren haben das WEP seit seinem Bestehen geleitet:

Exekutivdirektor des Welternährungsprogramms	Land	Amtszeit
A.H. Boerma	Niederlande	Juni 1962 bis Dezember 1967
Francisco Aquino	El Salvador	Juli 1968 bis Mai 1976
Exekutivdirektor ad interim des Welternährungsprogramms		
Thomas C.M. Robinson	Vereinigte Staaten	Mai 1976 bis Juni 1977
Exekutivdirektor des Welternährungsprogramms		
Thomas C.M. Robinson	Vereinigte Staaten	Juli 1977 bis September 1977
Garson N. Vogel	Kanada	Oktober 1977 bis April 1981
Exekutivdirektor ad interim des Welternährungsprogramms		
B. de Azevedo Brito	Brasilien	Mai 1981 bis

Außerdem war Dr. Sushil K. Dey (Indien) von April 1968 bis Juli 1968 als amtierender Exekutivdirektor und von Juli 1968 bis Mai 1969 als Beigeordneter Exekutivdirektor tätig.

Die folgenden Beamten hatten den Posten des Stellvertretenden Exekutivdirektors des WEP inne:

Stellvertretender Exekutiv-direktor des Welternährungs-programms	Land	Amtszeit
Thomas C.M. Robinson	Vereinigte Staaten	März 1969 bis Mai 1976
F.M. Ustün	Türkei	September 1976 bis Dezember 1978
B. de Azevedo Brito	Brasilien	Januar 1979 bis Mai 1981

(B. Brito übernahm den Posten als vorläufiger Exekutivdirektor nach dem Tod des Exekutivdirektors Garson N. Vogel am 29. April 1981.)

AUSSCHUSS FÜR NAHRUNGSMITTELHILFEPOLITIKEN UND -PROGRAMME

Wie aus dem Schaubild des WEP zu entnehmen ist, ist der Ausschuß für Nahrungsmittelhilfepolitiken und -programme (CFA) das Aufsichtsorgan des WEP.

Der CFA ist ein gemeinsamer Ausschuß der FAO und der Vereinten Nationen. Seine Mitglieder werden je zur Hälfte vom FAO-Rat und vom Wirtschafts- und Sozialrat der Vereinten Nationen (ECOSOC) gewählt unter Berücksichtigung einer ausgewogenen Repräsentanz wirtschaftlich entwickelter Länder und Entwicklungsländer sowie anderer relevanter Faktoren wie Vertretung potentieller Teilnehmer (sowohl Geber- als auch Empfängerländer); eine gerechte geographische Verteilung; die Repräsentanz entwickelter und weniger entwickelter Länder, die am internationalen Handel mit Nahrungsgütern ein kommerzielles Interesse haben oder von diesem Handel besonders abhängig sind. Zuerst wurde er 1961 durch gleichlautende Resolutionen der FAO-Konferenz und der Generalversammlung der Vereinten Nationen als VN/FAO-Zwischenstaatlicher Ausschuß des Welternährungsprogramms (IGC) gegründet. Wie sein Name bereits besagte, hatte er die Kontrollfunktion über das Welternährungsprogramm.

Der ursprüngliche Ausschuß kam im Jahr 1962 zu seiner ersten Sitzung zusammen. 1965 entschieden beide Dachorganisationen die Weiterführung des Welternährungsprogramms und des Ausschusses, und zwar im wesentlichen auf einer unbefristeten oder dauerhaften Grundlage.

Die Welternährungskonferenz 1974 schenkte den Problemen der Nahrungsmittelhilfe ein besonderes Augenmerk, und eine ihrer Empfehlungen war die Erweiterung des IGC, damit auch die allgemeineren Probleme der Nahrungsmittelhilfe und die damit verbundenen Maßnahmen einbezogen werden konnten. Dementsprechend bewirkten die FAO-Konferenz und die Generalversammlung der Vereinten Nationen 1975 die Wiedereinsetzung des IGC als Ausschuß für Nahrungsmittelhilfepolitiken und -programme (CFA). Der Ausschuß hat folgende Aufgaben:

Er trägt dazu bei, von der Welternährungskonferenz empfohlene kurzfristige oder längerfristige Nahrungsmittelhilfepolitiken zu entwickeln und zu koordinieren. Er soll insbesondere:

(i) allgemeine Richtlinien für Politik, Verwaltung und Durchführung des Welternährungsprogramms geben;

(ii) als Forum für zwischenstaatliche Beratungen über nationale und internationale Nahrungsmittelhilfepolitiken und -programme dienen;

(iii) regelmäßig die allgemeinen Tendenzen des Nahrungsmittelhilfebedarfs und der Verfügbarkeit von Nahrungsmittelhilfe überprüfen;

(iv) durch den Welternährungsrat den Regierungen Verbesserungen der Nahrungsmittelhilfepolitiken und -programme empfehlen, und zwar hinsichtlich der Programmprioritäten, der Warenzusammensetzung der Nahrungsmittelhilfe und anderer damit zusammenhängender Themen;

(v) Vorschläge für eine wirksamere Koordinierung der multilateralen, bilateralen und nichtstaatlichen Nahrungsmittelhilfeprogramme, einschließlich der Nahrungsmittelhilfe, ausarbeiten;

(vi) regelmäßig die Durchführung der von der Welternährungskonferenz gemachten Empfehlungen über Nahrungsmittelhilfepolitik überwachen.

Der CFA besteht aus 30 Mitgliedern. Die Dauer der Mitgliedschaft ist gestaffelt, so daß jährlich ein Drittel der Mitglieder ausscheidet. Es ist bereits gesagt worden, daß der IGC bei seiner Gründung im Jahr 1961 20 Mitglieder hatte und die Mitgliederzahl sich 1963 auf 24 erhöhte. Die derzeitige Mitgliederzahl wurde festgelegt, als der Ausschuß 1975 als CFA wieder eingesetzt wurde.

Die Vorsitzenden des VN/FAO-Zwischenstaatlichen Ausschusses des Welternährungsprogramms waren während seines Bestehens:

Vorsitzender, IGC	Land	Sitzungen	Jahr
J. Pons	Uruguay	1 und 2	1962
A.M. Turner	Kanada	3 und 4	1963
A. Shihi	Marokko	5 und 6	1964
H.J. Kristensen	Dänemark	7 und 8	1965
E.A. Okwuosa	Nigeria	9 und 10	1966
Dr. W. Lamby	Bundesrepublik Deutschland	11 und 12	1967
J.S. Mongia	Indien	13 und 14	1968
J.G. McArthur	Neuseeland	15 und 16	1969
J.M. Figuerero	Argentinien	17 und 18	1970
F. Shefrin	Kanada	19 und 20	1971
M. Aksin	Türkei	21 und 22	1972
A. Mair	Vereinigte Staaten	23 und 24	1973
R. Soegeng-Amat	Indonesien	25 und 26	1974
Dr. A.S. Tuinman	Niederlande	27 und 28	1975

Vorsitzende des Ausschusses für Nahrungsmittelhilfepolitiken und -programme waren seit seinem Bestehen:

Vorsitzender, CFA	Land	Sitzungen	Jahr
A.M. Al-Sudeary	Saudi-Arabien	1 und 2	1976
H.R.A. Granquist	Schweden	3 und 4	1977
G. Gamo-Kuba	Kongo	5 und 6	1978
P. Griffin	Irland	7 und 8	1979
P. Masud	Pakistan	9 und 10	1980
Eugene Moore	Vereinigte Staaten	11 und 12	1981

AUFBAU

Büro des Exekutivdirektors

Dieses Büro besteht aus dem Exekutivdirektor, einem Assistenten des Exekutivdirektors und dem Stellvertretenden Exekutivdirektor.

Das Büro des Exekutivdirektors hat auch

einen Wirtschaftsberater, der traditionell von der VN-Hauptabteilung Technische Zusammenarbeit für Entwicklung ernannt und von dieser abgeordnet wird;

eine Arbeitsgruppe für Politik, die gemeinsam mit dem Wirtschaftsberater den Exekutivdirektor bei der Planung der Programmaktivitäten - in Zusammenarbeit mit der FAO - bei der Prüfung und Analyse von Bedarf und Verfügbarkeit von Nahrungsmittelhilfe unterstützt;

eine Unterabteilung für Evaluierung, die die Erreichung der Ziele und die sozialen, wirtschaftlichen und ernährungsbedingten Auswirkungen der Projekte sowohl vor zusätzlichen Zusagen der WEP-Hilfe als auch nach ihrem Abschluß beurteilt;

einen Beamten für Feldinspektion und Ausbildung, der mit der Erhaltung und Anhebung der fachlichen Kompetenz und Leistung des Mitarbeiterstabs des Welternährungsprogramms im Außendienst und seiner Arbeiten in den unterstützten Ländern betraut ist;

einen Verbindungsbeamten, der in New York eingesetzt ist, um insbesondere die Zusammenarbeit des WEP mit UNDP, UNICEF und der Weltbank zu erleichtern.

Abteilung für Projektleitung

Seit seinem Bestehen erfolgt die Unterstützung durch das WEP ausschließlich auf Projektbasis, das heißt die Nahrungsmittel werden unmittelbar an die Beteiligten an wirtschaftlichen und sozialen Entwicklungsprojekten, die von den Regierungen in den Entwicklungsländern selbst aufgestellt und durchgeführt werden, verteilt. Dies ergibt sich aus der Tatsache, daß die projektgebundene Nahrungsmittelhilfe deutliche Vorteile und Sicherheiten bietet: sie kann an jene gerichtet werden, die sie am meisten benötigen; die von ihr verfolgten Entwicklungsziele können klar umrissen werden; die Investitionen der Regierung sind häufig größer als der Wert der Nahrungsmittelhilfekomponente des Projekts selbst, und daher besteht eine höhere Verpflichtung zu erfolgreicher Durchführung; Vorhaben, die nicht auf üblichem Wege finanzierbar sind, können unterstützt werden; die Prüfung und Sicherungen, die auf die Vermeidung von leistungshemmenden Faktoren in der örtlichen Agrarproduktion oder von Unterbrechungen des normalen Handels gerichtet sind, werden erleichtert.

Projektgebundene Nahrungsmittelhilfe kann auch bei der Erreichung wirtschaftlicher Unabhängigkeit der Empfängerländer, besonders hinsichtlich der landwirtschaftlichen und ländlichen Entwicklung und eines verbesserten Ernährungsstandards, helfen. Ihre Rolle in Notsituationen ist elementar. Sie kann ebenfalls beim Aufbau und der Unterhaltung von Nahrungsmittelreserven in Entwicklungsländern dienen.

Bei der Unterstützung von Projekten zur Erschließung menschlicher Ressourcen und zur Schaffung und Ausweitung der materiellen Infrastruktur, um die landwirtschaftliche und ländliche Entwicklung zu fördern, hat das WEP aktiv versucht, die Arbeitslosigkeit, die Unterbeschäftigung und die Unterernährung zu bekämpfen sowie die Gesundheitserziehungs- und Ausbildungsprogramme zu fördern. Die Hilfe des WEP ist daher zur Erschließung menschlicher und materieller Ressourcen, die besonders in ländlichen Gebieten für eine steigende Produktion und einen verbesserten Lebensstandard erforderlich sind, als Kapitalleistung eingesetzt worden.

Als das WEP im Jahr 1963 seine Arbeit begann, wurden drei Abteilungen geschaffen: eine Abteilung für Programmentwicklung und -bewertung, eine Abteilung für Programmvorhaben und eine Abteilung für Außenbeziehungen und allgemeine Angelegenheiten. Die beiden ersten Abteilungen haben auch mit der Entstehungsgeschichte der gegenwärtigen Abteilung für Ressourcenbewirtschaftung zu tun.

Die Abteilung für Programmentwicklung und -bewertung war für die Auffindung von Projekten, die sich für eine Unterstützung durch das WEP eignen, verantwortlich. Sie unterstützte Regierungen bei der Ausarbeitung von formellen Projektanträgen, bei der Analyse der Anträge und bei der Suche nach fachlicher Beratung für die vorgeschlagenen Projekte durch Fachorganisationen des VN-Systems. Die Abteilung war auch mit der Aufgabe betraut, Projekte bis zu ihrer Genehmigung zu bearbeiten, mit Regierungen über Vereinbarungen für deren Durchführung zu verhandeln und WEP-Projekte durch ihr Fachgebiet für Bewertung zu evaluieren.

Sobald ein Übereinkommen unterzeichnet war, ging die Verantwortung für die Bestellung der notwendigen Nahrungsmittellieferungen und für die Ausführung des Projekts auf die Abteilung für Programmvorhaben über.

Im Jahr 1969 wurde von einer Beratungsfirma, die auf Organisation und Methoden spezialisiert ist, ein Gutachten über die Organisation des WEP erstellt. Daraufhin wurde die Zusammenlegung der Abteilungen für Programmentwicklung und -bewertung mit der Abteilung für Programmvorhaben beschlossen, da davon ausgegangen wurde, daß die Unterscheidung zwischen Planung und Realisierung für eine konstante Umsetzung von Arbeitserfahrung in die Planung von Arbeitsmethoden von Nachteil war. Gleichzeitig wurde das Fachgebiet für Ressourcen der früheren Abteilung für Programmentwicklung und -bewertung als neue Abteilung für Ressourcenbewirtschaftung selbständig. Die Bewertungsaufgaben der Abteilung für Programmentwicklung und -bewertung wurden ausgelagert. Zum Zwecke einer größeren Objektivität wurde das Fachgebiet für Bewertung in eine Unterabteilung für Evaluierung umgewandelt, die dem Exekutivdirektor unmittelbar unterstand.

Die Abteilung entwickelte sich somit zur Abteilung für Projektleitung und war für die Planung und Durchführung von Projekten zuständig. Sie ist in fünf regionale Fachgebiete unterteilt:

Fachgebiet für Lateinamerika und die Karibik
Fachgebiet für Nordafrika und den Nahen Osten
Fachgebiet für Westafrika
Fachgebiet für Europa und Ostafrika
Fachgebiet für Asien und den Pazifik

Außerdem gehört zu der Abteilung eine Arbeitsgruppe für Notfälle, die sich nur mit Anträgen auf Soforthilfe und mit der Durchführung genehmigter Vorhaben befaßt. In der Zeit von 1976 wurden solche Vorhaben vom jeweiligen regionalen Fachgebiet behandelt.

Leiter der Abteilung für Projektleitung und deren Vorgängerin, der Abteilung für Programmentwicklung und -bewertung, waren:

Direktor der Abteilung für Programmentwicklung und -bewertung	Land	Amtszeit
Dr. Sushil K. Dey	Indien	August 1962 bis April 1968
Direktor der Abteilung für Projektleitung		
Otto Matzke	Bundesrepublik Deutschland	März 1969 bis Januar 1974
G. Hutton	Kanada	Februar 1974 bis April 1976
K. Krishan	Indien	August 1976 bis März 1977
R.M. Cashin	Vereinigte Staaten	Juni 1978 bis

Von April 1968 bis März 1969 war O. Matzke (Bundesrepublik Deutschland) als amtierender Direktor der Abteilung für Programmentwicklung und -bewertung tätig. E.E. Lühe (Bundesrepublik Deutschland) war von April 1977 bis Mai 1978 amtierender Direktor.

Abteilung für Ressourcenbewirtschaftung

Die Entstehung dieser Abteilung kann bis zur Gründung des WEP zurückverfolgt werden, als zwei Stellen, jeweils für einen Beamten für Inventur und einen für Versand, in der damaligen Abteilung für Programmvorhaben eingerichtet wurden, um die Warenzusagen und Transportfragen zu regeln. Als das Programm im Jahr 1963 in vollem Umfang anlief, übernahm das Fachgebiet für Waren und Versand diese Aufgaben, dessen Mitarbeiterstab verstärkt wurde, um die rasch zunehmende Arbeitslast in diesem Bereich der WEP-Tätigkeiten zu meistern.

Mit der Umorganisation des Programms im Jahr 1969 erfolgte die Höherstufung dieses Fachgebiets zu einer Abteilung mit der gegenwärtigen Bezeichnung "Abteilung für Ressourcenbewirtschaftung". Ihre Hauptaufgaben sind:

- Verhandlungen mit Geberländern in allen Angelegenheiten zu führen, die Zusagen und Beiträge betreffen;
- die Verwaltung dieser Zusagen und Beiträge;
- die Durchführung notwendiger Wareneinkäufe;
- Vorkehrungen zu treffen für Transport, Versicherung und Verwaltung von Waren, die für vom WEP unterstützte Projekte zur Verfügung gestellt werden.

Die Abteilung für Ressourcenbewirtschaftung ist wie folgt aufgebaut:

Fachgebiet für Ressourcen und Beschaffung
Arbeitseinheit für Warenplanung und -beschaffung
Arbeitseinheit für Projekthaushalt und Warenbestand

Fachgebiet für Transport
Arbeitseinheit für Versand
Arbeitseinheit für Versicherung und Frachtschäden

Seit 1979 gehört das Computerinformationssystem dieses Programms zum Büro des Direktors (als Sonderarbeitsgruppe).

Folgende Personen leiteten die Abteilung für Ressourcenbewirtschaftung und ihre Vorgänger:

	Land	Amtszeit
Direktor der Abteilung für Programmvorhaben		
T.C.M. Robinson	Vereinigte Staaten	September 1962 bis März 1969
Leiter des Fachgebiets für Waren und Versand		
J.B. Sinclair	Vereinigtes Königreich	Februar 1963 bis Februar 1969
Direktor der Abteilung für Ressourcenbewirtschaftung		
F.M. Ustün	Türkei	März 1969 bis August 1976
Munzer el Midani	Syrien	Mai 1978 bis

Von September 1976 bis April 1978 war W.K. Davis (Vereinigte Staaten) amtierender Direktor dieser Abteilung.

Abteilung für Außenbeziehungen und allgemeine Dienste

Diese Abteilung wurde geschaffen, als das Programm 1963 seine Arbeit aufnahm. Einer ihrer Beamten arbeitete als Sekretär des IGC. Im Jahr 1969 wurde beschlossen, der Abteilung die Zuständigkeit für Haushalts- und Verwaltungsfragen zu übertragen. Sie hat drei Hauptaufgaben:

- Sicherstellung einer Koordination der WEP-Aktivitäten mit denen anderer Gremien und Organisationen;
- Förderung des öffentlichen Verständnisses für und Unterstützung der WEP-Zielsetzungen;
- Gestaltung effizienter administrativer und budgetärer Dienste für das WEP insgesamt.

Die Abteilung besteht aus zwei Fachgebieten, die unten beschrieben werden.

Das Fachgebiet für Außenbeziehungen und allgemeine Angelegenheiten ist zuständig für die Zusammenarbeit zwischen dem WEP und den Regierungs- und Beratungsorganen der FAO und den Vereinten Nationen in allen Angelegenheiten, mit Ausnahme solcher, die sich auf Projekte und Verwaltung beziehen. Es verfolgt auch alle Fragen, die für das WEP von Interesse sind, die aber vom ACC und dessen Unterausschüssen behandelt werden. Er sorgt für die Zusammenarbeit zwischen dem WEP und anderen Gremien und Organisationen des VN-Systems sowie anderen staatlichen und nichtstaatlichen Organisationen, insbesondere im Hinblick auf Sitzungen mit VN-, FAO-, ILO-, WHO- und UNESCO-Mitarbeitern, die sich mit der fachlichen Prüfung, Beurteilung und Evaluierung von WEP-unterstützten Projekten befassen. Außerdem ist innerhalb des Fachgebiets eine besondere Arbeitsgruppe für die Koordinierung von Beschaffung und Versand von Gütern, außer Nahrungsmitteln, verantwortlich, die von anderen Gremien und Organisationen des VN-Systems oder von bilateralen Geberländern und freiwilligen Gruppen finanziert oder auf andere Art und Weise verfügbar gemacht werden, um eine bessere Durchführung der vom WEP unterstützten Projekte sicherzustellen.

Der Fachgebietsleiter ist von Amts wegen auch als Sekretär des CFA tätig, und alle Vorbereitungen für dessen halbjährlich stattfindende Sitzungen werden in diesem Fachgebiet getroffen. Von ihm werden alle Sitzungsdokumente herausgegeben und ihre Übersetzung, Veröffentlichung und Verteilung durch die FAO-Abteilung für Veröffentlichungen veranlaßt. Eine Arbeitsgruppe für Öffentlichkeitsarbeit im Fachgebiet stellt durch Fachdienste der Abteilung für Information der FAO ein Informationsprogramm auf und führt es durch, um die Tätigkeiten des WEP sowohl in den Geber- als auch in den Empfängerländern bekannt zu machen. Verschiedene Medien werden dazu benutzt: Filme, Dia-Vorträge, Photographien, Presseverlautbarungen und Sonderartikel, Information von Journalisten und Missionen, Fernsehinterviews, öffentliche Reden, Broschüren, Faltblätter usw. Die Arbeitsgruppe veröffentlicht alle drei Monate ein Mitteilungsblatt, "WEP-Nachrichten", und verschickt ein Rundschreiben an die Mitarbeiter im Außendienst.

Das Fachgebiet für Außenbeziehungen und allgemeine Angelegenheiten ist auch der offizielle Weg für Informationen über die Aktivitäten des WEP, und zwar oft in Form von Berichten. Diese können von anderen Gremien oder Organisationen des VN-Systems im Bereich ihrer besonderen Zuständigkeit oder aufgrund einer Resolution der FAO-Konferenz oder der Generalversammlung der Vereinten Nationen gefordert werden. Berichte werden auch in Zusammenarbeit mit den Wirtschaftskommissionen der Vereinten Nationen oder anderen regionalen Sitzungen (z.B. Europarat) zur weiteren Verwendung erstellt.

Das Fachgebiet für Haushalt und Verwaltung beschäftigt sich in erster Linie mit Fragen, die sich auf die Verwaltung der WEP-Zentrale in Rom und einiger hundert Außendienststellen in der ganzen Welt beziehen. Es trägt die Verantwortung für die Aufstellung und Kontrolle von Haushalten in bezug auf die Betriebskosten in der Zentrale und den Außendienstbüros. Auch führt es alle Verwaltungsaufgaben durch in Zusammenhang mit Einstellung, Entsendung, Entlassung und Betreuung von WEP-Mitarbeitern und ist zuständig für Beschaffung, Erhaltung und Beseitigung von Ausrüstungen und Fahrzeugen in der Zentrale und im Außendienst.

Folgende Beamte leiteten die Abteilung für Außenbeziehungen und allgemeine Dienste:

Direktor der Abteilung für Außenbeziehungen und allgemeine Dienste	*Land*	*Amtszeit*
Albert Dollinger	Frankreich	Mitte 1962 bis Mitte 1963
Paul G. Coidan	Frankreich	Juni 1963 bis September 1965
Georges Peissel	Frankreich	September 1965 bis August 1971
Joseph S. Annan	Ghana	Oktober 1971 bis März 1977
J.S. Mongia	Indien	März 1977 bis Oktober 1980
E.E. Lühe	Bundesrepublik Deutschland	November 1980 bis

13 BEZIEHUNGEN ZU ANDEREN ORGANISATIONEN

In Kapitel 2 wurde beschrieben, daß in diesem Jahrhundert, und insbesondere seit dem Zweiten Weltkrieg, die Regierungen viele weltweite und regionale zwischenstaatliche Organisationen gegründet haben, die sich in der einen oder anderen Art und Weise mit Ernährung und Landwirtschaft befassen. Sowohl vor als auch nach dem Zweiten Weltkrieg sind auch viele Nicht-Regierungsorganisationen in den Bereichen Landwirtschaft, Fischerei und Forstwirtschaft geschaffen worden. Es ist hier nicht beabsichtigt, diesen umfangreichen Komplex im einzelnen zu behandeln, dennoch sollen die wichtigsten hier kurz erwähnt und Beispiele für die Beziehungen zwischen einigen von ihnen und der FAO gegeben werden.

DAS SYSTEM DER VEREINTEN NATIONEN

Zum System der Vereinten Nationen gehören 16 selbständige Organisationen: die Vereinten Nationen, die eine politische Organisation sind, und folgende 15 Organisationen, die sich mit ihren jeweiligen Fachgebieten befassen:

Vereinte Nationen (VN)
Internationale Arbeitsorganisation (ILO)
Ernährungs- und Landwirtschaftsorganisation der Vereinten Nationen (FAO)
Organisation der Vereinten Nationen für Erziehung, Wissenschaft und Kultur (UNESCO)
Weltgesundheitsorganisation (WHO)
Internationale Bank für Wiederaufbau und Entwicklung (Weltbank, IBRD)
Internationaler Währungsfonds (IMF)
Internationale Zivilluftfahrt-Organisation (ICAO)
Weltpostverein (UPU)
Internationale Fernmeldeorganisation (ITU)
Weltorganisation für Meteorologie (WMO)
Zwischenstaatliche Beratende Seeschiffahrtsorganisation (IMCO)
Weltorganisation für geistiges Eigentum (WIPO)
Internationale Atomenergieorganisation (IAEA)
Internationaler Fonds für landwirtschaftliche Entwicklung (IFAD)
Allgemeines Zoll- und Handelsabkommen (GATT)

Genaugenommen ist das GATT keine Organisation, sondern eher ein Sekretariat, zu Diensten der Vertragsparteien des Abkommens, eine Einrichtung, die anstelle einer vorgeschlagenen, aber nie gegründeten internationalen Handelsorganisation genutzt wurde.

13 der 15 oben aufgezählten Fachorganisationen haben mit Ausnahme der IAEA und des GATT mit den Vereinten Nationen, für die sie auch als Sonderorganisation der Vereinten Nationen tätig sind, Abkommen geschlossen. Im Falle der FAO wurde ein Abkommen zwischen den beiden Organisationen von der 2. Sitzung der FAO-Konferenz, die vom 2. bis 13. September 1946 in Kopenhagen stattfand, und am 14. Dezember 1946 von der Generalversammlung der Vereinten Nationen gebilligt.

Neben den Vereinten Nationen und den 15 anderen oben erwähnten autonomen Organisationen gibt es noch zwei weitere, die Zweigorganisationen der Weltbank sind:

Internationale Entwicklungsorganisation (IDA)
Internationale Finanzkorporation (IFC)

IDA wurde als Zweig der Weltbank gegründet, um langfristige Kredite mit einer geringen Verwaltungsgebühr den Ländern zur Verfügung zu stellen, die nicht die finanzielle Last der üblichen Darlehen tragen können. IFC ist eine Zweigorganisation der Weltbank mit einem eigenen Aufbau und Mitarbeiterstab. Die Weltbank, IDA und IFC arbeiten unter demselben Gouverneursrat und Direktorium, und der Präsident der Weltbank ist gleichzeitig Vorsitzender des IFC-Direktoriums und Präsident der IDA.

Es gibt zwei weitere Gremien in diesem System, die gemeinsam von den beiden oben genannten Organisationen geschaffen wurden:

VN/FAO-Welternährungsprogramm (WEP), das in Kapitel 12 beschrieben wurde;
Internationales Handelszentrum (ITC), das von UNCTAD und GATT ins Leben gerufen wurde.

Außerdem sind noch viele andere Unterorganisationen gegründet worden. Ihr Aufgabenbereich bewegt sich im Rahmen der Vereinten Nationen, und einige von ihnen berühren in der einen oder anderen Weise die Arbeit der FAO. Es handelt sich um folgende Organisationen:

Wirtschaftskommission für Europa (ECE)
Wirtschafts- und Sozialkommission für Asien und den Pazifik (ESCAP)
Wirtschaftskommission für Lateinamerika (ECLA)
Wirtschaftskommission für Afrika (ECA)
Wirtschaftskommission für Westasien (ECWA)
Amt des Koordinators der Vereinten Nationen für Katastrophenhilfe (UNDRO)
Welternährungsrat (WFC)
Welthandelskonferenz der Vereinten Nationen (UNCTAD)
Organisation der Vereinten Nationen für industrielle Entwicklung (UNIDO)
Umweltprogramm der Vereinten Nationen (UNEP)
Weltkinderhilfswerk der Vereinten Nationen (UNICEF)
Entwicklungsprogramm der Vereinten Nationen (UNDP)
Hoher Flüchtlingskommissar der Vereinten Nationen (UNHCR)
Hilfswerk der Vereinten Nationen für arabische Flüchtlinge aus Palästina (UNRWA)
Ausbildungs- und Forschungsinstitut der Vereinten Nationen (UNITAR)
Universität der Vereinten Nationen (UNU)
Internationaler Gerichtshof (ICJ)
Beratender Ausschuß für Verwaltungs- und Haushaltsfragen (ACABQ)
Kommission für den Internationalen Öffentlichen Dienst (ICSC)
Gemeinsame Inspektionsgruppe der Vereinten Nationen (JIU)
Gemeinsamer Pensionsfonds der Vereinten Nationen (UNJSPF)
Internationales Computerzentrum (ICC)

Nachstehend einige Beispiele für die Zusammenarbeit zwischen der FAO und anderen Organisationen und Gremien des VN-Systems:

- Die FAO arbeitet mit der ILO und UNESCO in vielen Angelegenheiten auf dem Gebiet der landwirtschaftlichen Ausbildung zusammen. Die Koordinierung der Arbeit erfolgt durch eine im Jahr 1968 eingesetzte Arbeitsgruppe für landwirtschaftliche Erziehung, Wissenschaft und Ausbildung, die als Sekretariat zwischen FAO/UNESCO/ILO fungiert.

- Die FAO und WHO unterstützen gemeinsam die Codex-Alimentarius-Kommission, von der internationale Nahrungsmittelnormen zur Erleichterung des Handels und zum Schutz der Verbraucher entwickelt wurden.

- Die FAO und Weltbank finanzieren gemeinsam das FAO-Investitionszentrum in der Hauptabteilung für Entwicklung und verfolgen somit übereinstimmend das Ziel, durch erhöhte Investitionen die solide Entwicklung der Landwirtschaft, Fischerei und Forstwirtschaft zu fördern.

- Die FAO und WMO wirken beide mit bei den Aufgaben in bezug auf Agrarmeteorologie, Heuschreckenbekämpfung und Schutz vor möglicher Nahrungsmittelknappheit.

- Die FAO arbeitet mit dem IFAD zusammen an der Entwicklung einiger Vorschläge für IFAD-Projekte, die der IFAD seinerseits in den Empfängerländern finanzieren kann.

- Die FAO und IAEA unterhalten eine gemeinsame Abteilung für die Anwendung von radioaktiven Isotopen und Strahlen für die Entwicklung von Nahrungsmitteln und der Landwirtschaft, die gemeinsam personell ausgestattet und finanziert wird. Gemäß einem FAO/IAEA-Abkommen wird in der IAEA in Wien auch eine AGRIS-Arbeitsgruppe für Verarbeitung unterhalten, und zwar für die Verarbeitung von AGRIS-Daten im IAEA-Computer.

- Die FAO arbeitet mit dem GATT in Agrarhandelsfragen zusammen. Durch den Warenausschuß der FAO überprüft die FAO ständig die Lage im Hinblick auf die wichtigsten Agrargüter und macht die dadurch gesammelten Informationen dem GATT zugänglich.

- Wie oben bereits erwähnt, unterstützen die FAO und die Vereinten Nationen gemeinsam das Welternährungsprogramm, dessen Zentrale bei der FAO ist und in dessen Rahmen der Generaldirektor besondere Kompetenz für die Genehmigung von Nothilfeprojekten hat.

Unter den bereits aufgezählten Unterorganisationen der Vereinten Nationen gibt es einige, die allgemeine Dienstleistungen erbringen, andere, die Projektmittel zur Verfügung stellen und weitere, mit denen die FAO auf anderem Wege zusammenarbeitet.

- Die FAO und zwei der regionalen Wirtschaftskommissionen, ECLA und ECWA, haben gemeinsame Abteilungen, die sich mit landwirtschaftlichen Wirtschaftsproblemen in den jeweiligen Regionen beschäftigen. Die dritte Kommission ist die ECE; auch hier wird eine gemeinsame Abteilung unterhalten, die sich mit land- und forstwirtschaftlichen Fragen befaßt. Schließlich befaßt sich eine gemeinsame Abteilung mit der ECA mit bestimmten Fischereifragen sowie mit landwirtschaftlichen Wirtschaftsangelegenheiten und bestimmten Aspekten der Forstwirtschaft.

- Gelegentlich arbeiten FAO und UNDRO bei Katastrophenhilfeeinsätzen zusammen.

- Im Bereich des Agrarhandels bestehen enge Arbeitsbeziehungen zwischen FAO und UNCTAD, und durch den Warenausschuß der FAO hat die UNCTAD Zugang zu einer laufenden Überprüfung der Lage bei den wichtigsten Agrargütern, die in den internationalen Handel gelangen.

- Aufgrund eines im Juli 1969 von FAO und UNIDO unterzeichneten Abkommens, in dem die zusätzlichen gemeinsamen Interessengebiete genau festgelegt wurden, beschäftigen sich beide Organisationen mit agro-industriellen Angelegenheiten. Das Übereinkommen enthält auch eine Reihe von Grundsätzen, die sich auf die Zusammenarbeit im Bereich der Nahrungsmittelindustrie beziehen.

- FAO und UNEP arbeiten in Umweltfragen zusammen, und UNEP stellt Geldmittel für gemeinsam gebilligte Umweltprojekte zur Verfügung.
- UNDP ist die größte eigenständige Finanzquelle für die FAO-Feldprogramme.
- Im Verwaltungs- und Koordinierungsausschuß (ACC) befaßt sich die FAO gemeinsam mit anderen Organisationen des VN-Systems mit Verwaltungs- und Haushaltsproblemen sowie vielen wichtigen Angelegenheiten.
- Durch die Kommission für den Internationalen Öffentlichen Dienst (ICSC) ist die FAO mit anderen Organisationen der VN-Familie an einem gemeinsamen System für Gehaltseinstufung und andere einheitliche Personalregelungen beteiligt. Anstelle der Unterhaltung eines eigenen Pensionssystems ist die FAO Mitglied des Gemeinsamen Pensionsfonds der Vereinten Nationen.
- FAO und andere VN-Organisationen finanzieren gemeinsam die Gemeinsame Inspektionsgruppe der Vereinten Nationen (JIU), und die FAO erhält alle Berichte der JIU, die ganz oder teilweise die Aktivitäten der FAO betreffen.

ANDERE ZWISCHENSTAATLICHE ORGANISATIONEN

Unter den zahlreichen Organisationen, die die Regierungen außerhalb des VN-Systems gegründet haben, oft bereits vor der Gründung der Organisationen, die zusammen dieses System ausmachen, gibt es viele, die die Interessen der FAO teilen, weil sie entweder mit der Landwirtschaft allgemein oder aber mit Agrarprodukten, mit der Finanzierung der landwirtschaftlichen Entwicklung oder mit bestimmten Aspekten der ländlichen Entwicklung zu tun haben. In bezug auf diese gemeinsamen Interessengebiete haben viele Organisationen die Verbindung mit der FAO gesucht. Die Vorschriften der FAO ermöglichen zwei Arten von Beziehungen zu zwischenstaatlichen Organisationen, nämlich förmliche Abkommen und Arbeitsbeziehungen. Förmliche Abkommen bestehen gegenwärtig mit 10 und Arbeitsbeziehungen mit 61 Organisationen. Die Art der Beziehungen zwischen der FAO und vielen dieser Organisationen wird ständig überprüft, so daß die Zahl in der jeweiligen Kategorie von Zeit zu Zeit schwankt.

NICHT-REGIERUNGSORGANISATIONEN

Es gibt eine beträchtlich größere Anzahl von Nicht-Regierungsorganisationen (NGOs), die an einem oder mehreren Aufgabenbereichen der FAO interessiert sind. Solche Organisationen können um einen Status der folgenden drei Kategorien bei der FAO ersuchen: Beratender Status, Bestimmter Beratender Status und Verbindungsstatus.

Die Eignung für den Beratenden Status verlangt von einer Organisation, daß sie eine internationale Struktur hat, ein ausreichender Repräsentant ihres Interessengebiets ist, einen anerkannten Ruf hat, mit Angelegenheiten beschäftigt ist, die einen wesentlichen Teil des FAO-Aufgabengebiets betreffen, und daß sie Ziele verfolgt, die mit den allgemeinen, in der FAO-Satzung niedergelegten Grundsätzen übereinstimmen. Eine solche Organisation muß auch über ein ständiges Leitorgan und über einen Kommunikationsapparat für ihre

Mitglieder in den verschiedenen Ländern verfügen. 17 Nicht-Regierungsorganisationen ist bislang dieser Status gewährt worden.

Für die Eignung eines Bestimmten Beratenden Status muß eine Organisation ebenfalls die oben genannten Forderungen für den Beratenden Status erfüllen, mit der Ausnahme, daß sie mit einem besonderen Gebiet des FAO-Aufgabengebiets befaßt sein muß. Gegenwärtig besitzen 50 Organisationen diesen Status.

Zur Qualifikation für den Verbindungsstatus muß die Organisation denselben Anforderungen wie für den Beratenden Status entsprechen, mit der Ausnahme, daß sie auf einem der FAO-Aufgabengebiete tätig und in der Lage ist, auf diesem Gebiet praktische Hilfe zu gewähren. Zur Zeit haben 89 Nicht-Regierungsorganisationen diesen Status.

14 DAS FAO-EMBLEM

Die erste Version des FAO-Emblems hatte die Form eines silbernen Abzeichens, das von dem dänischen Silberschmied Georg Jensen entworfen und an die Teilnehmer der vom 2. bis zum 13. September 1946 in Kopenhagen abgehaltenen 2. Sitzung der FAO-Konferenz verteilt wurde. Wie auf der Abbildung zu sehen ist (oben links), zeigte es eine Weizenähre mit den Buchstaben FAO, die in nahezu der gleichen Art angeordnet sind wie auf dem heute gebräuchlichen Emblem, nur war hier zusätzlich das Land Dänemark aufgeführt. Heute steht anstelle des Landes das Leitmotiv. In Anlehnung an Hambidge (1955) wurde vom ersten Generaldirektor, Sir John Boyd Orr, "Fiat panis" (sinngemäß: Brot für alle) als FAO-Leitmotiv ausgewählt.

Nach 1946 waren verschiedene Zeichen als Emblem in Gebrauch, aber die ursprüngliche Vorlage blieb unverändert, und 1980/81 wurden noch einige der früheren Versionen verwendet. Eines der ersten Designs, in Gold auf grünem Hintergrund, erscheint noch heute in denselben Farben auf den Kurierbeuteln der Organisation: es ist auch auf der Gedenktafel am Homestead Hotel zu sehen, die an die Konferenz in Hot Springs erinnert. Die derzeitig gebräuchlichste Version aber ist oben (rechts) dargestellt. Sie wurde von H. Engeler, der damals in der Unterabteilung für Veröffentlichungen arbeitete, im April 1960 gestaltet und kurze Zeit darauf von dem damaligen Generaldirektor B.R. Sen genehmigt. Der erste veröffentlichte Hinweis auf die offizielle Genehmigung und Verwendung erschien im Verwaltungsrundschreiben 77/31 vom 30. März 1977, das auf Einheitlichkeit bei der Benutzung des Emblems abzielte.

Das Emblem in seiner jetzigen Form wurde am 1. Juli 1964 bei dem Vereinigten Internationalen Büro zum Schutz internationalen Vermögens (BIRPI), dem Vorläufer der gegenwärtigen Weltorganisation für geistiges Eigentum (WIPO), in Übereinstimmung mit der Pariser Konvention zum Schutz industriellen Eigentums eingetragen. Durch diese Konvention werden die Embleme internationaler Organisationen gegen ihren Gebrauch als Warenzeichen oder als Teile eines Warenzeichens in den Mitgliedsländern der Pariser Union geschützt.

Die Bestimmungen des oben erwähnten Verwaltungsrundschreibens wurden im Verwaltungsrundschreiben 80/30 vom 21. März 1980 auf den neuesten Stand gebracht, das festlegt, daß Anträge von Parteien außerhalb der FAO zur Benutzung des Emblems vom Büro des Rechtsberaters zu bearbeiten sind.

Abgesehen von der Tatsache, daß ein Generaldirektor "Fiat panis" als Motto gewählt und ein anderer das derzeitige Emblem gebilligt hat, scheint nicht formal über ein Emblem oder dessen Aufschrift entschieden worden zu sein. Das Emblem erschien daher inoffiziell im Rahmen der FAO und kam in der gleichen, nicht formellen Weise und etwas unregelmäßig allmählich in Gebrauch. Mitte 1947 erschien es in einer der ersten Versionen auf einigen FAO-Dokumenten, z.b. im Juli 1947 auf dem Umschlag des Berichts des Generaldirektors an die Konferenz, "Zweiter Jahresbericht", und im Juli/August 1947 auf dem Deckblatt von "Unasylva", Band 1, Nummer 1. Andererseits erschien es nicht auf dem im Dezember 1947 veröffentlichten Bericht der 3. Sitzung der FAO-Konferenz. Die derzeitige Praxis ist, auf den Umschlägen aller gedruckten Unterlagen der Organisation den vollen Namen der Organisation oder das Emblem zu zeigen. Oft sind auf demselben Umschlag beide zu sehen.

15 SCHLUSSBEMERKUNGEN

Eine Schlußbetrachtung zu dem Bericht über die Entwicklung der FAO während der ersten 36 Jahre sollte eigentlich ein neuer Anfang genannt werden.

Im Vergleich zur Geschichte der Menschheit besteht die FAO in der Tat erst seit sehr kurzer Zeit, aber in diesen 36 Jahren haben sich viele Dinge ereignet, die das Wohl des Menschen beeinträchtigt und die auf die gegenwärtige und zukünftige Rolle der FAO auch einen Einfluß haben.

Die Organisation selbst ist im wesentlichen aus dem kleinen Kern, der Ende 1945 und im Laufe des Jahres 1946 gebildet worden war, gewachsen. Sie machte natürlich auch viele Änderungen durch, da sie sich selbst immer wieder angepaßt hat, um den Anforderungen und Wünschen ihrer Mitgliedsländer entsprechen zu können. Dank ihrer Bemühungen hat sie in bezug auf die in der FAO-Satzung niedergelegten Ziele sehr viel erreicht, aber in einem gedrängten geschichtlichen Abriß wie diesem können nur einige wenige Beispiele der Erfolge und Leistungen aufgezählt werden.

In der Zwischenzeit hat sich die Welt verändert, und sie verändert sich schnell weiter. Im Laufe dieser 36 Jahre erhielt mehr als die Hälfte der gegenwärtigen FAO-Mitgliedsländer ihre Unabhängigkeit. Die Zahl der Menschen auf der Erde, die ernährt werden müssen, ist um über 85 % angestiegen, und zwar von 2,36 Mrd. im Jahr 1945 auf 4,375 Mrd. im Jahr 1980. Dieser Zuwachs, verbunden mit höheren Einkommen und steigenden Erwartungen, führte zu einer enormen Zunahme in Umfang und Komplexität der Probleme in Zusammenhang mit Ernährung, Unterbringung und Versorgung der Bevölkerung, Umweltschutz und Erhaltung der für das zukünftige Wohl des Menschen lebensnotwendigen Ressourcen.

Es gab auch viele andere Veränderungen. Der Beginn der weltweiten Verkehrsluftfahrt hat beispielsweise das Risiko der Übertragung von Pflanzen- und Tierschädlingen von Kontinent zu Kontinent und von Land zu Land erhöht. Eine Energiekrise ist entstanden mit schwerwiegenden Folgen für Nahrungsmittelproduktion und -verarbeitung. Ein neues Seerecht hat die notwendigen Schritte zur Bewirtschaftung der Meeresfischressourcen wesentlich verändert. Ernährungsnotstände als Ergebnis der durch lokale Kriege bedingten Flüchtlingsströme oder aufgrund von Dürreperioden oder anderer Naturkatastrophen sind alltäglich geworden.

Diese und viele andere Veränderungen haben die Zahl und die Reichweite der Probleme, die die Länder bewältigen müssen, in hohem Maße erhöht. Da die Belange der FAO zwangsläufig ein Spiegelbild der Belange der Mitgliedsländer sind, folgt daraus, daß Zahl und Reichweite der Aufgaben, die die FAO bei ihren Bemühungen, ihren Mitgliedern von

Nutzen zu sein, erfüllen muß, ebenfalls gewaltig zugenommen haben. Die gegenwärtigen Anzeichen mit Blick auf das Jahr 2000 und das nächste Jahrhundert deuten darauf hin, daß die weltweiten Probleme auf dem Gebiet von Ernährung, Landwirtschaft, Fisch- und Forstwirtschaft nicht weniger, sondern eher noch schwerwiegender werden.

Darum hat die Arbeit der FAO gerade erst begonnen!

LITERATURVERZEICHNIS

Agresti, O.R.   David Lubin, a study in practical idealism. University of California Press,
1941   Berkeley and Los Angeles. 372 S.

Aykroyd, W.R. FAO Nutrition Abstracts and Reviews, 23: 229-243
1953

Boyd Orr, Lord   As I recall: The 1880's to the 1960's. MacGibbon and Kee, London.
1966   290 S.

Burnet, E. & Aykroyd, W.R.   Nutrition and public health. Zweiter Sonderdruck vom Quar-
1935   terly Bulletin of the League of Nations Health Organization, Band IV, Nr. 2.
                             152 S.

Cépède, M.   Statement to the FAO Council: David Lubin (1849-1919), an appreciation.
1969   FAO, Rom, S. 2-11

Cruickshank, E.W.H.   Food and nutrition. Livingstone, Edinburgh
1946

FAO   Reports of the FAO Conference, First through Twentieth Sessions. FAO,
1945-1979   Rom

FAO   Reports of the FAO Council, First through Seventy-Seventh Sessions. FAO,
1947-1979   Rom

FAO   Report of the Ad Hoc Committee on the Organizational Structure of FAO to
1957   the Ninth Session of the Conference. C 57/4. FAO, Rom, 36 S.

FAO   Basic Texts of the Food and Agriculture Organization of the United
1980   Nations, Band I und II. FAO, Rom, 242 S.

FAO   Directory of FAO Statutory Bodies and Panels of Experts, Juli 1980. FAO,
1980   Rom

Gerhardsen, G.M.   Food and Agriculture Organization of the United Nations (FAO). In
1950   "Stimulator", 4 (Nr. 4 und 5): 3-23

Hambidge, G.   The story of FAO. Van Nostrand, New York, Toronto und London. 303 S.,
1955   illustriert

Ingalls, F.   The Valley Road. World Publishing Co., Cleveland und New York, 293 S.
1949

Interim Commission on Food and Agriculture, Five Technical Reports on Food and Agri-
1945   culture. UN Interim Commission on Food and Agriculture, Washington, D.C.,
                           311 S.

Völkerbund   The problem of nutrition: Band II. Report on the physiological bases of
1936   nutrition. Ser.L.o.N.P. 1936, II. B.4

Völkerbund   The problem of nutrition: Final Report of the Mixed Committee on the Pro-
1937   blem·of Nutrition. Offizielle Nr. A.13, 1937, II.A

McDougall, F.L.   The McDougall memoranda. FAO, Rom. 38 S.
1956

Phillips, R.W. The Agriculture Division of FAO: A summary of its organization, develop-
1956   ment and accomplishments from 2 December 1946 to 31 December 1955.
                Inoffizielles Arbeitspapier, FAO, Rom. 176 S.

Phillips, R.W. Internationale Organisationen. In "Farmer's World" - The Yearbook of Agri-
1964   culture, 1964. US-Landwirtschaftsministerium, Washington, D.C.,
                S. 423-433

Phillips, R.W. The Food and Agriculture Organization: its organization, work and US
1978   participation. US-Landwirtschaftsministerium, Washington, D.C. FAS
                M-282, 29 S.

Phillips, R.W., Peebles, T.R., Cummings, W.H. & Passerini, L. FAO advisory assistance
1953   to member countries under the UNRRA Transfer Fund. FAO, Rom. 54 S.

Street, T.E.   Moving day for FAO. Ausländische Landwirtschaft, XV(5): 91-94
1951

The Agriculture Division of FAO: A summary of its organization, development and accom-
1959   plishments from 2 December 1946 to 31 December 1958. Inoffizielles
                Arbeitspapier. FAO, Rom. 301 S.

The Economic and Social Policy Department. Informal Booklet. FAO, Rom. 64 S.
1980

UN und FAO   Abkommen zwischen den Vereinten Nationen und der Ernährungs- und
1952   Landwirtschaftsorganisation der Vereinten Nationen. Agreements between
                the United Nations and the Specialized Agencies. Vereinte Nationen, New
                York. S. 12-25

Winters, R.K.   The forest and man. Vantage Press, New York, Washington und Hollywood.
1974   393 S.

Yates, P.L.   So bold an aim. FAO, Rom. 174 S.
1955

ABKÜRZUNGEN *)

AAA	Agricultural Adjustment Administration (Verwaltung für landwirtschaftliche Anpassung)
ACABQ	Advisory Committee on Administrative and Budgetary Questions (Beratender Ausschuß für Verwaltungs- und Haushaltsfragen)
ACC	Administrative Committee on Co-ordination (Verwaltungs- und Koordinierungsausschuß)
AGLINET	Agricultural Libraries Network (Netz landwirtschaftlicher Bibliotheken)
AGN	Advisory Group on Nutrition (Beratungsgruppe für Ernährung)
AGRIS	International Information System for the Agricultural Sciences and Technology (Internationales Informationssystem für Wissenschaft und Technik in der Landwirtschaft)
ARA	Agricultural Research Administration (Landwirtschaftliche Forschungsbehörde)
AWZ	Ausschließliche Wirtschaftszonen
BIRPI	United International Bureau for the Protection of International Property (Vereinigtes Internationales Büro zum Schutz internationalen Vermögens)
CARIS	Current Agricultural Research Information System (Landwirtschaftliches Forschungsinformationssystem)
CCLM	Committee on Constitutional and Legal Matters (Ausschuß für Satzungs- und Rechtsangelegenheiten)
CCP	Committee on Commodity Problems (Warenausschuß)
CFA	Committee on Food Aid Policies and Programmes (Ausschuß für Nahrungsmittelhilfepolitiken und -programme)
CGIAR	Consultative Group on International Agricultural Research (Beratungsgruppe für internationale Agrarforschung)
CIB	Comité International du bois (Internationaler Holzausschuß)
CIPAC	Collaborative International Pesticides Analytical Council (Internationaler Rat für Zusammenarbeit bei Analysen von Schädlingsbekämpfungsmitteln)
CIRDAP	Centre for Integrated Rural Development in Asia and the Pacific (Zentrum für integrierte ländliche Entwicklung in Asien und im Pazifik)

---

*) In die deutsche Fassung hat der Übersetzer zusätzliche Abkürzungen in dieses Verzeichnis aufgenommen.

CIS	Centre international de sylviculture (Internationales Zentrum für Forstwirtschaft)
CIUB	Commission internationale d'utilisation du bois (Internationale Kommission für Holznutzung)
CSD	Committee on Surplus Disposal (Ausschuß für Überschußverwertung)
DANIDA	Danish International Development Agency (Dänisches Amt für Internationale Entwicklung)
DLCC	Desert Locust Control Committee (Ausschuß zur Bekämpfung der Wüstenheuschrecke)
DLCO-EA	Desert Locust Control Organization for Eastern Africa (Organisation zur Bekämpfung der Wüstenheuschrecke in Ostafrika)
ECA	United Nations Economic Commission for Africa (Wirtschaftskommission der Vereinten Nationen für Afrika)
ECE	United Nations Economic Commission for Europe (Wirtschaftskommission der Vereinten Nationen für Europa)
ECLA	United Nations Economic Commission for Latin America (Wirtschaftskommission der Vereinten Nationen für Lateinamerika)
ECOSOC	United Nations Economic and Social Council (Wirtschafts- und Sozialrat der Vereinten Nationen)
ECWA	United Nations Economic Commission for Western Asia (Wirtschaftskommission der Vereinten Nationen für Westasien)
EEZ	Exclusive economic zones (Ausschließliche Wirtschaftszonen)
EPTA	Extended Programme of Technical Assistance (Erweitertes Programm für Technische Hilfe)
ESCAP	United Nations Economic and Social Commission for Asia and the Pacific (Wirtschafts- und Sozialkommission der Vereinten Nationen für Asien und den Pazifik)
ETAP	Extended Technical Assistance Programme (Erweitertes Programm für Technische Hilfe)
FAC	Food Aid Convention (Nahrungsmittelhilfe-Übereinkommen)
FAO	Food and Agriculture Organization of the United Nations (Ernährungs- und Landwirtschaftsorganisation der Vereinten Nationen)
FFHC	Freedom from Hunger Campaign (Kampagne Kampf gegen den Hunger)
FFHC/AD	Freedom from Hunger Campaign/Action for Development (Kampagne Kampf gegen den Hunger/Aktion für Entwicklung)
GATT	General Agreement on Tariffs and Trade (Allgemeines Zoll- und Handelsabkommen)

IAEA	International Atomic Energy Agency (Internationale Atomenergieorganisation)
IBPGR	International Board for Plant Genetic Resources (Internationales Amt für pflanzliches Genmaterial)
IBRD	International Bank for Reconstruction and Development (World Bank) (Internationale Bank für Wiederaufbau und Entwicklung = Weltbank)
ICAO	International Civil Aviation Organization (Internationale Zivilluftfahrt-Organisation)
ICC	International Computing Centre (Internationales Computerzentrum)
ICCH	International Commodity Clearing House (Internationale Warenclearingsstelle)
ICJ	International Court of Justice (Internationaler Gerichtshof)
ICSC	International Civil Service Commission (Kommission für den Internationalen Öffentlichen Dienst)
IDA	International Development Association (Internationale Entwicklungsorganisation)
IEFC	International Emergency Food Council (Internationaler Rat für Ernährungsnotstand)
IEFC	International Emergency Food Committee (Internationaler Ausschuß für Ernährungsnotstand)
IEFR	International Emergency Food Reserve (Internationale Nahrungsmittelnotreserve)
IFAD	International Fund for Agricultural Development (Internationaler Fonds für landwirtschaftliche Entwicklung)
IFC	International Finance Corporation (Internationale Finanzkorporation)
IFS	International Fertilizer Supply Scheme (Internationales Düngemittel-Versorgungsprogramm)
IGC	Intergovernmental Committee of the World Food Programme (Zwischenstaatlicher Ausschuß des Welternährungsprogramms)
IIA	International Institute of Agriculture (Internationales Institut für Landwirtschaft)
ILO	International Labour Organisation (Internationale Arbeitsorganisation)
IMCO	Inter-Governmental Maritime Consultative Organization (Zwischenstaatliche Beratende Seeschiffahrtsorganisation)
IMF	International Monetary Fund (Internationaler Währungsfonds)

IRC	International Rice Commission (Internationale Reiskommission)
IRLCO-CSA	International Red Locust Control Organization for Central and Southern Africa (Internationale Organisation zur Bekämpfung der Roten Heuschrecke in Zentral- und Südafrika)
ITU	International Telecommunication Union (Internationale Fernmeldeorganisation)
JIU	Joint Inspection Unit (Gemeinsame Inspektionsgruppe der Vereinten Nationen)
LDC	Least developed countries (am wenigsten entwickelte Länder)
MSA	Most seriously affected countries (am schwersten betroffene Länder)
OICMA	Organisation internationale du criquet migrateur africain (Internationale Organisation zur Bekämpfung der Afrikanischen Wanderheuschrecke)
OIE	Office international des épizooties (Internationales Tierseuchenamt)
OSRO	Office for Special Relief Operations (Büro für Sonderhilfsmaßnahmen)
PAG	Protein Advisory Group (Beratungsgruppe für Proteine)
PSWAD	Perspective Study on World Agricultural Development (Zukunftsstudie über die Entwicklung der Weltlandwirtschaft)
SACRED	Scheme for Agricultural Credit Development (Förderungsprogramm für Agrarkredit)
SIDA	Swedish International Development Authority (Schwedische Internationale Entwicklungsbehörde)
SOFA	The State of Food and Agriculture (Die Lage von Ernährung und Landwirtschaft)
TAC	Technical Advisory Committee of CGIAR (Technischer Beratungsausschuß des CGIAR)
TCDC	Technical cooperation among developing countries (Technische Zusammenarbeit zwischen den Entwicklungsländern)
TCP	Technical Cooperation Programme (Programm für Technische Zusammenarbeit)
UN	United Nations (Vereinte Nationen)
UNCST	United Nations Conference on Science and Technology for Development (Konferenz der Vereinten Nationen über Wissenschaft und Entwicklungstechnologie)

UNCTAD	United Nations Conference on Trade and Development (Handels- und Entwicklungskonferenz der Vereinten Nationen - Welthandelskonferenz)
UNDP	United Nations Development Programme (Entwicklungsprogramm der Vereinten Nationen)
UNDRO	Office of the UN Disaster Relief Coordinator (Amt des Koordinators der Vereinten Nationen für Katastrophenhilfe)
UNEP	United Nations Environment Programme (Umweltprogramm der Vereinten Nationen)
UNESCO	United Nations Educational, Scientific and Cultural Organization (Organisation der Vereinten Nationen für Erziehung, Wissenschaft und Kultur)
UNFPA	United Nations Fund for Population Activities (Fonds der Vereinten Nationen für Bevölkerungsfragen - VN-Bevölkerungsfonds)
UNHCR	Office of the United Nations High Commissioner for Refugees (Hoher Flüchtlingskommissar der Vereinten Nationen)
UNICEF	United Nations Children's Fund (Weltkinderhilfswerk der Vereinten Nationen)
UNIDO	United Nations Industrial Development Organization (Organisation der Vereinten Nationen für industrielle Entwicklung)
UNITAR	United Nations Institute for Training and Research (Ausbildungs- und Forschungsinstitut der Vereinten Nationen)
UNJSPF	United Nations Joint Staff Pension Fund (Gemeinsamer Pensionsfonds der Vereinten Nationen)
UNRRA	United Nations Relief and Rehabilitation Administration (Hilfs- und Rehabilitationsbehörde der Vereinten Nationen)
UNRWA	United Nations Relief and Works Agency for Palestine Refugees (Hilfswerk der Vereinten Nationen für arabische Flüchtlinge aus Palästina)
UNSF	United Nations Special Fund (Sonderfonds der Vereinten Nationen)
UNU	United Nations University (Universität der Vereinten Nationen)
UPU	Universal Postal Union (Weltpostverein)
USDA	United States Department of Agriculture (US-Landwirtschaftsministerium)
VN	Vereinte Nationen
WCARRD	World Conference on Agrarian Reform and Rural Development (Weltkonferenz über Agrarreform und ländliche Entwicklung)

WFB	World Food Board (Welternährungsbehörde)
WFC	World Food Council (Welternährungsrat)
WFP	World Food Programme (Welternährungsprogramm)
WHO	World Health Organization (Weltgesundheitsorganisation)
WIPO	World Intellectual Property Organization (Weltorganisation für geistiges Eigentum)
WMO	World Meteorological Organization (Weltorganisation für Meteorologie)

LÄNDERINDEX

Anmerkung: Dieser Index enthält nicht die Namen von Ländern, die als Nationalität von Einzelpersonen im Namensindex erscheinen. Er erfaßt auch nicht die zahlreichen beiläufigen Hinweise auf bestimmte Länder hinsichtlich der Zentrale, Konferenzorte usw. Andere Erwähnungen von Städten erscheinen unter den Namen der entsprechenden Länder, z.B. Turrialba unter Costa Rica.

Ägypten	11/15/17/54/57/105
(siehe auch Vereinigte Arabische Republik)	
Äquatorialguinea	16
Äthiopien	6/11/15/54/75
Afghanistan	15
Albanien	15
Algerien	15
Angola	15
Argentinien	15/105
Australien	6/11/15
Bahamas	15
Bahrain	15/17
Bangladesch	15/105
Barbados	15
Belgien	11/15
Benin	15
Bhutan	16
Birma	15
Bolivien	11/15
Botsuana	15/17
Brasilien	11/15/58-59/105
Bulgarien	15
Burundi	15
Chile	11/15/58-59/105
China, Volksrepublik	III/11/15/75
Costa Rica	11/15/59/75/129
Dänemark	11/15/52/120/218
Demokratisches Kamputschea	15/95
(siehe auch Kambodscha)	
Deutschland, Bundesrepublik	7/15/120/166
Dominica	15
Dominikanische Republik	11/15
Dschibuti	15
Ecuador	11/15
Elfenbeinküste	15
El Salvador	11/15

Fidschi	15
Finnland	15/121
Frankreich	11/15/120
Gabun	15/17
Gambia	15
Ghana	15/54/60
Grenada	15
Griechenland	11/15/75/105
Großbritannien	11
(siehe auch Vereinigtes Königreich)	
Guatemala	11/15
Guinea	15/130
Guinea-Bissau	15
Guyana	15/17
Haiti	11/15
Honduras	11/15
Indien	III/11/15/58/75/110/119/128
Indonesien	15/105
Irak	11/15/105/109
Iran	11/15/105
Irland	15
Island	11/15
Israel	15
Italien	3/6/15/53/75
Jamaika	15/17/105
Japan	15/128
Jemen, Arabische Republik	15
Jemen, Demokratische Volksrepublik	15
Jordanien	15/105
Jugoslawien	11/15/75
Kambodscha	105
(siehe auch Demokratisches Kamputschea)	
Kamerun	15
Kanada	III/11/15/60/165/166
Kap Verde	15
Katar	15/17

Kenia	15/17/61/75/105
Kolumbien	11/15/75
Komoren	15
Kongo, Demokratische Republik	15
Korea, Demokratische Volksrepublik	15
Korea, Republik	15/105
Kuba	11/15
Kuwait	15
Laos	15
Lesotho	15/17
Libanon	15/54/105/118/130
Liberia	11/15
Libyen	15
Luxemburg	11/15
Madagaskar (siehe auch Madagassische Republik)	16/17
Madagassische Republik	17
Malawi	16
Malaysia	16
Malediven	16
Mali	16/17
Malta	16/17
Marokko	16/60
Mauretanien	16
Mauritius	16/17
Mexiko	11/16/59/128
Mongolei	16
Mosambik	16
Namibia	16
Nepal	16
Neuseeland	11/16
Nicaragua	11/16/75
Niederlande	11/16/77/128
Niger	16
Nigeria	16/17/128
Norwegen	11/16
Obervolta	16
Österreich	16/75/166
Oman	16
Pakistan	16/105/113/119
Panama	11/16
Papua-Neuguinea	16
Paraguay	11/16
Peru	11/16
Philippinen	11/16/105

Polen	11/16/17/75
Portugal	16
Rhodesien und Nyasaland (siehe auch Malawi, Sambia)	17
Ruanda	16
Rumänien	16
Sambia	16
Samoa	16
Sansibar	17
São Tomé und Principe	16
Saudi-Arabien	16
Schweden	16/110/119/121
Schweiz	16/52
Senegal	16/17
Seschellen	16
Sierra Leone	16/105
Simbabwe	16
Somalia	16/17
Sowjetunion (siehe auch Union der Sozialistischen Sowjetrepubliken)	11
Spanien	16
Sri Lanka	16/105
St. Lucia	16
St. Vincent und die Grenadinen	16
Sudan	16/130
Südafrikanische Union	11/17
Suriname	16
Swasiland	16
Syrien	16/17/105
Tanganjika (siehe auch Tansania)	17
Tansania	16/17
Thailand	16/54/58/75/105
Togo	16
Tonga	16
Trinidad und Tobago	16
Tschad	16/17
Tschechoslowakei	11/16/17/75
Türkei	16/111/117/118
Tunesien	16
Uganda	16
Ungarn	16/17/75/128/166
Union der Sozialistischen Sowjetrepubliken	11/14
Uruguay	11/16/75

Venezuela	11/16/105
Vereinigte Arabische Emirate	16
Vereinigte Arabische Republik (siehe auch Ägypten)	17
Vereinigte Staaten von Amerika	III/4/5/11/16/52/54/58-59/85/113/120/165/202
Vereinigtes Königreich (siehe auch Großbritannien)	4/16/75/111/129
Vietnam, Republik	16
Zaire	16
Zentralafrikanische Republik	16
Zypern	16/17/105

NAMENSINDEX

Abbas, Mekki	136		Brauer, Oscar	116
Abbas, M.H.	136		Brito, B. de Azevedo	204/205
Acheson, Dean	165		Broadley, Sir Herbert	43/44-45/53
Adomakoh, Albert	136		Broadley, Lady Kethleen M.M.	45
Ahsan-ud-Din	58		Broicher, H.	184
Akbil, S.	62		Bronsema, A.J.	195
Aksin, M.	206		Bruce, Stanley	4/6/23/25/26-27
Akyüz, E.F.	163		(Viscount Bruce of Melbourne)	
Albani, F.	116		Buck, J.L.	103/107/154
Al-Sudeary, A.M.	206		Bula Hoyos, Gonzalo	25/29/31
Andersen, Viggo	154			
Anderson, B.A.	199		Cameron, D.R.	174
Anduaga	19		Cantos-Figuerola, Ramón	30
Annan, J.S.	212		Cardon, Leah	40
Appleby, P.H.	165		Cardon, P.V.	37/39-40/45
Aquino, Francisco	204		Carroz, Jean-Emile	159
Aribisala, T.S.B.	127		Cashin, R.M.	209
Askerstam, M.E.	199		Casseres, W.G.	59/188
Aubrac, Raymond	184/193		Cavestany Anduaga, Rafaël	19
Autret, M.	148		Cazacu, Florea	193
Ayazi, A.R.	92		Cépède, Michel	25/28/31
Aykroyd, W.R.	5/144/148		Clark, Margaret H.	44
Aziz, Sartaj	141		Clark, W.N.	43-44
			Cohen de Govia, J.J.	196
Bachman, K.L.	139/144		Coidan, P.G.	212
Baños, Alicia	61		Contini, Paolo	98
Barbosa, José	200		Cottam, H.R.	60
Barter, P.G.H.	139		Crane, Peter	94
Beever, C.	159		Crapon de Caprona, Noël	187
Bel Hadj Amor, M.	31		Cummings, W.H.	58
Belshaw, Horace	149/154		Cutler, J.W.	97
Benaissa, Mohamed	189			
Berendsen, Sir Carl	19		Dabell, J.P.	95
Beringer, C.	179		Dall, H.A.H.	182
Bhattacharjee, J.P.	139		Davies, J.A.C.	199
Bildesheim, G.E.	57		Davis, W.K.	210
Binns, Sir Bernard	149		de Castro, Josué	25/27
Biren, R.I.	196/199		Deko, G.A.	61
Blau, Gerda	141		de Mèredieu, J.	89/178
Boerma, A.H.	21/37/41-42/57/90/135/204		Dey, S.K.	154/204/209
Boerma, Dinah J.	42		Dobbert, Jean-Pierre	98
Boerma, Maretta G.H.P.	42		Dodd, Ara P.	39
Bommer, D.F.R.	103		Dodd, N.E.	37/38-39/44/45/52
Bonte-Friedheim, C.H.	133		Dodd, Pauline E.	39
Boyd Orr, Lady Elisabeth P.C.	37-38		Dollinger, Albert	212
Boyd Orr, Sir (Lord) John	III/4/24/32/37-38/44/61/64/76/216		Dubois, G.	193
			Dudal, R.J.A.	107
Brannan, C.F.	19		Dumitrescu, N.S.	193

Eichhorn, E.A.	122
El Midani, Munzer	210
Engeler, Heinrich	218
Ergas, Henry	181
Ezekiel, Mordecai	136/139
Fairley, Jean	91
Fanfani, Amintore	19
Faunce, A.D.	126
Felsovanyi, N.	174
Fernando, C.	181
Fiedler, R.H.	164
Figuerero, J.M.	206
Finn, D.B.	157
Fischnich, O.E.	103
Flores Rodas, M.A.	168
Fontaine, R.	170/173
François, T.	170/173
Fried, Maurice	129
Gamo-Kuba, G.	206
Ganeshan, G.V.	100
Garis, Oscar	19
Ganzin, M.	148
Garber, R.J.	154
Gemayel, Maurice	25/28
Georgiadis, A.G.	200
Gerhardsen, G.M.	159
Gíminez-Quintana, L.	173
Giolitti, Giovanni	3
Girard, M.J.	164
Glazenberg, Ebo	136
Glesinger, Egon	168/171/184
Granquist, H.R.A.	206
Greig, John	100
Griffin, P.	206
Griffith, D.T.	170
Griffiths, R.B.	121/122
Hadiwijaya, T.	20
Haig, I.T.	172
Hambidge, Gove	60/184/188/189
Harada, K.	193
Haraoui, Georges	20/25/28
Harrington, Margaret H.	150/154
Harrison, J.D.	173
Harrison, R.	159
Hartmans, E.H.	127/133/179
Hasnie, S.A.	25/27
Hefnawy, M.T.	57

Henry, R.N.	154
Hibbard, R.N.J.	200
Ho Lien-Yu	100
Hockin, Margaret siehe Harrington, Margaret H.	
Holt, S.J.	161
Holyoake, K.J.	19
Hoornweg, G.	100/195/200
Hosch, L.E.	199
Huguet, L.	170/174
Hutton, G.	209
Huyser, J.P.	179/181
Ignatieff, Vladimir	101/103
Islam, Nurul	136
Jackson, Priscilla W.	49
Jackson, Sir Robert	80
Jackson, R.I.	43/48-49/157-158
Janssen, A.C.	186/187
Jasiorowski, H.A.	121
Jensen, Georg	218
Jenssen, H.	183/193
Joseph, Andrew	179
Jul, Mogens	162
Jum'a, Salah	57
Kaghan, Theodore	189
Kamanga, R.C.	20
Kasahara, H.	161
Kask, J.L.	161
Kauffmann, Henrik de	19
Kermode, G.O.	148
Kesteven, G.L.K.	161
Kesteven, K.V.L.	121
Kimmel, D.C.	60/154
King, Kenneth	168
Kirk, L.E.	107/116
Kissin, Gsaak	172
Knoll, J.G.	116
Kötter, H.R.	154
Kojima, N.	164
Krishan, K.	209
Kristensen, H.J.	206
Labon, A.	163
Lamby, W.	206
Lamo de Espinosa, Jaime	20
Leeks, A.G.	141
Lehti, Teuvo	136

Leloup, Marcel	166/168
Leslie, A.J.	172
Lewin, E.	91
Lindquist, A.	161
Lininger, F.F.	154
Lloyd, Raymond	185
Loerbroks, I.R.	103
Louwes, S.L.	56
Lubbock, D.M.	89/148
Lubin, David	3
Lucas, K.C.	158
Lühe, E.E.	209/212
Mackenzie, Colin	189
Mahajan, B.S.	92
Mair, A.	206
Maire, Louis	25/27
Mandefield, H.W.	184/190
Marrama, V.	91
Masud, P.	206
Mattox, R.H.	199
Matzke, Otto	209
Maunder, A.H.	154
Mayer, André	19/23/26
McArthur, J.C.	206
McDougall, F.L.	4/5/89
Mehboob, Khalid	100
Melbourne, Viscount Bruce of siehe Bruce, Stanley	
Menjaud, Henri	189
Mensah, M.C.	61
Mercer, H.J.	199
Mercier, Alberto	20
Métro, André	172
Mills, V.M.	91/92
Mongia, J.S.	206/212
Monyo, J.H.	131
Moore, Eugene	206
Moral López, Pedro	60
Moreno, R.R.	154
Morris, Richelieu	20
Moulik, M.	192
Mudie, W.K.	91/195
Mussman, H.C.	121
Muthoo, M.K.	174
Nagle, J.C.	31
Narain, R.D.	144
Nasu, E.S.	20
Navas, Enrique	190

Nehemiah, J.V.A.	89/94/95
Nicholas, M.S.O.	127
Northrop, F.B.	135/141
Nour, M.A.	57
Ojala, E.M.	136/141
Okwuosa, E.A.	206
Olsen, Karl	179
Olver, J.A.	200
Oram, Peter	131
Orbaneja, A.G.	93-94/187
Orr, J.L.	89
Orr, siehe auch Boyd Orr, Sir John	
Osara, N.A.	168
Overington, G.E.	200
Parker, F.W.	103
Pawley, W.H.	92/139
Pearson, Sir Lester B.	13/19/165
Peissel, Georges	212
Peña Montenegro, A.	182
Pennison, C.F.	139/194
Phillips, Mary P.	III/IV/50
Phillips, R.W.	III/IV/31/43/49-50/101/116/121-122
Piat, Roger	199
Pons, J.	206
Popper, F.E.	158/159
Posner, I.L.	91/196
Prats-Llauradó, J.	170/174
Pringle, S.L.	174
Quance, C.L.	144
Ray, P.K.	91
Regnier, André	94
Ritchie, T.E.	103
Robertson, G.S.	101/103
Robinson, T.C.M.	204/205/210
Roosevelt, Eleanor	4
Roosevelt, Präsident F.D.	4/5/11/12/165
Rouhani, M.	20
Ruivo, Mario	161
Rutherford, J.B.	138/144
Sabry, Z.I.	148
Saint-Pol, G.	98
Salahuddin, Ahmed	31
Samaha, E.K.	193
Samper Gneco, Armando	60

Santa Cruz, Hernán	20/59
Saouma, Edouard	37/42-43/55/62/82/107
Saouma, Inez F.	43
Sar, S.C.	61
Saraf, T.N.	61
Sauvé, Maurice	20
Savary, Paul	190
Schickele, Rainer	107/154
Schuster, W.H.	161
Sen, B.R.	21/33/37/40-41/45/216
Sen, Chiroprava C.	41
Shah, V.J.	89
Shaib, Bukar	25/29
Shefrin, Frank	31/206
Shihi, A.	206
Show, S.B.	170
Sidky, A.R.	57
Sigurbjörnsson, B.	129
Silow, R.A.	127
Sinclair, J.B.	210
Sinclair, J.M.	20
Skoufis, P.J.	194
Soegang-Amat, R.	206
Stannard, Clive	185
Steenberg, B.K.	168
Steinlin, H.	170
Stevenson, K.A.P.	95/155
Stordy, J.A.	189
Storer, J.A.	159
Streyffert, T.	173
Sukhatme, P.W.	144
Swiderski, J.	172
Sylla, Almamy	184
Taeuber, Conrad	144
Tarkiainen, T.V.	173
Terver, Pierre	61/90/174/178
Thet Su, U	19
Thomasson, F.H.	199
Tolley, H.R.	135
Trkulja, Milan	31
Tromp, H.	173
Tuinman, A.S.	206
Turner, A.M.	206
Umali, D.L.	58
Ustün, F.M.	205/210

Vakomies, P.J.	172
Vallega, J.	116
Vandepeer, Sir Donald	30
Vasconcellos, A.	31
Veillet-Lavallée, Marc	183/184/186/187/194
Vernell, L.J.	171/173/174
Victor Emmanuel III, König von Italien	3
Vinzant, Jean	171
Vogel, G.N.	204/205
Vogel, H.A.	60/138
Wagner, K.P.	95
Wahlen, F.T.	19/43/45-46/101/103/175
Wahlen, Rosalie H.	46
Wall, Duncan	188/190
Walton, D.J.	89/94
Watterson, P.G.	91/195
Watzinger, H.C.	158/163
Weisl, Frank	194
Weitz, C.H.	61/182
Wells, Frances I.	48
Wells, O.V.	30/43/47-48/90/136
West, E.M.	91/92/194
Westoby, J.C.	173
Winiewicz, Josef	20
Winsor, H.C.	164
Wirin, H.B.	91/92/195
Woodward, D.H.	61
Wright, Lady Janet R.L.	47
Wright, Sir Norman C.	30/43/46-47
Yates, P.L.	57/141
Yriart, J.F.	60/178

Lieferbare Hefte (Stand 1. 10. 1983)

(Landwirtschaft) — Angewandte Wissenschaft
(Nr. 1—245)

Nr.		DM
25	Die Wirtschaftsberatung der Württembergischen Landsiedlung GmbH, Stuttgart	3,50
59	Zeitfragen des landw. Bauwesens	4,—
67	Beitr. zu Fragen d. Grünlandbewirtschaftg.,	4,—
70	Transportarbeit d. Landfrau i. Haus u. Hof	3,80
74	Wirtschaftliche u. marktgerechte Erzeugung von Fleischschweinen	3,60
80	Beratung in der Schweinemast	3,20
81	Autarke Landwirtschaft — arbeitsteilige Landwirtschaft	3,40
84	Aktuelles aus d. Vieh- u. Fleischwirtschaft	3,30
105	Körnermais-Untersuchungen	3,50
118	Die Landwirtschaft und ihre Marktpartner	4,90
120	Forstwirtschaft und Ausland	6,80
123	Forschungsergebnisse zur Förderung der forstlichen Erzeugung (Teil V)	3,80
134	Arbeitsprogramm für die Agrarpolitik der Bundesregierung (Agrarprogramm)	1,80
144	Verbrauchsstruktur der Haushalte von selbständigen Landwirten in der Bundesrepublik Deutschland 1962/63	6,—
150	Einzelbetriebliches Förderungs- und soziales Ergänzungsprogramm für die Land- und Forstwirtschaft	1,80
174	Urlaub auf dem Bauernhof Eine psychologische Untersuchung der Einstellung der Bauern zu ihren Gästen	11,70
175	Ergebnisse aus Forschungsvorhaben der Bereiche Landwirtschaft, Ernährung und Forsten der Jahre 1970—1974	18,—
176	Verfahren der Bilanzierung aus entscheidungsorientierter Sicht und ihre methodischen Auswirkungen	18,—
177	Studienmotivationen und berufliche Vorstellungen unter westdeutschen Studierenden der Agrar- und Ernährungswissenschaften	9,—
187	Evaluierung eines innovativen Gruppenberatungsprogramms — ein praktischer Versuch in fünf Gemeinden des Wetteraukreises	14,—
203	Die Strukturentwicklung ausgewählter Landwirtschaftsbetriebe in Hessen	15,—
204	Die industriemäßig betriebene pflanzliche Agrarproduktion in der DDR — Organisationsformen, Produktionsverfahren und ökonomische Effizienz — mit vergleichenden Betrachtungen zur Pflanzenproduktion in der Landwirtschaft der Bundesrepublik Deutschland	32,—
205	Rechts-, Organisations- und Finanzierungsformen für das landwirtschaftliche Grundeigentum	15,—

Nr.		DM
210	Wirtschaftliche Folgen der Trockenheit 1976 in Futterbaubetrieben	9,—
211	Nutzen- und Schadenskomponenten bei gepflegter und ungepflegter Brache unter Berücksichtigung verschiedener Flächenumfänge, Standorte und Vorrangfunktionen	12,—
213	Die Meßproblematik des Umlaufvermögens in der landwirtschaftlichen Unternehmensrechnung und seine Bestimmung für die Einkommensrechnung im Agrarbericht	15,—
215	Die Beratungsarbeit an Landwirtschaftsämtern	17,—
217	Angebotskontingentierung in der Landwirtschaft	22,—
219	Strahlenbelastung von Nutzpflanzen	8,—
220	Holz als Rohstoff in der Weltwirtschaft	29,—
225	Bekämpfung der Schweinepest	17,—
226	Entwicklungstendenzen der deutschen Schaffleischproduktion	9,—
229	Wood as Resource in World Economics	35,—
230	Wettbewerbswirkungen nationaler agrarpolitischer Maßnahmen	25,—
231	Tagung des Deutschen Forstvereins in Saarbrücken	9,—
234	Leistungsprüfungen in der Tierzucht	19,—
236	Milchpreissenkungen und Einkommensübertragungen	16,—
238	Agrarsoziale Sicherung im EG-Vergleich	25,—
239	EG-Erweiterung	9,—
240	DDR-Agrarpolitik	7,—
241	DDR: industriemäßig betriebene tierische Agrarproduktion	24,—
242	Das Investitionsverhalten in der Landwirtschaft	14,—
243	Beitrittsprobleme auf dem EG-Weinmarkt	14,—
244	Statusbericht Pflanzenschutz	5,—
245	Statusbericht Düngung	5,—
	Sonderheft Forschungsrahmenplan 1980—1983	11,—
248	Zur Reform der EG-Agrarpolitik	9,—
249	Nahrungsmittelverbrauch im Mehrländervergleich	22,—
253	Beschäftigungseffekte agrarstruktureller Maßnahmen	17,—
258	Bewertung wasserwirtschaftlicher Infrastruktur	12,—
259	Unser Dorf soll schöner werden	12,—

Nr.		DM
	Sonderheft Forschungsprogramm Nachwachsende Rohstoffe 1982—1985	7,—
260	Situation der Landjugend	12,—
261	10 Jahre Bodengewinnbesteuerung in der Land- und Forstwirtschaft	8,—
262	DDR-Tierproduktion: Züchtungswesen und Hygiene	17,—
263	Alternativen im Landbau	12,—
264	Nebenerwerbslandwirtschaft in der Diskussion	9,—
266	Landwirtschaftliche Beratungsdienste	12,—
267	Einkommenspolitik in der Landwirtschaft	4,—
268	Wege zur Stabilisierung ländlicher Räume	15,—
269	Die Konzentration in der tierischen Produktion	8,—
270	Einkommenswirkung der Produktivitätsentwicklung	9,—
271	Künftiger Nahrungsmittelverbrauch in der Europäischen Gemeinschaft	7,—
272	Statusbericht Siedlungsabfälle	7,—

Nr.		DM
273	Waldschäden durch Luftverunreinigung	5,—
274	Landwirtschaft 2000	13,—
275	Ecological Effects of Tourism in the Wadden Sea — Ökologische Auswirkungen des Fremdenverkehrs auf das Wattengebiet	11,—
	Sonderheft Forschungsprogramm Waldschäden durch Luftverunreinigungen 1982—1985	5,—
276	Kostensenkung bei der Schwachholzernte	14,—
277	Markttransparenz bei Pflanzenschutz- und Düngemitteln	17,—
278	Agrarpolitik und EG-Haushalt	15,—
279	Alternativen im Anbau von Äpfeln und Gemüse	6,—
280	Landwirtschaft — Eine soziale Frage	10,—
281	Intrasektorale Einkommensstreuung in der Landwirtschaft	14,—
283	Wirtschaftsentwicklung und landwirtschaftliche Verbandspolitik	24,—
284	FAO: Ursprung, Aufbau und Entwicklung 1945—1981	18,—

Ab Nr. 246
Schriftenreihe des Bundesministers für Ernährung, Landwirtschaft und Forsten,
Reihe A: Angewandte Wissenschaft

LANDWIRTSCHAFTSVERLAG GMBH
HÜLSEBROCKSTRASE 2 · 4400 MÜNSTER-HILTRUP